第4版 投資家のための
# 金融マーケット予測ハンドブック

住友信託銀行・マーケット資金事業部門

NHK出版

## まえがき

　金融マーケットの昨日を知り、今日を読み解き、明日を予測するための手引書として専門家の皆様から個人投資家や学生の皆様まで幅広くご愛読頂いている本書も前回の改訂から3年が経過し、ここに第4版をお届けすることとなりました。

　この3年の間にマーケットは劇的な展開をみせました。2007年に起こった米国住宅バブルの破裂によってサブプライムショックが勃発。これが2003年以来順調に上昇を続けてきた株式、信用、商品など世界中の諸市場の総崩れを誘発。これら資産価値の暴落が世界の金融機関に未曾有のダメージを与え、各国の政府と中央銀行が非伝統的な政策手段の発動を余儀なくされるまでの金融危機へと発展。ひいては、全世界的な実体経済の急減速を招来するまでに至っています。

　金融マーケットではハリケーンが吹き荒れ、地滑りが起こり、吹雪が舞い、氷河が押し寄せ、そのうえ火山が爆発する——100年前、ニューヨークの小説家O・ヘンリーは傑作短編『多忙な株式ブローカーのロマンス』のなかで金融マーケットのことをこのように表現しましたが、「100年に一度」とも形容される昨今のマーケットは、まさにハリケーンと地滑りと吹雪と氷河と火山が同時にやって来たといっても過言ではない有様です。

　時代のパラダイムそのものが大きく転換しようとしている、このようなときこそ、マーケットを洞察する眼力が問われます。今起きていることのなかで何が偶然で何が必然なのか。何が変わるもので何が変わらないものなのか。その見極めこそが肝心です。この本はそのためのお役に立つことを目的としています。

　まず第一に、この本ではマーケット関連ニュースを理解するために必要な専門用語を丁寧に解説しています。今回の改訂では、前回改訂以降の環境変化を踏まえて、データのアップデートはもとより、地域ではユーロ圏と英国とオセアニアについて、市場では「商品市況」についての解説を充実させたほか、サブプライムやソブリン・ウェルス・ファンドなどの新しいコラム記事も追加いたしました。

この本にはまた、各種相場を解析するための各種技法もぎっしり詰め込んであります。技法の種類も、経済学というサイエンスに立脚した技法から相場師の間で何百年にもわたって伝承されてきたアートに属する技法に至るまで幅広くカバーしてあります。いずれもマーケットの現場で長年にわたって相場と格闘してきた実務家の酷使に耐え抜いて生き残ってきた百戦錬磨の技法ばかりです。

　執筆には今回も、マーケットの現場で長年実務に携わってきた練達の者たちが当たりました。この本が、100年に一度の天変地異に襲われたマーケットの渦中にあって、読者の皆様が今起こっていることの本質を見極め、つねに的確な投資判断をもち続けていかれるためのお供となることができたとしたら、私たちにとってうれしいことはありません。

　　2009年2月　　　　住友信託銀行株式会社取締役兼常務執行役員
　　　　　　　　　　　（マーケット資金事業部門長）

　　　　　　　　　　　　　　　　　　　　　　筒　井　澄　和

# 目　次

まえがき　*1*

## 第Ⅰ章　金利・為替予測とは何か

### 1　金利・為替予測の方法論　*20*

[1] 金利予測の方法　*20*
　（1）金利の概念の整理　*20*
　　①名目金利と実質金利　②インターバンク市場金利とオープン市場金利

[2] 金利予測の方法論——その1　*22*
　（1）金利予測のアプローチ　*22*
　　①ファンダメンタルズ・アプローチ　②テクニカル・アプローチ　③計量的アプローチ
　（2）金利の決定要因分析のポイント　*23*
　　①景気循環の判断　②金融政策の分析　③市場の需給

[3] 金利予測の方法論——その2　*25*
　（1）景気循環と金利循環　*25*
　（2）金利・為替予測の枠組み　*25*

## 第Ⅱ章　国内経済の見方

### 1　日本の景気循環　*28*

[1] 景気循環の見方　*28*

[2] 戦後日本の景気循環　*30*
　（1）高度成長期の景気循環　*30*
　　①第3循環（神武景気からなべ底不況へ）　②第4循環（岩戸景気から昭和37年不況へ）　③第5循環（オリンピック景気から昭和40年不況へ）　④第6循環（いざなぎ景気から昭和46年不況へ）　⑤第7循環（列島改造景気から第1次石油危機へ）

3

(2) 安定成長期の景気循環　*32*
　　　①第8・第9循環（石油危機から石油危機へ）　②第10循環（ハイテク景気から円高不況へ）　③第11循環（平成景気からバブル後不況へ）　④第12循環（さざ波景気から金融システム不安へ）　⑤第13循環（IT景気から構造改革不況へ）　⑥第13循環以降（息の長い回復から世界同時不況へ）
**コラム**「マクロとミクロの乖離」　*35*

## 2　日本の経済統計　*36*

[1] 景気判断総合指標（その1）── 国民経済計算（SNA）　*36*
　(1) SNAの基礎概念　*36*
　(2) 国内総支出（GDE）の構成項目　*38*
　(3) GDP統計をみるときの注意点　*38*

[2] 景気判断総合指標（その2）── その他　*40*
　(1) 景気動向指数　*40*
　　　①コンポジット・インデックス（CI）　②ディフュージョン・インデックス（DI）
　(2) 景気ウォッチャー調査　*44*
　(3) 民間の景気指数　*44*

[3] 企業関連統計（その1）── 日銀短観　*46*
　(1) 日銀短観の概要　*46*
　(2) 対象企業の選定基準　*46*
　(3) 業況判断DIの見方　*48*
　(4) 需給・価格判断DI　*50*
　(5) 企業収益の動向　*50*
　(6) 生産・営業用設備判断DI　*50*

[4] 企業関連統計（その2）── その他　*52*
　(1) 法人企業統計調査　*52*
　(2) 法人企業景気予測調査　*52*
　(3) 中小企業関連統計　*54*
　(4) 企業倒産統計　*55*

[5] 設備投資　*56*
　(1) 景気循環と設備投資　*56*
　(2) 設備投資のストック調整原理　*56*
　(3) 機械受注　*58*
　(4) 建設工事受注　*59*
　(5) 設備投資の判断基準　*60*
　(6) 設備投資目的の見方　*60*
　(7) 設備投資アンケート　*60*

[6] 生産・在庫　*62*
　(1) 鉱工業生産指数　*62*
　(2) 在庫率指数　*64*
　(3) 稼働率指数　*64*

目次

[7] 個人消費　*66*
　　（1）家計調査　*66*
　　（2）商業販売統計　*66*

[8] 雇用関連統計　*68*
　　（1）失業率　*68*
　　（2）有効求人倍率　*68*

[9] 住宅関連統計　*70*
　　（1）民間住宅投資の分析　*70*
　　（2）主要住宅関連統計　*70*
　　　　①住宅着工統計　②マンション・建売住宅の市場動向　③地価公示
　　　　④市街地価格指数

[10] 貿易統計　*72*
　　（1）貿易統計　*72*
　　（2）国・地域別動向　*72*
　コラム「貿易統計の不突合」*72*

[11] 物価関連統計　*74*
　　（1）消費者物価指数（ＣＰＩ）　*74*
　　（2）企業物価指数　*76*
　　（3）企業向けサービス価格指数　*78*
　　（4）日経主要商品価格指数　*80*
　　（5）上記以外の物価関連指標　*80*

## 3　日本の財政収支の見方　*82*

　　（1）財政収支の推移　*82*
　　（2）一般会計と特別会計　*82*
　　（3）財政構造改革　*82*

## 4　経済予測や情報収集のコツ　*84*

　　（1）経済予測の読み方　*84*
　　（2）政府の経済見通し　*85*

# 第Ⅲ章　国内金利・金融政策の見方

## 1　日本の金融政策　　　　　　　　　　　　　　　　　　　　　　　88

[1] 日本銀行の金融政策　*88*
   (1) 金融政策の目的・理念と日銀の独立性　*88*
   (2) 政策委員会と金融政策決定会合　*88*
   (3) 金融政策の手段　*90*
   (4) 金融政策を読み解く材料　*90*
   　①金融市場調節方針に関する公表文　②金融政策決定会合議事要旨　③金融経済月報　④経済・物価情勢の展望（「展望レポート」）　⑤総裁の定例記者会見　⑥政策委員の講演、記者会見、新聞などのインタビュー　⑦経済財政諮問会議の議事要旨　⑧その他

[2] 金融政策と短期金利　*96*
   (1) 日銀当座預金　*96*
   (2) 準備預金制度　*96*
   (3) 日銀の金融調節と短期金融市場　*97*
   (4) 日銀当座預金増減要因と金融調節　*100*

[3] 金融政策手段　*102*
   (1) 公開市場操作（日銀オペ）　*102*
   　①国債買現先オペ　②短国買入オペ　③ＣＰ等買現先オペ　④共通担保資金供給オペ　⑤国債買入オペ　⑥国債売現先オペ　⑦短国売却オペ　⑧手形売出オペ
   (2) 基準割引率および基準貸付利率の変更　*106*
   (3) 預金準備率操作　*106*

[4] 1990年代末以降の金融政策　*108*
   (1) ゼロ金利政策　*108*
   (2) ゼロ金利政策解除　*110*
   (3) 量的緩和政策　*110*
   (4) 量的緩和政策解除とゼロ金利政策解除　*111*

## 2　日本の金融統計　　　　　　　　　　　　　　　　　　　　　　　113

[1] マネーストック統計　*113*
   (1) マネーストックの定義　*113*
   (2) 貨幣の流通速度とマーシャルのk　*116*

[2] マネタリーベース統計　*118*

[3] 資金循環統計　*120*
   (1) フロー分析　*120*
   (2) ストック分析　*122*

目 次

[4] その他の主要金融統計　*125*
　　①貸出・資金吸収動向など　②貸出先別貸出金　③全国銀行預金・貸出金速報
　　④家計調査（貯蓄・負債編）

## 3　日本の金融市場　*126*

[1] 金融市場の分類　*126*
　　(1) 短期金利　*126*
　　(2) 長期金利　*127*

[2] 短期金融市場の概要　*128*
　　(1) インターバンク市場　*128*
　　　　①コール市場　②手形売買市場
コラム「ＴＩＢＯＲ（タイボー）」　*129*
　　(2) オープン市場　*130*
　　　　①短期国債（ＴＢ・ＦＢ）市場　②レポ市場　③債券現先市場　④ＣＰ市場
　　　　⑤ＣＤ市場
　　(3) 市場が見込む短期金利の先行き　*134*

[3] 債券市場の概要　*136*
　　(1) 債券市場　*136*
　　　　①発行市場　②流通市場
　　(2) 国債市場　*138*
　　　　①国債の分類　②国債の発行状況の推移　③国債の投資家別保有状況　④国債先
　　　　物取引・国債先物オプション取引
　　(3) 債券の投資家売買動向　*142*

[4] 長期金利分析　*144*
　　(1) 企業金融と長期金利　*144*
　　(2) 株価と長期金利　*148*
　　(3) 日米の長期金利比較　*150*
　　(4) 長期金利と為替レート　*150*
　　(5) 長期金利とインフレ率　*152*

[5] 金利スプレッド　*154*
　　(1) 長期金利スプレッド分析　*154*
　　(2) 長短金利の逆転現象　*158*
　　(3) 景気循環と長短金利差　*160*

[6] 債券ディーラーの眼　*162*
　　(1) 金利を動かす要因　*162*
　　(2) 市場のセンチメントに敏感な長期金利　*162*
　　(3) 市場のセンチメントの計り方　*163*
　　(4) 市場に対する姿勢　*163*
　　(5) テクニカル分析の活用　*164*

データ 日本の経済・金融データ（1）～（6）　*165 ～ 170*

# 第Ⅳ章　米国経済の見方

## 1　米国の景気循環　　　　　　　　　　　　　　　　　　　　　　　　　*172*

[1]　景気循環の重要性　*172*
　コラム「米国経済をみるポイント」　*173*
[2]　景気先行指数　*174*

## 2　米国経済統計　　　　　　　　　　　　　　　　　　　　　　　　　　*176*

[1]　米国の経済統計を読む際の注意点　*176*

[2]　国内総生産（ＧＤＰ）統計　*178*
　（1）需要項目の解説　*178*
　（2）ＧＤＰ統計に関する知識　*180*

[3]　製造業に関する統計　*182*
　（1）鉱工業生産指数（Industrial Production Index）　*182*
　（2）設備稼働率（Capacity Utilization）　*184*
　（3）耐久財受注　*186*
　（4）企業在庫（Business Inventory）　*186*
　（5）ＩＳＭ景気指数（全米供給管理協会）　*186*
　（6）フィラデルフィア連銀サーベイ（Business Outlook Survey）　*188*
　（7）ニューヨーク連銀サーベイ　*188*
　（8）企業収益（Corporate Profit）　*189*

[4]　個人消費に関する統計　*190*
　（1）小売売上高（Retail Sales）　*190*
　（2）乗用車販売台数　*190*
　（3）個人所得・貯蓄率　*190*
　（4）消費者信用残高（Consumer Installment Credit）　*192*
　（5）消費者信頼感指数（Consumer Confidence Index）　*192*
　（6）ミシガン大学消費者信頼感指数（University of Michigan Survey of Consumer Confidence Sertiment）　*192*

[5]　住宅に関する統計　*194*
　（1）住宅着工件数（Housing Starts）　*194*
　（2）住宅建築許可件数（Building Permits）　*194*

[6]　労働・雇用に関する統計　*196*
　（1）失業率（Unemployment Rate）　*196*
　（2）非農業部門就業者数（Nonfarm Payrolls）　*198*
　（3）失業保険新規申請件数（Initial Claims）　*198*

[7]　物価に関する統計　*200*

目 次

　　　(1) 生産者物価（Producer Price Index ＝ＰＰＩ） *200*
　　　(2) 消費者物価（Consumer Price Index ＝ＣＰＩ） *202*
　　　(3) 個人消費支出（PCE）デフレーター（Personal Consumption Expenditure Deflator） *204*
　　　(4) インフレの参考指標 *206*
　　　　　①単位労働コスト　②雇用コスト指数　③労働協約による賃金動向　④その他

　[8] 貿易・国際収支に関する統計 *208*
　　　(1) 貿易収支（International Trade in Goods and Services） *208*
　　　　　①発表形式　②財の輸出と輸入の計上基準　③統計への計上時点　④統計上の米国地域の定義　⑤統計から除外される貨物
　　　(2) 国際収支（International Transactions） *212*

## 3　米国の財政収支の見方　*214*

　[1] 米国財政に関する基礎知識 *214*
　　　(1) 会計年度（Fiscal Year） *214*
　　　(2) 月次の財政収支 *214*
　　　(3) 予算制度の概要 *214*
　　　　　①予算の性格　②連邦予算の区分　③予算過程
　　　(4) 連邦政府と地方政府の財政 *216*
　[2] 予算教書の読み方 *218*
　[3] 米国財政の歴史 *218*
　　　(1) 80年代の財政動向――レーガノミックスの功罪 *218*
　　　(2) 90年代の財政動向――財政黒字化への道 *220*
　　　(3) 21世紀の米国財政――赤字再転落と今後の試練 *222*

　[4] 財政赤字と金利の関係 *224*

　[5] 財政赤字と為替の関係 *224*

## 4　米国の経済政策動向　*226*

　　　(1) 大統領の経済学 *226*
　　　(2) 経済政策における政党間の差異 *226*
　　　(3) 注目されるシンクタンクの存在 *227*

## 5　経済予測や情報収集のコツ　*228*

　　　(1) 景気予測に関する情報 *228*
　　　(2) 経済統計、指標 *228*

9

# 第Ⅴ章　米国金利・金融政策の見方

## 1　米国の金融政策　　*232*

[1] フェッド（連邦準備制度）の組織──その1　*232*

[2] フェッド（連邦準備制度）の組織──その2　*234*
　　《公定歩合について》　*234*

[3] 米国の金融政策を読み解く材料　*236*
　　(1) ＦＯＭＣ声明文　*236*
　　(2) ＦＯＭＣ議事録　*236*
　　　①経済情勢　②金融政策の回顧　③経済予測　④メンバーの議論　⑤ニューヨーク連銀向け国内政策指令　⑥経済予測サマリー
　　(3) Monetary Policy Report to the Congress　*237*
　　(4) その他議会証言・要人発言　*237*

[4] 公開市場操作の見方　*238*

[5] 支払準備制度と連銀借入　*240*

[6] リザーブデータの見方　*242*

[7] 金融政策の変遷（ボルカーからグリーンスパンへ）　*244*
　　(1) サタデイナイト・スペシャル　*244*
　　(2) ボルカー時代の終焉　*244*
　　(3) グリーンスパンの登場とクラッシュ　*244*
　　(4) 情報公開と予防的引き締め　*245*
　　(5) 「根拠なき熱狂」と金融危機への対応　*245*
　　(6) 「ニューエコノミー」論と株式バブルの発生　*246*
　　(7) 株式バブルの崩壊と高まる世界同時不況リスク　*246*
　　(8) デフレ懸念の台頭と景気回復への道　*247*
　　(9) バーナンキ議長の登場と住宅バブルの崩壊　*247*

　　≪サブプライム問題と金融危機≫　*250*

## 2　米国の金融市場　　*252*

[1] 短期金融市場──その1　*252*

[2] 短期金融市場──その2　*254*

[3] 米国債市場　*256*

[4] エージェンシー債市場　*258*

10

目次

[5] モーゲージ証券市場 *258*
[6] 金利スプレッド *260*
　　(1) TED（テッド）スプレッド *260*
　　(2) 2年債と10年債のスプレッド *261*
　　(3) クレジット・スプレッド *262*

データ 米国の経済・金融データ（1）〜（5） *264〜268*

## 第Ⅵ章　ユーロ圏経済・金融の見方

### 1　ユーロ圏の経済・指標の見方　*270*

[1] ユーロ圏の経済 *270*
　　(1) 統一通貨ユーロ誕生までの経緯と今後の課題 *270*
　　　　《欧州統合とユーロ誕生》 *270*
　　　　《ユーロ参加の条件》 *272*
　　　　①ERMⅡ（新ERM）　②安定成長協定
　　　　《EU拡大問題》 *274*
　　　　《財政赤字問題》 *274*
　　(2) ユーロ圏の経済指標の読み方 *276*
　　　　①消費者物価　②GDP　③労働コスト　④鉱工業生産　⑤購買部協会指数（PMI）　⑥貿易収支
　　(3) ユーロ圏主要国の経済指標の読み方 *278*
　　　　《独仏経済の重要性》 *278*
　　　　《ドイツの経済指標など》 *278*
　　　　《フランスの経済指標》 *282*

### 2　ユーロ圏の金利・金融政策の読み方　*284*

[1] ECBの金融政策 *284*
　　(1) ユーロシステムの政策目標と任務 *284*
　　(2) ECBの組織 *284*
　　　　①理事会　②役員会　③一般委員会
　　(3) 金融政策の基本方針 *286*
　　(4) 金融政策の手段 *286*

[2] ユーロ圏の金利 *288*
　　(1) 短期金利 *288*
　　(2) 長期金利 *288*

データ 欧州の経済・金融データ *290*
　　　　ユーロ圏ファンダメンタルズ比較 *292*

# 第Ⅶ章　英国経済・金融の見方

## 1　英国経済の見方　　　　　　　　　　　　　　　　　　　　　*294*

[1]　英国経済　*294*
(1) 英国経済の特徴　*294*
(2) 経済指標の読み方　*294*
①ＧＤＰ　②鉱工業生産　③ＣＢＩ製造業サーベイ・ＢＣＣサーベイ　④製造業購買担当者景気指数（ＰＭＩ）　⑤雇用統計　⑥小売売上　⑦ＲＰＩ（小売物価）　⑧ＣＰＩ（消費者物価）　⑨ＰＰＩ（生産者物価）　⑩住宅価格　⑪マネーサプライ　⑫貿易収支　⑬ＰＳＮＣＲ（公的部門純通貨需要）

## 2　英国の金利・金融政策の見方　　　　　　　　　　　　　　　*302*

(1) イングランド銀行　*302*
(2) 金融政策の変遷　*302*
(3) 政策金利　*304*
(4) インフレ・ターゲティング　*304*
(5) 長期金利　*305*
(6) 財政政策　*306*


# 第Ⅷ章　オセアニア経済・金融の見方

## 1　オーストラリア経済・金融の見方　　　　　　　　　　　　　*308*

[1]　オーストラリア経済　*308*
(1) オーストラリア経済の特徴　*308*
(2) 経済指標の読み方　*310*

[2]　豪州の金融市場　*312*
(1) オーストラリア準備銀行（ＲＢＡ）の金融政策　*312*
①オーストラリア準備銀行と準備銀行理事会　②金融政策と政策金利
(2) 金融市場　*314*

## 2　ニュージーランド経済・金融の見方　　　　　　　　　　　　*316*

[1]　ニュージーランド経済　*316*

[2]　ニュージーランドの金融政策　*318*

# 第Ⅸ章　エマージング経済・金融の見方

## 1　エマージング経済　　320

## 2　中国経済・金融の見方　　322
[1] 中国の経済　*322*

[2] 中国の金融政策　*324*
（1）中国人民銀行　*324*
（2）中国人民銀行の金融政策　*325*

## 3　インド経済の見方　　326

## 4　ロシア経済の見方　　328

## 5　ブラジル経済の見方　　330

コラム「政府系ファンド（SWF）」*332*


# 第Ⅹ章　商品市況の見方

## 1　商品市場の基礎知識　　334
[1] 商品市場の概要　*334*

[2] 商品先物市場　*336*
（1）先物価格曲線　*336*
（2）CFTC建玉　*336*

## 2　商品指数　　338
[1] 商品指数の概要　*338*

[2] 商品指数とインフレ・景気との関連　*340*

[3] 商品価格と金融市場　*342*

## 3 原油価格　　　　　　　　　　　　　　　　　　　　　　*344*

[1] 原油に関する基礎知識　*344*
　　（1）原油価格の基礎的な性質　*344*
　　（2）原油価格略史　*346*
コラム「商品ＥＴＦ」*346*
　　（3）基本語句など　*348*
　　　　①主要油種・市場　②単位　③ＯＰＥＣ（石油輸出国機構）　④ＯＰＥＣ原油バスケット価格　⑤ネットバック価格制度　⑥プライスバンド制　⑦エネルギー消費の対ＧＤＰ原単位

[2] 原油価格と金利・為替　*352*

[3] 原油価格の予測　*354*

## 4 金価格　　　　　　　　　　　　　　　　　　　　　　　*356*

　　（1）金価格と為替・金利・株価　*356*
　　（2）金の需給　*358*
コラム「金の取引単位」*358*
　　（3）金市場　*360*

# 第XI章　為替市場の見方

## 1 外国為替相場の基礎知識　　　　　　　　　　　　　　　*362*

[1] 外国為替相場　*362*
　　（1）為替相場の建て方　*362*
　　（2）為替裁定相場　*362*
　　（3）直物相場と先物相場　*363*
　　（4）直先スプレッド　*363*
　　（5）銀行間相場と対顧客相場　*364*
　　（6）新聞に掲載されている為替相場　*364*
　　　　①対顧客米ドル先物相場　②東京外為市場の状況　③外為 対顧客電信売り相場　④通貨オプション

[2] 為替指数　*366*
　　（1）為替指数とは　*366*
　　（2）為替指数論争の背景　*366*

[3] 為替相場の変動と要因　*368*
　　（1）為替相場の騰落　*368*
　　（2）為替相場変化率の計算方法　*368*
　　（3）為替指数の計算方法　*368*

目次

[4] 東京外国為替市場の規模と参加者　*369*
　　(1) 外為市場の種類と参加者　*369*
　　(2) 東京外為市場の規模の拡大　*369*
　　(3) 市場規模の国際比較　*369*

## 2　為替需給の見方　*372*

[1] 国際収支統計　*372*
　　(1) 国際収支統計とは　*372*
　　(2) 貿易統計と国際収支の違い　*374*
　　(3) 資本移動に絡む国際収支統計利用上の注意点　*374*
　　(4) 最近の国際収支の動き　*376*
　　(5) 国際収支から為替需給を読む　*378*
　　(6) 国際収支の長期トレンド　*378*

[2] 対内外直接投資　*380*

[3] 対外証券投資　*382*

[4] 対内証券投資　*384*

[5] 対米証券投資　*386*

[6] 外為証拠金取引　*388*

[7] ＣＦＴＣ建玉　*388*

[8] 対外資産負債残高表　*390*

[9] 通貨当局の外貨保有状況　*390*

## 3　為替レートの決定理論　*392*

[1] 為替決定理論の概要　*392*
　　(1) 購買力平価説　*392*
　　(2) フロー・アプローチ　*394*
　　(3) アセット・アプローチ　*394*
　　　　①マネタリー・アプローチ　②ポートフォリオ・バランス・アプローチ
　　(4) ＯＥＣＤの購買力平価　*394*

## 4　国際通貨制度の歴史　*396*

[1] 戦後の国際通貨制度　*396*
　　(1) ＩＭＦ体制と為替レート　*396*
　　(2) アジャスタブル・ペッグ制度　*396*
　　(3) ドル危機　*396*

15

[2] 変動相場制への移行　*397*
　　(1) ニクソン・ショックの背景　*397*
　　(2) スミソニアン体制　*397*
　　(3) 変動相場制への完全移行　*397*

## 5　変動相場制移行後の円相場　　*400*

[1] 変動相場制への移行　*400*

[2] プラザ合意以降の協調体制　*402*
　　(1) レーガン政権の立場　*402*
　　(2) ドル高是正への政策転換＝プラザ合意――その1　*402*
　　(3) ドル高是正への政策転換＝プラザ合意――その2　*404*
　　(4) 協調介入から協調利下げへ　*404*
　　(5) ルーブル合意　*404*
　　(6) 株価暴落からクリスマス合意へ　*406*
　　(7) プラザ合意以降の総括　*406*

[3] 円高ドル安の進行下の協調体制（94年から直近まで）　*407*
　　(1) 円高進行と米国のビナイン・ネグレクト政策　*407*
　コラム「G5の由来」　*407*
　　(2) 秩序ある反転　*408*
　　(3) アジア通貨危機とロシア危機　*408*
　　(4) 危機からの回復　*409*
　　(5) 過剰流動性とキャリートレードの隆盛　*409*
　　(6) 米サブプライム・ローン問題と世界的な信用収縮　*409*

## 6　各国の為替政策　　*410*

[1] 中央銀行の為替介入　*410*
　　(1) 介入の仕組みと形態　*410*
　　(2) 不胎化した介入　*410*

[2] 主要国の為替政策　*412*
　　(1) 米国の為替政策――その1　*412*
　　　①為替政策ウォッチングの最重要課題　②為替政策の基本的な構図
　　(2) 米国の為替政策――その2　*413*
　　　①財務省の為替政策報告　②FRBの連邦公開市場委員会議事録　③大統領経済
　　　諮問委員会（CEA）報告
　　(3)　米国の為替政策――その3　*414*
　　　①為替市場への介入権限　②介入の実際と分析方法
　　(4) 米国の為替政策――その4　*416*
　　　《為替政策分析のポイント》　*416*
　コラム「leaning against the wind」　*417*
　　(5) ユーロ圏の為替政策　*418*
　コラム「ユーログループ」　*419*
　　(6) イギリスの為替政策　*420*
　　(7) 日本の為替政策　*420*
　　(8) 中国の為替政策　*422*

目次

## 7 為替予測の実践的方法　　424
  (1) 為替予測のチェックリスト　424
  (2) 為替レート予測の計量的な方法　425
  《説明変数》①原油価格　②金利差　③インフレ率格差　④累積経常収支
  《予測のパフォーマンス》　426

# 第XII章　テクニカル分析の基礎

## 1 テクニカル分析とは　　430
[1] テクニカル分析とは　430
  (1) 市場の動きはすべてを織り込む　430
  (2) 価格の動きはトレンドを形成する　430
  (3) 歴史は繰り返す　431

[2] テクニカル分析の有効性　432
  (1) 効率的市場仮説とランダムウォーク理論からの批判　432
  (2) ファンダメンタリストからの批判　433
  (3) 批判に対する最近の動き　433

## 2 テクニカル・アプローチによる金利予測　　435
[1] 金利予測におけるテクニカル分析の問題点　435
  (1) どの金利を対象とするか　435
  (2) 金利か価格か先物価格か　436
  (3) 先物価格の限月修正法　437

## 3 4本値とローソク足　　439
[1] 4本値とは　439
  (1) 終値　439
  (2) 始値(寄付値)　440
  (3) 高値・安値　440

[2] ローソク足とは　441

[3] ローソク足の作成方法　441

[4] ローソク足の見方　442

## 4 テクニカル分析手法の分類と解説　　444
[1] 分析手法を選ぶポイント　444
  (1) 第1ステップ　444
  (2) 第2ステップ　445

17

[2] トレンド分析に適したテクニカル分析手法　*446*
　　　　(1) トレンドライン　*446*
　　　　(2) ギャンチャート　*448*
　　　　(3) 移動平均　*450*
　　　　(4) ＲＳＩ（オシレーター分析）　*453*

　　[3] バリュー分析に適したテクニカル分析手法　*455*
　　　　(1) ボリンジャーバンド　*456*

　　[4] パターン分析に適したテクニカル分析手法　*458*
　　　　(1) 酒田罫線法　*458*
　　　　(2) エリオット波動　*461*
　　コラム「フィボナッチ級数」　*463*

　　[5] サイクル分析に適したテクニカル分析手法　*464*
　　　　(1) 一目（いちもく）均衡表　*466*

　　[6] 出来高分析　*471*

## 5　テクニカル分析の活用術　　　　　　　　　　　　　　　　　　*472*
　　[1] 分析から判断へ　*472*
　　[2] マネー・マネージメント　*473*
　　　　(1) ロスカットポイントの設定　*473*
　　　　(2) 統計上の確率の利用　*473*


**索引**　*474*

**あとがき**　*486*

**執筆スタッフ**　*487*

*18*

# 第Ⅰ章
# 金利・為替予測とは何か

# 1　金利・為替予測の方法論

　金利や為替を予測する方法は、まだ発展中の分野である。ここでは、金利の予測手法を中心に一般論を解説したい。為替予測の詳細は、第XI章「為替市場の見方」を参照していただくとして、本章では、ごく基礎的な枠組みだけを紹介したい。

## [1] 金利予測の方法

### (1) 金利の概念の整理

　金利と一口にいっても、さまざまなものがある。しかし、本書でテーマとしているのは、政策金利、短期金利、長期金利の3つである。

　政策金利とは、金融政策をつかさどる中央銀行が決定権をもつ金利で、短期金利の中心軸となるものだ。日本銀行は現在、無担保コールレート（オーバーナイト物）を指標金利としている。長期金利であるが、正確には会計基準と同様にワンイヤールールで1年超の金利を長期、1年以内を短期金利として区別している。もっとも一般的には、長期金利とは10年物の長期国債利回りを指す。

　この3つの金利－政策金利、短期金利、長期金利－を予測するために必要な基礎知識や方法を提供しようとするのが、本書の課題である。以下では、それに先立ち金利の概念について簡単に整理してみよう。

①名目金利と実質金利

　名目金利（nominal interest rate）というと本物でないというような印象を受けるかもしれないが、この世の中に存在し、表示されている金利はすべて名目金利である。これに対して、実質金利（real interest rate）とは、名目金利からインフレ率を差し引いたものである。実質金利にも短期と長期が考えうる。短期の実質金利は、図表 I−1の(b)のように定式化できる。問題は長期の実質金利で、期間が長いので長期の期待インフレ率は、その時点で観察される数値とは異なってくるからだ。期待インフレ率の「期待」とは「予想」と読みかえてもよい。いずれにせよ、長期の実質金利を議論する場合には、この「期待」や「仮説」の立て方が問題となってくる。

図表 I-1 実質金利と期待インフレ率

> 【実質金利の計算方法】
> (a) 実質金利＝名目金利－インフレ率
> (b) 実質短期金利＝名目短期金利－現実に観察されるインフレ率
> (c) 実質長期金利＝名目長期金利－長期の期待インフレ率
> ＊常識的ではあるが、実質金利のもつ意味は、次の例を考えれば明白である。
>
> |  | （名目金利） | | （インフレ率） | | （実質金利） |
> |---|---|---|---|---|---|
> | A国…… | 10％ | － | 8％ | ＝ | 2％ |
> | B国…… | 6％ | － | 2％ | ＝ | 4％ |
>
> 　為替の変動リスクが同じと仮定して、A国とB国のどちらに投資家が投資をするかを考えれば、理論的には投資家は名目金利が低くても実質金利の高いB国に投資するであろう（もっとも、以下述べるように実質長期金利は何らかの仮説に基づくため、実際の投資行動はしばしば名目金利に左右される）。
>
> 【期待インフレ率の問題】
> 　期待インフレ率は、左ページで説明したように、実際には観察できないところに難点がある。普通は簡便に、長期の期待インフレ率として、実際に発表されているインフレ率を代用している。
> 　しかし、より厳密には、内閣府の消費動向調査や日本銀行の短期経済観測調査（短観）などで利用できる消費者物価や仕入価格などのサーベイ・データを使うべきであろう。これらにより、消費者や企業が、将来どの程度のインフレを予想しているかを知ることができる。しかし、こうしたデータを使っても、定量化（指数化）する段階で、かなり大胆な前提を置かなければならないという問題は残る。

②インターバンク市場金利とオープン市場金利

　短期金融市場は、コール市場に代表されるインターバンク市場（金融機関のみが参加できる）とＣＰ市場に代表されるオープン市場（金融機関だけでなく一般企業も参加できる）に分けることができる。それぞれの市場で成立している金利を指す概念が、インターバンク市場金利とオープン市場金利である。

　日本では、無担保コールレート（オーバーナイト物）がインターバンク市場金利の代表的なものであり、前述のように日本銀行の政策金利となっている。

# [2] 金利予測の方法論 ── その1

## (1) 金利予測のアプローチ

　金融の自由化の進展に伴い、金利予測の重要性はますます高まってきている。金融機関はいうに及ばず、企業の側も資金調達手段の多様化によって、金利の読みの巧拙が企業収益に直接はねかえってくるからである。

　それでは、金利（為替も含むが）予測をするには、一体どんなアプローチが考えられるであろうか？　大別すると、3つのアプローチがある。

① ファンダメンタルズ・アプローチ……金利や為替に影響を与える基礎的な要因（ファンダメンタルズ）── 景気、インフレ、経常収支、市場の需給、政策動向 ── などを分析して、そこから金利などが将来動く方向を見定めようという方法である。景気を中心にシナリオを描き、そのなかで金利などの動きを想定するので、シナリオ的アプローチとも呼ばれている。通常は複数のシナリオを描き、それらに対応した金利・為替の動きを予測する。

② テクニカル・アプローチ……テクニカル分析による種々の手法を用いて相場の方向を予測する方法（第XII章「テクニカル分析の基礎」参照）。

③ 計量的アプローチ……計量経済学（エコノメトリックス）的な手法を用いるもので、経済予測モデルと同じような金融モデルを使うものから、ごく簡単な数本の推計式を使うものまである。もう少し具体的に説明すると、金利や為替を対象（被説明変数という）とした回帰式をインフレ率や経常収支など（説明変数という）を使い作成。そのうえで、説明変数に想定値を置き、回帰式に基づいて金利などの予測値を得る。

　以上の3つのアプローチはそれぞれ長所と短所があるので、それらを理解したうえで利用する必要がある。図表I-2に要約したので参照されたい。

図表I-2　各金利予測アプローチの長所と短所

| | 長　所 | 短　所 |
|---|---|---|
| ①ファンダメンタルズ・アプローチ（シナリオ的アプローチ） | ・金利や為替の動きを首尾一貫（コンシステント）した論理で説明することができる。<br>・経済の動きと対応させるので、わかりやすく、中長期的なトレンドを把握するのに優れている。 | ・相場転換のタイミングを説明することはできない。<br>・金利や為替の水準を評価する場合の尺度とはなりにくい。<br>・経済のシナリオを予想すること自体が難しい。 |
| ②テクニカル・アプローチ | ・相場転換のタイミングを予想する武器として有効。<br>・マーケット参加者の注目度が高く、相場の心理を集約している。 | ・金利、為替、株価などをひとつの論理で説明するには不適切。<br>・チャートを読む人によって、千差万別の解釈が可能。 |
| ③計量的アプローチ | ・過去の動きを分析したり、説明するのには有効。<br>・予測値が明快で、絶対水準を評価するのにも基準を与えてくれる。 | ・経済や金融の構造が将来も続くことを前提としているので、構造変化が起きている時は不向き。<br>・短期的な相場の変動を説明できないし、予測値の幅（誤差）も大きいので、マーケット参加者の実感と遊離することが多い。 |

## （2）金利の決定要因分析のポイント

　金利を決定する要因としては、一般的には次の3つがあげられる。①経済（景気）のファンダメンタルズ、②金融政策、③市場の需給、である。

①景気循環の判断

　経済のファンダメンタルズのうち、最も重要なのが景気循環である。金利の動きは景気循環の局面のなかで把握する必要がある（景気循環と金利循環については次項で解説）。経済構造が大きく変化しているときには、さまざまな要因が構造変化による恒常的なものか、それとも景気循環による一時的なものかを判断し、それが金利や為替にどのような影響を与えるかを分析しなければならない。これは言葉ではやさしいが、実際には難しい。そもそも景気予測や経済分析の段階において、同様の議論が発生する。いずれにせよ「構造的要因（structural）か循環的要因（cyclical）か」というのは、つねに対処しなければならない問題である。

②金融政策の分析

　米国の Fed Watching（フェッド・ウォッチング）にならって日銀ウォッチング（またはＢＯＪウォッチング）という言葉が一般化しているほど、金融政策当局の動きを分析することの重要性が認識されている。政策変更のタイミングを正確に予知することが、投資や資金調達・運用の成果を左右するからである。

　個別の政策当局の動きを分析する方法については、それぞれの項目で扱っている。ここでは、一般的に注意すべきポイントのみを説明する。まず大切なことは、経済の動きについて自分の判断と当局の判断を混同しないことである。政策当局は独自の調査スタッフと豊富な情報量をもつので、民間のエコノミストよりも、よりよい景気判断ができるはずであるが、すべてを見通せるわけではない。間違うこともあるだろうが、当局は自分の判断が正しいとして政策を決めるはずである。

　エコノミストに近い予測者にありがちな誤りは、当局の判断をそっちのけにして、自分の景気判断を基礎に金利シナリオを組み立ててしまうことである。政策分析の中心は、あくまで当局の判断をベースにしなければならない。

　次に、マーケット参加者のなかに、特別の情報ソースを誇示して、当局の動きを解説する者がいる。これもマユツバものであることが多い。もちろん情報ソースは多いに越したことはないが、絶対的なものではない。このことは、政策当局のトップクラスに取材ができるマスコミ関係者が政策変更のタイミングや幅について、しばしば誤報をすることからも理解できよう。むしろ公開情報を徹底的に分析し、それに取材に基づく生の情報を加味して総合的な判断をするほうが正道であろう。ポイント

は政策分析力の優劣である。

③市場の需給

　市場の需給とは、例えば債券市場であれば、債券を購入する投資家（＝需要）と、債券を発行する側（発行体）──民間企業、政府、政府系機関、地方公共団体など──や債券を売却しようとする投資家（＝供給）とのバランスをいう。これは、短期金融市場における資金の出し手と取り手のバランスとも同じである。

　金利の決定要因としての市場需給分析は、概念的には簡単そうであるが、実際には難しい。国内債券市場を例にとると、新規発行供給のほうを捉えるのは比較的簡単である。国債であればあらかじめ発行計画があるので、新規供給額の大まかなところはわかるからだ。

　しかし、保有している債券を投資家が売却するかどうかは、マーケット参加者の金利観が変化すると、まったく違ってくる。また、金利の絶対水準や長短金利差の状態や先行きの期待（予想）によっても需給は一変する。これは、投資家により運用している資金の性格が違うので、それぞれ異なる行動をとるからである。「2％を下回ったクーポンの債券など買えない」と断言していた投資家が、金利低下が長期化すると判断を変えたとたん、購入に回るということはよくあるケースだ。

　このように、市場の需給というのは、なかなか捉えにくいものなのである。しかし、市場の需給を軽視してもいけない。例えば、1990年以降の日本の株価暴落は、60兆円にも及ぶエクイティファイナンスによる供給過剰が主因であった。

　以上、金利の決定要因を分析するポイントや注意点を述べてきたが、最終的には予測する人の総合的な判断力がすべてである。金融予測の本質は、情報（Information）と知力（Intelligence）だと評した人がいるが、的を射たコメントである。

　どの要因分析も欠けてはいけないし、独善的になって偏ってもいけない。かといって大勢の意見（コンセンサス）につけば、マーケットの勝者になれない。

　要は、情報を収集・整理・分析する能力と、深い洞察力が総合的に試されるのが金利（金融マーケット）予測である。

## [3] 金利予測の方法論 ── その2

### (1) 景気循環と金利循環

　景気と金利の関係を最も簡単に表現すれば、「景気が拡大すれば、金利(実質金利)は上昇し、後退すれば金利は低下する」となる。タイミングのズレは多少あっても、景気と金利の循環は基本的には一致するものである。

　ここで、実質長期金利の定義を思い浮かべてほしい。

・実質長期金利＝名目長期金利－長期の期待インフレ率……①　これを変形し
・名目長期金利＝実質長期金利＋長期の期待インフレ率……②

　実質金利の上昇、下落は、景気の循環局面と一致するので、名目長期金利に第一義的に影響を与える。これが②の意味である。しかし、名目長期金利の決定要素として長期の期待インフレ率がある。長期の期待インフレ率を決定するものは、経済の需要と供給のギャップである。需給ギャップとは、言い換えれば供給能力と現実のGDP(需要)の差であり、潜在的なインフレ圧力とほぼ同義である。需給ギャップが大きいという意味は、供給能力に余裕があるということで、したがってインフレ圧力は低く、期待インフレ率は低下する。逆に、需給ギャップが小さいときは、インフレ圧力が高く、期待インフレ率は上昇する。

　以上を総括すると、②の式は

・名目長期金利＝景気の強さ＋需給ギャップの大きさ

　となる。

　ここで注意を促したいのは、景気の強さにしても需給ギャップにしても、水準よりも変化の方向が大切であるということだ。以上の金利、景気、需給ギャップ(インフレ)の関係を示したものが図表Ⅰ-3である。

　これまでは、長期金利と短期金利を同列に扱ってきたが、長短金利の逆転の分析は、日本の金融の部(第Ⅲ章「国内金利・金融政策の読み方」)でしているので、そちらを参照されたい。

### (2) 金利・為替予測の枠組み

　これまで述べてきた金利や為替予測のポイントを日本と米国の関係を中心に一覧にしたのが、図表Ⅰ-4である。こうした構図は、固定・不変のものではないが、自分自身で予測をする場合のチェックリストとして使えば便利である。

図表Ⅰ-3　金利・景気・需給ギャップ

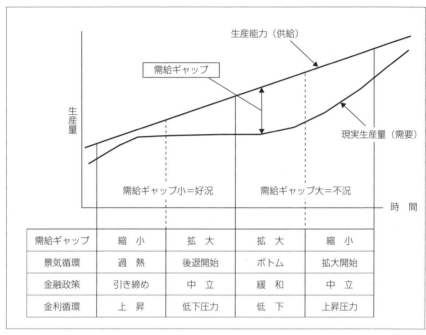

（資料）「金利・為替・株価の政治経済学」植草一秀　岩波書店　70～71頁を参照に作成。

図表Ⅰ-4　金利・為替の予測の枠組み

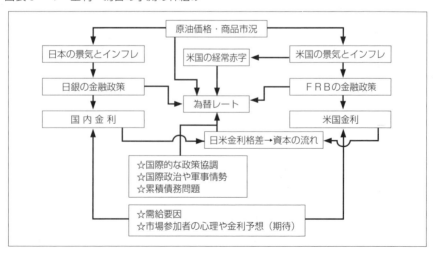

# 第Ⅱ章
# 国内経済の見方

# 1　日本の景気循環

「景気」は実に曖昧な概念であり、その定義づけは容易ではない。日本銀行によると、景気とは「実体経済の状況に加え、企業や家計の経済活動に対するマインド（意識、受け止め方）を表す言葉」を指す。つまり、経済活動の物的および精神的現象の双方を包摂する概念、ということになり、ますます捉えどころがない。

しかしながら、その概念上の曖昧さにもかかわらず、「景気」はわれわれの経済生活や経済活動について最も現実感をもって語ってくれる言葉となっている。以下では、まず景気および景気循環の見方を説明したうえで、主要な景気関連指標を概説し、戦後日本の経済の歩みを振り返ることで、景気循環についての具体的なイメージの形成を図る。

## [1] 景気循環の見方

景気の現状を認識し分析すること、さらに先行きを予測することは、金利や為替、株価を考えるうえで、論じるまでもなく大変重要である。もっとも一口に「景気」といっても、これを捉える視座には「水準」と「方向」という2つの基準があることに注意したい。

「水準」による基準とは、「正常な経済活動水準」あるいは「適正成長率」というものを想定して、それよりも上であれば「好況」、逆に下であれば「不況」と呼ぶものである。簡単にいえば、景気を「良い」「悪い」で捉える方法である。さらに、1循環を「好況」、「後退」、「不況」、「回復」に4分割する見方もある（「シュンペーター方式」という。図表Ⅱ－1参照）。この基準は一見便利なようだが、何をもって「正常」あるいは「適正」とするのかは容易ではない。

一方、「方向」による基準は、経済活動が最も活発な時点を「山（ピーク）」、逆に最も停滞している時点を「谷（ボトム）」とし、谷から山までの局面を「景気拡張（上昇）局面」、山から谷までを「景気後退（下降）局面」とするものである。言い換えれば、景気を「良くなっている」「悪くなっている」で判断する方法である。

いずれの方法にせよ、景気には循環性があることがこれまで多くの経済史研究で確認されている。教科書的には、期間の長い順から「コンドラチェフ波」（50～60年）、「クズネッツ波」（20年程度。建築循環）、「ジュグラー波」（10年程度。設備投資循環）、

「キチン波」（3～4年。在庫循環）の4波動があげられる。

日本の景気については、内閣府経済社会総合研究所が、後述の「景気動向指数」をもとに、事後的に「景気基準日付」というものを設定しており、これが公式の景気循環となっている。景気基準日付は、主にマクロ経済の「方向」から景気の転換点（山、谷）を定めたものである（図表Ⅱ-2参照）。ただし、景気基準日付はその「事後性」ゆえに、景気の転換点を過ぎてから数年経過しないと正式発表されない、というタイムラグの問題を抱える。

図表Ⅱ-1　景気局面の概念図

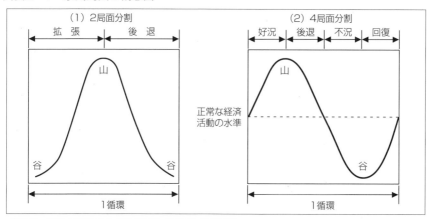

（出所）『景気の読み方』金森久雄編（有斐閣、1991年）

図表Ⅱ-2　戦後日本の景気循環

|  |  | 景気拡大期 |  |  | 景気後退期 |  |  | 全循環 |
|---|---|---|---|---|---|---|---|---|
|  |  | 谷 | 山 | 期間 |  | 谷 | 期間 | 期間 |
| 第1循環 | 朝鮮戦争ブーム |  | 51年6月 |  | 朝鮮戦争の反動 | 51年10月 | 4ヵ月 |  |
| 第2循環 | 投資・消費景気 | 51年10月 | 54年1月 | 27ヵ月 | 昭和29年不況 | 54年11月 | 10ヵ月 | 37ヵ月 |
| 第3循環 | 神武景気 | 54年11月 | 57年6月 | 31ヵ月 | なべ底不況 | 58年6月 | 12ヵ月 | 43ヵ月 |
| 第4循環 | 岩戸景気 | 58年6月 | 61年12月 | 42ヵ月 | 昭和37年不況 | 62年10月 | 10ヵ月 | 52ヵ月 |
| 第5循環 | オリンピック景気 | 62年10月 | 64年10月 | 24ヵ月 | 昭和40年不況 | 65年10月 | 12ヵ月 | 36ヵ月 |
| 第6循環 | いざなぎ景気 | 65年10月 | 70年7月 | 57ヵ月 | 昭和46年不況 | 71年12月 | 17ヵ月 | 74ヵ月 |
| 第7循環 | 列島改造景気 | 71年12月 | 73年11月 | 23ヵ月 | 第1次石油危機 | 75年3月 | 16ヵ月 | 39ヵ月 |
| 第8循環 |  | 75年3月 | 77年1月 | 22ヵ月 |  | 77年10月 | 9ヵ月 | 31ヵ月 |
| 第9循環 |  | 77年10月 | 80年2月 | 28ヵ月 | 第2次石油危機 | 83年2月 | 36ヵ月 | 64ヵ月 |
| 第10循環 | ハイテク景気 | 83年2月 | 85年6月 | 28ヵ月 | 円高不況 | 86年11月 | 17ヵ月 | 45ヵ月 |
| 第11循環 | 平成景気 | 86年11月 | 91年2月 | 51ヵ月 | バブル後不況 | 93年10月 | 32ヵ月 | 83ヵ月 |
| 第12循環 | さざ波景気 | 93年10月 | 97年5月 | 43ヵ月 |  | 99年1月 | 20ヵ月 | 63ヵ月 |
| 第13循環 | IT景気 | 99年1月 | 00年11月 | 22ヵ月 |  | 02年1月 | 14ヵ月 | 36ヵ月 |
| 第14循環 |  | 02年1月 | (07年10月) | (69ヵ月) |  |  |  |  |
| 平　均 |  |  |  | 36ヵ月 |  |  | 17ヵ月 | 50ヵ月 |

（注）（　）内は暫定。
（出所）内閣府経済社会総合研究所「景気基準日付の暫定設定について（2009年1月29日）」

## [2] 戦後日本の景気循環

### (1) 高度成長期の景気循環
　以下では、戦後日本の景気循環のうち、第3循環以降を分析することにより、景気循環についての具体的な理解を図る。景気循環はそれぞれ個性があり違った顔をもつが、共通する部分も少なくないことがみえてこよう。

①第3循環（神武景気からなべ底不況へ）（1954年11月～58年6月）
　1954年に始まった「神武景気」は、戦後初の本格的な景気拡大と位置づけられる。この景気拡張は、「投資が投資を呼ぶ」と表現された設備投資のめざましい拡大によってもたらされたものである。個人消費も所得水準の上昇を背景に好調に推移した。「三種の神器」（白黒テレビ、電気洗濯機、電気冷蔵庫）に象徴される耐久消費財が一般家庭に急速に普及していったのもこの時期である。56年度経済白書の「もはや戦後ではない」という宣言の通り、日本経済は神武景気を機に戦後の復興期から脱却し高度成長期に突入した。
　しかし、物価の上昇や国際収支の悪化に対応する形で、57年5月、金融政策が引き締めに転換すると、ほどなく景気は後退に向かった。在庫の過大な積み上がりも景気の悪化を加速した。いわゆる「なべ底不況」である。もっとも設備投資は伸びこそ鈍化したものの、水準自体は維持された。

②第4循環（岩戸景気から昭和37年不況へ）（1958年6月～62年10月）
　1958年6月を起点とする「岩戸景気」は、神武景気を上回る景気拡大となり、実質経済成長率は二桁を記録した。景気の牽引役は引き続き設備投資で、年率20～40％増という高い伸びを示した。金融政策面では、58年6月からとられた緩和策が景気拡大を後押しする要因となった。
　この間、貿易・為替政策では60年6月、岸内閣が「自由化計画大綱」を、所得政策では同年12月、池田内閣が「国民所得倍増計画」を決定している。
　だが第4循環も第3循環同様、物価上昇と国際収支悪化に対応し、金融・財政両面で引き締め策がとられたことに伴い、61年1月以降、景気は後退局面に入った。

③第5循環（オリンピック景気から昭和40年不況へ）（1962年10月～65年10月）
　1964年の東京五輪開催を控え、建設・公共投資が盛り上がったのが「オリンピック景気」である。62年10月から実施された金融緩和も景気拡大に寄与した。しかし五輪終了後は企業部門を中心に急速に景況感が悪化し、大型倒産が続発。株式相

場は「証券恐慌」といわれるほどに低迷をきわめ、65年5月には、経営難に陥った山一證券に対して日銀特融が実行されるに至った。

④第6循環（いざなぎ景気から昭和46年不況へ）（1965年10月～71年12月）
　1965年に始まった「いざなぎ景気」をもたらしたものは、65年1月以降の金融緩和策、そして65年度補正予算での赤字国債発行にみられる積極的な財政政策であった。その結果、民間設備投資と個人消費が力強い成長を遂げ、とりわけ個人消費については、「3C」（自動車＝car、クーラー、カラーテレビ。いわゆる「新・三種の神器」）がブームとなった。このときの景気拡大の持続期間は57ヵ月に達し、戦後最長を更新した。
　景気調整のきっかけは、景気の過熱から物価上昇圧力が高まってきたことに対応し、69年9月以降、金融引き締め策がとられたことだった。実際、マネーサプライは年率換算で20％弱の伸びを示し、賃金上昇率も年率16％程度にまで上昇していた。
　もっとも第6循環における景気の転換においては、第5循環まではみられなかった新しい特徴が現れた。それまでの景気後退局面では「景気過熱→輸入急増→国際収支の赤字化→金融引き締め」というパターンがあった。これに対し、第6循環では、国際収支が赤字化しないうちに、裏返していえば、国際収支の黒字が定着したなかで景気の後退を迎えた。これは、当時の日本経済がすでに「国際収支の天井」から解放されていたことを意味する。

⑤第7循環（列島改造景気から第1次石油危機へ）（1971年12月～75年3月）
　1971年8月、「ニクソン・ショック」（ドルと金の交換停止）に伴い、ブレトンウッズ体制が崩壊。その後、同年12月に成立した「スミソニアン合意」の結果、円は1ドル＝360円から308円へと大幅に切り上げられることとなった。
　72年に発足した田中内閣は、こうした事態に対応すべく、金融緩和政策とともに、「日本列島改造論」のもと、積極的な財政政策を採用することで景気テコ入れを図った。73年2月、円が変動為替相場制に移行したが、折からの金融緩和と財政拡大が組み合わさって多額の過剰流動性が発生し、インフレが加速した。日銀は73年4月から金融引き締めに転じ、インフレ抑制に注力したものの、73年10月、第4次中東戦争に伴い「第1次石油危機」が勃発すると、物価は「狂乱」と形容される水準にまで暴騰した。さらに、この間、段階的に行われてきた利上げが企業の投資意欲を急減させ、翌11月、景気はピークを打った。日本経済はこのとき、景気後退とインフレ激化が同時に進行するスタグフレーションの状態に陥っていた。

## （2） 安定成長期の景気循環

①第8・第9循環（石油危機から石油危機へ）（1975年3月～83年2月）

　日本経済は第1次石油危機を境として、高度成長期から安定成長期あるいは低成長期へと構造的な移行を遂げた。

　そうしたなか、景気低迷、インフレ、国際収支悪化というトリレンマ（三重苦）に苦しんだ日本経済も、1975年3月に入ると、緩慢ながら景気回復に向かった。77年1月からは在庫調整を契機として、いったん後退局面に入ったものの、後退期間はわずか9ヵ月間という短期間にとどまった。

　企業の減量経営などの効果もあり、77年10月を谷に、日本経済は再び拡大局面を迎えた。しかし79年初めに起こったイラン革命に伴って「第2次石油危機」が発生すると、金融政策は引き締めへの転換を余儀なくされた。原油価格上昇による輸入インフレがホームメイド化することを予防するためだったが、その結果、日本経済は80年2月をピークに後退局面に入った。このときの不況は「世界同時不況」という色彩が強く、外需が低迷し、後退期間は36ヵ月と戦後最長を更新した。

②第10循環（ハイテク景気から円高不況へ）（1983年2月～86年11月）

　米国経済が1982年11月から急回復を示したことを受け、83年に入ると、日本経済も回復に向かった。レーガノミックスのもと、米国で「強いドル」政策が敷かれたことの影響も大きい。円安ドル高を受け、ハイテク産業を中心に日本経済の輸出競争力が強まり、輸出主導型の景気拡大がもたらされたからである。さらに、輸出増大に誘発される形で民間設備投資も活発化していった。

　しかし米国の経常収支の赤字拡大は、日米間に深刻な貿易摩擦問題をもたらすと同時に、レーガン政権に対しドル高政策の修正を迫ることになった。その1つの帰結が85年9月の「プラザ合意」であった。プラザ合意後、円は急騰し、日本の輸出関連産業に著しい打撃を与えた。いわゆる「円高不況」である。もっとも後から振り返ってみると、日本経済は実際にはプラザ合意に先立つ85年6月からすでに景気後退期に入っていた。

　86年1月以降、国際的な協調利下げも含め、金融緩和が進められるとともに、財政面では内需拡大を狙った総合経済対策がとられた。その結果、住宅投資を先頭に、設備投資、個人消費が順次回復しはじめ、同年11月、景気は底を打った。

　なお、この円高不況の局面では、景気の二面性が議論の的となった。輸出依存度の高い製造業では雇用調整を含む厳しい経営合理化が進められた一方、円高に伴う金利およびインフレ率の低下が非製造業や個人消費にはプラスに働いたからである。

③第11循環（平成景気からバブル後不況へ）（1986年11月〜93年10月）

　円高不況を克服した日本経済は、再び景気回復軌道に乗り、「平成景気」に突入した。この景気拡大は、個人消費と設備投資を中心とする内需主導型のそれであり、拡張期はいざなぎ景気に次ぐ51ヵ月におよんだ。同時に、景気拡張の長期化は、株価と地価を中心に、巨大な資産バブルを生み出し、日経平均株価は1989年12月29日に過去最高値となる3万8915円を記録した。

　しかし91年に入ると、日銀が資産インフレの抑制を目的に、89年5月以降、段階的に行ってきた金融引き締めや、大蔵省が不動産投機を防ぐことを図って、90年3月に導入した不動産融資総量規制が徐々に効果を現しはじめた。そうしたなか、日本経済は91年2月に景気の山を迎えると、その後、「バブル後不況」に突入した。この不況は、大幅なストック調整が行われたことに加え、株や不動産などの資産価格の急落により企業および家計のバランスシートが著しく悪化したことで、きわめて深刻なものとなった。景気後退に対する政策当局者の認知が遅れ、92年3月まで景気対策がとられなかったことも不況の深刻化に拍車をかけた。その後、数次にわたる金融緩和策や総合経済対策が効いて景気が底を打ったのは、景気の山から実に32ヵ月が過ぎた93年10月のことであった。

④第12循環（さざ波景気から金融システム不安へ）（1993年10月〜99年1月）

　1993年末から、景気は「さざ波」に喩えられる緩やかな回復を辿った。途中、95年1月に6千名以上の犠牲者を出した阪神・淡路大震災に見舞われたものの、同年9月に公定歩合が歴史的低水準の0.5％に引き下げられたことなどが寄与し、96年度の実質GDP成長率は3.4％まで回復した。しかし、橋本内閣が導入した財政再建政策に伴い、97年4月に消費税率が3％から5％に引き上げられると、個人消費および住宅投資が急速に冷え込んでいった。景気後退に直面するなか、政府は97年末から財政政策を修正し、大型減税策や公共事業拡大策を採用したものの、98年度の成長率はマイナスを計上した。

　この間、97年夏のアジア危機、98年夏のロシア危機といった国際金融システムの動揺に加え、国内でも北海道拓殖銀行や山一證券など金融機関の破綻が相次いだことで、金融システム不安が一気に高まった。消費・投資意欲がますます減退するなか、不況は雇用にも影響し、完全失業率は98年3月、4.1％を記録、53年以来初めて4％の大台を超えた。

　橋本内閣の退陣を受けて98年7月に成立した小渕内閣は、同年10月、金融システムの安定を目指し、「金融機能再生緊急措置法」「金融機能早期健全化緊急措置法」を含む金融8法を成立させ、60兆円にのぼる公的資金投入の枠組みを整備した。

続いて翌99年2月には、市場金利の誘導目標を実質ゼロにする「ゼロ金利政策」の実施が日銀によって踏み切られ、さらに、「ばら撒き」との批判を受けながらも同年11月には18兆円規模の経済政策「経済新生対策」が小渕内閣によって打ち出された。

第12循環はいわゆる「失われた十年」のちょうど真ん中の時期にあたるが、この循環の最大の特徴としては、バランスシート調整圧力のもと、名目成長率が実質成長率を下回りつづけ、デフレ懸念が深刻化したことがあげられる。

⑤第13循環（IT景気から構造改革不況へ）（1999年1月～2002年1月）

1999年1月、一連の経済対策のほか、国内のIT需要の高まりや米国およびアジア向け輸出の拡大に支えられる形で、緩やかながら景気回復が始まった。これを受け、2000年8月、日銀は1年半におよぶゼロ金利政策を解除した。しかし、ゼロ金利の解除はITバブルの崩壊と相俟って株価を急落させ、さらに2001年春からの米国経済の失速が追い打ちとなり、景気回復は22ヵ月という短命に終わった。

こうしたなか、財政面では00年10月に「新発展政策」が、金融面では翌01年3月に「量的緩和政策」が打ち出され、財政・金融両面から景気対策がとられた。だが、日本経済が抱える「3つの過剰（過剰債務・過剰資本ストック・過剰雇用）」の解消には至らなかった。

その後、01年4月、不人気だった森内閣に代わり、小泉内閣が発足した。「改革なくして成長なし」（2001年～05年版財政経済白書のタイトル）を掲げる小泉政権の構造改革路線は、公共工事の大幅な削減をもたらしたことで、景気後退にいっそう拍車をかけた。しかし、翌02年に入ると、米国経済の回復や中国経済の需要増大に伴い輸出が順調に拡大していったことで、日本経済は同年1月を谷として、景気回復を辿りはじめた。

⑥第13循環以降（息の長い回復から世界同時不況へ）（2002年1月～）

2002年1月に始まった景気回復は、次第に外需主導から内需主導へと形を変えていった。消費面では、液晶・プラズマテレビ、DVDプレーヤー・レコーダー、デジタルカメラに代表されるデジタル家電の販売が好調に伸び、また投資面では、アジアから日本への工場回帰が相次いでみられるようになった。

他方、政策面をみると、02年9月、日銀が金融システム安定のために銀行保有株買取策を打ち出し、同年10月、政府は銀行部門に対し不良債権処理の加速を迫る「金融再生プログラム」を決定した。また、03年4月には郵政公社が発足、同6月には「骨太方針2004」（三位一体改革）が決定されるなど、小泉構造改革は具体的な進展をみせていった。

景気は2004年半ばにいったん「踊り場」を迎えたものの、その後持ち直し、05年8月、いわゆる「郵政解散」を受けた衆議院総選挙を前に、政府・日銀が「踊り場脱却」を宣言するに至った。また、05年3月末に、銀行の不良債権処理の数値目標達成、ペイオフ解禁という、バブル崩壊以降積み残された負の遺産処理の重要な節目を通過した。企業部門の「3つの過剰」が解消し、デフレ状況が改善するなか、日銀は06年3月に量的緩和政策を解除し、同年7月と07年2月に2度の利上げを実施した。海外景気の好調と円安傾向から、企業部門中心に息の長い景気回復が続き、06年11月にいざなぎ景気の57ヵ月を越えたが、家計部門への波及が緩やかなものにとどまり、実感なき景気回復となった。

　この間、日経平均株価は03年4月28日につけた7603円を底値として上昇基調に入り、06年半ばに下落する局面はあったが、07年には1万8000円台を回復した。また、地価も大都市中心だったが、上昇に向かった。

　ところが、07年に米国のサブプライム住宅ローン問題を発端に金融市場が不安定化、さらに08年に金融システムの動揺が世界的に広がり、実体経済も世界同時に急速に悪化した。それまでの資金フローが逆流し、為替市場では低金利通貨として売られていた日本円が買い戻され、急激な円高となった。日経平均株価も急落し、08年10月には一時7000円を割り込んだ。

　なお、09年1月29日に内閣府経済社会総合研究所が、第14循環の景気の山を07年10月と暫定的に設定し、戦後最長の景気回復は69ヵ月で終わった。

---

### マクロとミクロの乖離

　景気の計測には通常、マクロ経済指標が用いられるが、景気判断をめぐっては、「マクロとミクロの乖離」がしばしば問題となる。例えば、企業業績が低迷するなか、実質GDP成長率が比較的高い数字を示していることがある。こうした場合、マクロとミクロのどちらで景気判断するのが正しいのだろうか。この問いに対する絶対的な解答はない。

　しいていえば、企業経営者の景況感や業績予想などは、景気に先行する場合があるため、マクロ指標との乖離があっても、マーケット予測においては見過ごせない情報である。

　ただ、マクロ・ミクロいずれのデータであれ、金融マーケット予測の観点で重要なのは、現在の市場価格に何が織り込まれ、何か織り込まれなていないか、そして、将来どのような材料が織り込まれていくのか、である。

## 2 日本の経済統計

### [1] 景気判断総合指標（その1）——国民経済計算（SNA）

#### (1) SNAの基礎概念

一般に「GDP統計」と呼ばれるものは、正式には「国民経済計算（SNA、System of National Accounts)」という。SNAは、国連が定める基準にしたがって一国の経済をフロー・ストック両面から体系的かつ総合的に記録した統計である。なお経済環境の変化を受け、国連は1993年に新体系「93SNA」の採用を加盟各国に勧告した。日本は2000年10月に旧来の68SNAから93SNAへ移行した。

| 統計名と発表機関 | 国民経済計算。内閣府経済社会総合研究所 |
|---|---|
| 発表周期と時期など | 速報は四半期ごと。1次速報は、当該四半期終了後1ヵ月＋10日間程度で公表される。2次速報の公表はさらに1ヵ月後。<br>確報は、当該年度終了の9ヵ月後（12月中旬頃）に発表される。同時に確々報として当該年度の前年度分の改訂が公表される。 |
| ポイント | 速報性に劣るという欠点はあるものの、1国の経済活動を総合的に把握ができるため、マーケットでの注目度は高い。 |

以下では、図表Ⅱ-3を参照しつつ、まず基本的な概念を整理しておく。

①GDP（国内総生産、Gross Domestic Product）

GDPとは、「ある国において、一定期間に産み出された財・サービスの付加価値額の総額」をいう。

②GDE（国内総支出、Gross Domestic Expenditure）

GDEはGDPを支出面から捉えたもの。一般にGDPと呼ばれているものは実はGDEを指すことが多い。

③NI（国民所得、National Income）

NIは、分配面から一国の経済活動を捉えたもの。数式で表すと、
国民所得＝雇用者報酬＋企業所得＋財産所得
となる。NIから「分配面からみたGDP」を導くには
GDP＝NI＋固定資本減耗＋（間接税－補助金）－海外からの純要素所得

という数式を解けばよい。「固定資本減耗」とは、設備などの固定資本が使用されることで摩減した部分を指し、「要素所得」とは労働、資本などの生産要素を提供したことの見返りとして得られる所得のことを意味する。

生産・支出・所得の三面からみたGDPが一致することを、「三面等価の原則」という。ただし、現実的には推計方法の違いから必ずしも一致しないため、国内総生産（確報）には「統計上の不突合」の項目が設けられている。

④NDP（国内純生産、Net Domestic Product）
NDPは、GDPから固定資本減耗を差し引いたもの。つまり「純」と「総」の違いは、固定資本減耗を除くか含むかにある。

⑤GNI（国民総所得、Gross National Income）
GNIはGDPに海外からの純要素所得を加えたもの。言い換えれば、SNAにおける「国民」と「国内」の違いは海外からの純要素所得を含むか含まないかにある。ちなみにGNIは従来のGNP（Gross National Product）に代わり、93SNAで導入された概念である。

SNAにおける「要素費用表示」とは、「市場価格表示」から（「間接税」－「補助金」）を引いたものを意味する。市場価格とは、文字通り市場で成立している価格のことで、国内総生産や国民可処分所得はこれで評価される。要素費用価格とは、労働や資本などの生産要素に対して支払われる価格のことである。国民所得は要素費用表示と市場価格表示の両方で評価される。

図表Ⅱ-3　SNA指標の概念図

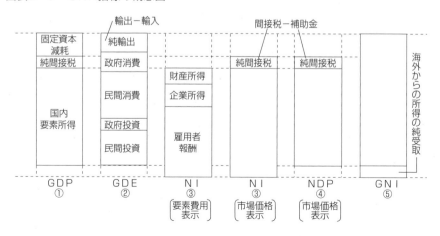

## (2) 国内総支出（GDE）の構成項目

すでに述べた通り、通常GDPというときGDEを指すことが多い。実際、マクロ経済レポートでもGDEの動向が中心的に分析される。GDEの構成項目は、図表Ⅱ－4の通りである。ここでは主な項目について簡単に触れておく。

①民間最終消費支出

家計と民間非営利団体の最終消費支出を合計したもの。いわゆる「個人消費」である。自己所有住宅の帰属家賃（借家をしていると仮定した場合の家賃）が含まれることに注意したい。

②政府最終消費支出

一般政府（中央政府の一般会計、地方政府の普通会計など）による財貨・サービスに対する経常的な支出。公務員に対する給与はこれに該当する。

③国内総資本形成

総固定資本形成と在庫品の合計。総固定資本形成は民間住宅投資、民間企業設備投資、公的固定資本形成（政府の公共投資など）から構成される。在庫品は企業の製品や原材料などの民間在庫品増加およびコメの政府在庫増加などの公的在庫品増加からなる。なお93SNAから、従来中間消費として含まれなかったコンピュータのソフトウェア購入も国内総資本形成に計上されるようになった。

## (3) GDP統計をみるときの注意点

第1に、「実質値（constant price）」と「名目値（current price）」を明確に区別しなければならない。通常、成長率分析の場合には実質値を、構成比分析の場合には名目値を用いる。実質値とは一定時点を基準として物価変動の影響を除去した数値を意味し、名目値とは除去前の時価を指す。

第2に、「確報」と「速報（QE、Quarterly Estimates と Quick Estimation 双方の意味を兼ねる）」は、統計の作り方が異なる。確報は、物的推定法の1つであるコモディティ・フロー法に基づく工業統計表や商業統計表などの供給側統計をベースに推計・算出されている。これに対し、速報は前年の確報を基本にしつつ、家計調査など人的推計法を組み合わせたうえで推計・算出されている。

第3に、GDPの実質値は基準改定により、大きく修正されることがある（四半期ベースの実質GDP成長率は最大で2％程度修正）。その際、数値は概して下方に修正される傾向がある。それは旧基準ではコンピュータなど価格低下の著しい品目の影響が過大に評価されるためである。日本では、2000年基準への改定の際、そのようなバイアスの除去を目的として、実質GDPの算出手法を従来の固定基準年方式

II 国内経済の見方

から連鎖方式へと移行した。同時に、実質GDP成長率は過去に遡及して修正された。

図表II-4　GDP統計──年次別の成長率（実質）および実数・構成比（名目）

| 項目 \ 年度 | 確々報 1998 | 1999 | 2000 | 2001 | 2002 | 2003 | 2004 | 2005 | 確報 2006 | 速報(QE) 2007 | 2007(兆円) | 2007構成比(%) |
|---|---|---|---|---|---|---|---|---|---|---|---|---|
| 国内総支出 | -1.5 | 0.7 | 2.6 | -0.8 | 1.1 | 2.1 | 2.0 | 2.4 | 2.5 | 1.7 | 516.0 | 100.0 |
| 国内需要 | -1.7 | 0.7 | 2.4 | -0.3 | 0.3 | 1.3 | 1.5 | 1.9 | 1.6 | 0.5 | 508.0 | 98.4 |
| 　民間需要 | -2.2 | 0.1 | 2.2 | -0.4 | 0.3 | 1.4 | 1.8 | 2.0 | 2.0 | 0.4 | 395.9 | 76.7 |
| 　　民間最終消費支出 | 0.1 | 0.6 | 0.4 | 0.8 | 0.7 | 0.4 | 0.7 | 1.1 | 1.0 | 1.0 | 295.6 | 57.3 |
| 　　民間住宅投資 | -0.5 | 0.1 | 0.0 | -0.3 | -0.1 | 0.0 | 0.1 | 0.0 | 0.0 | -0.5 | 16.6 | 3.2 |
| 　　民間企業設備投資 | -1.3 | -0.1 | 1.0 | -0.3 | -0.4 | 0.8 | 0.9 | 1.0 | 0.8 | 0.0 | 81.2 | 15.7 |
| 　　民間在庫品増加 | -0.6 | -0.6 | 0.8 | -0.5 | 0.1 | 0.3 | 0.1 | 0.0 | 0.2 | 0.0 | 2.4 | 0.5 |
| 　公的需要 | 0.5 | 0.6 | 0.2 | 0.1 | 0.0 | -0.1 | -0.4 | -0.1 | -0.4 | 0.0 | 112.1 | 21.7 |
| 　　政府最終消費支出 | 0.4 | 0.6 | 0.7 | 0.5 | 0.4 | 0.3 | 0.1 | 0.0 | 0.1 | 0.1 | 90.7 | 17.6 |
| 　　公的固定資本形成 | 0.1 | 0.0 | -0.6 | -0.3 | -0.4 | -0.6 | -0.7 | -0.3 | -0.4 | -0.1 | 21.1 | 4.1 |
| 　　公的在庫品増加 | 0.0 | 0.0 | 0.0 | 0.0 | 0.0 | 0.0 | 0.0 | 0.0 | 0.0 | 0.0 | 0.3 | 0.0 |
| 財貨・サービスの純輸出 | 0.2 | 0.0 | 0.1 | -0.5 | 0.7 | 0.8 | 0.5 | 0.5 | 0.8 | 1.3 | 8.0 | 1.6 |
| 　財貨・サービスの輸出 | -0.4 | 0.6 | 1.0 | -0.9 | 1.2 | 1.1 | 1.4 | 1.2 | 1.2 | 1.6 | 92.2 | 17.9 |
| 　財貨・サービスの輸入 | 0.6 | -0.6 | -0.9 | 0.3 | -0.5 | -0.3 | -0.9 | -0.7 | -0.4 | -0.3 | 84.2 | 16.3 |

（注1）2000年基準。
（注2）国内総支出は前年度増加率。その他の項目は国内総生産に対する寄与度。
　　　　寄与度＝（当年度の実数－前年度の実数）÷（前年度の国内総支出の実数）×100
（注3）実質化方式および四捨五入の関係上、各項目の寄与度の合計は、必ずしも国内総支出の増加率に一致しない。
（注4）財貨・サービスの輸入は、国内総生産の控除項目であるので、寄与度は逆符号で表示した。
（出所）内閣府社会経済総合研究所「国民経済計算確報（平成18年度版）」・「四半期別GDP速報」

## 公表機関ホームページアドレス

内閣府 経済社会総合研究所 SNA（国民経済計算）　http://www.esri.cao.go.jp/jp/sna/menu.html

## [2] 景気判断総合指標（その2）── その他
### (1) 景気動向指数

　景気は生産、消費、投資、雇用など多岐多様にわたるうえ、それぞれ異なった方向で動いているのが常である。そうした複雑かつ多面的な景気について、主要経済指標を合成することによって計量化し、総合的な判断を下すことを可能にしたのが前述の「景気動向指数」である。

　景気動向指数には2種類ある。うち「ディフュージョン・インデックス（DI）」は景気の変化方向の把握を、「コンポジット・インデックス（CI）」は景気の量感の把握を目的とする。2008年4月より、景気動向指数はCI中心の公表形態となった。それ以前は、景気動向指数というとき、DIを指すのが一般的であった。

　景気動向指数は、CI、DIともに先行系列（12指標）、一致系列（11指標）、遅行系列（6指標）の3系列からなる。それらは文字通り景気との時間的な関係を指す。採用されている経済指標・指数は、図表Ⅱ-5の通りである。

　景気動向指数はもともと米国のNBER（全米経済研究所）が1950年に開発した指数である。日本では経済企画庁（現内閣府経済社会総合研究所）が同様の手法を用いて指数を作成し、60年に公表を開始した。以降、日本の景気動向指数は9度にわたる改訂を経て現在に至っている。なお最近の改訂（04年11月）では、先行・一致・遅行指数の3系列ともに構成指標が変更され、またCIの計算方法も変更された。

①コンポジット・インデックス（CI）

　後述するように、DIは景気の方向性をみるためのものであり、景気の大きさやテンポ（量感）を測るのには適さない。こうしたDIの欠点を補うべく、景気の量感を表す指数として開発されたのが、CIである。これまでのCIの推移は図表Ⅱ-6の通り。

　前述したように、CIには先行、一致、遅行の3系列があり、採用されている経済指標はDIと同じである。景気との関係でいうと、CI一致指数が上昇していれば拡張局面、低下してれば後退局面とされる。ただし月々の動きについては、不規則なものもあるので、3ヵ月移動平均をとるなどしてならすことが望ましい。

　内閣府経済社会総合研究所が公表している「景気の基調判断の基準」によると、基調判断には主に3ヵ月後方移動平均と7ヵ月後方移動平均の前月からの動きが用いられている（図表Ⅱ-7参照）。さらにこれら移動平均の変化方向（前月差の符号）に加え、過去3ヵ月間の累積前月差も加味される。また、当月CIの変化方向（前月差の符号）が「基調」と異なるときは「基調判断は変えず」とされる。

Ⅱ　国内経済の見方

図表Ⅱ-5　景気動向指数の採用系列一覧

| | 系列名 | 内容 | 季節調整方法など | 作成機関 | 資料出所 |
|---|---|---|---|---|---|
| 先行系列 | L1 最終需要財在庫率指数（逆） | | X-12-ARIMAの中のX-11デフォルト | 経済産業省 | 生産・出荷・在庫指数 |
| | L2 鉱工業生産財在庫率指数（逆） | | X-12-ARIMAの中のX-11デフォルト | 同上 | 同上 |
| | L3 新規求人数（除学卒） | | X-12-ARIMA | 厚生労働省 | 一般職業紹介状況 |
| | L4 実質機械受注（船舶・電力を除く民需） | 機械受注（船舶・電力を除く民需）÷国内品資本財企業物価指数 | X-12-ARIMAの中のX-11 | 内閣府経済社会総合研究所 日本銀行 | 機械受注統計調査報告 物価指数月報 |
| | L5 新設住宅着工床面積 | | X-11 | 国土交通省 | 建築着工統計 |
| | L6 耐久消費財出荷指数 | | 前年同月比 | 経済産業省 | 生産・出荷・在庫指数 |
| | L7 消費者態度指数（42類型総合） | | — | 内閣府経済社会総合研究所 | 消費動向調査報告 |
| | L8 日経商品指数（42種総合） | | 前年同月比 | （株）日本経済新聞社 | 日本経済新聞 |
| | L9 長短金利差 | 長期国債（10年）新発債流通利回り－TIBOR（3ヵ月）ユーロ円金利 | — | 日本相互証券（株）全国銀行協会 | ホームページ ホームページ |
| | L10 東証株価指数 | | 前年同月比 | （株）東京証券取引所 | 東証統計月報 |
| | L11 投資環境指数（製造業） | 総資本営業利益率（製造業）÷総資本額（製造業）－長期国債（10年）新発債流通利回り | X-12-ARIMAの中のX-11※ | 財務省 | 法人企業統計季報 |
| | | | X-12-ARIMA※ | 同上 | 同上 |
| | | | — | 日本相互証券（株） | ホームページ |
| | L12 中小企業売上見通しD.I. | | — | 中小企業金融公庫 | 中小企業景況調査 |
| 一致系列 | C1 生産指数（鉱工業） | | X-12-ARIMA | 経済産業省 | 生産・出荷・在庫指数 |
| | C2 鉱工業生産財出荷指数 | | X-12-ARIMA | 同上 | 同上 |
| | C3 大口電力使用量 | | X-12-ARIMA※ | 電気事業連合会 | 電灯・電力需要実績 |
| | C4 稼働率指数（製造業） | | X-12-ARIMA※ | 経済産業省 | 生産・出荷・在庫指数 |
| | C5 所定外労働時間指数（製造業） | | X-12-ARIMA | 厚生労働省 | 毎月勤労統計調査月報 |
| | C6 投資財出荷指数（除輸送機械） | 出荷指数（資本財、除輸送機械）と出荷指数（建設財）の加重平均 | X-12-ARIMAの中のX-11デフォルト | 経済産業省 | 生産・出荷・在庫指数 |
| | C7 商業販売額指数（小売業） | | X-12-ARIMA | 同上 | 同上 |
| | C8 商業販売額（卸売業） | | 前年同月比 | 同上 | 商業販売統計 |
| | C9 営業利益（全産業） | | X-12-ARIMA※ | 財務省 | 法人企業統計季報 |
| | C10 中小企業売上高（製造業） | 中小企業出荷指数（製造業）×中小企業物価指数（工業製品） | X-12-ARIMA※ | 同上 | 規模別製造業生産指数 |
| | | | X-12-ARIMA | 中小企業庁 | 規模別国内企業物価指数 |
| | C11 有効求人倍率（除学卒） | | — | 厚生労働省 | 一般職業紹介状況 |
| 遅行系列 | Lg1 第3次産業活動指数（対事業所サービス業） | | X-12-ARIMAの中のX-11※ | 経済産業省 | 第3次産業活動指数 |
| | Lg2 常用雇用指数（製造業） | | 前年同月比 | 厚生労働省 | 毎月勤労統計調査月報 |
| | Lg3 実質法人企業設備投資（全産業） | 法人企業設備投資÷民間企業設備投資デフレータ | X-12-ARIMAの中のX-11※ | 財務省 | 法人企業統計季報 |
| | | | X-11 | 内閣府経済社会総合研究所 | 四半期別GDP速報 |
| | Lg4 家計消費支出（全国勤労者世帯、名目） | | 前年同月比 | 総務省統計局 | 家計調査報告 |
| | Lg5 法人税収入 | | — | 財務省省計局 | 租税及び印紙収入、収入額調書 |
| | Lg6 完全失業率（逆） | | X-11 | 総務省統計局 | 労働力調査報告 |

（注）（逆）は逆サイクルのこと。※は景気動向指数を作成する際に独自に季節調整を行っている系列。
（出所）内閣府「景気動向指数の利用の手引き」

41

②ディフュージョン・インデックス（DI）

　DIの作成方法は比較的単純である。まず各指標について計数が3ヵ月前と比較して増加した場合を拡張（＋）、減少した場合を収縮（－）、横ばいの場合を保合（0）とする。3ヵ月前と比較する理由は、前月との比較では不規則要因の影響が大きく、循環要因の変化方向が検出できないためである。続いて、拡張系列および保合系列の数をそれぞれ次の計算式に代入する。

$$DI = \frac{拡張系列の数 + 保合系列の数 \times 0.5}{採用系列の数} \times 100 \, (\%)$$

　景気の良し悪しは、DIが50％を超えているか否かで判断されるが、DIはあくまで景気の方向を示したものであり、その水準の大小は景気変動の大きさとは無関係である。例えば、DIが80％のときと60％のときを比べ、前者が後者よりも景気に勢いがあるとはいえない。

　もっとも内閣府経済社会総合研究所が設定する「景気基準日付」には、通常の一致指数ではなく、一致指数の各採用系列から別途作成される「ヒストリカルDI」が用いられている。ヒストリカルDIとは、個々のDI採用系列ごとに山と谷を設定し、山から谷に至る期間はすべてプラス、谷から山に至る期間はすべてマイナスとして算出した指数である。なお、手続き的には、景気基準日付はこのヒストリカルDIをもとに、専門家からなる景気動向指数研究会での議論を経て、内閣府経済社会総合研究所長によって設定される（図表Ⅱ－2参照）。

| 統計名と発表機関<br>発表周期と時期など<br>ポイント | 景気動向指数。内閣府経済社会総合研究所<br>月次。翌々月上旬に速報が、翌々月中旬に改訂状況が発表される。<br>先行指数は一致指数に数ヵ月先行。遅行指数は一致指数に数ヵ月から半年程度遅行する。一般的に、CI一致指数の上昇時が景気拡張局面、低下時が景気後退局面とされる。 |

## 公表機関ホームページアドレス

内閣府 経済社会総合研究所景気統計ページ　http://www.esri.cao.go.jp/jp/stat/menu.html
内閣府 景気ウォッチャー調査　http://www5.cao.go.jp/keizai3/watcher/watcher_menu.html

Ⅱ 国内経済の見方

## 図表Ⅱ-6 コンポジット・インデックス（CI）

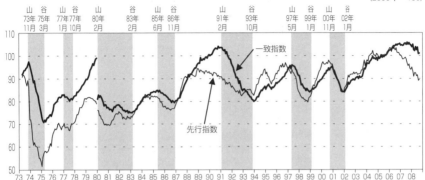

(注1) シャドー部分は景気後退期。
(注2) 2004年10月に改訂。遡及期間は1980年1月まで。それ以前の分については旧基準に
したがったため、79年12月以前と80年1月以降では連続性がない。
(出所) 内閣府 経済社会総合研究所 「景気動向指数」

## 図表Ⅱ-7 基調判断の定義と基準

| | 基調判断 | 定　　義 | 基　　準 |
|---|---|---|---|
| 明確 | ①改善 | 景気拡張の可能性が高いことを暫定的に示す。 | 原則として3ヵ月以上連続して、3ヵ月後方移動平均が上昇した場合。 |
| | ②悪化 | 景気後退の可能性が高いことを暫定的に示す。 | 原則として3ヵ月以上連続して、3ヵ月後方移動平均が下降した場合。 |
| 変化 | ③弱含み・下げ止まり | 景気拡張の動きが弱含んでいる・景気後退の動きが下げ止まっている可能性が高いことを暫定的に示す。 | 3ヵ月後方移動平均の符号が変化し、1ヵ月ないし3ヵ月の累積で1標準偏差分以上逆方向に振れた場合。 |
| | ④局面変化 | 事後的に判定される景気の山・谷が、それ以前の数ヵ月前にあった可能性が高いことを暫定的に示す。 | 7ヵ月後方移動平均の符号が変化し、1ヵ月ないし3ヵ月の累積で1標準偏差分以上逆方向に振れた場合。 |
| 不明確 | ⑤基調判断は変えず | 基調判断が「明確」「変化」のいずれにも該当しない状況において、前月の判断を変更することを保留する。 | ①～④の基準に該当しない場合。 |
| | ⑥横ばい（一進一退） | 景気の方向感に乏しい状況が続いていることを暫定的に示す。 | CIの方向感が乏しい場合（方向感が乏しい場合は原則として⑤だが、それが3ヵ月程度継続した場合には「横ばい」） |

(注) 一致CIの1標準偏差は、前月差が0.81、3ヵ月後方移動平均が0.55、7ヵ月後方移動平均が
0.49、12ヵ月後方移動平均が0.44（1980年1月～2007年12月）。
(出所) 内閣府 経済社会総合研究所 「景気動向指数」

43

## (2) 景気ウォッチャー調査

　前項の景気動向指数は、さまざまな経済指標を合成してつくられる2次あるいは3次統計である。一方、内閣府が2000年2月から毎月公表を行っている「景気ウォッチャー調査」による景気計量化の試みは、それとはかなり趣が異なる、街角景況感調査となっている（図表Ⅱ－8参照）。調査対象が主にスーパーや家電量販店の店員やコンビニ店長、職業安定所職員などである点もユニークだ。

| 統計名と発表機関発表周期と時期など | 景気ウォッチャー調査。内閣府<br>月次。調査時期（毎月25日～月末）の翌月10日前後に発表。 |
|---|---|
| ポイント | ＜調査対象＞<br>家計動向、企業動向、雇用など、代表的な経済活動項目の動向を敏感に反応する現象を観察できる業種の適当な職種にある2050人。調査内容は景気の現状判断、先行き判断などで、それぞれDIが作成されているほか、調査結果には、個別の判断理由も掲載されている。 |

図表Ⅱ－8　景気ウォッチャー調査のDI推移

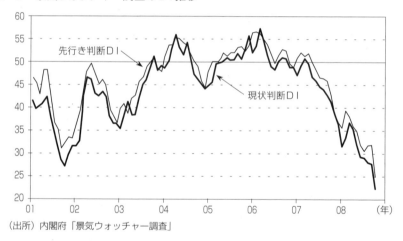

（出所）内閣府「景気ウォッチャー調査」

## (3) 民間の景気指数

　内閣府経済社会総合研究所が作成している景気動向指数以外にも、複数の民間機関が独自の景気指数を作成している。

　例えば、日本経済新聞社は生産、需要、所得、労働の4つの指標（鉱工業生産、商業販売額、所定外労働時間、有効求人倍率）をもとに、景気の変化方向と水準を示す指標として「日経景気インデックス（日経BI）」を作成している。同インデックスは調査時期の翌月末に公表されるため、速報性に優れる。

Ⅱ　国内経済の見方

図表Ⅱ-9　設備投資アンケート一覧

| 調査機関<br>［調査名］ | 調査時点<br>（発表時点） | 調査対象 | 調査内容 | 特色など |
|---|---|---|---|---|
| 内閣府・財務省<br>［法人企業景気<br>予測調査］ | 3、6、9、12月<br>（各2ヵ月後） | ○資本金1000万円以上の法人企業（約115万社）から抽出した14560社<br>うち大企業5118社、中堅3470社、中小5972社<br>○回答法人数1154社（回収率79.4%）<br>うち大企業4474社、中堅等2700社、中小4380社<br>（2008年9月調査） | ○設備投資動向（工事ベース）<br>（実績、見込み、翌四半期計画）<br>○設備投資動向の翌四半期計画<br>○景況、売上高、経常利益、雇用などの見通し | ○企業を対象としたアンケート調査では調査対象企業数が最大（金融・保険業を含む）。<br>○内閣府「法人企業動向調査」と財務省「景気予測調査」を平成16年度から一元化したもの。調査回数が多く、かつ発表までの期間が短いため速報性に富む。<br>○数値は、推定母集団推計値。<br>○土地購入費：含まない |
| 経済産業省<br>［設備投資調査］ | 3月<br>（3ヵ月後） | ○経済産業所管業種および医薬品製造業、建設業、不動産業のうち資本金1億円以上の企業<br>○対象企業2194社<br>うち大企業1460社、中堅等734社<br>○回答企業数1263社<br>うち大企業879社、中堅等384社<br>（2008年3月調査） | ○設備投資動向（工事ベース）<br>（前年度実績、当年度実績見込み、翌年度計画）<br>○設備投資動機<br>○資金調達実現 | ○設備投資資金の調達、返済などの内訳が詳しい（リースも対象）。<br>○主要業種については、設備投資の内容が詳しく分析されているほか、産業型母集団の資料が豊富。<br>○土地購入費：含む |
| 日本銀行<br>［全国短期経済観測調査］ | 3、6、9、12月<br>（12月は当月中、それ以外の月は翌月初旬） | ○資本金2000万円以上の民間企業<br>○調査対象企業10488社<br>うち大企業2415社、中堅等2821社、中小企業5252社<br>○回答率98.9%<br>うち大企業99.2%、中堅99.0%、中小98.7%<br>（2008年9月調査） | ○設備投資動向（工事ベース）<br>（前年度実績、当年度実績見込み、3月調査のみ翌年度計画）<br>○生産・営業用設備判断DI | ○調査回数が多く、かつ発表までの期間が短いため速報性に富む。<br>○マーケットの注目度は最も高い。<br>○数値は、推定母集団推計値。<br>○土地購入費：含む |
| 日本政策投資銀行<br>［設備投資計画調査］ | 6、11月<br>（各1ヵ月後） | ○主要産業のうち資本金10億円以上の大企業<br>対象会社数3470社（主業）、4090社（兼業）<br>○回答会社数2438社（主業）、2933社（兼業）<br>（2008年6月調査） | ○設備投資動向（工事ベース）<br>（前年度実績、当年度実績見込み、翌年度計画）<br>○設備投資動機 | ○調査対象が取引先に限られていないため、最も使いやすい。<br>○産業の分類は原則事業基準分類を用いる。<br>○土地購入費：含む |
| 日本経済新聞社<br>［設備投資動向調査］ | 4〜5月、10〜11月<br>（約2週間後） | ○上場企業と資本金1億円以上の有力企業（銀行・証券・保険を除く）<br>○回答法人数2997社<br>ただし連結対象法人は除かれるため実数は1523社<br>（2008年5月調査） | ○設備投資動向（工事ベース）<br>（前年度実績、当年度実績見込み、翌年度計画） | ○日経新聞社の調査であるため、心理的なインパクトは小さくない。<br>○土地購入費：含む |
| 中小企業金融公庫総合研究所<br>［製造業設備投資動向調査］ | 4、9月<br>（各2ヵ月後） | ○従業員20人以上300人未満の中小製造業<br>対象企業数60932社のうち8587社に発送<br>○回答企業数6437社<br>（2008年9月調査） | ○設備投資動向調査（支出ベース）<br>（前年度実績、当年度実績見込み、翌年度計画）<br>○設備投資の内容、動機、資金調達計画 | ○中小企業向け調査では最大。<br>○数値は、推定母集団推計値。<br>○土地購入費：含む |

（出所）各機関のウェブサイト

45

## [3] 企業関連統計（その1）──日銀短観

### （1）日銀短観の概要

　日本銀行の全国企業短期経済観測調査、すなわち「日銀短観」あるいは単に「短観」は、マーケット関係者の間で最も関心の高い調査の1つである。

　短観が企業に対して行う主な調査項目は、図表Ⅱ－10に掲げた通りで、大きく判断項目と計数項目に分けられる。判断調査は、業況や仕入価格、資金繰りなどに関する判断や評価を、一方、計数調査は、生産、売上、設備投資などの実績値および計画値を調査対象企業に尋ねるものである。

### （2）対象企業の選定基準

　短観では、総務省の「事業所・企業統計調査」（2、3年ごと）をベースとした、全国の資本金2000万円以上の民間企業を調査の母集団企業としている（直近では約21万社）。なお金融機関はその母集団からは除外されているものの、短観を補完する目的で、それに対する調査自体は行われている。

　実際の調査対象企業は、業種別・規模別の区分ごとに統計学的方法を用いた一定の基準で抽出され、新たに事業所・企業統計調査が行われるまで原則として固定される（直近の見直しは2007年3月）。業種区分は、日本標準産業分類をベースに、製造業16業種、非製造業14業種からなる。一方、規模区分は資本金を基準に、大企業（資本金10億円以上）、中堅企業（同1億円以上10億円未満）、中小企業（同2000万円以上1億円未満）からなる。ちなみに短観に対しては2004年3月調査から大幅な見直しが加えられており、例えば、規模区分が「常用雇用者数区分」から現行区分へ変更、業種区分も変更され、また「主要短観」が廃止された。

| 統計名と発表機関 | 短期経済観測調査。日本銀行<br>全国企業対象：「全国企業短期経済観測調査」（1974年開始） |
|---|---|
| 発表周期と時期など | 3、6、9、12月に調査を実施し、それぞれの結果を4月初、7月初、10月初、12月央に発表。<br>＜調査対象＞<br>1万488社（回答率98.9％）。うち大企業2415社、中堅企業2821社、中小企業5252社。<br>（2008年9月調査） |
| ポイント | マーケットの注目度は、国内統計のなかでは最も高い。<br>それは、日銀による調査ということで、金融政策の動向と密接に関連するためである。 |

Ⅱ　国内経済の見方

図表Ⅱ-10　日銀短観の主な調査項目

|  |  | 生産・売上・在庫 | 設備投資 | 企業収益 | 雇用 | 企業金融 |
|---|---|---|---|---|---|---|
| 判断項目<br>（13項目） | | 業況、国内での製商品・サービス需給、海外での製商品需給、製商品在庫水準、製商品の流通在庫水準 | 生産・営業用設備 | 販売価格、仕入価格 | 雇用人員 | 資金繰り、金融機関の貸出態度、ＣＰの発行環境、借入金利水準 |
| 計数項目 | 四半期項目<br>（10項目） | | | | 雇用者数、パート | 負債計、金融機関借入金、ＣＰ、社債、資産計、現金・預金、短期所有有価証券、投資有価証券 |
| | 四半期補完項目 | | | | 雇用者数の先行き | 有利子負債残高、手元流動性水準 |
| | 年度計画<br>（14項目） | 売上高、輸出、輸出に際しての為替レート | 設備投資額、土地投資額、ソフトウェア投資額 | 材料費、人件費、減価償却費、営業利益、金融収益、金融費用、経常利益、当期純利益 | | |
| | 新卒採用状況<br>（1項目） | | | | 新卒者採用者数<br>（6、12月のみ） | |

（出所）　日本銀行「短観（全国企業短期経済観測調査）の解説」より作成

図表Ⅱ-11　業況判断ＤＩ

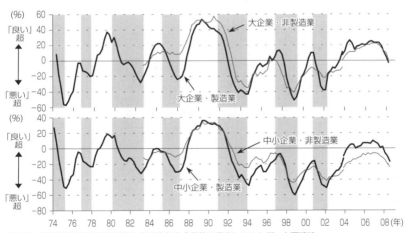

（注1）日銀短観は2004年3月調査から調査対象企業等の見直しによりデータ不連続。
（注2）シャドー部分は景気後退期。
（出所）　日本銀行「企業短期経済観測調査」

## (3) 業況判断DIの見方

　日銀短観のなかでも最も注目度が高いのは、「業況判断DI」（DIはディフュージョン・インデックスの略）である。図表Ⅱ－11は、大企業・中小企業の製造業および非製造業の業況判断DIと景気の山・谷の関係をみたものである。製造業の業況判断DIのピークとボトムは、景気基準日付における景気の山と谷と一致している。
　業況判断DIは、図表Ⅱ－13のように、業種別でも発表されている。これをみると、景気変動が各産業にどのように波及していったかがよくわかる。
　また、業況判断DIは、次の期の予測値も公表されている。予測値の利用方法としては、今後の景気の先行きを予想する材料として使うほか、実績値と前回の予測値の関係に着目し、現在の景気の強弱を確認する材料として用いる方法がある。業況判断DIの実績値と3ヵ月前の予測値を比べ、実績値が予測値を上回れば、予想以上に景気が良かった、下回れば思いのほか景気が悪かったといえる（図表Ⅱ－12参照）。

　なお、業況判断DIの算出方法は以下の通り。
　まず調査企業が「良い」「さほど良くない」「悪い」の3つの選択肢から選んだ回答数を集計する。次に回答数の構成比を次の式に代入する。
　業況判断DI＝「良い」と答えた回答数構成比－「悪い」と答えた回答数構成比

図表Ⅱ－12　大企業・製造業　業況判断DI（実績値と予測値）

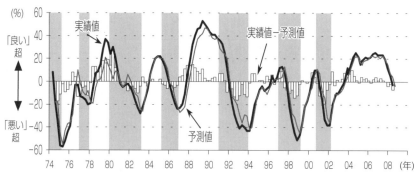

（注1）　日銀短観は2004年3月調査から調査対象企業などの見直しによりデータ不連続。
（注2）　シャドー部分は景気後退期。
（出所）　日本銀行「企業短期経済観測調査」

II 国内経済の見方

図表II-13　大企業・業種別の業況判断DI

| | 全規模 2007年 9月 | 12月 | 2008年 3月 | 6月 | 9月 | 12月 | 大企業 2007年 9月 | 12月 | 2008年 3月 | 6月 | 9月 | 12月 |
|---|---|---|---|---|---|---|---|---|---|---|---|---|
| 全産業 | 4 | 2 | -4 | -7 | -14 | -19 | 21 | 17 | 12 | 7 | 0 | -2 |
| 製造業 | 9 | 9 | 2 | -3 | -11 | -16 | 23 | 19 | 11 | 5 | -3 | -4 |
| 繊維 | -12 | -21 | -25 | -28 | -43 | -43 | 7 | 5 | -3 | -10 | -22 | -19 |
| 木材・木製品 | -31 | -36 | -44 | -41 | -41 | -40 | -13 | -22 | -36 | -23 | -36 | -14 |
| 紙・パルプ | -16 | -19 | -18 | -21 | -22 | -21 | -6 | -3 | 0 | -3 | 0 | 3 |
| 化学 | 16 | 13 | 6 | 1 | -4 | -6 | 28 | 20 | 13 | 8 | 0 | 1 |
| 石油・石炭製品 | -5 | 6 | 0 | -18 | -16 | -25 | 23 | 19 | -5 | -19 | -15 | -10 |
| 窯業・土石製品 | -8 | -13 | -24 | -32 | -32 | -31 | 16 | -2 | -8 | -16 | -10 | -14 |
| 鉄鋼 | 38 | 30 | 22 | 13 | 177 | -4 | 34 | 29 | 13 | -6 | 19 | 13 |
| 非鉄金属 | 17 | 21 | 7 | -1 | -13 | -15 | 24 | 18 | 8 | 10 | -3 | -10 |
| 食料品 | -2 | -04 | -5 | -3 | -8 | -10 | 7 | 1 | 0 | 4 | 2 | 0 |
| 金属製品 | 10 | 8 | -2 | -1 | -6 | -14 | -13 | -14 | -23 | -16 | -24 | -30 |
| 一般機械 | 32 | 27 | 19 | 11 | 0 | -11 | 46 | 37 | 28 | 22 | 2 | 3 |
| 電気機械 | 12 | 13 | 1 | -4 | -13 | -14 | 24 | 21 | 10 | 3 | -9 | -4 |
| 輸送用機械 | 27 | 35 | 33 | 18 | -10 | -5 | 29 | 40 | 34 | 16 | 6 | -10 |
| 精密機械 | 14 | 18 | 8 | 9 | -4 | -8 | 28 | 30 | 8 | 16 | 0 | -2 |
| その他製造業 | -3 | -4 | -8 | -14 | -24 | -21 | 18 | 12 | 12 | 3 | -8 | -3 |
| 素材業種 | 1 | -2 | -9 | -14 | -18 | -23 | 19 | 12 | 4 | -3 | -3 | -4 |
| 加工業種 | 14 | 14 | 7 | 2 | -7 | -21 | 23 | 22 | 14 | 8 | -3 | -4 |
| 非製造業 | -1 | -3 | -7 | -10 | -16 | -22 | 20 | 20 | 12 | 10 | 1 | -1 |
| 建設・不動産 | -6 | -9 | -14 | -18 | -22 | -31 | 18 | 18 | 2 | 8 | -3 | -2 |
| 卸・小売 | -7 | -9 | -10 | -11 | -16 | -20 | 13 | 13 | 7 | 7 | 3 | -1 |
| 運輸 | 5 | 1 | -6 | -9 | -14 | -25 | 23 | 3 | 17 | 16 | 6 | -2 |
| 情報通信 | 19 | 16 | 14 | 8 | -2 | -6 | 37 | 37 | 34 | 25 | 9 | 7 |
| 電気・ガス | 3 | -2 | -4 | -6 | -16 | -20 | 6 | 6 | -7 | -4 | -20 | -25 |
| サービス | 8 | 6 | 2 | -1 | -7 | -11 | 21 | 21 | 17 | 14 | 5 | 8 |
| 飲食店・宿泊 | -6 | -8 | -18 | -26 | -28 | -30 | 12 | 12 | -3 | -14 | -13 | -14 |
| リース | 16 | 12 | 4 | -5 | -15 | -20 | 23 | 23 | 5 | 0 | -21 | -13 |
| 鉱業 | -4 | 1 | -11 | -12 | -19 | -20 | 22 | 22 | 29 | 31 | 38 | 38 |

（注）2008年12月は予測値。
（出所）日本銀行「企業短期経済観測調査」

図表II-14　価格判断DIの動き

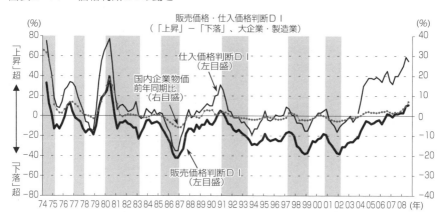

（注1）日銀短観は2004年3月調査から調査対象企業などの見直しによりデータ不連続。
（注2）シャドー部分は景気後退期。
（出所）日本銀行「企業短期経済観測調査」

49

## （4）需給・価格判断ＤＩ

　企業がモノの価格の動向についてどのような判断をしているかは、将来のインフレ圧力を測るうえで重要である。また、需給の動向も、物価の安定を最も重要な目的とする日銀にとっては強い関心事である。

　日銀短観は、需給・在庫・価格の判断に関して、①国内での製商品・サービス需給、②海外での製商品需給、③製商品在庫水準、④製商品の流通在庫水準、⑤販売価格、⑥仕入価格の６項目を調査している。

　前頁の図表Ⅱ－14は、そのうち販売価格および仕入価格の判断ＤＩと、国内企業物価指数の動向を示したものである。多少のズレはあるものの、これらの価格判断ＤＩが実際の企業物価の動きと密接な関係にあることが観察されよう。

## （5）企業収益の動向

　短観では、企業収益の動向に関し、売上高や経常利益、当期純利益、売上高経常利益率が調査されている。図表Ⅱ－15は、大企業の売上高経常利益率の推移を示したものである。最近の動きをみると、非製造業は、1993年を底に上昇傾向となっている。製造業も、振れはあるが、90年代前半に比べ上昇していることがわかる。しかし、2006年をピークに、双方とも低下に転じている。

## （6）生産・営業用設備判断ＤＩ

　後述の設備投資の項でもふれているが、短観は設備投資計画についてもヒアリングを行っている（図表Ⅱ－16参照）。

　このなかでとくに注目したいのは、「生産・営業用設備判断ＤＩ」である。このＤＩは、生産・営業用設備の「過剰感」「不足感」を表す指標で、設備投資の先行指標として利用できる。この数値が大きくなるほど、設備過剰感が強いことを示し、設備投資は低迷する可能性が高くなる。

公表機関ホームページアドレス
日本銀行 短観　　http://www.boj.or.jp/theme/research/stat/tk/index.htm

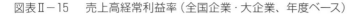
Ⅱ　国内経済の見方

図表Ⅱ−15　売上高経常利益率（全国企業・大企業、年度ベース）

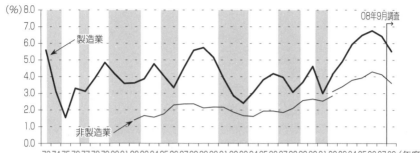

（注1）　日銀短観は2004年3月調査から調査対象企業などの見直しによりデータ不連続。
（注2）　シャドー部分は景気後退期。
（出所）　日本銀行「企業短期経済観測調査」

図表Ⅱ−16　設備投資計画（全国企業・大企業、年度ベース）

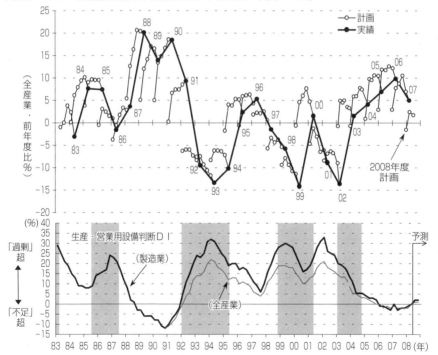

（注1）　日銀短観は2004年3月調査から調査対象企業などの見直しによりデータ不連続。
（注2）　シャドー部分は景気後退期。
（出所）　日本銀行「企業短期経済観測調査」

## [4] 企業関連統計（その2）── その他

日銀短観以外にも企業の経済活動動向を分析するための材料は多いが、ここでは紙幅の関係もあり、主な統計とその特色を列記するにとどめる。

### (1) 法人企業統計調査

この調査は、財務省財務総合政策研究所が法人企業の経営動向について財務計数を中心に調査するもので、四半期別調査と年次別調査の2種類がある。四半期別調査では仮決算上の計数が、年次別調査では確定決算の計数が用いられる。前者は各四半期の約2ヵ月後に、後者は翌年度の9月に公表される。全産業および産業別の売上高、経常利益、経営諸比率、付加価値、設備投資、在庫投資、資金事情などが一覧できるもので、国内の企業経営に関する包括的なデータとしては随一のものといえる（図表Ⅱ-17、18参照）。

### (2) 法人企業景気予測調査

この調査は、従来内閣府経済社会総合研究所が行っていた「法人企業動向調査」と、財務省が行っていた「財務省景気予測調査」を、2004年度より内閣府と財務省の共管調査として一元化したものである。四半期ごと（3、6、9、12月）に資本金1億円以上の営利法人から対象企業が選定され調査が実施される。主な調査項目は、企業ごとの景況判断、国内の景況判断、雇用の現状判断と見通し、資金調達方法、売上高・経常利益・設備投資の見通しなどで、それぞれの項目についてBSI（ビジネス・サーベイ・インデックス）が算出される。結果は調査の翌月に公表される。

図表Ⅱ-17　売上高経常利益率の推移（4四半期移動平均）

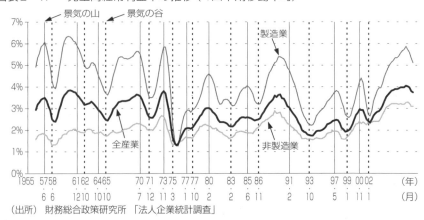

（出所）財務総合政策研究所「法人企業統計調査」

## 図表Ⅱ-18　諸収益指標の推移（製造業）

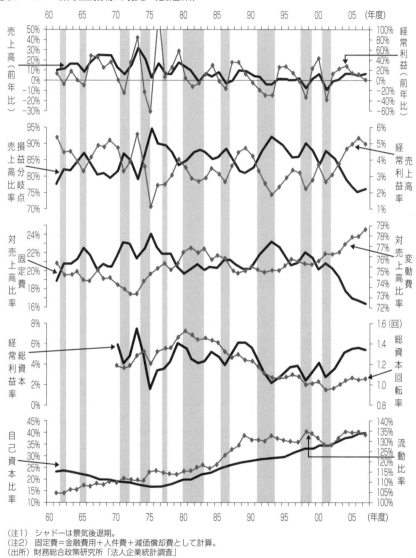

(注1)　シャドーは景気後退期。
(注2)　固定費＝金融費用＋人件費＋減価償却費として計算。
(出所)　財務総合政策研究所「法人企業統計調査」

## 公表機関ホームページアドレス

財務総合政策研究所　http://www.mof.go.jp/jouhou/soken/toukei.htm

## （3）中小企業関連統計

　中小企業は、景気変動の影響を受けやすいうえ、先行的に活動する傾向があるので、景気判断においては欠かせない分析対象である。しかし、中小企業は数が多く、また業種も多岐にわたるため、正確な実態把握はきわめて困難といえる。

　図表Ⅱ-19は、中小企業を対象とする代表的な調査の一覧である。カバレッジの問題（とくにサービス業に関して顕著）はあるものの、景気の転換点が議論されるような局面ではこうした調査の活用も大切である。なかでも商工組合中央金庫が毎月下旬に公表する「中小企業月次景況観測」はマーケットでの注目度が高い。

図表Ⅱ-19　中小企業を対象とした調査

| 調査名 | 発表機関 | 発表周期 | 調査対象 | 内容 |
|---|---|---|---|---|
| 全国中小企業動向調査（中小企業編） | 日本政策金融公庫 | 3,6,9,12各月中・下旬の調査を翌月下旬に発表 | 取引先　13399社回答企業　6082社（2008年9月調査） | 売上、在庫、販売・仕入価格などについて、当期実績および1期先、2期先の見通しをDIで調査。旧中小企業金融公庫「中小企業動向調査」。 |
| 全国中小企業動向調査（小企業編） | 同上 | 3,6,9,12各月中旬の調査を翌月下旬に発表 | 取引先　10000社回答企業　7821社（2008年9月調査） | 業況判断、売上、採算、資金繰り、設備などについて、当期実績および翌期見通しをDIで調査。調査対象の企業規模が従業員30人未満と小さいことが特徴。旧国民生活金融公庫「全国小企業動向調査」。 |
| 中小企業景況調査 | 同上 | 毎月中旬調査を月末もしくは翌月初に発表 | 取引先　　900社回答企業　590社（2008年9月調査）3大都市圏のみ | 売上、在庫、利益、資金繰り、従業員判断などの項目についてDIで調査。売上については今後3ヵ月の見通しDIが掲載される。 |
| 中小企業月次景況観測 | 商工組合中央金庫 | 毎月上旬調査を下旬に発表 | 取引先　　1000社（製造業　450社、非製造業　550社）全数調査 | 景況判断、売上、業況判断（採算、設備、資金繰り、在庫、雇用など）について、当月実績および翌月予測をDIで調査。売上については水準調査を行っており、前年同月比が示される。 |
| 中小企業景況調査 | 中小企業基盤整備機構 | 3,6,9,12各月調査を月末もしくは翌月初に発表 | 調査対象　19017社回答企業　18370社（2008年9月調査） | 業況判断、売上、在庫、資金繰り、借入、利益、雇用、設備などについて当期実績および翌期見通しをDIで調査。 |

（出所）各機関ウェブサイトより作成

公表機関ホームページアドレス

| | |
|---|---|
| 日本政策金融公庫 | http://www.jfc.go.jp |
| 商工組合中央金庫 | http://www.shokochukin.co.jp |
| 中小企業基盤整備機構 | http://www.smrj.go.jp |

## （4）企業倒産統計

　企業倒産の増加は、いうまでもなく不況期における典型的現象である。図表Ⅱ-20は、過去約30年間の企業倒産（件数・負債総額）の推移を示したものである。1991年以降、倒産企業の負債総額が激増していったことがみてとれる。とくに、大手金融機関が相次いで破綻した97年以降、負債総額は10兆円を超えることが常態化し、2000年には名目ＧＤＰ比で約5％の水準に達した。もっとも07年における負債総額は、景気の回復を反映し、00年の4分の1程度にまで減少している。

　企業倒産に関する公式な政府統計は存在しないが、民間の信用調査機関である東京商工リサーチと帝国データバンクがそれぞれ「全国企業倒産集計」・「全国企業倒産状況」として、毎月15日前後に前月分のデータを公表している。対象はともに負債総額が1000万円を超えた倒産企業である。倒産件数および負債総額のほか、業種別、地域別、原因別の分析も公表されている。

　倒産は季節性が強いので、前月との比較には注意が必要である。倒産件数は年間でみると3、4、5、10、11、12月に多い。

図表Ⅱ-20　企業倒産

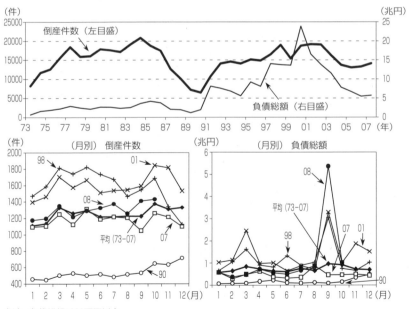

（注）負債総額1000万円以上。
（出所）INDB。原資料は東京商工リサーチ

# [5] 設備投資

## (1) 景気循環と設備投資

　設備投資は名目GDPの平均15％前後を占める項目である。6割弱を占める個人消費に比べると構成比は小さいものの、変動がより大きいという特徴をもつことから、在庫投資と並び景気循環を引き起こす主要な要因となっている。

　図表Ⅱ-21は、1950年代後半以降における民間設備投資の対GDP比（設備投資比率という）の推移をみたものである。経験的には、対名目GDPベースの同比率が20％を超えると設備投資は過剰な水準、すなわち警戒ゾーンにあり、景気後退入りのシグナルとなっている。

　実際、岩戸景気、いざなぎ景気、平成景気においても、設備投資の対名目GDP比が20％を超えた時点と景気のピークはほぼ一致している。

## (2) 設備投資のストック調整原理

　設備投資に循環が生じるのは次のような原理による。

　企業は、自らが現実に保有する資本のストック（設備能力と言い換えてもよい）と、望ましいと考えている資本のストックとの間にギャップが存在するとき、それを埋めるべく設備投資を実施する。設備投資が実行されると、それは需要となり景気拡大の推進力になる。しかし実際に設備が完成してしまうと、供給力が満たされ、設備投資のインセンティブは消失する（これを「設備投資の二面性」という）。このため投資が停滞し、需要が減少、やがて経済全体に影響が波及していく。

　こうしたプロセスを想定することで設備投資の循環を説明するのが、「ストック調整原理」という考え方である。

　もっとも現実の経済においては、企業部門の資本ストック全体でどの程度のギャップが存在しているかを把握するのは容易ではない。将来の需要増加を見込んで設備投資をしたものの、それが完成し稼動できる頃には景気の流れが変わってしまい、設備が過剰な状態に陥る。そうしたことは、個別の企業でも産業全体でもしばしば経験することで、現実は理論よりもはるかに動態的である。したがって設備投資については、複数の関連指標を比較しながら分析することが望まれる。

　図表Ⅱ-22は設備投資の先行指標および一致指標を示したものである。以下では、うち機械受注統計、建設工事受注動態統計、各種設備投資アンケートについて解説する。

Ⅱ　国内経済の見方

図表Ⅱ-21　設備投資比率（名目・実質）

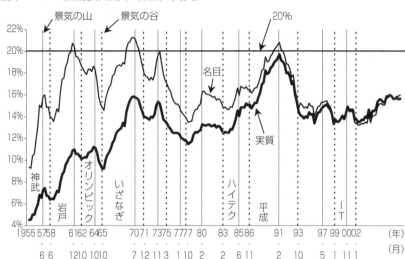

（注）79年まで68SNA、93年まで93SNA固定方式、94年以降は93SNA連鎖方式基準による。
（出所）内閣府「需要項目別時系列表（68SNA）・（93SNA）」

図表Ⅱ-22　設備投資関連統計のフローチャート

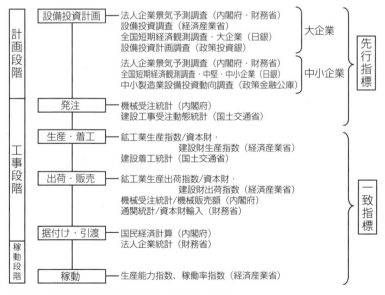

（出所）『どう読む経済指標』長富祐一郎監修、各機関

## (3) 機械受注

　設備投資の先行指標の代表格は、「機械受注統計」である。図表Ⅱ-23は設備投資と機械受注の前年同期比の伸び率をみたものだ。これによると、2000年頃までは、機械受注が設備投資に半年程度先行して動いていたのが伺える。しかしながら、より近年についてみると、その先行性は不鮮明化している。その理由は、受注から実際の投資までのスパンが短期化しているためと推測される。

　機械受注は通常、船舶・電力を除いた民需ベースで議論される。船舶・電力が除かれるのは、両者は金額が大きいうえ、不規則な動きをするためである。しかし、それらを除外しても機械受注の動きにはかなりの振れがあり、分析には移動平均を用いる、あるいは四半期ベースに直すなどの工夫が必要である。また、調査対象が主要機械製造業者280社に限られていることや、機械のウェイトが低い非製造業の設備投資の動きを反映しにくいことなどにも注意すべきである。

　関連統計として、四半期末の受注残高と翌四半期の見通しを調査した「機械受注見通し調査」があるが、これも振れが大きいので注意が必要である。

　「機械受注見通し調査」のなかでは、見通しの達成率に対する注目度が、マーケット参加者の間では比較的高い。機械受注が上昇トレンドにあるなかで、達成率が連続して100％を超えるような場合は、投資意欲に加速度がついていると判断することができよう。逆の場合は、投資意欲が急速に萎縮していると考えられる。

| 統計名と発表機関<br>発表周期と時期など | 機械受注統計。内閣府経済社会総合研究所<br>月次。翌々月の中旬に発表。 |
|---|---|
| ポイント | ＜調査対象＞ 内閣総理大臣の指定した主要機械製造業者（280社ベース）。<br>＜調査項目＞ 需要者別（民需、官公需、外需、代理店）、機種別の受注額および受注残高など。<br>「船舶・電力を除く民需」の動向が重要。<br>設備投資の先行指数となっている。<br>振れの大きさには注意。 |

### 公表機関ホームページアドレス

内閣府 経済社会総合研究所 景気統計ページ　http://www.esri.cao.go.jp/jp/stat/menu.html
国土交通省 建設工事関係統計　http://www.mlit.go.jp/statistics/details/kkoji_list.html

## （4）建設工事受注

建設工事受注動態統計は、機械受注統計と同様に、設備投資の先行指標として利用されている。ただし月次の動きについては、長期の大規模工事受注の有無により、大きな振れが生じる。また、サンプル数に制約があるため、全体の動きを捉えるには「建築着工予定額調査」などもあわせてみる必要がある。

| | |
|---|---|
| 統計名と発表機関 | 建設工事受注動態統計調査。国土交通省 |
| 発表周期と時期など | 月次。速報および大手50社調査は、翌月末に発表。確報は、翌々月上～中旬に発表。<br>＜調査対象＞1万2000社「調査票甲（共通）」、大手企業50社「調査票乙」<br>＜主要調査項目＞工事種類別受注高、施工高および未消化工事高など |
| ポイント | 設備投資に対して先行性をもつ。<br>大手50社調査の受注総額動向が必要。 |

図表Ⅱ-23　設備投資（実質）と機械受注

（注）実質設備投資は80年まで68SNA、94年まで93SNA固定方式、95年以降は93SNA連鎖方式基準による。
（出所）内閣府「機械受注統計調査報告」「需要項目別時系列表（68SNA）・（93SNA）」

## (5) 設備投資の判断基準

　図表Ⅱ-24は、設備投資の投資採算（設備投資収益率-資金調達コスト）と設備投資の伸び率の関係をみたものである。ここでは、設備投資の収益率として事業用資産に対する営業利益の比率を、資金の調達コストとして長期プライムレートを、それぞれ用いた。企業にとって設備投資をするか否かの判断基準は、通常、投資収益率が資金調達コストを上回るかどうかにあるが、図表Ⅱ-24からは、そうした関係が存在することを読み取ることができる。

## (6) 設備投資目的の見方

　設備投資にはさまざまな目的があるが、経済産業省「設備投資調査」は、それを①生産能力増強、②更新・維持補修、③研究開発、④環境関連、⑤合理化・省力化、⑥その他に分類している。

　景気との関連でみると、拡大期には「生産能力増強」の構成比が、後退期には、「更新、維持・補修」が高まる傾向にある（図表Ⅱ-25参照）。

## (7) 設備投資アンケート

　設備投資の先行きを見通すために、複数の機関が民間企業に対し設備投資に関するアンケート調査を実施している（図表Ⅱ-9参照）。いずれも設備投資を行う主体に直接尋ねるもので、予測としては単純明快である。調査結果を読む際は以下の点を注意したい。

①調査対象に違いがあること。金融機関による調査の場合は、取引先に対象が限定されていることが多い。

②土地購入費を含む調査がほとんどであり、この部分で歪みが生じること。なお、GDPの設備投資は土地購入代金を含んでいない。

③アンケート調査の結果はあくまで投資計画額であり、実績額との間では乖離が生じること。もっとも、計画額の修正には一定のパターンがある。例えば、翌年度計画値は低めに設定される傾向がある。これは、翌年度計画に関する調査が通常、計画額が完全には確定していない2～3月に実施されることに起因する。また中小企業の設備投資計画額は大企業に比べ修正幅が大きくなりやすい傾向がある。このことは、中小企業の設備投資が大企業に比べ景気変動に対しより機動的であることを示唆している。

## Ⅱ 国内経済の見方

### 図表Ⅱ-24 設備投資動向と投資採算（法人企業統計ベース）

（出所）財務省「法人企業統計」より作成、長期プライムレートはBloombergより

### 図表Ⅱ-25 製造業設備投資の目的別内訳の推移

（単位：%）

| 年度 | | 1996年度 | 1997年度 | 1998年度 | 1999年度 | 2000年度 | 2001年度 | 2002年度 | 2003年度 | 2004年度 | 2005年度 | 2006年度 | 2007年度 | 2008年度計画 |
|---|---|---|---|---|---|---|---|---|---|---|---|---|---|---|
| 設備投資伸び率（前年度比） | | 4.8 | 4.1 | -13.0 | -15.5 | 12.5 | 9.7 | -16.2 | 11.3 | 15.4 | 15.3 | 12.0 | 6.6 | 6.8 |
| 構成比 | 能力増強 | 27.8 | 30.1 | 27.7 | 26.0 | 31.8 | 27.4 | 23.8 | 29.3 | 31.4 | 33.6 | 37.4 | 42.8 | 38.4 |
| | 新製品・製品高度化 | 16.0 | 16.7 | 15.5 | 15.9 | 16.7 | 16.8 | 18.1 | 17.6 | 18.4 | 18.1 | 16.2 | 12.3 | 12.4 |
| | 合理化・省力化 | 17.9 | 14.7 | 18.4 | 16.0 | 14.7 | 15.0 | 15.0 | 12.7 | 13.7 | 12.6 | 10.9 | 10.0 | 11.0 |
| | 研究開発 | 10.3 | 10.4 | 10.4 | 9.1 | 8.3 | 9.2 | 8.9 | 8.7 | 7.9 | 7.4 | 6.2 | 6.2 | 7.7 |
| | 維持・補修 | 13.5 | 13.8 | 15.9 | 16.8 | 14.8 | 17.8 | 19.8 | 18.1 | 16.5 | 16.8 | 17.8 | 16.6 | 18.3 |
| | その他 | 14.5 | 14.2 | 12.1 | 16.2 | 13.7 | 13.8 | 14.6 | 13.4 | 12.0 | 11.5 | 11.5 | 12.1 | 12.2 |

（出所）日本政策投資銀行「設備投資計画調査」

## 公表機関ホームページアドレス

日本政策投資銀行 設備投資計画調査　http://www.dbj.jp/investigate/equip/index.html

# [6] 生産・在庫

## (1) 鉱工業生産指数

　経済産業省によって毎月公表される「鉱工業指数」は、景気との関連性が密接であることから、マーケットでは最も注目度の高い統計の1つとなっている。同指数は、鉱工業部門に属する事業所が日本国内で行っている経済活動を体系的に捉えたもので、生産、出荷、在庫、在庫率、製造工業生産予測、能力・稼働率などの各指数から構成される。なかでもとくに注目度が高いのは、生産、在庫率、稼働率の3指数である。

　生産指数については、図表Ⅱ－26が示すように、実質GDP成長率との間に強い連動性があることが確認される（ただし、鉱工業生産の振れのほうが大きい傾向がある）。

　なお、生産・出荷・在庫指数の速報と同時に発表される「製造工業生産予測指数」は、主要企業へのアンケート結果に基づき、先行き2ヵ月の生産指数の予想値を示したものである。この指数をもとに先行き2ヵ月の伸び率・実現率・予測修正率が公表される。実現率は前回の予測値に対し、実績値がどの程度となったかを示す。予測修正率は、前回の2ヵ月先予測が今回の1ヵ月先予測となったときに、どの程度修正されたかを示す。とくに予測修正率は、生産計画の修正を示し、生産マインドの指標として注目される。

| 統計名と発表機関 | 鉱工業生産・出荷・在庫指数、製造工業生産予測指数、能力・稼働率指数。経済産業省 |
|---|---|
| 発表周期と時期など | 月次。<br>速報は、翌月27日頃に発表。<br>確報は、翌々月15日頃に発表。 |
| ポイント | 関連指数として、第3次産業活動指数、全産業活動指数がある。<br>四半期ごとに公表される「産業活動分析」では、上記指数のほか、輸出入の動向に関する分析も行われ、輸出依存度や輸入浸透度が分析されている（図表Ⅱ－28参照）。<br>産業構造における鉱工業比率は低下傾向にあるとはいえ、鉱工業生産が景気循環を引き起こす最も重要な要因の1つであることに変わりはない。<br>指数は業種別・財別でも集計されている。<br>指数の現行基準は2005年。 |

公表機関ホームページアドレス

経済産業省 所管全統計一覧　　http://www.meti.go.jp/statistics/ichiran/index.html

Ⅱ 国内経済の見方

### 図表Ⅱ-26 鉱工業生産とGDP

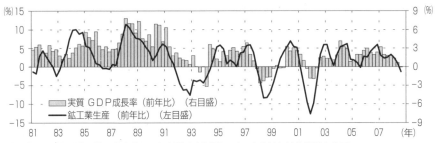

(注1) 04年以前の鉱工業生産は、旧基準を新基準にリンクさせた接続指数を使用。
(注2) 実質GDP成長率は、94年までは95年基準固定方式、95年以降は00年基準連鎖方式による。
(出所) 経済産業省「鉱工業生産」、内閣府「国民経済計算」

### 図表Ⅱ-27 鉱工業生産の特殊分類とウェイト（2005年基準）

|  |  |  |  | 生産<br>(付加価値額<br>ウェイト) | 出荷 | 在庫 |
|---|---|---|---|---|---|---|
| 鉱工業 |  |  |  | 10,000.0 | 10,000.0 | 10,000.0 |
|  | 最終需要財 | 投資財 | 資本財 | 1,662.1 | 1,654.8 | 1,030.9 |
|  |  |  | 建設財 | 690.4 | 613.2 | 1,006.3 |
|  |  | 消費財 | 耐久消費財 | 1,267.9 | 1,605.1 | 1,397.9 |
|  |  |  | 非耐久消費財 | 1,315.0 | 1,194.7 | 1,201.3 |
|  | 生産財 | 鉱工業用生産財 |  | 4,601.7 | 4,403.6 | 4,854.0 |
|  |  | その他用生産財 |  | 462.9 | 528.6 | 509.6 |

(出所) 経済産業省「鉱工業生産」

### 図表Ⅱ-28 産業活動分析

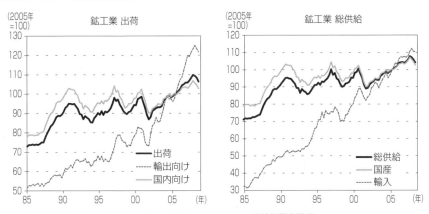

(注) 04年以前の数値は、旧基準を新基準にリンクさせた接続指数を使用。
(出所) 経済産業省「産業活動分析」・INDB

63

## (2) 在庫率指数

在庫率とは、売上または出荷に対する在庫ストックの割合をいい、これを指数化したものが在庫率指数である。在庫率指数の特徴としては、①鉱工業生産指数に対しほぼ平行的に動くこと（図表Ⅱ-30参照）、②在庫率指数のピークは景気の谷に、ボトムは景気の山に先行する傾向があること（図表Ⅱ-31参照）などが挙げられる。

在庫は設備投資とともに長らく景気循環と密接な関係があるものとされてきた。すでに述べた通り、最も期間の短い景気循環である「キチン波」は在庫によってもたらされる。情報技術の進展などに伴う在庫管理の高度化（典型的にはトヨタのカンバン方式）や経済のソフト化・サービス化により、マクロ経済に占める在庫の重要性が減少したことから、「在庫循環の終焉」が80年代末頃から唱えられるようになった。しかし図表Ⅱ-33が示すように、近年においても引き続き在庫循環のパターンを確認することができる。

## (3) 稼働率指数

稼働率は、「生産実績÷生産能力」と定義される。一方、稼働率指数は基準年における稼働率を100として指数化したものであり、実際の稼働率の水準を示したものではないが、図表Ⅱ-29の通り、現状が景気循環のどの局面にあるのかを示し、景気の一致指標となっている。というのも、稼働率が上昇するのは景気が拡大し生産量が増加するときだからである。また、稼働率の上昇は需給関係の逼迫を意味し、物価上昇や設備投資拡大を誘発するため、ボトルネック・インフレ（一部の産業で需要が供給能力を上回る→物価上昇→経済全体への波及）や設備投資の先行指標としても利用可能である。稼働率低下局面では、これとは逆のことが起きる。

図表Ⅱ-29　稼働率（製造工業）と景気循環

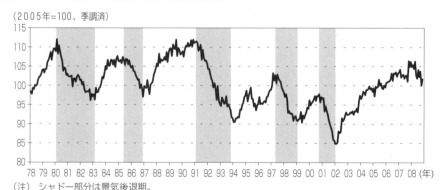

(注) シャドー部分は景気後退期。
(出所) 経済産業省「鉱工業生産（能力・稼働率指数）」

Ⅱ　国内経済の見方

図表Ⅱ-30　在庫率と鉱工業生産

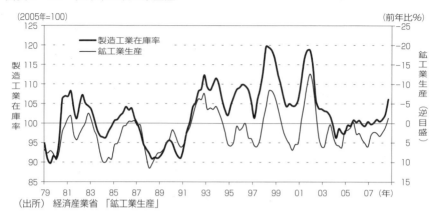

（出所）経済産業省「鉱工業生産」

図表Ⅱ-31　在庫率指数（製造工業）と景気

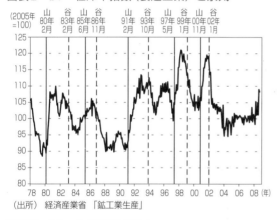

（出所）経済産業省「鉱工業生産」

図表Ⅱ-32　在庫循環図（概念図）

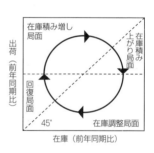

図表Ⅱ-33　在庫循環の動向

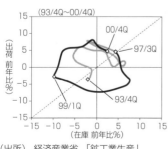
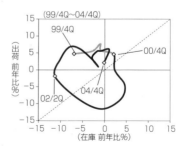

（出所）経済産業省「鉱工業生産」

65

## [7] 個人消費

### (1) 家計調査

　民間最終消費支出は、名目GDPの約6割を占める最大の需要項目である。それゆえ個人消費の動向は景気予測の要となる。この個人消費に関連する統計を一覧したのが図表Ⅱ-34である。

　このうち最も重要度の高い調査は、総務省統計局が実施している「家計調査」である。

　家計調査の対象世帯数は約9000世帯（2005年国勢調査によると、全国の世帯数は4957万。うち単身世帯〈除く学生の世帯〉は1350万）。調査対象には、学生の単身世帯などの例外はあるものの、全世帯が含まれる。ただし2人以上世帯に関する調査結果が毎月発表されるのに対し、単身世帯および総世帯は毎四半期の発表となっている。

　主な調査内容は家計の収支動向で、この統計からは家計の実収入、消費支出、非消費支出、可処分所得（実収入−非消費支出）、消費性向（消費支出／可処分所得）、収支（実収入−〈消費支出＋非消費支出〉）などの数値が把握できる。

　家計調査は個人消費の動向を把握するのに最も包括的かつ優れた統計であるが、難点もある。しばしば指摘される点としては、調査対象者は相当細かい家計簿をつけなければならず、調査に協力してくれる世帯の年齢層が高めになっていることがあげられる。また、調査対象世帯は母集団である世帯全体の縮図に近くなるよう選定されているが、高額商品への支出などにより誤差が発生しやすいことにも注意が必要である。

### (2) 商業販売統計

　「商業販売統計」は卸売・小売業の販売活動に関する統計で、経済産業省により毎月公表されている。同統計は、卸売・小売別の販売額のほか、小売販売額については、百貨店、スーパー、コンビニエンスストア（ただし形態を問わず500以上の店舗を有するチェーンのみ）ごと、商品別に販売動向を記録したものである。

　商業販売統計では、百貨店は、売場面積が東京特別区および政令指定都市で3000㎡以上、その他の地域で1500㎡以上でスーパーに該当しない事業所と定義され、一方、スーパーは、売場面積の50％以上でセルフサービス方式を採用し、かつ売場面積が1500㎡以上の事業所と定義される。

　ちなみに、コンビニエンスストアについては、販売額（商品・サービス別）とあわせ、店舗数も地域別に公表されている。

## 図表Ⅱ-34 個人消費関連統計

| 名称 | 発表周期 | 作成機関 | 主な経済指標 |
|---|---|---|---|
| 家計調査 | ○2人以上の世帯<br>月次（速報）<br>翌月下旬<br>○単身世帯・総世帯<br>四半期、翌々月中旬 | 総務省統計局 | 名目・実質消費支出<br>可処分所得<br>実収入<br>貯蓄・負債<br>平均消費性向 |
| 商業販売統計 | 月次（速報）<br>翌月下旬 | 経済産業省<br>産業統計室 | 卸売業販売額<br>小売業販売額<br>大型小売店販売額<br>（百貨店・スーパー）<br>コンビニエンスストア販売額 |
| 全国百貨店売上高概況 | 月次<br>翌月下旬 | 日本百貨店協会 | 百貨店売上高 |
| チェーンストア販売高 | 月次<br>翌月下旬 | 日本チェーンストア協会 | チェーンストア売上高 |
| 新車登録台数状況 | 月次<br>翌月初旬 | 日本自動車販売協会連合会 | 新車登録台数 |
| 軽自動車新車販売速報 | 月次<br>翌月初旬 | 全国軽自動車協会連合会 | 軽自動車新車販売台数 |
| 旅行業者取扱高 | 月次<br>翌々月初旬 | 国土交通省<br>観光庁 | 国内旅行取扱高<br>海外旅行取扱高 |
| 日本銀行券発行残高 | 月次<br>翌月初旬 | 日本銀行 | 日本銀行券発行高 |

## 公表機関ホームページアドレス

総務省 統計局　　　　　　http://www.stat.go.jp
経済産業省　　　　　　　　http://www.meti.go.jp
日本百貨店協会　　　　　　http://www.depart.or.jp
日本チェーンストア協会　　http://www.jcsa.gr.jp
日本自動車販売協会連合会　http://www.jada.or.jp
全国軽自動車協会連合会　　http://www.zenkeijikyo.or.jp
国土交通省 観光庁　　　　 http://www.mlit.go.jp/kankocho
日本銀行　　　　　　　　　http://www.boj.or.jp

## [8] 雇用関連統計

### (1) 失業率

　米国では、雇用統計はマーケット参加者の最も強い関心を呼ぶ統計の1つで、なかでも失業率は非農業部門就業者数と並び相場の注目材料となっている。米国で雇用統計が重視される理由としては、速報性の高さ、金融政策に対する影響度の高さがあげられる。一方、日本においては、失業率は長い間比較的関心の薄い指標だった。だが、バブル期にはインフレ圧力の尺度として、その後不況が長期化し雇用情勢が悪化すると政策判断の材料として、注目を集めるようになった。

　図表Ⅱ-35は、1960年代前半から直近までの完全失業率および有効求人倍率の推移である。完全失業率は89年から92年にかけては2％台前半で推移したが、98年に上昇ピッチを速め、2001年6月には5％の大台を突破。その後は、04年に低下に転じたが、景気回復が家計に十分波及しないまま、雇用環境は再び悪化方向へ向かっている。

| 統計名と発表機関<br>発表周期と時期など | 労働力調査。総務省統計局<br>月次。<br>速報は、翌月末に公表。<br>確報（月報）は翌々月下旬、確報（年報）は翌年3月に発表。<br><調査対象>全国全世帯から無作為抽出した約4万世帯に居住する15歳以上の約10万人。 |
|---|---|
| ポイント | 景気に対し遅行的に動く（景気動向指数の遅行系列に採用）。<br>季節的に変動する要因があるため、毎月の推移を連続的にみるには、原数値ではなく、季節調整値を用いる。 |

### (2) 有効求人倍率

　有効求人倍率は、公共職業安定所で扱う求職者数と求人数をもとに、厚生労働省が毎月算出する指標である。結果は、翌月末に「一般職業紹介状況」として速報が、3ヵ月後の中旬に「職業安定業務月報」として確報が発表される。なお一般職業紹介状況には有効求人倍率以外にも就職率や充足率などの指標が掲載されている。定義や算出方法については、図表Ⅱ-36を参照。

　有効求人倍率は一般的に、1を超えていれば人手不足、1を下回っていれば雇用余剰を表す。景気との連動性が高いため、景気動向指数の一致系列にも採用されている（ただし学卒除く）。もっとも、民間の求人情報提供や職業紹介が普及する現在、公共職業安定所を通じて求職する人の割合は高いといえず、有効求人倍率だけで雇用情勢全体を把握するには無理がある。

Ⅱ　国内経済の見方

図表Ⅱ-35　失業率と有効求人倍率

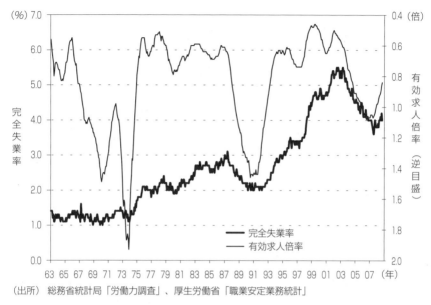

（出所）総務省統計局「労働力調査」、厚生労働省「職業安定業務統計」

図表Ⅱ-36　雇用関係の用語解説

| 労 働 力 人 口 | 15歳以上人口のうち、就業者と完全失業者を合計したもの |
|---|---|
| 労働力人口比率 | 労働力人口÷15歳以上人口×100（％） |
| 就　業　者 | 従業者と休業者の合計 |
| 従　業　者 | 調査期間中に収入を伴う仕事を1時間以上した者 |
| 休　業　者 | 仕事をもちながら、調査期間中少しも仕事をしなかった者のうち、①雇用者で、給料、賃金の支払いを受けている者または受けることになっている者、②自営業主で、自分の経営する事業をもったままで、その仕事を休みはじめてから30日にならない者。 |
| 完 全 失 業 者 | 次の3条件を満たす者。①仕事がなくて調査期間中に少しも仕事をしなかった者、②仕事があればすぐに就くことができる者、③調査期間中に、仕事を探す活動や事業を始める準備をしていた者。 |
| 完 全 失 業 率 | 完全失業者÷労働力人口×100（％） |
| 有 効 求 人 数 | 前月から未充足のまま繰り越された求人と新規求人との合計 |
| 有 効 求 職 数 | 前月から繰り越して引き続き求職している者と新規求職者との合計 |
| 有 効 求 人 倍 率 | 有効求人数÷有効求職者数 |

（出所）総務省統計局、厚生労働省

# [9] 住宅関連統計

## (1) 民間住宅投資の分析

住宅投資は、GDPに占める割合こそ3～4％と小さいものの、変動幅が大きく、個人消費への波及効果もあるため、景気動向をみるうえで無視できない。

住宅投資の変動要因としては、長期的・構造的には、世帯増加数（婚姻数）、人口移動（大都市圏への流入）、住宅ストックなどが、中短期的には、所得要因、金融要因（金利や借入の容易さ）、地価要因などがあげられる。

住宅投資の分析に際しては、これらの要因に関連する諸統計（人口統計や家計統計など）と組み合わせたり、住宅関連統計間で比較したりすることが効果的である。

## (2) 主要住宅関連統計

①住宅着工統計（図表Ⅱ－37参照）

国土交通省が毎月末、「建築着工統計調査」（数値は前月分）のなかで公表する統計。全国の住宅着工状況（戸数、床面積の合計）を、工事別（新設・その他）、資金別（民間・公営・公庫など）、建築工法別、利用関係別（持家・貸家・分譲など）、住宅種類別（専用・併用など）、建て方別（一戸建て・共同など）に分類し計上している。

②マンション・建売住宅の市場動向

株式会社不動産経済研究所が公表する住宅販売統計。内容は地域別・価格帯別の発売戸数、契約戸数など。首都圏・近畿圏分については毎月前月分を、全国分については毎年2月に前年分を公表。

③地価公示

国土交通省は毎年3月下旬、同年1月1日基準の地価を官報に公示しているが、その価格を「公示価格」という。それは「個別の特殊な事情などが取り除かれた、自由な取引において通常成立すると考えられる1平方メートル当たりの価格」と定義され、土地鑑定委員会により決定される。対象は、国土交通省令で定める都市計画区域（2008年調査では2万9100地点）で、圏域別・用途別に公表される。

④市街地価格指数（図表Ⅱ－38参照）

財団法人日本不動産研究所が、毎年3月末と9月末の年2回、市街地の宅地価格の推移を表すために全国主要223都市の約2000地点（定点）の地価を鑑定評価し、指数化したもの。調査結果は調査月の翌々月下旬に公表される。

Ⅱ　国内経済の見方

図表Ⅱ-37　新設住宅着工戸数と新規マンション発売戸数の推移

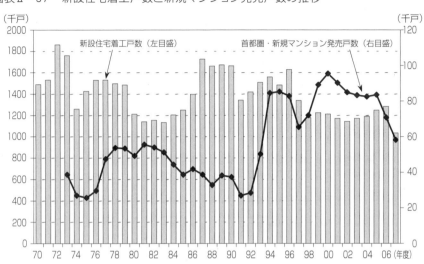

（出所）国土交通省「住宅着工統計」、不動産経済研究所「マンション市場動向」

図表Ⅱ-38　市街地価格指数

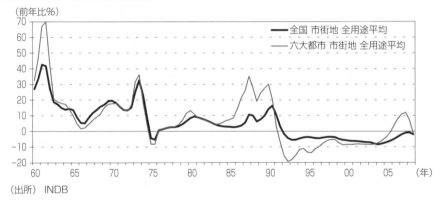

（出所）INDB

## 公表機関ホームページアドレス

| | |
|---|---|
| 国土交通省 土地総合情報ライブラリー | http://tochi.mlit.go.jp |
| 　　　　　建築・住宅関係統計 | http://www.mlit.go.jp/statistics/details/jutaku_list.html |
| 不動産経済研究所 | http://www.fudousankeizai.co.jp |
| 日本不動産研究所 | http://www.reinet.or.jp |

71

# [10] 貿易統計

## (1) 貿易統計

　一般に「通関統計」と呼ばれる貿易統計は、日本の輸出入について関税境界を通過したベースで国(地域)別・商品別に記録したもので、国際収支統計の「貿易収支」の基礎的資料となっている(発表体系については図表Ⅱ-39参照)。ただし両者の間には建値、計上範囲、計上時点において違いがある。国際収支そのものや国際収支と貿易収支の違いについては、第Ⅺ章を参照されたい。

| 統計名と発表機関<br>発表周期と時期など | 貿易統計（通関統計とも呼ばれる）。財務省<br>旬次、および月次。<br>速報：上旬分は当月下旬に、上中旬分は翌月上旬に、月中分は翌月下旬に公表。<br>確報：輸出は翌月末頃、輸入は翌々月末頃。<br>確定（暦年の統計）：翌年3月頃。 |
|---|---|

## (2) 国・地域別動向

　図表Ⅱ-40は、1983年以降の日本の貿易収支の推移である。国・地域別にみると、対米、対欧、対アジア（中国除く）では一貫して黒字を計上する一方、対中東では逆に赤字が続いている。対中国については、93年までは概ね均衡した状態にあったが、その後2001年にかけて日本側の赤字が拡大し、以降も輸入超が定着している。

　中国は02年以降、米国に代わって日本の最大の輸入相手国となっており、その構成比は95年の10.7％から07年には20.6％へ増加している。また輸出相手国でも、中国は07年現在、米国に次ぐ第2位で、全体の15.3％を占める。95年の5.0％と比べ、中国向け輸出が大幅に伸びていることがわかる。

公表機関ホームページアドレス
財務省 貿易統計 http://www.customs.go.jp/toukei/info/index.htm

### 貿易統計の不突合

　日本側の統計によると、日本の対中赤字は近年増加傾向にあるが、中国側の貿易統計にしたがえば、中国の対日貿易収支は2002年以降赤字が続いている。なぜこのような矛盾が生じるのか。その答えは中継貿易地・香港にある。日中両国はともに輸入については「原産国」で計上する。つまり中国が香港に輸出し、その後、香港が日本に再輸出したものは、日本側の統計では対中輸入とされる一方、中国側の統計では対香港輸出となる。逆に日本が香港経由で中国に輸出したものは、日本側の統計では対香港輸出、中国側の統計では対日輸入としてカウントされる。こうした統計処理方法が相互に赤字という奇妙な数字をつくっている。

Ⅱ　国内経済の見方

図表Ⅱ-39　貿易統計の発表体系

| 項　　目 | 発　表　内　容 |
|---|---|
| 輸出・輸入総額 | 円建て。原値と参考として季節調整値 |
| 地域（国）別輸出入額 | 円建て |
| 主要商品別輸出入額 | 円建て。数量は一部についてのみ |
| 主要地域（国）別商品別輸出・輸入 | 円建て。数量は一部についてのみ |
| 商品特殊分類別輸出入額 | 円建て |
| 貿易指数（金額・数量・価格） | 原値および伸び率。円ベース |

（注）輸出はFOB（本船渡し）価格、輸入はCIF（運賃・保険料込み）価格で計上。

図表Ⅱ-40　日本の国・地域別貿易収支

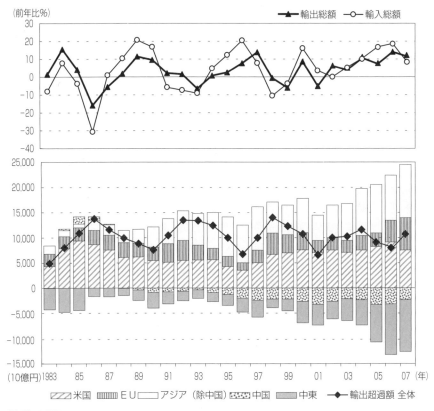

（出所）INDB

## ［11］物価関連統計
### （1）消費者物価指数（CPI）
「消費者物価指数（CPI）」は、全国の家計が購入する財およびサービスの価格を総合することにより物価の変動を時系列的に測定する指標で、総務省統計局によって毎月作成されている。CPIはインフレの基本統計として、金融政策を予測するうえできわめて重要である。実際、2001年3月の日銀・金融政策決定会合では、当時採用していた量的緩和政策の実施期間の目処として、生鮮食品を除くCPIの対前年同月比が安定的にゼロ％以上になることを設定した。

CPIには全国指数と東京都区部指数がある。いずれも重要な指標であるが、マーケットでは速報性に優れる東京都区部のほうが注目されている。

CPIの10大費目のウェイトは、図表Ⅱ－41の通りである。このウェイトは、基準年の家計調査から得られた全世帯1ヵ月1世帯あたりの品目別消費支出金額より作成される。現行の05年基準の調査対象品目には、家計支出上の重要度、価格変動の代表性、継続調査の可能性などの観点から、585品目が採用されている。

CPIにも他の統計同様クセがある。とくに以下の点には注意したい。

第1に、CPIは生鮮食品を除いたベースで判断、分析する必要がある。生鮮食品価格は天候や特殊要因によって大きく変動するからである。

第2に、後述する企業物価の動き方と比較すると、消費者物価のほうが概して変動幅が小さい。その主な理由としては、消費者物価指数におけるサービス価格の構成比の高さ（約5割）があげられる。サービス価格は人件費の占める割合が高いため、価格変動がより硬直的な特徴をもつ。この他の理由としては、企業物価に比べ為替相場や原油価格などの変動の影響が直接的に反映されにくいことがあげられる。

第3に、消費者物価の構成品目の基準改定は、5年ごととなっているため、時間の経過に伴い、実際の消費生活と指数との間に乖離が生じてしまう可能性がある。もっとも総務省統計局は、基準改定年の前であっても、普及が急速な新商品が登場した場合には、速やかに構成品目の見直しを行うものとしている。

| 統計名と発表機関<br>発表周期と時期など<br><br>ポイント | 消費者物価指数。総務省統計局<br>月次。<br>全国ベースは、翌月の26日を含む週の金曜日に発表。<br>東京都区部速報は、当月の26日を含む週の金曜日に発表。<br>インフレの基本指標として注目される。<br>日銀は2006年3月から「中長期的な物価安定の理解」を公表しており、毎年4月に点検を行うこととしている。2008年4月も引き続き、「消費者物価指数の前年比で0～2％程度」を、中期的にみて物価が安定していると各政策委員が理解する物価上昇率としている。 |

Ⅱ　国内経済の見方

### 図表Ⅱ-41　消費者物価指数（CPI）の10大費目別ウェイト

（2005年基準）

| 費　目 | 全　国 | 東京都 |
|---|---|---|
| 総　合 | 10,000 | 10,000 |
| 食　料 | 2,586 | 2,460 |
| 住　居 | 2,039 | 2,629 |
| 光熱・水道 | 676 | 580 |
| 家具・家事用品 | 344 | 286 |
| 被服・履物 | 464 | 492 |
| 保健医療 | 448 | 410 |
| 交通通信 | 1,392 | 1,018 |
| 教　育 | 364 | 465 |
| 教養娯楽 | 1,100 | 1,110 |
| 諸雑費 | 586 | 550 |
| 生鮮食品 | 412 | 400 |

（2000年基準）

| 全　国 | 東京都 |
|---|---|
| 10,000 | 10,000 |
| 2,730 | 2,544 |
| 2,003 | 2,580 |
| 651 | 573 |
| 369 | 324 |
| 568 | 570 |
| 380 | 345 |
| 1,313 | 1,023 |
| 398 | 482 |
| 1,130 | 1,141 |
| 456 | 417 |
| 450 | 420 |

（注）05年基準のウェイトは、08年1月以降適用されている中間見直し後のもの。
（出所）総務省統計局「平成17年基準消費者物価指数品目情報一覧」

### 図表Ⅱ-42　企業物価指数と消費者物価指数の構成

企業物価（2005年基準）

| 国内需要財 | | | | | |
|---|---|---|---|---|---|
| | | | 最終財 | | |
| | | | | 消費財 | |
| 素原材料 | 中間財 | | 資本財 | 消費耐久財 | 消費非耐久財 |
| 7.9% | 51.7% | | 13.1% | 8.3% | 19.0% |

消費者物価（2005年基準）

| 一般サービス | 公共サービス | 電気・ガス・水道・都市ガス | 生鮮食品 | |
|---|---|---|---|---|
| 37.8% | 12.9% | 4.9% | 4.1% | |
| サービス　50.6% | | | 商　品　49.4% | |

（出所）総務省統計局統計センター「消費者物価指数」
　　　　日本銀行「2005年基準 企業物価指数（CGPI）の解説」

## (2) 企業物価指数

「企業物価指数（ＣＧＰＩ）」は、企業間で取引される商品（モノ）の価格動向に関する指標で、日銀により毎月作成されている。基本分類指数として、国内企業物価指数、輸出物価指数、輸入物価指数があり、このほか参考指数として、需要段階別指数、用途別指数などがある。

企業物価指数の歴史は古く、1897年に「東京卸売物価指数」が公表されて以来、各種の見直しを重ねながら現在に至っている。現行の企業物価指数は2002年12月公表分より「卸売物価指数」から名称変更されたものである。このとき、基準年を1995年から2000年へ変更しただけでなく、指数体系も変更し、また、統計精度の向上のため、調査価格数を大幅に増やし、実勢価格を把握するための新しい手法を導入した。なお、企業物価指数は、連続性のある指数として作成された接続指数により1960年まで、また戦前基準では1900年まで遡ることができる。

企業物価は景気に左右されやすいが、とくに注目しておきたいのは需要段階別の企業物価の動向である。物価変動は、原材料（川上）から中間財を経て最終財（川下）に波及するというプロセスを描く。資源輸入国である日本では、原材料価格は為替レートや国際商品市況から強い影響を受けるが、需要段階別の企業物価をみることで、それらの影響が経済全体にどのように、またどの程度波及しているかを分析することができる。

もっとも国際商品市況、とりわけ原油価格が国内物価に与える影響は、70年代に比べ、現在では大きく低下している（図表Ⅱ－44参照）。これは、円の増価に加え、日本の製造業が2度の危機を通じて生産効率を向上させ、エネルギー価格や資源価格に対する耐久力を高めたことが主な要因である。『2005年版経済財政白書』によると、原油価格が20％上昇した場合の日本の実質ＧＤＰに対する効果は、1982年版の経済企画庁の世界経済モデルでは、1年目－0.46％、2年目－1.24％だったが、2005年版の内閣府の日本経済マクロ計量モデルでは、1年目－0.11％、2年目－0.14％と、かなり縮小している。

| 統計名と発表機関<br>発表周期と時期など | 企業物価指数。日本銀行<br>月次。<br>速報値は原則として翌月の第8営業日目。ただし、年2回の定期遡及訂正月（4、10月）は第9営業日。<br>確報値は翌月分の速報公表日。 |
|---|---|
| ポイント | さまざまな分類があるが、まずは国内企業物価、とくに国内需要財の動向をみる。また、日銀などの政策当局が物価動向について、どのようなコメントをするかに注目。 |

## Ⅱ　国内経済の見方

### 図表Ⅱ-43　国内企業物価指数の長期推移

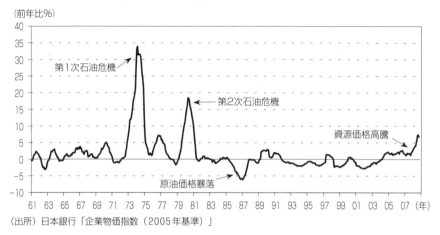

(出所)日本銀行「企業物価指数(2005年基準)」

### 図表Ⅱ-44　原油価格高騰の影響

|  |  | 73年10月～74年9月<br>(1年間)<br>(第1次石油危機) | 79年1月～80年12月<br>(2年間)<br>(第2次石油危機) | 03年6月～05年5月<br>(2年間) |
|---|---|---|---|---|
| 原油産出高(世界) | (千バレル/日量) | 54,596 | 63,490 | 72,853 |
|  | (年次) | (74年末) | (79年末) | (04年末) |
| 原油産出高<br>(OPEC) | (千バレル/日量) | 30,357 | 30,511 | 27,000 |
|  | (年次) | (74年) | (79年) | (04年) |
| 原油価格 | (ドル/バレル) | 3.011→11.651 | 12.704→32.00 | 30.7→50.9 |
|  | (伸び率) | 286.9% | 151.9% | 65.8% |
|  | (油種) | 原油公示価格 | アラビアン・ライト | WTI |
| 米国・CPI上昇率 | 年率換算 | 11.0% | 12.4% | 2.9% |
| 日本・CPI上昇率 | 年率換算 | 21.8% | 6.4% | 0.0% |
| 米国・燃料消費/個<br>人消費(実質) | (%) | 4.3% | 3.9% | 2.6% |
|  | (年次) | (74年) | (79年) | (04年) |
| 日本・燃料消費/個<br>人消費(実質) | (%) | — | 2.3% | 2.0% |
|  | (年次) |  | (82年) | (04年) |
| OECDのエネルギ<br>ー消費/GDP | 石油換算トン/95年<br>価格100万ドル | 283 | 254 | 188 |
|  |  | (73年) | (80年) | (02年) |
| OECDのGDP成<br>長率 | (年率換算) | 0.7% | 2.6% | 3.7% |
|  | (年次) | (74年) | (79～80年) | (04年) |
| 石油輸出国のGDP<br>成長率 | (年率換算) | 7.4% | 4.5% | 6.9% |
|  | (年次) | (74年) | (79年) | (04年) |
| 非石油輸出国の<br>GDP成長率 | (年率換算) | 4.5% | 5.3% | 7.2% |
|  | (年次) | (74年) | (79年) | (04年) |

(出所)『ジェトロ貿易白書 2005年版』　日本貿易振興会

## (3) 企業向けサービス価格指数

「企業向けサービス価格指数 (CSPI)」は、企業間で取引されるサービス価格の動向に関する指数で、日銀により毎月公表されている。発表が開始されたのは1991年1月で、1897年まで起源を遡ることのできる企業物価指数に比べると、統計としての歴史は浅い。日銀がこの統計の開発に着手したのは1988年5月のことであるが、この背景には日本の産業構造において、サービス産業が生産額、就業者のいずれでも過半を占めるという、いわゆる「経済のサービス化」、「経済のソフト化」の流れがあった。この統計の登場をもって、企業物価指数と消費者物価指数では対象外だった領域の価格動向把握が可能になった。

なお、日銀は5年に1度、CSPIの基準改定を実施している。直近では2004年11月に95年基準から2000年基準に改定された。

| | |
|---|---|
| 統計名と発表機関<br>発表周期と時期など | 企業向けサービス価格指数。日本銀行<br>月次。<br>速報値は原則として翌月の第18営業日目、確報値は原則として翌々月の第18営業日目。<br>定期的な計数の遡及訂正は年2回 (4、10月:3、9月速報公表時) 行われる。 |
| ポイント | <調査対象> (図表II-47の指数構成項目参照)<br>収集価格数は3050、調査先数は596、採用品目数は110。<br>「帰属利子」、「商業マージン」、「教育・研究」、「公務」などは対象外。<br>サービス産業の総取引の約6割 (2000年時点) をカバー。<br>経済のサービス化に対応する形で、1991年に登場。<br>データの始期は85年1月。<br>CGPIおよびCPIでは把握できない分野を補完。 |

図表II-45　企業物価の基本指数の体系 (2005年基準)

| 区　分 | 品目数 | 内　容 |
|---|---|---|
| 国内企業物価指数 | 857 | 国内市場向けの国内生産品 (国内市場を経由して最終的に輸出に向けられるものを除く) の企業間取引価格を生産者段階ないし卸売段階で調査した物価指数 (消費税含む)。 |
| 輸出物価指数 | 213 | 輸出品の価格を本邦から積み出される段階 (原則としてFOB建て) で調査した物価指数 (消費税含まず)。 |
| 輸入物価指数 | 268 | 輸入品の価格を本邦へ入着する段階 (原則としてCIF建て) で調査した物価指数 (消費税含まず)。 |
| 合　計 | 1338 | 2005年基準より、「国内・輸出・輸入の平均指数」は廃止。 |

(出所) 日本銀行「企業物価指数」

Ⅱ　国内経済の見方

図表Ⅱ-46　CGPI、CSPI、CPIの対象領域（イメージ）

（出所）日本経済新聞社『経済指標の読み方』などをもとに作成

図表Ⅱ-47　CSPIの構成ウェイト

| 総平均 | 1000.0 | （2000年基準） | | | |
|---|---|---|---|---|---|
| 大類別 | | 類別 | | 小類別 | |
| 金融・保険 | 50.4 | 金融サービス | 37.3 | 金融手数料 | 37.3 |
| | | 保険サービス | 13.1 | 損害保険料 | 13.1 |
| 不動産 | 72.8 | 不動産賃貸 | 72.8 | 事務所賃貸 | 51.0 |
| | | | | その他の不動産賃貸 | 21.8 |
| 運輸 | 193.3 | 旅客輸送 | 45.3 | 鉄道旅客輸送 | 19.5 |
| | | | | 道路旅客輸送 | 11.5 |
| | | | | 航空旅客輸送 | 14.3 |
| | | 陸上貨物輸送 | 65.5 | 鉄道貨物輸送 | 0.9 |
| | | | | 道路貨物輸送 | 64.6 |
| | | 海上貨物輸送 | 44.4 | 外航貨物輸送 | 20.7 |
| | | | | 内航貨物輸送 | 6.1 |
| | | | | 貨物用船料 | 7.2 |
| | | | | 港湾運送 | 10.4 |
| | | 航空貨物輸送 | 4.7 | 国際航空貨物輸送 | 4.0 |
| | | | | 国内航空貨物輸送 | 0.7 |
| | | 倉庫・運輸付帯サービス | 33.4 | 倉庫 | 9.1 |
| | | | | こん包 | 8.6 |
| | | | | 有料道路 | 15.7 |
| 通信・放送 | 96.3 | 通信 | 94.2 | 郵便 | 14.2 |
| | | | | 固定電気通信 | 52.3 |
| | | | | 移動電気通信 | 21.5 |
| | | | | アクセスチャージ | 6.2 |
| | | 放送 | 2.1 | 放送 | 2.1 |
| 広告 | 74.9 | 広告 | 74.9 | 四媒体広告 | 51.9 |
| | | | | その他の広告 | 23.0 |
| 情報サービス | 106.1 | 情報サービス | 106.1 | ソフトウェア開発 | 61.3 |
| | | | | 情報処理・提供サービス | 44.8 |
| リース・レンタル | 93.0 | リース・レンタル | 93.0 | リース | 77.2 |
| | | | | レンタル | 15.8 |
| 諸サービス | 313.2 | 下水道・産業廃棄物処理 | 26.1 | 下水道 | 7.3 |
| | | | | 産業廃棄物処理 | 18.8 |
| | | 自動車・機械修理 | 91.1 | 自動車修理 | 33.4 |
| | | | | 機械修理 | 57.7 |
| | | 専門サービス | 109.5 | 法務・会計サービス | 25.2 |
| | | | | 土木建築サービス | 40.4 |
| | | | | その他の専門サービス | 43.9 |
| | | その他諸サービス | 86.5 | 建物サービス | 40.4 |
| | | | | 労働者派遣サービス | 15.5 |
| | | | | 警備 | 18.4 |
| | | | | 洗濯 | 12.2 |

（出所）日本銀行「企業向けサービス価格指数」

## (4) 日経主要商品価格指数

　中国やインドなどの新興国が台頭するなか、商品市況に対する注目が世界的に高まっている。それを指数化したのが商品価格指数で、日本では日本経済新聞社の「日経主要商品価格指数」が代表的である。同指数には日次の17種と週次の42種があるが、それぞれの採用品目は図表Ⅱ-48の通りである。

　ところで、日経商品指数42種は景気動向指数の先行系列に採用されている通り、「生産活動拡大→原材料需要増大→商品価格上昇」という経路を通じて、景気先行指標として利用できる。通常、景気回復局面では、非鉄金属が敏感に反応するといわれている。

　また、商品価格指数は企業物価指数に対しても先行的な動きをとる。図表Ⅱ-49は、日経商品指数17種と国内企業物価の動きを比較したものである。

　なお国際商品価格指数については、第Ⅹ章「商品市況の見方」で詳しく解説しているので、そちらを参照されたい。

| 統計名と発表機関 発表周期と時期など | 日経商品指数。日本経済新聞社 日次（17種）は、翌日発表。 週次（42種）は、毎週末値を土曜日に発表。 月次（42種）は、毎月末値を翌月1日に発表。 日経新聞、日経産業新聞に掲載される。 |
|---|---|
| ポイント | 採用品目については、図表Ⅱ-48参照。 42種は景気動向指数の先行系列に採用されている。 企業物価指数に対しても先行性をもつ。 |

## (5) 上記以外の物価関連指標

　以上では、物価動向を捉える指標として、消費者物価、企業物価、企業向けサービス価格、日経商品価格指数の4つをあげた。これら以外にも、例えば、①「GDPデフレーター」（内閣府経済社会総合研究所）、②日銀短観の「価格判断DI」（日本銀行）、③消費者のインフレ期待を示す「消費動向調査」（内閣府経済社会総合研究所）のヒアリング結果などが物価動向をみる材料となっている。

公表機関ホームページアドレス
財務省 統計局CPI　　http://www.stat.go.jp/data/cpi/index.htm
日本銀行物価関連統計　http://www.boj.or.jp/theme/research/stat/pi

Ⅱ 国内経済の見方

図表Ⅱ-48　日経商品指数の採用品目

| | 42種　採用品目 | うち、17種 採用品目 |
|---|---|---|
| 繊　維 | [7品目] アクリル糸、ポリエステル糸、ナイロン糸 | [4品目] 綿糸、毛糸、生糸、スフ糸 |
| 鋼　材 | [7品目] 機械構造用炭素鋼、ステンレス鋼板 | [5品目] 棒鋼、山形鋼、H型鋼、薄鋼板、厚鋼板 |
| 非　鉄 | [7品目] 黄銅丸棒、伸銅品銅条 | [5品目] 銅地金、亜鉛地金、鉛地金、すず地金、アルミニウム地金 |
| 木　材 | [4品目] ヒノキ正角、杉小幅板、米ツガ正角、合板 | |
| 化　学 | [4品目] カセイソーダ、純ベンゼン　低密度ポリエチレン、塩化ビニール樹脂 | |
| 石　油 | [4品目] ガソリン、灯油、軽油、C重油 | |
| 紙・板紙 | [3品目] 上質紙、コーテッド紙、段ボール原紙 | |
| 食　品 | [3品目] 大豆油 | [2品目] 砂糖、大豆 |
| その他 | [3品目] セメント、牛原皮 | [1品目] 天然ゴム |

(出所) 日本経済新聞社編『経済指標の読み方(上)』

図表Ⅱ-49　国内企業物価指数と日経商品指数（17種）

(出所) INDB

## 3 日本の財政収支の見方

### (1) 財政収支の推移

　日本の財政収支は、1990年代以降、低迷する景気の下支えのため財政拡大路線を継続したことから、大幅に悪化している。とくに、小渕内閣のもとで、98年11月に17兆円超の緊急経済対策が発動されたが、同時に98年度は前年度の倍額にあたる約17兆円の赤字国債(特例公債)が発行された。これ以降、景気低迷期が続くなか、日本の財政収支は大幅赤字が続き、99～2006年度の間、赤字国債の発行額は毎年度21～29兆円に及んだ。歳出総額のうち公債発行でまかなわれている割合を示す公債依存度は、91年度の9.5%を底に、2003年度には42.9%まで上昇した。
　日本の財政赤字を対名目GDP比で主要先進国と比較すると、最悪水準にある(図表II-50参照)。OECDの「エコノミック・アウトルック No.83」によると、政府債務残高から政府保有の金融資産を差し引いた純債務残高の対名目GDPでみても、他の先進国が30～60%であるのに対し、日本は80%を超えている。

### (2) 一般会計と特別会計

　日本の財政をみるうえでの注意点は、一般会計のほかに大規模な特別会計が存在することである。特別会計は、国が特定の事業を行う場合などに、特定の歳入をもって特定の歳出に充て、一般の歳入歳出と区分して経理する会計である。2006年度末には31の特別会計があったが、現在、統廃合が進められており、2011年度までに17会計となる予定である。08年度予算では、一般会計の規模が83兆円であるのに対し、政府案によると、特別会計の歳出は368兆円、会計間取引などの重複額を控除した純計額は178兆円にまで膨らんでいる。また、一般会計の歳出の約6割が特別会計の歳入として繰り入れられているが、監視の目が行き届きにくく、無駄遣いの温床との批判が強い。

### (3) 財政構造改革

　日本の財政状況改善に向け、政府は財政構造改革を進展させ、2010年代初頭に基礎的財政収支(プライマリーバランス)を黒字化させることを目標としている。基礎的財政収支は、「借入を除く税収等の歳入」から「過去の借入に対する元利払いを除いた歳出」を差し引いた財政収支である。また、特別会計についても整理合理化に向けて改革が進んでいる。

## II 国内経済の見方

図表II−50 財政収支対名目GDP比の国際比較

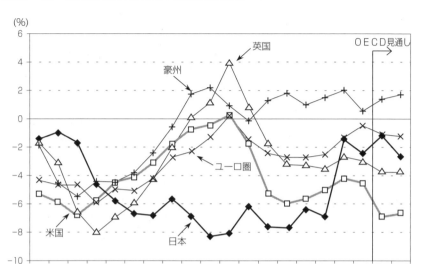

(注) 日米は修正積立方式の年金制度のため、実質的に将来債務となる社会保障基金を除いた値。
(出所) OECD「エコノミック・アウトルック No.83」

図表II−51 一般会計の歳入・歳出の内訳

| 歳 出 | | 金額(億円) | 構成比(%) |
|---|---|---|---|
| 一般歳出 | | 472,845 | 56.9 |
| | 社会保障関係費 | 217,824 | 26.2 |
| | 文教及び科学振興費 | 53,122 | 6.4 |
| | 公共事業関係費 | 67,352 | 8.1 |
| | 防衛関係費 | 47,796 | 5.8 |
| | その他 | 86,751 | 10.4 |
| 国債費 | | 201,632 | 24.3 |
| 地方交付税交付金等 | | 156,136 | 18.8 |
| 合計 | | 830,613 | 100.0 |

| 歳 入 | | 金額(億円) | 構成比(%) |
|---|---|---|---|
| 租税及び印紙収入 | | 535,540 | 64.5 |
| | 所得税 | 162,790 | 19.6 |
| | 消費税 | 106,710 | 12.8 |
| | 法人税 | 167,110 | 20.1 |
| | その他 | 98,930 | 11.9 |
| 公債金収入 | | 253,480 | 30.5 |
| | 特例公債 | 52,120 | 6.3 |
| | 建設公債 | 201,360 | 24.2 |
| その他収入 | | 41,593 | 5.0 |
| 合計 | | 830,613 | 100.0 |

(注) 平成20年度当初予算ベース。
(出所) 財務省「平成20年度予算政府案」・「日本の財政を考える(パンフレット)」より

## 4 経済予測や情報収集のコツ

### (1) 経済予測の読み方

　毎年、年末になると翌年の経済見通しが主要シンクタンクや証券会社、銀行、生損保などから発表される。テレビなどで著名エコノミストたちの景気討論会が最も盛り上がりを示すのもこの時期である。また、年末以外にも多くの予測機関が定期的に経済見通しを発表している。

　そのほか、例えば世界銀行やIMF（国際通貨基金）、OECD（経済協力開発機構）をはじめとする国際機関や、EIU（Economist Intelligence Unit、英エコノミスト誌の調査機関）などの海外民間シンクタンクも日本のマクロ経済予測を定期的に公表している。

　マクロ経済予測はマーケット関係者にとっても金利や為替の見通しを描くうえでベースとなるものであり、総じて関心が高い。しかし経済見通しに目を通す際には、以下の点について注意すべきであろう。

　第1に、予測機関によってかなりクセがある。シンクタンク・調査部ごと、あるいはエコノミストごとに、強気または弱気といった傾向がある。

　第2に、マーケット関係者にとって大切なのは、よく当たる予測機関、あるいはよく当たるエコノミストの発掘ではなく、全体のコンセンサスが一体どのあたりにあるかを見極めることである。自らの予測とコンセンサスとの乖離を確認することで、マーケットでのスタンスが決まってくる。

　第3に、予測は変化するということである。天災や政変、テロ、暴動、戦争といった予期せざるイベントは、当然ながら事前の経済見通しには織り込まれていない。また、シンクタンクなどが出す経済見通しについても、普通、年に数回程度修正が入る。マーケットは予想・期待の変化で変動するため、新情報が先行き見通しにどのような影響を与えるか、という視点を忘れてはならない。

　なお、全体のコンセンサスをつかむため、多くの予測機関の見通しを自ら集計するのもよいが、調査機関のコンセンサス集計を利用することもできる。日本経済については、社団法人経済企画協会が「ESPフォーキャスト調査」で、エコノミスト・機関（2008年12月現在38人）の予想を毎月集計、公表している。

Ⅱ　国内経済の見方

## （2）政府の経済見通し

　予算編成方針を示すに際し、政府も経済見通しを作成している。もっとも、政府の見通しは、純粋な予測というよりも、政策当局として「経済はかくあるべし」という姿を指し示したものだ。したがって、当たる、当たらないという議論は的外れである。こうしたことから政府の見通しは、景気後退期にはより楽観的に、景気拡大期にはより抑制的になる傾向がある。

公表機関ホームページアドレス

| 内閣府 | http://www.cao.go.jp/ |
| 経済企画協会 | http://www.epa.or.jp/ |

《主要参考文献》
① 「どう読む経済指標」長富祐一郎監修　財経詳報社
② 「景気の読み方」金森久雄ほか編　有斐閣
③ 「景気・相場大辞典」大和総研　金融財政事情研究会
④ 「日本経済キーワード」経済調査会
⑤ 「経済財政白書」「経済白書」各年版　内閣府
⑥ 「日本の経済指標入門」原田泰ほか編著　東洋経済新報社
⑦ 「入門　マクロ経済（第4版）」中谷巌　日本評論社
⑧ 「実践・景気予測入門」嶋中雄二・UFJ総合研究所投資調査部　東洋経済新報社
⑨ 「ゼミナール　景気循環入門」景気循環学会　金森久雄編　東洋経済新報社
⑩ 「景気とは何だろうか」山家悠紀夫　岩波書店
⑪ 「日本経済読本（第16版）」金森久雄・香西泰・大守隆編　東洋経済新報社
⑫ 「経済指標の読み方（上・下）」日本経済新聞社編　日本経済新聞社
⑬ 「ゼミナール　日本経済入門」三橋規宏ほか　日本経済新聞社

図表Ⅱ-52　国内統計発表スケジュール

☆当月分　○前月分　●前々月分
◎四半期（3,6,9,12月発表）
＊四半期（2,5,8,11月発表）
※四半期（4,7,10,12月発表）

| | | | |
|---|---|---|---|
| 月初 | ○ | 新車販売台数 | 日本自動車販売協会連合会 |
| | ○ | 日銀当座預金増減と金融調節 | 日本銀行 |
| 上旬 | ● | 景気動向指数（速報） | 内閣府経済社会総合研究所 |
| | ○ | 外貨準備高 | 財務省 |
| | ○ | マネーストック | 日本銀行 |
| | ○ | 企業物価指数 | 日本銀行 |
| | ※ | 企業短期経済観測（日銀短観） | 日本銀行 |
| | ◎ | 四半期別GDP（二次速報） | 内閣府経済社会総合研究所 |
| | ◎ | 法人企業統計調査 | 財務省 |
| 中旬 | ＊ | 家計調査（総世帯・単身世帯） | 総務省統計局 |
| | ＊ | 四半期別GDP（一次速報） | 内閣府経済社会総合研究所 |
| | ● | 国際収支統計 | 財務省 |
| | ● | 機械受注 | 内閣府経済社会総合研究所 |
| | ● | 景気動向指数（改訂） | 内閣府経済社会総合研究所 |
| | ● | 鉱工業生産（確報） | 経済産業省 |
| | ● | 第3次産業活動指数 | 経済産業省 |
| 下旬 | ○ | 通関統計（速報） | 財務省 |
| | ● | 家計調査（2人以上の世帯） | 総務省統計局 |
| | ○ | 大型小売店販売額 | 経済産業省 |
| | ○ | 鉱工業生産（速報） | 経済産業省 |
| | ○ | 企業向けサービス価格指数 | 日本銀行 |
| | ○ | 百貨店売上高 | 日本百貨店協会 |
| | ○ | チェーンストア販売統計 | 日本チェーンストア協会 |
| | ◎ | 法人企業景気予測調査 | 内閣府経済社会総合研究所 |
| 月末 | ☆○ | 消費者物価指数 | 総務省統計局 |
| | ○ | 失業率（労働力調査） | 総務省統計局 |
| | ○ | 有効求人倍率（職業安定業務統計） | 厚生労働省 |
| | ○ | 毎月勤労統計（賃金・労働時間） | 厚生労働省 |
| | ○ | 住宅着工統計 | 国土交通省 |
| | ○ | 建設工事受注統計 | 国土交通省 |
| | ☆ | 日銀当座預金増減と金融調節（速報） | 日本銀行 |
| その他 | | 地価公示（毎年1月1日時点　3月発表） | 国土交通省 |
| | | 都道府県地価調査（毎年7月1日時点　9月発表） | 国土交通省 |
| | | 相続税路線価（毎年1月1日時点　8月発表） | 国税庁 |
| | | 市街地価格指数（毎年3、9月末時点　5、11月下旬発表） | 日本不動産研究所 |

（出所）公表機関ホームページより作成

# 第Ⅲ章
# 国内金利・金融政策の見方

# 1 日本の金融政策

　金利の一般論については、すでに第Ⅰ章で示した通りである。この章では、国内金利の分析や予測を行ううえで必要となる基礎的な知識を、日本銀行の金融政策、主要金融統計、金融市場の概要などを中心に解説する。

## [1] 日本銀行の金融政策

### (1) 金融政策の目的・理念と日銀の独立性

　1997年に成立した改正日銀法は、日本銀行(日銀)の目的について、その第1条で「中央銀行として、銀行券を発行するとともに、通貨及び金融の調節を行うこと」と「銀行その他の金融機関の間で行われる資金決済の円滑の確保を図り、もって信用秩序の維持に資すること」と定め、その理念について同第2条で「通貨及び金融の調節を行うに当たっては、物価の安定を図ることを通じて国民経済の健全な発展に資すること」を掲げている。

　以上の目的および理念の達成に向けて、日銀は同法3条により金融政策と業務運営における自主性が尊重される一方、同法第4条により政府と十分な意思疎通を図らなければならない。日銀の独立性と政府との意思疎通を制度的に確保する仕組みの1つが「政策委員会」である。

### (2) 政策委員会と金融政策決定会合

　日銀・政策委員会は図表Ⅲ－2が示す通り、総裁1名、副総裁2名、審議委員6名の計9名からなる日銀の最高意思決定機関である。総裁・副総裁を含む9名は、衆参両議院の同意を得たうえで内閣が任命する(任期は5年)。なお、政策決定会合には政府(内閣府と財務省)も代表を送ることができるが、日銀の独立性確保のため議決権は与えられていない。

　政策委員会の権限は日銀法第15条で規定されている。具体的には、基準貸付利率(公定歩合)や準備率、金融市場調節方針(ディレクティブ)、金融・経済情勢の基本的見解の決定や変更など、金融政策の核心にあたる業務のほか、信用秩序維持関係業務、国際金融業務、業務執行監督が含まれる。

　政策委員会が開催する会合には、金融政策を審議する「金融政策決定会合」とそれ以外の事項を審議する「通常会合」の2種類がある。

Ⅲ 国内金利・金融政策の見方

図表Ⅲ-1　わが国金融政策の手段と目標

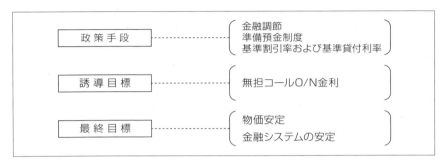

図表Ⅲ-2　政策委員会の構成

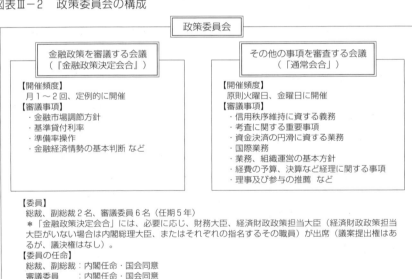

(出所) 日本銀行

金融政策決定会合は、月1～2回、定例的に開催される。そのスケジュールは半年～1年先まで決められているが、それは開催日をあらかじめ周知することで、政策決定のタイミングをめぐる無用の憶測・混乱を防止する効果が期待できるためである。
　金融政策決定会合は毎月20日前後（4・10月は10日前後の月初会合のみ）に2日間にわたって開催されるが、実際に金融政策に関わる議論・採決を行うのは2日目の午前中である。通常は当日の午後3時までに、会合での決定事項が公表される（図表Ⅲ－3参照）。なお、4・10月の2回目の会合（1日間）では、「経済・物価情勢の展望（展望レポート）」が審議・決定される。

## （3）金融政策の手段

　日銀は金融政策決定会合の決定にしたがい金融政策を遂行する。日銀がとる金融政策の手段には、大別すれば「金融調節」、「基準貸付利率操作」、「預金準備率操作」の3つがある。かつて金融政策といえば公定歩合（基準貸付利率）操作が代表的だったが、金融自由化の進展に伴い、90年代後半以降は公開市場操作を用いた金融調節が金融政策の中心となっている。

## （4）金融政策を読み解く材料

　マーケットの世界では、日本銀行の金融政策を専門的に分析する者のことを、米国のFED（連邦準備理事会）ウォッチャーになぞらえ、BOJ（Bank of Japan）ウォッチャーと呼ぶ。BOJウォッチャーは、経済指標のほか、「金融政策決定会合議事要旨」、「総裁定例記者会見」などといった記録・情報をとくに重視している。その主なものを重要度の高い順に並べると、以下の通りである。

①金融市場調節方針に関する公表文
　金融政策決定会合終了後に直ちに公表され、要点がまとめられているので必読の資料といえよう。会合で決定された金融市場調節方針（ディレクティブ）（図表Ⅲ－6参照）のほか、その背景となる経済・物価情勢の評価と、先行きの金融政策運営の考え方が示される。また、1・7月の会合では後述の「展望レポート」の中間評価が行われ、政策委員の見通し計数とリスク・バランス・チャートが公表される。

②金融政策決定会合議事要旨（図表Ⅲ－5参照）
　議事要旨は決定会合の約1ヵ月後に公表される。分量が多く全文を読むには時間を要するものの、金融当局内部の議論や公式見解を理解するのに重要な資料である。
　議事要旨の構成は通常、次のようになっている。

・金融経済情勢に関する報告
　前回の政策決定会合以降の金融経済情勢について、金融調節の運営実績、金融・為替市場動向、海外金融経済情勢、国内金融経済情勢（実体経済および金融環境）の順に執行部から述べられる。
・金融経済情勢に関する委員会の検討
　執行部からの報告にもとづき、経済情勢、金融動向について各委員の議論が展開される。各委員の発言内容は、匿名ながら少数意見も含め明記されるため、委員間の環境認識に関する温度差や違いについて分析することが可能である。
・当面の金融政策運営に関する委員会の検討
・政府からの出席者の発言
・採決
　以上の議論を踏まえ、当面の金融政策について、金融緩和、引き締め、現状維持のいずれかの決定がなされたことが述べられる。採決の結果に関しては、実名で賛否が掲載される。この箇所は議事要旨のエッセンスともいうべき部分だ。

図表Ⅲ-3　「金融政策決定会合」運営のしくみ

|  | 時　期 |
|---|---|
| 金融政策決定会合の開催 | 毎月1回（20日前後）、4・10月は2回（10日前後および月末近く） |
| 決定内容の公表 | 会合の終了後直ちに公表 |
| 経済・物価情勢の展望（展望レポート）の公表 | 「基本的見解」は4・10月の2回目の会合後、15時に公表。「全文」は翌営業日の14時 |
| 金融経済月報の公表 | 毎月初回会合の翌営業日 |
| 総裁記者会見 | 毎会合後 |
| 議事要旨の公表 | 次回会合の3営業日後 |

（出所）日本銀行

図表Ⅲ-4　主要国の金融政策決定会合の枠組み

|  | 日本銀行（BOJ） | 米国連邦準備制度（FED） | イングランド銀行（BOE） | 欧州中央銀行（ECB） |
|---|---|---|---|---|
| 会合の名称 | 政策委員会・金融政策決定会合 | 連邦公開市場委員会（FOMC） | 金融政策委員会（MPC） | ECB理事会（Governing Council） |
| 開催頻度 | 月1～2回 | 年8回 | 月1回 | 月1回（注） |
| 議事要旨の公表 | 約1ヵ月後 | 約1ヵ月半後 | 2週間後 | ― |
| 議事録の公表 | 10年後 | 5年後 | ― | ― |
| 政府の関与 | 政府は出席権、議案提出権および議決延期を求める権利を有す | 政府はFOMCに出席不可 | 政府は出席権を有す | 閣僚理事会議長は出席権と議案提出権を、欧州委員会は出席権を有す |

（注）理事会自体は月2回であるが、金融政策に関する決定は月1回
（出所）日本銀行

③金融経済月報
　「金融経済月報」は日銀の景気判断を知るうえで大変有用な資料である。同月報は概要（2008年6月以前は基本的見解）、背景説明、参考計表からなるが、とくに「概要」の第1パラグラフは景気の総括判断を述べている部分であり、マーケットでは最も重要視されている。その微妙な表現の変化に対しては、細心の注意が必要だ。また物価に対するコメントも、今後の金融政策を占ううえで重要である。金融経済月報は、物価以外にも実体経済（設備投資や貿易、個人消費、生産、雇用など）や金融についても詳細な分析を行っている。
　金融経済月報は、前述の金融市場調節方針に関する公表文で示された経済・物価情勢の評価の背景を説明する資料となっており、政策決定会合の翌営業日に公表される。

④経済・物価情勢の展望（「展望レポート」）
　景気の変化に関する記述について微妙な言い回しの多い金融経済月報に比べると、「展望レポート」は、年2回（4月・10月）の公表とタイムリーさには欠けるものの、よりはっきりとした表現を用いるため、理解しやすい。また、1月・7月の政策決定会合で中間評価が行われる。展望レポートは基本的見解と背景説明からなるが、うち基本的見解部分の構成は以下の通りである。
・経済・物価情勢の見通し（第1の柱）
　内外経済・物価情勢の先行き見通しについてメインとなるシナリオが述べられる。
・上振れ・下振れ要因（第2の柱）
　上記シナリオの上振れ・下振れ要因が検証される。日銀がどのようなリスクを意識しているのかが具体的に触れられる。
・金融政策運営
　上記の2つの「柱」による点検を行い、金融政策の運営方針が述べられる。
・政策委員の経済成長および物価の見通し
　「参考」として、先行きの金融政策運営については不変を前提に、実質GDP、CGPI（国内企業物価指数）、CPI（消費者物価指数。除く生鮮食品）に関する政策委員の「大勢見通し」（当該年度〜翌々年度）が掲載される。ただし、発表される数値は、委員間の統一的見解を表すものではなく、「1〜2％」という形で、各委員の予測値のうち、最大値と最小値を除いた値と中央値（上から5番目の数値）で表示される。政策委員たちの経済および物価の先行き観を示すものであり、今後の金融政策運営を予想するうえで重要である。

図表Ⅲ-5　金融政策決定会合・議事要旨の構成（2008年10月6、7日の会合の例）

   Ⅰ．金融経済情勢等に関する執行部からの報告の概要
     1．最近の金融市場調節の運営実績
     2．金融・為替市場動向
     3．海外金融経済情勢
     4．国内金融経済情勢
   Ⅱ．「適格担保取扱基本要領の一部改正等について」
   Ⅲ．金融経済情勢に関する委員会の検討の概要
     1．経済情勢
     2．金融面の動向
   Ⅳ．当面の金融政策運営に関する委員会の検討の概要
   Ⅴ．政府からの出席者の発言
   Ⅵ．採決
   Ⅶ．対外公表文（「当面の金融政策運営について」）の検討
   Ⅷ．議事要旨の承認

（出所）日本銀行「金融政策決定会合議事要旨（2008年10月6、7日開催分）」


図表Ⅲ-6　金融市場調節方針（ディレクティブ）（例）

---

**当面の金融政策運営について**

                2008年11月21日
                   日本銀行

1．日本銀行は、本日、政策委員会・金融政策決定会合において、次回金融政策決定会合までの金融市場調節方針を、以下のとおりとすることを決定した（全会一致）。

  無担保コールレート（オーバーナイト物）を、0.3％前後で推移するよう促す。

2． ～略～（経済・物価情勢の評価）

3． ～略～（経済・物価情勢の評価）

4．日本銀行としては、経済・物価の見通しとその蓋然性、上下両方向のリスク要因を丹念に点検しながら、適切に金融政策運営を行っていく。また、国際金融資本市場動向を注視しつつ、年末、年度末に向けた積極的な資金供給など、適切な金融調節の実施を通じて、引き続き、金融市場の安定確保に努めていく方針である。
  また、上記の金融環境を踏まえ、企業金融の円滑化に資する観点から、当面、ＣＰ現先オペを一層活用していく。さらに、同様の観点から、民間企業債務の適格担保としての取扱いや民間企業債務を担保とする資金供給面の工夫について速やかに検討を行い、その結果を決定会合に報告するよう、議長より執行部に対し、指示がなされた。

                             以上

---

（出所）日本銀行「当面の金融政策運営について」

⑤総裁の定例記者会見

　金融経済月報が直近会合における日銀の景気判断を理解するのに役立つ一方、会合後に行われる総裁の定例記者会見は、会合そのものの内容を推察するのに有益である。ただし、会見では通常、総裁個人の持論が中心に展開される。他の委員との間で見解に隔たりがある可能性があることにも留意する必要がある。

⑥政策委員の講演、記者会見、新聞などのインタビュー

　政策委員は、講演あるいは記者会見といった場でしばしば自身の見通しや考え方を公にする。前述の通り、政策決定会合での各委員の発言は、議事要旨においては匿名という形でしか掲載されないが、講演や記者会見の場での発言は、当然のことながら実名でなされる。各委員の論調をつかむことで、議事要旨における匿名発言者が誰かを推測することができるようになる。とくに金融政策の局面変化が議論される場合には、各委員のハト派・タカ派といった傾向をつかんでおくと、委員会のなかでどちらの見解が優勢になっているか、見えてくるだろう。なお発言内容は日銀のウェブサイト上に公開されている。

⑦経済財政諮問会議の議事要旨

　経済財政諮問会議は、経済財政政策に関し、内閣総理大臣がリーダーシップを発揮することを目的として、2001年1月に内閣府に創設された合議制機関である（定例開催は月1回）。日銀総裁もメンバーとして参加し、金融政策に関し発言することがある。その発言内容については諮問会議議事要旨に掲載される。

　その他、⑧総裁などの国会答弁（国会議事録検索のホームページで全文入手可能）、⑨短観、各種論文などの日銀による経済・金融情勢の分析、⑩地域経済報告（さくらレポート）などが、ＢＯＪウォッチャーの間では金融政策の先行きを読みとく材料となっている。


公表機関ホームページアドレス

| | |
|---|---|
| 日本銀行 | http://www.boj.or.jp/ |
| 経済財政諮問会議 | http://www.keizai-shimon.go.jp/ |
| 国会会議録検索システム | http://kokkai.ndl.go.jp/ |

## 図表Ⅲ-7　金融経済月報の総括判断の推移

| | 無担保コールレート<br>(オーバーナイト物)<br>誘導水準 | 【景気の総括判断】 |
|---|---|---|
| 2006年3月 | (9日より操作目標を当座預金残高から無担保コールに変更)<br>「概ねゼロ％」 | わが国の景気は、着実に回復を続けている。 |
| 4月 | ↓ | わが国の景気は、着実に回復を続けている。 |
| 5月 | ↓ | わが国の景気は、着実に回復を続けている。 |
| 6月 | ↓ | わが国の景気は、着実に回復を続けている。 |
| 7月 | (14日より)<br>0.25％ | わが国の景気は、緩やかに拡大している。 |
| 8月 | ↓ | わが国の景気は、緩やかに拡大している。 |
| 9月 | ↓ | わが国の景気は、緩やかに拡大している。 |
| 10月 | ↓ | わが国の景気は、緩やかに拡大している。 |
| 11月 | ↓ | わが国の景気は、緩やかに拡大している。 |
| 12月 | ↓ | わが国の景気は、緩やかに拡大している。 |
| 2007年1月 | ↓ | わが国の景気は、緩やかに拡大している。 |
| 2月 | (21日より)<br>0.50％ | わが国の景気は、緩やかに拡大している。 |
| 3月 | ↓ | わが国の景気は、緩やかに拡大している。 |
| 4月 | ↓ | わが国の景気は、緩やかに拡大している。 |
| 5月 | ↓ | わが国の景気は、緩やかに拡大している。 |
| 6月 | ↓ | わが国の景気は、緩やかに拡大している。 |
| 7月 | ↓ | わが国の景気は、緩やかに拡大している。 |
| 8月 | ↓ | わが国の景気は、緩やかに拡大している。 |
| 9月 | ↓ | わが国の景気は、緩やかに拡大している。 |
| 10月 | ↓ | わが国の景気は、緩やかに拡大している。 |
| 11月 | ↓ | わが国の景気は、緩やかに拡大している。 |
| 12月 | ↓ | わが国の景気は、住宅投資の落ち込みなどから減速しているとみられるが、基調としては緩やかに拡大している。 |
| 2008年1月 | ↓ | わが国の景気は、住宅投資の落ち込みなどから減速しているとみられるが、基調としては緩やかに拡大している。 |
| 2月 | ↓ | わが国の景気は、住宅投資の落ち込みなどから減速しているとみられるが、基調としては緩やかに拡大している。 |
| 3月 | ↓ | わが国の景気は、住宅投資の落ち込みやエネルギー・原材料価格高の影響などから減速しているが、基調としては緩やかに拡大している。 |
| 4月 | ↓ | わが国の景気は、エネルギー・原材料価格高の影響などから、減速している。 |
| 5月 | ↓ | わが国の景気は、エネルギー・原材料価格高の影響などから、減速している。 |
| 6月 | ↓ | わが国の景気は、エネルギー・原材料価格高の影響などから、減速している。 |
| 7月 | ↓ | わが国の景気は、エネルギー・原材料価格高の影響などから、さらに減速している。 |
| 8月 | ↓ | わが国の景気は、エネルギー・原材料価格高や輸出の増勢鈍化などを背景に、停滞している。 |
| 9月 | ↓ | わが国の景気は、エネルギー・原材料価格高や輸出の増勢鈍化などを背景に、停滞している。 |
| 10月 | (31日より)<br>0.3％ | わが国の景気は、エネルギー・原材料価格高の影響や輸出の増勢鈍化が続いていることなどから、停滞している。 |

(出所) 日本銀行

## [2] 金融政策と短期金利

### (1) 日銀当座預金

　日銀当座預金（日銀当預）は、金融機関が日本銀行へ預けている預金であり、決済手段、現金通貨の支払準備、準備預金制度のもとでの準備預金、という3つの機能を有している。日銀当預は、決済手段として、金融機関同士または金融機関と日銀・国庫との間の決済に利用される。また、現金通貨の支払準備として、金融機関は現金通貨（銀行券・貨幣）が必要なときに、日銀当預から引き出すことができる。さらに、準備預金制度を適用される金融機関にとっては、日銀当預が準備預金としての役割を果たす。

### (2) 準備預金制度

　準備預金制度とは、金融機関に対し、その受け入れている預金など（金融債や貸付信託なども含む）の一定割合（＝準備率）の金額を「準備預金」として日銀当預に無利子（※）で預けることを義務づける制度である。この制度は、1957年施行の「準備預金制度に関する法律」により導入された。

　対象となる金融機関は、都市銀行、地方銀行、第2地方銀行、信託銀行、外国銀行在日支店、長期信用銀行、預金残高1600億円超の信用金庫、農林中央金庫などである。

　金融機関は、毎月16日から翌月15日までの1ヵ月間を一区切りの「積み期間」として、その期間の平均残高（平残）がその月の所要金額（法定準備預金額）を上回るよう日銀当預に積み立てる義務を負う。ただし法定準備預金額はあくまで平残であるので、日によって多くなったり少なくなったりしてもかまわない。

　準備預金額が未達成の場合、金融機関は「過怠金」として日銀に一定の金額（不足部分について基準割引率（公定歩合）に年3.75％を加算した利率から計算した金額）を支払わなければならない。

※補完当座預金制度

　2008年11月積み期から09年3月積み期までの間、日銀当預のうち所要準備額を超える金額（超過準備）に利息が付されている。世界的な金融危機により国際金融資本市場の緊張が高まるなか、金融市場の安定を確保するための臨時措置として、08年10月31日の政策決定会合で導入が決定された。これにより、準備預金制度対象金融機関は、超過準備に付される金利よりも低いレートでは資金を放出しなくなり、市場金利は当該レートより低下しなくなる。

## (3) 日銀の金融調節と短期金融市場

　短期金融市場とは、期間1年以内の資金を調達・運用する市場のことをいい、その市場における金利を短期金利という。代表的な短期金利としてはコールレートなどがあるが、これらの金利は短期金融市場における裁定取引を通じ、相互に影響を及ぼしつつ変動している。

　金融機関は日々の資金過不足を、インターバンク市場を中心とした短期金融市場における取引で調整している。日銀は、金融調節を「金融政策決定会合で決まった金融市場調節方針を実現するための、短期金融市場における資金の総量調整」と位置づけ、金融調節を通じて短期金融市場に直接影響を及ぼすことができる。

　かつての規制金利時代においては、公定歩合（基準貸付利率）の変更が金利変動の最も重要な要因だった。というのも、公定歩合（基準貸付利率）の変更は預貯金金利や貸出金利など他の金利の改定と連動していたからである。だが金利自由化を経た現在では、日銀による日々の金融調節が短期金利を動かす最大のファクターとなっている。

　金融調節は政策委員会が決定した金融市場調節方針（ディレクティブ）に基づいて実施される。金融市場調節方針では、操作目標の具体的な誘導水準、すなわち最も代表的な短期市場金利である「無担保コールレートのオーバーナイト物」の誘導水準が示される。なお、2001年3月19日以降、06年3月9日に解除されるまで続いた、いわゆる「量的緩和」の下では、金融調節の操作目標は、「日銀当座預金残高」であった。

　日銀は、金融調節により日々の資金過不足をならし、当座預金残高を望ましいと考える水準へ誘導している。金利を誘導対象とする正常な金融政策のもとでは、日銀は市中銀行の当座預金（準備預金）の積みの進捗状況に対して緩急をつけることにより、短期金利を上下させる。その場合、金融調節と短期金利との間には、図表Ⅲ-8のようなメカニズムが働くことになる。

図表Ⅲ-8　金融引き締めの場合のメカニズム

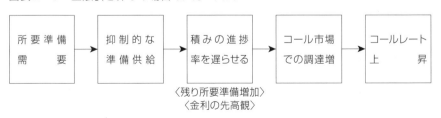

図表Ⅲ－9は、金融緩和局面の91年度について、コールレートと公定歩合（基準貸付利率）のスプレッドと、積み期間の法定準備金額に対する実際の準備預金残高の比率を比較したものである。91年8月16日～9月15日の積み期間中に、公定歩合（基準貸付利率）に対しコールレートが低下しているが、準備預金の積み状況からみると、積み期間の初期に日銀が緩めの資金供給を行ったことから、積み期間の終わり近くでは金融機関の資金調達需要が低下し、市場金利が大幅低下したことがうかがえる。
　しかし、量的緩和期のように、金融機関が準備預金に必要とする資金をはるかに上回る額を日銀が市場に供給する局面では、準備預金の進捗状況が短期金利に与える影響は小さくなる。

図表Ⅲ－9　コールレート－公定歩合（基準貸付利率）と、積みの進捗率の関係
　　　　　　　　（91年4月期～92年3月期）

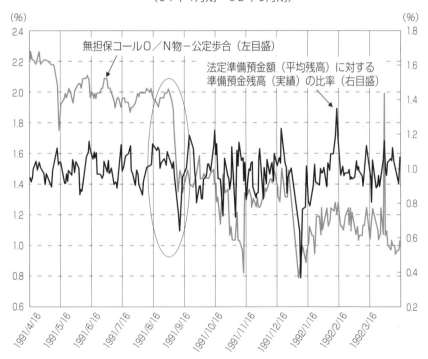

（注）横目盛は、積み期間（当月16日～翌月15日）を1目盛としている。
（出所）日本銀行、Amsus

## Ⅲ 国内金利・金融政策の見方

### 図表Ⅲ-10 短期金融市場の資金需給

（日銀、単位：億円、100億円未満四捨五入）　　　　　　　　　2008年10月31日

<table>
<tr><td colspan="2"></td><td>予想（即日オペ実施前）</td><td>実　　績</td></tr>
<tr><td colspan="2">銀行券要因<br>（発行超＝▲印）</td><td>▲1,700</td><td>▲1,500</td></tr>
<tr><td colspan="2">財政等要因<br>（受超＝▲印）</td><td>▲10,600</td><td>▲10,900</td></tr>
<tr><td colspan="2">資金過不足<br>（不足＝▲印）</td><td>▲12,300</td><td>▲12,400</td></tr>
<tr><td rowspan="13">金融調節</td><td>国債買入</td><td></td><td></td></tr>
<tr><td>短国買入</td><td></td><td></td></tr>
<tr><td>短国売却</td><td></td><td></td></tr>
<tr><td>国債買現先</td><td>15,700<br>▲9,900</td><td>15,700<br>▲9,900</td></tr>
<tr><td>国債売現先</td><td></td><td></td></tr>
<tr><td>共通担保資金供給（本店）</td><td>▲10,000</td><td>▲10,000<br>13,500</td></tr>
<tr><td>共通担保資金供給（全店）</td><td></td><td></td></tr>
<tr><td>ＣＰ買現先</td><td></td><td></td></tr>
<tr><td>手形売出</td><td>▲6,100<br>21,800</td><td>▲6,100<br>21,800<br>▲6,000</td></tr>
<tr><td>貸出</td><td>▲400</td><td>9,200</td></tr>
<tr><td>国債補完供給</td><td></td><td></td></tr>
<tr><td>小計</td><td>11,100</td><td>28,200</td></tr>
<tr><td></td><td></td><td></td></tr>
<tr><td colspan="2">当座預金増減<br>（取崩し＝▲印）</td><td>▲1,200</td><td>15,800</td></tr>
<tr><td colspan="2">当座預金残高</td><td></td><td>97,200</td></tr>
<tr><td colspan="2">　準備預金残高</td><td></td><td>91,800</td></tr>
<tr><td colspan="2">　　積み終了先</td><td></td><td>10,800</td></tr>
<tr><td colspan="2">　　　超過準備</td><td></td><td>9,200</td></tr>
<tr><td colspan="2">　非準預先残高</td><td></td><td>5,400</td></tr>
</table>

| | |
|---|---|
| 積み期間（10／16～11／15）の所要準備額（積数） | 1,499,600 |
| 積み期間（10／16～11／15）の所要準備額（1日平均） | 48,400 |
| 11／4以降の残り要積立額（積数） | 496,200 |
| 11／4以降の残り要積立額（1日平均） | 41,400 |

（出所）日本銀行「日銀当座預金増減要因と金融調節」

### 図表Ⅲ-11 資金過不足の要因

| | 資金不足要因 | 資金余剰要因 |
|---|---|---|
| 銀　行　券 | 増　　発 | 還　　流 |
| 財政資金 | 対民間揚超 | 対民間払超 |

99

## （4）日銀当座預金増減要因と金融調節

　日銀は「日銀当座預金の増減要因と金融調節」（2000年7月に「資金需給表」から改称）を、毎日ウェブサイト上で公表している（図表Ⅲ－10参照）。同表は金融市場における資金需給バランス、すなわち「資金過不足」と、これに対する日銀の金融調節の状況を示したもので、予想、速報、確報の各数値が掲載される。
　資金過不足とは、民間金融機関全体の資金の余剰もしくは不足を意味する。金融機関において、資金過不足が生じる要因は、「銀行券要因」と「財政等要因」に分解される。
　うち銀行券要因は銀行券の増減に関するものである。資金不足は、顧客による市中銀行からの預金の引き出しによって起こる。引き出しに対応するべく、市中銀行は日銀当座預金を取り崩す、つまり日銀当座預金残高を減少させる。日銀からみれば、これは銀行券の増発となる。一方、資金余剰は、顧客が市中銀行に預金の預け入れを行うことから起こる。銀行は預け入れたお金を日銀当座預金に預け入れる。日銀からみれば、これは銀行券の還収（回収）となる。
　これに対し、財政等要因は、「政府の民間に対する支払い」（年金受給者への支払いや公務員給与の支払い、交付税交付など）および「政府の民間からの受け取り」（納税など）に起因するものである。支払いが受け取りを上回ることを「払い超」といい資金余剰要因となり、一方、受け取りが支払いを上回ることを「揚げ超」といい資金不足要因となる。
　国の財政活動に属する資金である国庫金が「政府預金」として日銀に預けられているため、国庫対民間収支は金融市場全体の通貨量を増減させる。

　上述の通り、銀行券要因と財政等要因から生じる資金過不足は日銀当座預金残高の増減を意味する。金融市場における資金不足は金利の上昇を、一方、資金余剰は金利の低下を招くが、日銀は日銀当座預金残高の増減について、金融政策上の判断から減少を望ましくないと考えるとき、資金供給オペを実施することで残高の増加を図る。逆に、増加を望ましくないと考えるときは、資金吸収オペを実施する。
　以上の関係をまとめると図表Ⅲ－11となる。また数式に表すと、

---

当座預金の増加（減少）＝日銀券還収（増発）＋財政資金払い（揚げ）
　　　　　　　　　　　＋日銀による資金供給（吸収）

---

となる。

ところで、こうした資金過不足には季節性がある。年間では通常、12月が最大の資金不足月、6・7月も資金不足月、一方、4・5月と11月が資金余剰月となる。資金過不足に季節性が生じる理由は、図表Ⅲ-13が示す通り、銀行券要因ではボーナスの支給や行楽シーズンにおける増発その後の還流、財政等要因では納税や地方交付税交付金の交付、公共事業の実行などに季節的な偏りがあるためである。

また月間でみても資金過不足には変動パターンがみられる。資金需給の強くなる中旬から月末にかけては資金不足、弱まる上旬から中旬にかけては資金余剰になりやすい。

なお資金不足期には金利上昇圧力が、余剰期は低下圧力が強まる。

図表Ⅲ-12　資金過不足と日本銀行の金融調節

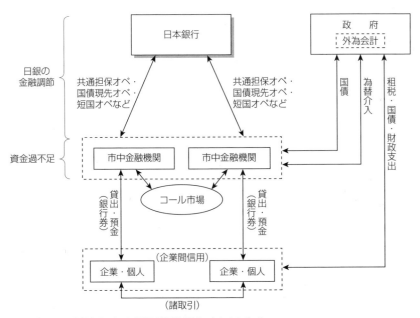

（出所）『図説 日本銀行』（日本銀行 財経詳報社）をもとに作成

## [3] 金融政策手段

すでに前項で触れたように、日銀が用いる金融政策手段には、金融調節（主に公開市場操作）、基準貸付利率（公定歩合）操作、準備率操作の3つがある。以下では、これらの政策手段の具体的な方法について順に触れていく。

### (1) 公開市場操作（日銀オペ）

公開市場操作（オペレーション。略称は「日銀オペ」あるいは単に「オペ」）とは、日銀が金融調節の手段として有価証券や手形を金融機関との間で売買することを指す。日銀は公開市場操作を行う際、「誘導目標」を具体的に示したうえで、日々の金融調節の金額や方法などを決定し、市場参加者に対する通知・入札を通じてこれを実行する。

日銀オペは大きく2つに区分される。1つは金融市場に対し資金を供給するためのオペ（「買いオペ」）であり、もう1つは逆に金融機関から資金を吸収するためのオペ（「売りオペ」）である。資金供給オペは金融緩和と同様の効果を、資金吸収オペは金融引き締めと同様の効果を金融市場にもたらす。

資金供給を行うためのオペとしては、以下の手段がある。

①国債買現先オペ

2002年に導入された「国債買現先オペ」は、従来の国債借入（レポ）オペおよび短国買現先オペに代わるもので、日銀が国債（利付国債、割引短期国債（TB）、政府短期証券（FB））をオペ対象先の金融機関（以下、単に金融機関という）から「売り戻し条件」付きで買い入れることによって、金融市場に資金供給する取引のことである。売り戻し条件とは、日銀があらかじめ定めた期日に買入価格に期間利回りによる金利相当額を加えた金額で、買入対象を買入先に対し売り戻すことをいう。

②短国買入オペ

「短国買入オペ」（1999年導入）とは、日銀が売り戻し条件をつけずに金融機関から短期国債を買い入れることによって資金を供給する取引である。なお、売り戻し条件がないことを「アウトライト」という。この方式を使った場合、金融機関は戻り玉、つまり期日に返却される玉について懸念する必要がないので、使い勝手がよい。

Ⅲ　国内金利・金融政策の見方

## 図表Ⅲ-13　資金過不足の季節波動

| 月 | 1 | 2 | 3 | 4 | 5 | 6 | 7 | 8 | 9 | 10 | 11 | 12 |
|---|---|---|---|---|---|---|---|---|---|---|---|---|
| 資金過不足 | 余剰 | 余剰 | 余剰 | 余剰 | 大幅余剰（ピーク） | 大幅不足 | 不足 | 余剰 | 不足 | まちまち | 大幅余剰 | 大幅不足（ピーク） |
| 要因 | 一般財政は揚超ながら、銀行券が大幅還流 | 一般財政払超 | 一般財政払超 | 一般財政払超 | 銀行券還流、一般財政払超 | 銀行券増発、一般財政揚超 | 一般財政揚超 | 一般財政払超 | 一般財政揚超 | | 一般財政払超 | 銀行券増発、一般財政揚超 |
| 銀行券 | 大幅還収（年間最大） | 増発 | 増発 | 増発 | 還収 | 大幅増発 | 還収 | 小幅還収 | まちまち | 小幅還収 | 増発 | 大幅増発（年間最大） |
| 要因 | 12月増発分の還流 | 受験資金など | 年度末決済、新学期資金など | 新学期、レジャー資金など | 新学期、レジャー資金の還流 | 官・民ボーナス | 前月増発分の還流 | ボーナス、レジャー、盆資金などの還流 | | レジャー資金などの還流 | レジャー資金など | 年末決済・越年資金、ボーナスなど |
| 財政等 一般財政 | 大幅揚超 | 払超 | 大幅払超 | 大幅払超 | 払超 | 揚超 | 揚超 | 払超 | 揚超 | まちまち | 大幅払超 | 大幅揚超 |
| 要因 | 源泉税揚げ（ボーナス分）など | 年金定時払など | 交付金、年金諸払、期末手当など | 出納整理期払（公共事業など）、交付金、年金定時払など | 財政融資資金（他貸）など | 3月決算法人税・消費税揚げ（交捗、ボーナス支払いは打ち消される形） | 源泉税揚げ（ボーナス分）など | 年金定時払 | 財政融資資金利子受入など（交付金払は打ち消される形） | 交付金など | | 9月決算法人税・消費税揚げ（ボーナス、一般諸払などは打ち消される形） |

(出所)『図説 日本銀行』(日本銀行 財経詳報社)

③CP等買現先オペ

「CP等買現先オペ」(1989年導入)は、日銀が発行者の信用力などに照らして適格と認めたCP(ただし満期1年以内)を、日銀が売り戻し条件付きで金融機関から買い入れることにより資金を供給する取引である。オペ期間は3ヵ月以内。

　このオペによって、日銀はCPを買い切るわけではない。つまりCP発行企業の信用リスクが日銀に移転するわけではない。しかし、CP市場の流動性が低下する局面では、金融機関のCP購入意欲を促進することで間接的に企業の資金調達を円滑化する効果を発揮する。

④共通担保資金供給オペ

「共通担保資金供給オペ」(2006年導入)は、日銀が「適格担保取扱基本要領」で適格と認める金融資産(国債、地方債、社債、CP等、手形など)を根担保に、貸付利率を入札に付して行う貸付けによって資金を供給する取引である。2006年6月に、従来の手形オペに代えて導入された。

　共通担保資金供給オペには日銀本店を貸付店とする「本店方式」と同本支店を貸付店とする「全店方式」がある。2008年8月現在、本店方式の対象先数40に対し、全店方式の対象先数は154にのぼっている。

⑤国債買入オペ

「国債買入オペ」(1966年導入)は、日本銀行が金融機関からアウトライトで利付国債を買い入れることによって資金を供給する取引であるが、他の資金供給手段とは性格が異なり、経済活動規模の拡大などを反映した中長期的な日銀券の増加トレンドに見合うように行われる。ただし、量的緩和政策のもとで、強力な資金供給手段としてオペ金額は大幅に増加した。

　一方、資金吸収を行うためのオペには以下の手段がある。

⑥国債売現先オペ

　2002年に導入された「国債売現先オペ」は、国債買現先オペの裏返し版で、日銀が国債(利付国債、割引短期国債、政府短期証券)を「買い戻し条件」付きで金融機関に売却することによって資金を吸収する取引である。買い戻し条件とは、日銀があらかじめ定めた期日に、売却価格に期間利回りによる金利相当額を加えた金額で、売却対象を売却先から買い戻すことをいう。オペ期間は6ヵ月以内。

### ⑦短国売却オペ

「短国売却オペ」（1999年導入）は、日銀が金融機関に対し短期国債をアウトライトで売却することによって資金を吸収する取引である。

### ⑧手形売出オペ

「手形売出オペ」（1971年導入）は、満期が3ヵ月以内に到来し、かつ日銀が振出人・受取人・支払人を兼ねる手形を、日銀が金融機関に対しアウトライトで売却することによって資金を吸収する取引である。

図表Ⅲ-14　日本銀行の金融調節手段一覧

| | 調節手段 | スタート日 (T：オペのオファー日) | 決済タイミング スタート | 決済タイミング エンド | 期間 | オペ先数（対象先公募時の募集先数） | 2008年3月末残高（兆円） |
|---|---|---|---|---|---|---|---|
| 資金供給 | 共通担保資金供給（本店） | T+0〜4 | 即時 | 即時 | 1年以内 | 40 | 29.12 |
| | 共通担保資金供給（全店） | T+0〜2 | 即時 | 即時 | | 本店：170 支店：日銀ネットオンライン先全先 | |
| | CP等買現先 | T+2 | 3時 | 即時 | 3か月以内 | 35 | 0.31 |
| | 国債買現先 | T+0〜2 | 即時 | 即時 | 1年以内 | 50 | 8.46 |
| | 短国買入 | T+2〜3 | 即時 | − | − | 50 | 8.50 |
| | 国債買入 | T+3 | 即時 | − | − | 40 | 46.88 |
| 資金吸収 | 手形売出 | T+0〜4 | 3時 5時 | 1時 3時 | 3か月以内 | 40 | 0.60 |
| | 国債売現先 | T+0〜2 | 即時 | 即時 | 6か月以内 | 50 | 0 |
| | 短国売却 | T+2〜3 | 即時 | − | − | 50 | 0 |
| その他 | 国債売現先（国債補完供給） | T+0 | 即時 | 即時 | 原則オーバーナイト | 特に設けず | 0 |

（出所）日本銀行「オペレーション手段の概要」「金融経済統計月報」

## (2) 基準割引率および基準貸付利率の変更

「基準割引率および基準貸付利率」は、従来「公定歩合」と呼ばれていたものだが、2001年2月に導入が決定された「補完貸付制度」において公定歩合が適用金利とされてから、「公定歩合」の用語の使用を止め、「基準割引率および基準貸付利率(以後、基準貸付利率と略)」を使用するようになった。

貸付補完制度は、日銀があらかじめ明確に定めた条件に基づき、貸付先から借入れ申し込みを受けて、この貸付のために差し入れられている担保額の範囲内で貸付先の希望する金額を受動的に貸し付ける制度(ロンバート型貸出制度)である。条件の範囲内で、金融機関が希望するときに希望の金額を日銀から借り入れることができる点に特徴がある。この貸付には原則として基準貸付利率が適用される。

この制度により、基準貸付利率は、無担保コールレート(オーバーナイト物)に対し実質的に上限を与えている(図表Ⅲ-16参照)。

なお、公定歩合操作は、かつては金融政策の基本的な手段だったが、1994年の金利自由化完了に伴い、公定歩合と預貯金金利との間の制度的な連動性が消失し、1996年に日銀が公定歩合操作を金融調節手段に用いない方針を明らかにしたことで、公定歩合の政策金利としての地位は後退し、象徴的な意味しかもたなくなっていた。

## (3) 預金準備率操作

準備預金制度については、96頁で説明したが、日銀は預金準備率を政策的に上下させることを通じ、金融機関が運用する資金量を直接増減コントロールし、信用の収縮・拡大を図ることができる。

日銀が準備率の引き上げを行うと、貸し出し可能な資金量が減少することから、金融機関は貸出態度を消極化する。その結果、信用が収縮し、通貨量は減少する。つまり金融引き締めと同様の効果が得られる。準備率引き下げの場合はその逆となる。

ただ、1991年に準備率が変更されて以来、準備率操作は実施されていないため、金融調節手段としての準備率操作の存在感はきわめて希薄になっている。

III 国内金利・金融政策の見方

図表III−15　金融政策の転換点

| 転換点 | 変更内容 | 背景など |
|---|---|---|
| 73年4月2日 | 緩和→引き締め | 景気拡大で株式・土地に投機的な動きがあり（過剰流動性）、物価も高騰。同年1、3月に預金準備率の引き上げを実施したが、さらにインフレ抑制の姿勢を示すため、引き締めに踏み切った。 |
| 75年4月16日 | 引き締め→緩和 | 75年初に物価の沈静化に目処がついたことと、国内金利高による円高懸念が出てきたこと（公定歩合は過去最高の9％）。春闘の賃上げを確認してから実施。 |
| 79年7月17日 | 緩和→引き締め | 低金利で景気の過熱感が出てきたため、インフレ抑制の観点から「予防的」引き締め。国債流通価格の下落に歯止めをかける意図も。 |
| 80年8月20日 | 引き締め→緩和 | 卸売物価が5、6月に前月比マイナスに。景気にかげりが出てきたため、非常緊急回避のための引き締めから「正常な引き締め」に戻す。緩和を意図したものではないとの意味から準備率は据え置き→実際は3ヵ月後に再緩和へ。 |
| 86年3月10日、86年4月21日、87年2月23日は国際的な協調利下げ。 |||
| 89年5月31日 | 緩和→引き締め | 景気の急拡大や円安による物価上昇を懸念した予防的措置。市場金利が先行して上昇する「市場金利追随型」の初めてのケース。 |
| 91年7月1日 | 引き締め→緩和 | 労働需給逼迫やマネーサプライの高水準を理由に引き締めを実施してきたが、効果が浸透。物価上昇懸念も薄らぎ、マネーサプライの伸びも史上最低となり、必要以上の景気減速を回避するために大幅な緩和を実施。その後の景気回復がいずれも弱々しいものに終わり、95年9月に公定歩合は0.5％、99年2月に無担保コール翌日物の誘導水準を0％にまで引き下げる。 |
| 2000年8月11日 | 緩和→引き締め | 金融システム不安の後退やITを中心とする景気回復が進み、デフレ懸念が払拭されたとの判断からゼロ金利を解除。 |
| 2001年2月28日 | 引き締め→緩和 | 海外経済の悪化や株価・物価の下落を受けて実施。3月には量的緩和を実施。 |
| 2006年3月9日 | 緩和→引き締め | 06年3月に日銀当座預金を操作目標とする量的緩和が終了し、無担保コール翌日物に変更。「物価安定の理解」、「2つの柱」を金融政策運営上の指針として導入。無担保コール翌日物の誘導水準は06年3月にゼロ％、同年7月に0.25％、07年2月には0.5％に段階的引き上げ。 |
| 2008年10月31日 | 引き締め→緩和 | 米欧の金融危機に端を発する世界経済の減速を受けて、世界的に金融緩和局面入り。日本経済の後退色も強まったことから、日銀もこれに追随する形となった。 |

図表III−16　補完貸付制度と無担保コールレート（オーバーナイト物）

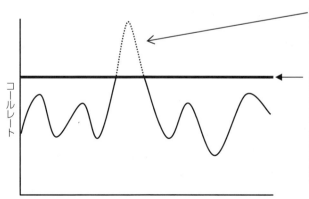

## ［4］ 1990年代末以降の金融政策

　1990年代末、深刻なデフレ圧力に対応するために、日銀は金融緩和政策の新境地に踏み込んだ。1999年2月に「思い切った」金融緩和政策として採用された「ゼロ金利政策」と、2001年3月に始まった「量的緩和政策」である。ここではこの2つの政策を中心に近年の金融政策の変遷について説明する。

### (1) ゼロ金利政策（1999年2月12日～2000年8月11日）

　日銀・政策委員会は1999年2月12日、金融政策決定会合で以下の金融市場調節方針（ディレクティブ）を決定した。
「より潤沢な資金供給を行い、無担保コールレート（オーバーナイト物）を、できるだけ低めに推移するよう促す。その際、短期金融市場に混乱の生じないよう、その機能の維持に十分配意しつつ、当初0.15％前後を目指し、その後市場の状況を踏まえながら、徐々に一層の低下を促す」
　こうして、いわゆる「ゼロ金利政策」が導入された。以降、2000年8月11日まで、日銀は大量の資金供給を行い、オーバーナイト物金利を実質的にゼロとなる水準に誘導しつづけた（実際には0.02～0.03％だが、短資会社の仲介手数料を差し引くとゼロとなった）。
　では、ゼロ金利政策は金融・経済に対しどういった効果をもたらしたのだろうか。
　第1に、市場の流動性不安が解消された。短期市場金利をゼロにするということは、金融機関の短期の資金需要をすべて満たすように日銀が資金を供給する、ということを意味する。このため、金融機関の資金繰りに安心感が広がった。また、97年夏以降広がっていたジャパン・プレミアム（邦銀と欧米銀行との間の調達コスト格差）は、日銀が大量の資金供給を行ったことで、99年春先以降大幅に縮小した（図表Ⅲ-18参照）。
　第2に、企業金融の逼迫感がある程度解消された。1997年から98年にかけて、アジア危機やロシア危機に起因する国際金融市場の混乱や、複数の大手金融機関の破綻を背景に、日本では金融市場の機能が大きく低下した。こうしたなか、金融機関は自己資本規制上の制約からだけではなく、自らの資金繰りの厳しさからも融資姿勢を慎重にせざるをえなくなった。その結果、優良企業でさえ資金調達が困難になるという状況が生じたが、金融機関の資金繰りが緩和されたことで事態は改善された。

Ⅲ　国内金利・金融政策の見方

図表Ⅲ-17　市場金利の推移

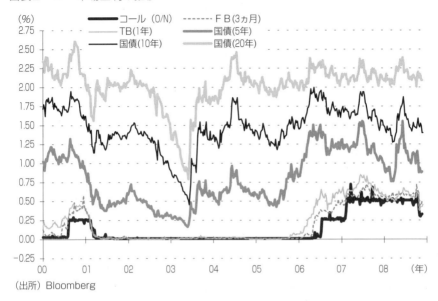

（出所）Bloomberg

図表Ⅲ-18　ジャパン・プレミアム（3ヵ月物）の推移（97年1月〜01年12月）

（出所）Bloomberg

他方、ゼロ金利政策導入は、次のような副次的な効果をももたらした。ゼロ金利政策導入以前、準備預金制度の適用先金融機関（銀行や信用金庫など。以下、適用先という）の超過準備残高（法定所要準備を超えた準備預金）や同制度の非適用先金融機関（主に短資会社。以下、非適用先という）の日銀当座預金残高は、ともに非常に少額で、法定所要準備額、準備当座預金残高、日銀当座預金残高の3者はほぼ同額となっていた。ところが、大量の資金供給が継続されたことで、この構図に変化が生じた。適用先が日銀当座預金に多額の超過準備を、非適用先が日銀当座預金残高を恒常的に保有するようになったことがその要因である。このため、「法定所要準備額 ＜ 準備預金残高 ＜ 日銀当座預金残高」という不等式が常態化することになった。

## （2）ゼロ金利政策解除（2000年8月11日〜2001年3月19日）

　2000年8月11日、日銀・政策委員会は金融政策決定会合において「無担保コールレート（オーバーナイト物）を、平均的にみて0.25％前後で推移するよう促す」ことを決定、ゼロ金利政策を解除した。「かねてよりゼロ金利政策解除の条件としてきた『デフレ懸念の払拭が展望できるような情勢』に至った」ことがその理由であった。
　しかしその後、米国に端を発したITバブル崩壊や、国内景気の悪化、銀行の不良債権処理加速に伴う大型倒産の続発を受け、デフレ懸念が再び深刻化した。日本経済の先行き不透明感や物価低下懸念に対応するため、日銀は2001年2月28日に、無担保コールレート（オーバーナイト物）の誘導水準を0.15％へ引き下げることを決定した。

## （3）量的緩和政策（2001年3月19日〜2006年3月9日）

　続いて、2001年3月19日の金融政策決定会合で、いわゆる「量的緩和政策」の導入が決定された。具体的な内容は次の通りである。
　第1に、金融市場調節の主たる操作目標をこれまでの無担保コールレート（オーバーナイト物）に代え、日銀当座預金残高に変更した。換言すると、政策目標を金利ターゲティングからマネタリー・ターゲティングへと移行した。
　第2に、実施期間の目処として消費者物価指数（全国、生鮮食品除き）を採用し、この前年比上昇率が安定的にゼロ％以上となるまで量的緩和政策を継続することとした。
　第3に、日銀当座預金残高目標を当時の実績残高の4兆円強から5兆円程度に増額した。これにより、無担保コールレート（オーバーナイト物）は、ゼロ％近辺へ低

下した。

　第4に、日銀当座預金を円滑に供給するうえで必要と判断する場合には、それまで月4千億円ペースで行ってきた長期国債の買い入れ（国債買入オペ）を増額するとした。ただし、その残高は銀行券発行残高が上限とされた。

　以上が上記会合での決定内容であるが、日銀・政策委員会はその後、日銀当座預金残高目標を段階的に引き上げていき、2004年1月には、最高水準の30～35兆円程度となった（図表Ⅲ-19参照）。また、長期国債買い入れの毎月のペースについては、2001年8月に6千億円、同年12月に8千億円、2002年2月に1兆円、同年10月に1兆2千億円へと拡大した。

## （4）量的緩和政策解除とゼロ金利政策解除（2006年3月9日～）

　2006年3月9日の金融政策決定会合は、いわゆる「量的緩和政策」を解除。同年7月14日にはゼロ金利政策を解除し「無担保コールレート（オーバーナイト物）を、0.25％前後で推移するよう促す」ことを決定。2007年2月21日には同金利を「0.5％前後で推移するよう促す」ことを決定した。

　しかし、金利正常化の動きも束の間、2008年10月31日に、金融市場の混乱に対処するため無担保コールレート（オーバーナイト物）の誘導水準は0.3％へ引き下げられ、さらに12月19日には0.1％とされた。

図表Ⅲ-19　日銀当座預金残高

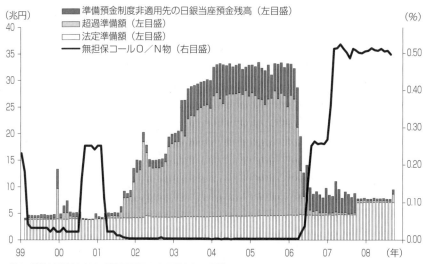

（注）計数は当月16日～翌月15日の1日当たりの平均。
（出所）日本銀行

では、量的緩和政策はどのような効果をもたらしたのだろうか。量的緩和の導入においては、「時間軸効果」、「期待効果」、「ポートフォリオ・リバランス効果」という3つの効果がもたらされることが期待されていた。時間軸効果とは「消費者物価指数がゼロ以上となるまで量的緩和を続けると日銀が明言したことにより、金融緩和が当面継続するとの市場参加者の期待を通じて、オーバーナイト物だけでなく、より長めの金利を低下させること」である。また、期待効果とは「中央銀行がデフレ阻止に向け断固たる姿勢を国民に示すことで人々のデフレ心理を払拭すること」、ポートフォリオ・リバランス効果とは「安全資産の構成比率上昇を受け、金融機関が適度な資産構成を保とうとして貸出など比較的リスクの高い資産の保有を増やそうとすること」をいう。以下、それぞれについて検証してみよう。
　第1に、時間軸効果は十分に発揮された。無担保コールレート（オーバーナイト物）がほぼゼロ％の水準で推移するとともに、将来の短期金利の期待値が下がったことで、長期金利も低下した（10年国債利回りは2003年6月、0.5％を割り込み史上最低水準を記録）。
　第2に、期待効果もある程度発揮された。内閣府の「平成17年度年次経済財政報告」によると、政策実施後、人々の物価に対する見方は緩やかながら改善を示した。
　第3に、ポートフォリオ・リバランス効果は、貸出の伸び悩みが示すように、明示的な形では現れなかったが、2006～07年にかけて、不良債権処理の進展とともに、金融機関の運用対象は株式やREIT（不動産投資信託）、ヘッジファンドなどの高リスク商品へ広がった。

　一方で、量的緩和政策はいくつかのマイナスの効果を生み出した。その1つは、短期金融市場の機能が大きく低下したことである。量的緩和政策の導入により、短期金利は極限にまで低下し、無担保コールレート（オーバーナイト物）の取引では、0.001％という超低利が提示されても資金の借り手が出てこない状況が起こった。さらに「マイナス金利取引」という異常現象もたびたび現れた。このように極端に低い金利水準のもと、資金の運用そのものをあきらめてしまう市場参加者が続出し、短期金融取引の残高は大きく減少した。
　また、2004年末から05年にかけては、日銀による資金供給オペレーションで、いわゆる「札割れ」が頻発した。札割れとは、日銀が資金供給を提示しても金融機関の申込金額が供給予定額に達しないことを指す。これは、量的緩和の結果、金融機関にはすでに潤沢に資金が供給されており、これ以上の資金供給には応じられないほど資金余剰感が強いという状況を意味した。

# 2　日本の金融統計

## [1] マネーストック統計
### (1) マネーストックの定義

　世に出回っているお金の量を測る代表的な統計としては、「マネーストック統計」や「マネタリーベース統計」、「資金循環統計」がある。各統計の対象範囲のイメージは図表Ⅲ-20の通り。

　マネーストック統計とは、「非金融法人・個人等が保有する通貨量」を集計した統計である。この集計対象となっている保有者を、「通貨保有主体」といい、金融機関以外の一般法人、個人、地方公共団体・地方公営企業がこれに該当する。非居住者や中央政府は通貨保有主体に含まれない。日銀は、景気、物価の動向やその先行きを判断するための指標の一つとして、マネーストック統計を作成・公表している。

| 統計名と発表機関 発表周期と時期など | マネーストック。日本銀行<br>月次。<br>平残速報：翌月第6営業日（3、9月分は翌月の第8営業日）<br>平残確報・未残確報：翌々月の第6営業日（2、8月分は翌々月第8営業日） |
|---|---|
| ポイント | 2008年6月公表分より、日銀はそれまでの「マネーサプライ統計」を見直し、名称も海外での名称を踏まえ、「マネーストック統計」へ変更した。マネーストックの伸び率と実体経済との間には長期均衡関係があるとされるが、短期的には不安定である。マネーストックの動きには、経済活動の他に、備えとして金融資産をもったり、マネーストックの対象の金融商品とそれ以外の金融商品との預け替えなどの影響が反映される。 |

図表Ⅲ-20　マネタリーベース、マネーサプライ統計、資金循環統計の対象範囲（イメージ）

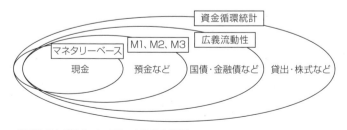

（出所）日本銀行「マネーストック統計の解説」

ところで一口にマネーストックといっても、国によって定義が異なるうえ、いくつかの区分け方法がある。以下は日銀によるマネーストック統計の主要指標の定義を示したものである（詳細な内訳については、図表Ⅲ－21を参照）。

M1＝現金通貨＋預金通貨
　　　（預金通貨の発行者は、全預金取扱機関）
M2＝現金通貨＋預金通貨＋準通貨＋CD
　　　（預金通貨、準通貨、CDの発行者は、国内銀行等）
M3＝現金通貨＋預金通貨＋準通貨＋CD
　　　（預金通貨、準通貨、CDの発行者は、全預金取扱機関）
広義流動性＝M3＋金銭の信託＋投資信託＋金融債＋銀行発行普通社債
　　　＋金融機関発行CP＋国債・FB＋外債

マネーストック統計の対象金融商品を発行している経済主体を、「通貨発行主体」というが、M1とM3は日本銀行と全預金取扱機関、M2は日本銀行と国内銀行等が該当する。広義流動性は国や非居住者も通貨発行主体に含まれる。

国内銀行等＝国内銀行（除くゆうちょ銀行）、外国銀行在日支店、信用金庫、信
　　　　　金中央金庫、農林中央金庫、商工組合中央金庫
全預金取扱機関＝国内銀行等、ゆうちょ銀行、信用組合、全国信用協同組合連
　　　　　　　合会、労働金庫、労働金庫連合会、農業協同組合、信用農業
　　　　　　　協働組合連合会、漁業協同組合、信用漁業協同組合連合会

なお、マネーストック統計は、2003年4月までしか遡及できないが、マネーサプライ統計との系列の段差が比較的小さいデータとして、以下の2系列が活用できるだろう。
　マネーストックの「M2」とマネーサプライの「M2＋CD」
　マネーストックの「M3」とマネーサプライの「M3＋CD－金銭信託」

## 公表機関ホームページアドレス
日本銀行 マネーストック　http://www.boj.or.jp/theme/research/stat/money/ms/index.htm

Ⅲ 国内金利・金融政策の見方

### 図表Ⅲ-21 マネーストック統計の定義

| | | | 2008年3月平残（構成比） | 各指標の定義と対象金融商品 | 通貨発行主体 |
|---|---|---|---|---|---|
| 広義流動性 1432.8兆円 (100%) | M2 | | 729.9兆円 (50.9%) | 現金通貨＋預金通貨＋準通貨＋CD | 日銀、国内銀行（ゆうちょ銀除く）、在日外銀、信金、信金中金、農中、商中 |
| | M3 1031.0兆円 (72.0%) | M1 483.0兆円 (33.7%) ／ 現金通貨 | 72.3兆円 (5.0%) | 銀行券発行高＋貨幣流通高 | 日銀(注3) |
| | | 預金通貨 | 410.6兆円 (28.7%) | 要求払預金（当座、普通、貯蓄、通知、別段、納税準備）－対象金融機関保有小切手・手形 | M2対象金融機関、ゆうちょ銀行、信用組合、全信組連、労働金庫、労金連、農協、信農連、漁協、信漁連 |
| | | 準通貨 | 525.5兆円 (36.7%) | 定期預金＋据置貯金＋定期積金＋外貨預金 | |
| | | CD | 22.5兆円 (1.6%) | CD（譲渡性預金） | |
| | 金銭の信託 | | 188.7兆円 (13.2%) | 金銭の信託（年金信託、投資信託を除く） | 国内銀行の信託勘定 |
| | 投資信託（公募・私募） | | 71.4兆円 (5.0%) | 公社債投信、株式投信、不動産投信 | 国内銀行の信託勘定、不動産投資法人 |
| | 金融債 | | 7.4兆円 (0.5%) | 金融債 | 金融債発行金融機関 |
| | 銀行発行普通社債 | | 1.4兆円 (0.1%) | 銀行発行普通社債 | 国内銀行、国内銀行を主たる子会社とする持株会社 |
| | 金融機関発行CP | | 1.1兆円 (0.1%) | 金融機関発行CP | 国内銀行、在日外銀、信金、信金中金、農中、商中、保険会社、上記金融機関の持株会社 |
| | 国債・FB | | 78.2兆円 (5.5%) | 国債（TB、財投債を含む）、FB | 中央政府 |
| | 外債 | | 53.7兆円 (3.7%) | 非居住者発行債（円建て、外貨建て） | 外債発行機関 |

(注1) 一部項目は、速報値。
(注2) 上記は、いずれも居住者のうち一般法人、個人、地方公共団体の保有分。
(注3) 貨幣は、厳密には中央政府が発行しているが、マネーストック統計上は日銀の発行として分類。
(出所) 日本銀行「マネーストック統計の解説」

マネーストック分析には、M1、M2、M3、広義流動性を総合的に観察することが望ましく、また分析目的に応じて使い分ける必要がある。例えば、金融資産間の預け換えによる攪乱の影響をできるだけ除去したい場合は広義流動性をみるのがよいだろう。

なおマネーストック統計を読む際には、曜日や祝祭日といった要素を排除するために、末残ではなく平残でみることに注意したい。

### （2）貨幣の流通速度とマーシャルのk

マネーストックの水準を分析するうえでは、「貨幣の流通速度」と「マーシャルのk」という概念が重要である。それぞれの定義式は次の通り。なお、その数式からわかるように、貨幣の流通速度とマーシャルのkは逆数の関係になっている。

---
流通速度＝名目ＧＤＰ／マネーストック
マーシャルのk＝1／流通速度

---

図表Ⅲ-22は、貨幣の流通速度の推移とそのトレンドをみたものである。流通速度がトレンドから下方に乖離している状態は、経済の拡大以上にマネーが供給されたことを意味するが、この図表からは「過剰流動性の時代」と呼ばれた1971～72年と80年代後半において、文字通り、マネーが過剰に存在していたことが伺える。

一方、マネーストック（M2）と名目GDPとの関係をみると、図表Ⅲ-23が示すように、両者の間には長期均衡関係が存在することがわかる。

ただし例外的な時期もある。それは、71年から74年にかけてと96年から2003年にかけてであるが、マーシャルのkが急上昇するなど、マネーと実体経済の関係が不安定化する動きがみられた。両者の共通点として、方向は異なるものの、同時期に金融政策もドラスティックに変更されていることが指摘できる（前者は急激な引き締め、後者は急激な緩和）。

なかでも90年代後半については、金融システム・ショックが実体経済にマイナスの影響を及ぼす一方、マネーに対しては予防的需要の増加をもたらしたことが背景となっており、この点を別にすれば、両者には依然として安定的な関係が存在しているとの解釈が可能であろう。

### Ⅲ 国内金利・金融政策の見方

図表Ⅲ-22 貨幣の流通速度の推移

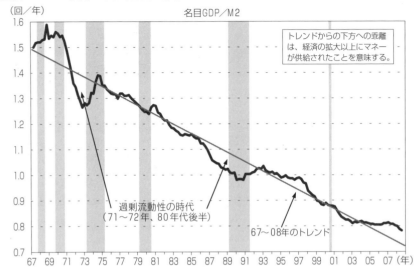

(注1) シャドー部分は利上げ期（91年までは基準貸付利率（公定歩合）、以降は無担コール翌日物）。
(注2) 名目GDPは79年まで68SNA、80年以降は93SNA。M2は、2003年3月まで旧マネーサプライ統計のM2＋CD、2003年4月以降はマネーストック統計のM2。
(出所) 日本銀行「マネーストック」、内閣府「国民経済計算」をもとに作成

図表Ⅲ-23 マネーストックと名目GDP

(注) 名目GDPは79年まで68SNA、80年以降は93SNA。M2は、2003年3月まで旧マネーサプライ統計のM2＋CD、2003年4月以降はマネーストック統計のM2。
(出所) 日本銀行「マネーストック」、内閣府「国民経済計算」をもとに作成

## ［2］マネタリーベース統計

　マネーストックが金融部門から経済全体に供給されている通貨の残高を意味するのに対し、マネタリーベース（ベースマネーあるいはハイパワードマネーも同義）は、日銀が供給する通貨の残高（言い換えれば日銀の通貨性の負債）である。マネタリーベースの定義は次の通りである。

　　マネタリーベース＝日本銀行券発行高＋貨幣流通高＋日本銀行当座預金
　　　　　　　　　　　　　　　　（流通現金）

　マネタリーベースは、中央銀行が供給する通貨であるため、金融機関が保有する流通現金を含む（マネーストックには含まれない）。また、マネタリーベースは、国によっては、流通現金に貨幣を含まない場合もある。

　日銀が金融調節を行う際、日銀当座預金の増減を通じて行うということはすでに述べた通りであるが、マネタリーベースは日銀が直接コントロールできるため、この動向をみることで金融政策の緩和・引き締め度合いを測ることができる（図表Ⅲ－24参照）。

| 統計名と発表機関<br>発表周期と時期など<br>ポイント | マネタリーベース。日本銀行<br>月次。翌月第2営業日<br>日銀が供給する通貨の残高を表す。<br>金融緩和時は増加率が拡大し、引き締め時は縮小する。<br>特殊な要因（例えば、コンピュータの2000年問題に備え、日銀当座預金が大幅に増加したケースなど）で、残高が振れる場合、伸び率の解釈に注意が必要となる。 |
|---|---|

公表機関ホームページアドレス
日本銀行 マネタリーベース　http://www.boj.or.jp/theme/research/stat/boj/mb/index.htm

Ⅲ　国内金利・金融政策の見方

図表Ⅲ-24　マネタリーベースの推移（平残）

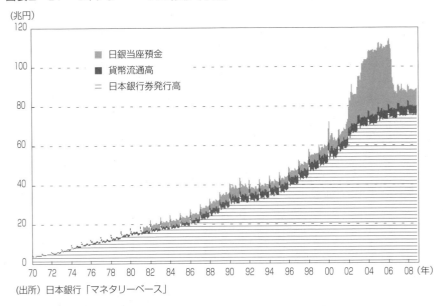

（出所）日本銀行「マネタリーベース」

図表Ⅲ-25　日銀のバランスシート（2008年11月30日現在）

(単位：億円)

| 資　　産 | | 負債および純資産 | |
|---|---:|---|---:|
| 金地金 | 4,413 | 発行銀行券 | 765,945 |
| 現金 | 2,082 | 当座預金 | 98,318 |
| 買現先勘定 | 108,402 | その他預金 | 96,059 |
| 国債 | 673,658 | 政府預金 | 18,895 |
| 　（長期国債） | (438,142) | 売現先勘定 | 162,127 |
| 　（短期国債） | (235,516) | 売出手形 | 7,900 |
| 金銭の信託(信託財産株式) | 12,738 | 雑勘定 | 7,603 |
| 貸付金 | 256,437 | 引当金勘定 | 32,265 |
| 　（共通担保資金供給オペ | (256,012) | 資本金 | 1 |
| 　　レーションによる貸付金） | | 準備金 | 26,150 |
| 外国為替 | 150,858 | | |
| 代理店勘定 | 601 | | |
| 雑勘定 | 6,073 | | |
| 合計 | 1,215,263 | 合計 | 1,215,263 |

（出所）　日本銀行「営業毎旬報告」

## [3] 資金循環統計

　資金循環統計は、国民経済の動きを金融面から総合的に捉えたもので、さまざまな金融取引や、その取引の結果として保有される金融資産・負債を、経済主体（部門）ごと、および金融商品（取引項目）ごとに集計した統計である。

| 統計名と発表機関 | 資金循環統計。日本銀行<br>一定期間の資金の流れを示す「金融取引表（フロー表）」、資産・負債の期末時点での残高を記録した「金融資産・負債残高表（ストック表）」、ストック表の当期末残高と前期末残高の差分とフロー表の取引額との乖離額を記録した「調整表」の３表から構成されている。「調整表」は、価格変化などによる金融資産の保有損益の推定に利用できる。 |
|---|---|
| 発表周期と時期など | 四半期。公表時期は以下の通り。<table><tr><th></th><th>3月下旬</th><th>6月央</th><th>9月央</th><th>12月央</th></tr><tr><td>速報</td><td>前年<br>第4四半期</td><td>当年<br>第1四半期</td><td>当年<br>第2四半期</td><td>当年<br>第3四半期</td></tr><tr><td>確報</td><td>前年<br>第3四半期</td><td>前年<br>第4四半期</td><td>当年<br>第1四半期</td><td>当年<br>第2四半期</td></tr></table>（注）月央分は原則として、第11営業日。 |
| ポイント | 速報性に欠けるため足元の動きをみるには適さないが、トレンド分析には利用価値が大きい。99年に作成基準の大幅改定があり、現在は93ＳＮＡベースで公表。遡及データはフロー表が80年度まで、ストック表が79年度末までとなっている。四半期ごとに公表される「資金循環の日米比較」（図表Ⅲ－30参照）も目を通しておきたい資料である。 |

### （1）フロー分析

　金融取引表（フロー表）は、一定期間の金融取引額を部門別・取引項目別に集計した統計である。金利の短期予測において資金循環統計を利用したマネーフローの分析が直接的に役立つことはあまりない。しかしながら、中長期的な金利のトレンドや金融市場の構造変化を予想する場合には欠かせない分析材料となっている。

　図表Ⅲ－26、27は、部門別の資金過不足をみたものである。資金不足の主体がこの30年ほどで大きく変わってきたことがわかる。

　1970年代前半までは、非金融法人（法人企業部門）が最大の資金需要部門であった。しかし第1次石油危機を機に、企業が投資抑制に乗り出す一方、景気浮揚のために積極的な財政政策がとられ、一般政府（公共部門）が最大の資金不足部門となった。

III 国内金利・金融政策の見方

　80年代に入ると、財政再建の努力により一般政府の資金不足が縮小し、また、経常収支黒字が拡大傾向となったことから、86年度に海外部門の資金不足（資本の流出）が膨らんだ。80年代後半に入ると、企業が設備投資や土地投資などのため資金調達を積極化し、再び最大の資金不足部門となったのに対し、一般政府は税収の増加などを背景に資金不足解消が進み、87年度には資金余剰主体に浮上した。
　しかし90年代に入ると、バブル期に膨張した資産・負債の圧縮に努めた結果、非金融法人が資金余剰主体に転換する一方、一般政府は、景気回復を図った財政出動や税収の減少に伴い資金不足が急拡大していった。
　家計はこの間、一貫して資金余剰主体でありつづけ、90年代に入るまでは対名目GDP比で10％前後の余剰を計上する最大の資金供給者であった。だが90年代半ば以降は、企業業績の不振などに伴う個人所得の落ち込みから、その資金余剰幅は急速に減少していった。

図表III－26　部門別資金過不足の推移（対名目GDP比率）

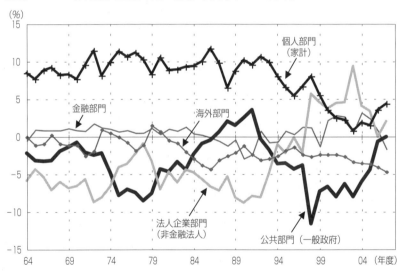

（注1）1980年度以降は新統計（93SNAベース）、1979年度以前は旧統計（68SNAベース）より算出。
（注2）2005年度は、旧道路公団の部門の計上替えにともなう入り繰りを調整。
（出所）日本銀行「資金循環統計」・内閣府「GDP統計」

## (2) ストック分析

　各経済主体が保有する金融資産・負債の残高から一国の金融構造を把握することは、マネーフローや金融市場の長期的動向を予測するための出発点である。資金循環表の金融資産・負債残高表（ストック表）はそのための基礎的資料である。

　図表Ⅲ-28は、日本の金融構造の俯瞰図である。一番右側の国内非金融部門の資産残高をみると、家計の金融資産は約1500兆円に達し、その約52％が現預金で占められている。図表Ⅲ-30が示すように、日本の家計の金融資産構成は、株式・出資金の比率が高い米国の家計とは対照的である。

　非金融部門（主に家計）の預金は預金取扱機関を経由して、非金融部門の負債側に流れるが、1990年代を通じて、非金融部門の負債構造には大きな変化が生じている。図表Ⅲ-29をみると、非金融法人の金融仲介機関からの借入残高が減少する一方、一般政府の負債側の証券（主に国債）残高は増加傾向にある。企業の借入減少は、金融機関にとって運用難が深刻化していったことを意味する。そうしたなか、金融機関は消去法的に運用先を国債にシフトしていった。この間、金利は長短ともに急低下を辿ったが、その背景には、こうした金融構造の変化も強く影響していた。


図表Ⅲ-27　部門別資金過不足の推移（フロー表）

（単位：兆円）

|  | 68SNAベース | | 93SNAベース | | | | | | 06年度 | 07年度 |
|---|---|---|---|---|---|---|---|---|---|---|
|  | 70〜74年度平均 | 75〜79年度平均 | 80〜84年度平均 | 85〜89年度平均 | 90〜94年度平均 | 95〜99年度平均 | 00〜04年度平均 | 05〜07年度平均 |  |  |
| 国内非金融部門 | △0.54 | △0.56 | 1.30 | 13.05 | 17.13 | 8.24 | 2.75 | 18.54 | 16.59 | 32.73 |
| 非金融法人企業 | 7.35 | △5.22 | △14.72 | △24.34 | △28.91 | 5.80 | 25.88 | 23.32 | △0.02 | 10.37 |
| 家計 | 9.58 | 19.31 | 25.70 | 33.87 | 45.79 | 32.44 | 10.75 | 15.87 | 17.93 | 22.23 |
| 対家計民間非金融部門 | - | - | 0.73 | 1.28 | 0.21 | 0.77 | 0.89 | 2.24 | 1.90 | 0.43 |
| 一般政府 | △2.78 | △14.64 | △10.41 | 2.24 | 0.04 | △30.78 | △34.76 | △22.88 | △3.22 | △0.31 |
| 中央政府 | 0.90 | △7.55 | △13.77 | △7.39 | △8.01 | △28.89 | △31.07 | △23.73 | △4.35 | △2.67 |
| 地方公共団体（公団・地方公共団体） | △3.68 | △7.10 | △2.74 | 1.14 | △3.33 | △9.88 | △4.96 | 1.36 | 2.16 | 1.77 |
| 社会保障基金 | - | - | 6.10 | 8.48 | 11.38 | 7.99 | 1.26 | △0.52 | △1.03 | 0.60 |
| 金融機関 | 1.16 | 1.38 | 2.04 | △1.64 | △5.59 | 2.39 | 11.41 | 2.52 | 4.06 | △8.57 |
| 海外部門 | △0.62 | △0.82 | △3.33 | △11.40 | △11.54 | △10.63 | △14.71 | △21.07 | △20.65 | △24.16 |

(注1) △は資金不足。部門の()内は68SNAベースの部門名。68SNAと93SNAの部門構成変更等は未調整。
(注2) 2005年度は、旧道路公団の部門の計上替えにともなう入り繰りを調整。
(出所) 日本銀行「資金循環統計」

Ⅲ　国内金利・金融政策の見方

図表Ⅲ-28　金融資産・負債残高

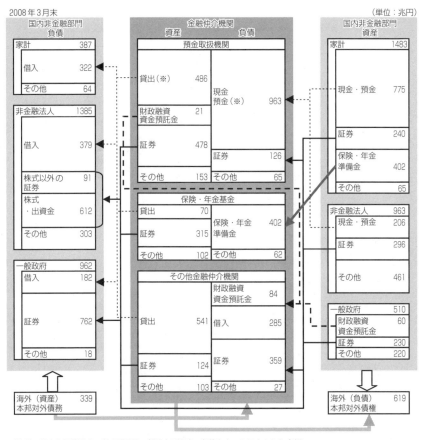

（注1）預金取扱機関の※印の項目は、部門内で資産・負債をネットアウトした金額。
（注2）金融仲介機関の数字は、中央銀行と非仲介型金融機関を含みます。
（出所）日本銀行「資金循環勘定」より作成

公表機関ホームページアドレス
日本銀行 資金循環　http://www.boj.or.jp/theme/research/stat/sj/index.htm

図表Ⅲ-29　家計の金融資産と非金融法人・一般政府の負債残高推移

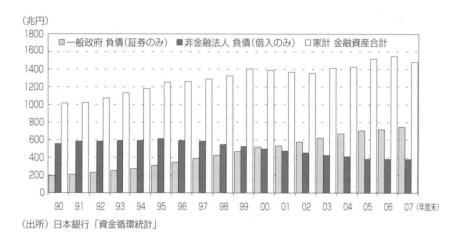

(出所) 日本銀行「資金循環統計」

図表Ⅲ-30　家計の金融資産に関する日米比較

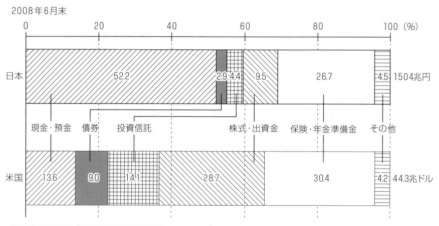

(出所) 日本銀行「資金循環の日米比較」

## [4] その他の主要金融統計

以上で掲げた統計のほかに、金融動向を分析するうえで重要な統計としては次のようなものがある。

①貸出・資金吸収動向など

　金融機関の預金や貸出などの把握を目的として、日銀が毎月作成する統計。貸出動向、ＣＰ発行状況、特殊要因調整後計数（参考）、資金吸収動向（同）から構成されている。速報性に優れているため、最新の企業の資金需要動向を把握するための材料となる。
「貸出動向」は、国内銀行と信用金庫の居住者向け貸出の平残を集計したもので、金融機関向けや中央政府向け、非居住者向けの貸出は含まれない。
「特殊要因調整後計数」は、貸出動向の実勢を把握するため、参考として公表されている。特殊要因とは、不良債権償却や貸出債権流動化による貸出残高の減少などである。これらは実質的な変化ではないため、その影響を除いた計数を示している。1990年代後半以降2006年1月まで、貸出動向は前年割れが続いていたが、特殊要因調整後でみると、2005年8月に前年比プラスへ転じている。ただ、特殊要因算出にあたっては一定の仮定を含んでいるため、幅をもって計数をみる必要がある。

②貸出先別貸出金

　日銀が国内銀行などを対象に調査、公表している。月次調査と四半期調査がある。四半期調査では業種別の計数が公表される。業種分類や企業規模区分の見直しなどがあるため、過去に遡って分析する際は注意を要する。

③全国銀行預金・貸出金速報

　全国銀行協会が毎月、全国銀行の報告に基づき全国銀行の預金と貸出金（いずれも末残）を集計する統計。翌月第5営業日に公表。

④家計調査（貯蓄・負債編）

　総務省統計局が四半期ごとに家計の貯蓄・負債状況を標本調査したもの。年間収入別にみた1世帯当たりの貯蓄・負債現在高のほか、土地・不動産の購入・建築計画の有無などを掲載。調査対象期間終了の約4ヵ月後に公表。

# 3 日本の金融市場

## [1] 金融市場の分類

　図表Ⅲ-31は日本の金融市場を体系的に分類したものである。金融市場は広義的には、貸付市場などの相対市場も含むが、狭義的には、点線に囲まれた部分、すなわち短期金融市場と長期金融市場（資本市場、証券市場ともいう）を指す。ここでは紙幅の理由から狭義の金融市場のみを対象とし、また長期金融市場のうち株式市場については割愛する。

　狭義の金融市場は、上述の通り大きく短期と長期に区分される。長期は1年超を、短期は1年以内を指す。長期については、期間5年を境に、中期と狭義の長期に細分することも多い。その場合、両者をあわせて中長期という。

### (1) 短期金利

　短期金利とは期間が1年以内の金利のことをいう。短期金利はすべての金利の起点である。さらにいえば、最短期の金利である無担保コールレートのオーバーナイト物（O／N物という）が原点である。というのも、期間によるリスク・プレミアム（将来についての不確実性に対し投資家が要求する上乗せ金利）を無視して極論すれば、10年物金利は1年物金利10年分の、1年物金利は3ヵ月物金利4季分の、3ヵ月金利はO／N物金利3ヵ月分の組み合わせで構成されているからである。

　すでに述べたように、日銀は無担保コールレートのO／N物を金融調節の操作目標としている。日銀がこの金利を金融調節の対象とする理由は、それが市場の予測に影響されることが少なく、主に資金の需給関係で決まるため、資金供給量の調整を通じた誘導が容易だからである。

　O／N金利が決まると、続いてターム物（期日物）金利が決まる。FB利回りやTIBORなどがその代表格である。O／N物とターム物の関係は、資金需給や、金融政策に対する市場の「読み」によって決定される。市場がいったん金融政策の変更を読み込むと、ターム物はO／N物に先行して上下する。例えば、市場が誘導金利の引き上げを織り込むと、O／N物とターム物の金利は大幅乖離し、逆に引き下げを織り込むと、両者の乖離は縮小したり、あるいは逆転したりする。なお、ターム物は無論、期間が短いほどO／N物の影響を受けやすい。

## （2）長期金利

　広義の長期金利には、期間1年超の債券応募者利回りや流通利回り、長期プライムレートが含まれる。だがマーケットで単に長期金利というとき、「新発10年国債利回り」という狭義的意味で使うことが普通である。

　短期金利が基本的に日銀の金融調整の影響によって決まるのに対し、長期金利は、期待インフレ率、期待潜在成長率、リスク・プレミアムといった要素、すなわち「将来予想」が織り込まれたうえで決定される。

　なお、現実の金融市場では、長期金利は2年、5年、10年、20年の各国債のうち直近に発行されたものや、長期国債先物取引の価格が基準になって決定される。

図表Ⅲ-31　金融市場の分類

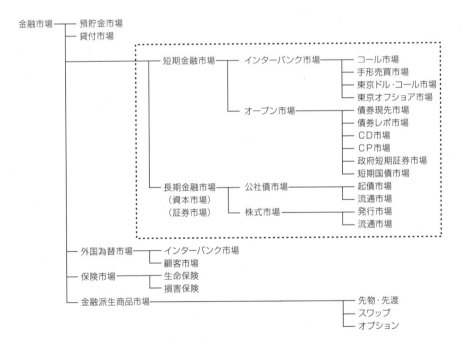

（出所）金森久雄・香西泰・大守隆編『日本経済読本（第16版）』をもとに作成

## [2] 短期金融市場の概要
### (1) インターバンク市場
　短期金融市場のうち、インターバンク市場は市場参加者が文字通り金融機関（銀行のほか、農林中金などの系統金融機関、短資会社など）に制限されている市場であり、そこでは金融機関が互いに資金の過不足を調整し合っている。といっても、取引所のような具体的な建物が存在するわけではなく、取引は電話回線や専用回線などのネットワーク上で行われる。
　インターバンク市場には、円資金市場として、コール市場と手形売買市場がある。これ以外にも、市場参加者が金融機関に限られるという意味では、ドル・コール市場やオフショア市場などがあるが、狭義的には上述の2市場を指す。
　なおインターバンク市場では、以前すべての取引に短資会社が介在していたが、規制緩和や情報技術の高度化が進んだ結果、仲介業者を通さないダイレクト取引（DD）が広がりつつある。

①コール市場
　コール市場は20世紀初頭、金融機関が日々の資金繰りを最終的に調整し合う場として自然発生的に成立し発展していった市場で、短期金融市場としては国内最古の歴史をもつ。その語源が「呼べばすぐ応える」というところからきていることが示すように、コール市場では、金利裁定取引も含め、大口資金の運用・調達を容易、迅速、確実に行うことができる。
　取引の種別としては、国債、地方債といった日銀借入適格担保、もしくはそれに準じる担保を必要とする有担保コールと、担保を必要としない無担保コールがある。ちなみに無担保コール市場は、1927年の金融恐慌期にいったん消滅したものの、金融の自由化や国際化を背景として、85年7月に再び創設されたという沿革をもつ。
　また、期間別では、おおまかに、日中コール、翌日（オーバーナイト物、O／N）物、期日（ターム）物（2日物〜1年物）に分けられる。
　有担・無担両市場の残高推移を比較すると、1990年代を通じて無担が有担を上回っていたが、99年3月にゼロ金利政策が導入されると、無担の残高は大きく減少し、2002年には、ピークだった94年の約8分の1の水準まで落ち込んだ。もっとも、05年後半以降、無担保コールの残高は量的緩和解除とゼロ金利解除を経て、再び拡大傾向となっている。一方、有担は量的緩和解除後に、無担コール市場などへのシフトにより、残高が減少した（図表Ⅲ-32参照）。

コール市場を資金(コールマネーという)の出し手・取り手別にみると、2008年11月時点では、信託銀行(49.4％。投信の12.9％を含む)や地銀・第2地銀(11.9％)が主な出し手に、都市銀行など(41.8％)や証券証金(23.0％)が主な取り手になっている(有担・無担合計、平残ベース)。

②手形売買市場

手形売買市場は手形の割引を仲介として金融機関が余裕資金を融通しあう市場であり、1971年に開設された。手形売買には、原手形を直接売買する方法と、原手形を担保として銀行が振り出す表紙手形を売買する方法があるが、中心は後者である。つまり実質的には原手形を担保とした金融機関の間の資金貸借であり、コール市場との間に機能的な差はほとんどない。取引期間も翌日物～1年物と同じである。

一方で、コール市場と手形売買市場との間では、後者には日銀がオペを通じ直接参加している点で大きな違いがある。

1990年代末以降、企業が借入の形態を手形割引や手形貸付から当座貸越へシフトしていったことで手形自体の造成率が低下していったことに加え、日銀が手形オペを通じ表紙手形の大部分を買い入れていることから、日銀オペ分を除くと、手形売買市場の残高は現在、きわめて小さいものになっている。

---

**TIBOR (タイボー)**

TIBORは、東京における銀行間預金市場出し手レート(Tokyo Inter-Bank Offered Rate)の略で、全国銀行協会が公表している。無担保コール市場の実勢を反映した日本円TIBORと、オフショア市場の実勢を反映したユーロ円TIBORがあり、1週間物と1～12ヵ月物の13種類のレートが公表されている。これらは、レファレンス銀行と呼ばれる金融機関が提示したレートから算出されるが、提示レートは各行のポジションなどに影響されるものではなく、市場実勢とみなしたレートである。

TIBORは、東京の金融市場において銀行が短期資金を運用・調達する際の指標レートとして発表されているほか、円金利デリバティブの中心的な指標として、また、銀行から企業向けの短期融資の基準金利としても利用されている。

なお、LIBOR(ライボー)は、ロンドンにおける銀行間預金市場出し手レート(London Inter-Bank Offered Rate)の略である。英国銀行協会(BBA、British Bankers' Association)が公表している。対象通貨は、ユーロ、英ポンド、日本円、米ドル、スイスフラン、カナダドル、オーストラリアドルなど。LIBORは、金利デリバティブ商品の基本的な原資産の一つであり、変動金利指標の中心的な存在となっている。

## (2) オープン市場

オープン市場は、インターバンク市場と異なり、事業法人など金融機関以外の参加者が認められている市場である。

### ①短期国債（ＴＢ・ＦＢ）市場

ＴＢ（Treasury Bill、割引短期国債）は、1970年代後半に発行された国債の大量償還・借換対策として86年に発行が開始された債券で、国債整理基金特別会計法が発行根拠となっている。最低発行額面は1千万円、償還期間は6ヵ月と1年の2種類がある。発行条件の変更や国債の大量償還に伴い、市場規模は拡大の一途を辿り、2005年末に50兆円超に達した後、2007年末は27兆円となっている。なおＴＢは法人に対してのみ譲渡可能である。

一方、ＦＢ（Financing Bill、政府短期証券）は、一般会計および特別会計が資金繰りに不足が生じた場合に発行する債券である。会計ごとに、財務省証券、外国為替資金証券、食糧証券、石油証券があるが、流通市場ではすべてＦＢという同一の名称で売買されている。償還期間は原則13週間（3ヵ月）であるが、資金需要により随時2ヵ月物も発行される。市場規模は2003年に急拡大し、07年末では100兆円に達している。

ＴＢ、ＦＢともに発行はコンベンショナル方式による価格競争入札により行われ、市場の主なプレーヤーは金融機関となっている。

量的緩和政策導入後、いずれの利回りも著しく低下しているが、信用性、流通性、換金性の高さから、ＣＤ（譲渡性預金）金利に代わる代表的な3ヵ月物レートの指標として定着している。

なお、2009年2月より、ＴＢとＦＢは国庫短期証券（Treasury Discount Bill）として統合発行される予定となっている。

### ②レポ市場

レポとは買戻（repurchase）取引に由来するが、日本においては、債券の貸借取引のうち金銭を担保として差し出す現金担保付債券貸借取引を指す。

レポ市場が日本に創設されたのは1988年のことである。その背景には無担保取引のリスク解消、債券の決済期間の短縮、またローリング決済への移行という目的があった。

レポ取引は経済的には後述の債券現先取引と同じ債券担保の資金貸借である。だが、有価証券取引税の対象とならなかったことなども寄与して、1996年春から取引が本格化し、2007年末の市場規模は72兆円となっている。

### ③債券現先市場

債券現先とは、一定期間後に一定の約定価格で買い戻す（または売り戻す）ことを条件として行われる債券売買である。もっとも債券売買の形はとるものの、利回り（現先レート）と対象となる債券利回りとの間に直接関係はなく、実質的には債券を担保とする短期金融取引である。

取引には、債券ディーリングを行う証券会社や銀行が資金調達するための「自己現先」と、債券ディーラーが顧客からの委託によって取引を仲介する「委託現先」がある。市場参加者は、資金調達側では証券会社、資金運用側では事業法人や投資信託が中心である。それ以外では両サイドともに外国人のシェアが高い。市場規模は2007年末で37兆円。

なお2002年4月には、国際基準に則る「新現先」が導入された。これに伴い、レポ取引同様、一括清算条項やクロスデフォルト条項がつくようになったほか、「値洗い」が可能となり、またマージンコールによって価格変動分を調整できる「掛け目」の使用ができるようになった。

図表Ⅲ-32　短期金融市場残高　　　　　　　　　　　　　　　　（末残、単位：億円）

|  | 1998年12月末 | 1999年12月末 | 2000年12月末 | 2001年12月末 | 2002年12月末 | 2003年12月末 | 2004年12月末 | 2005年12月末 | 2006年12月末 | 2007年12月末 |
|---|---|---|---|---|---|---|---|---|---|---|
| インターバンク市場 | | | | | | | | | | |
| 　有担保コール | 97,981 | 93,463 | 53,198 | 102,278 | 108,842 | 125,971 | 124,832 | 135,969 | 93,073 | 91,389 |
| 　無担保コール | 238,115 | 125,475 | 175,740 | 69,344 | 42,026 | 62,217 | 58,067 | 75,606 | 124,055 | 165,986 |
| 　手　形 | 257,243 | 31,166 | — | — | — | — | — | — | — | — |
| オープン市場 | | | | | | | | | | |
| 　Ｃ　Ｄ | 391,454 | 354,715 | 385,040 | 447,175 | 304,960 | 307,915 | 306,684 | 305,521 | 311,445 | 322,678 |
| 　ＣＰ銀行等引受分 | — | — | — | 135,186 | 143,730 | 152,209 | 157,823 | 177,170 | 143,081 | 159,117 |
| 　ＣＰ銀行等発行分 | 23,745 | 39,602 | 51,740 | 30,085 | 9,069 | 10,704 | 14,125 | 9,003 | 11,268 | 14,811 |
| 　Ｔ　Ｂ | 151,985 | 275,192 | 333,584 | 311,259 | 352,946 | 394,075 | 462,867 | 507,411 | 464,024 | 275,035 |
| 　Ｆ　Ｂ | 330,900 | 383,510 | 401,971 | 425,320 | 435,258 | 703,353 | 858,974 | 900,593 | 964,710 | 1,023,269 |
| 　債券現先 | 115,165 | 207,986 | 224,405 | 60,531 | 102,494 | 170,130 | 231,943 | 281,038 | 289,745 | 366,725 |
| 　レポ(現金担保・債券貸付) | 476,701 | 475,815 | 524,851 | 451,920 | 370,151 | 483,358 | 583,337 | 582,046 | 649,726 | 724,234 |

（注）　日本銀行は2003年8月にCP残高の定義を変更。
（出所）日本銀行「金融経済統計月報」、日本証券業協会「債券貸借取引状況」

④CP市場

　CP（Commercial Paper、コマーシャル・ペーパー）とは、企業が発行する無担保の約束手形を指す。日本では、企業の資金調達手段の多様化ニーズが高まるなか、1987年に市場が創設された。導入当初、発行企業の適格基準や期間、販売対象についてさまざまな制限が課されていたが、順次規制緩和が進んだこともあり、市場は拡大を続け、その市場規模は2007年末には16兆円となっている（銀行引受分）。

　1990年代後半以降は、企業の売掛金や手形などを裏づけとしてSPC（特別目的会社）が発行するCP、すなわちABCP（Asset Backed CP、資産担保CP）が急速に発行を伸ばしている。

　また2003年4月には、ペーパーレスの電子CPが導入され、以降05年12月までに、ほとんどすべてのCPが電子化されるに至っている。

　なおCP利回りは、コーポレート物であれ、資産担保物であれ、発行体の格付けやネーム、発行額、期間によって開きがある。

⑤CD市場

　CDとは銀行が発行する預金証書のことをいい、通常はNCD（Negotiable Certificate of Deposit、譲渡性預金）を指す。資金の出し手は主に事業法人で、取り手は都市銀行である。

　日本では1975年に市場が創設され、以降、発行条件の緩和なども手伝い、2001年まで順調に拡大を続けてきた。そうしたなか、CD3ヵ月物のレートは長らく短期金利の代表格の1つとされてきたが、発行銀行が取引レートの開示に消極的になったことなどを受け、その指標性は年々低下している。

Ⅲ　国内金利・金融政策の見方

図表Ⅲ-33　主要短期金利の推移(月次)

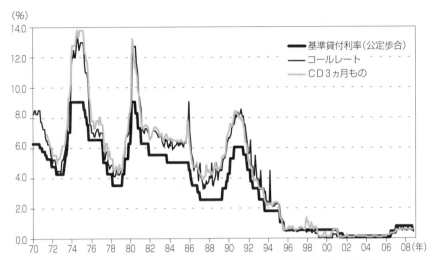

(注1) コールレートは1985年6月以前は有担保翌日物、7月以降は無担保オーバーナイト物。
(注2) CD3ヵ月物は1979年4月以前は手形2ヵ月物で代替。
(出所) 日本銀行「短期金融市場金利」

図表Ⅲ-34　主要短期金利の推移(週次)(2003年以降)

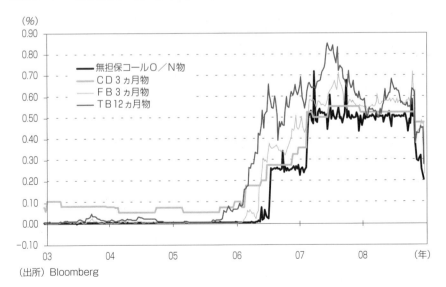

(出所) Bloomberg

133

## (3) 市場が見込む短期金利の先行き

　すでに述べたように、国内短期金利は、日銀が日々の金融調節によりファンダメンタルズに対して望ましい水準へ誘導している。日銀が将来、政策金利をどのように動かしていくかを考えるにあたり、市場参加者が短期金利の先行きについてどのような見方をしているのかを捉えることは有益であろう。そのための分析手法を2つご紹介する。

　ひとつは、オーバーナイト・インデックス・スワップ（Overnight Index Swap、以下OIS）に織り込まれている翌日物金利の先行きの推移である。商品の詳細な説明は専門書をあたっていただくとして、図表Ⅲ－35では1年先までの1ヵ月ごとのフォワードレートの推移を示した。

　例えば、2008年10月31日に日銀は無担保コールレート・O／N物の誘導水準を0.5％から0.3％引き下げたが、前日のOISレートにはほぼ織り込まれている様子がみてとれる。これは各時点の市場参加者の予想を反映したものであり、将来にこれが実現するとは限らないが、日銀の政策金利の変更を予想するうえで出発点となる情報である。なお、実際に取引されるOISのレートはスポットレートであるため、フォワードレートの計算が別途必要となる。また、OISは相対取引である。

　もうひとつは、ユーロ円金利先物に織り込まれている、ユーロ円ＴＩＢＯＲ3ヵ月物金利（129頁参照）の先行きの推移である。ユーロ円金利先物は、東京金融取引所に上場されている。価格で取引されるため、織り込まれている先行き金利を価格から計算する必要があるが、計算式は単純で、100から当該限月の価格を引いたものが、市場が織り込む、その限月の時点のユーロ円ＴＩＢＯＲ3ヵ月物金利（フォワードレート）となる。なお、限月は3、6、9、12月と時点が固定されている。

　図表Ⅲ－36に、ユーロ円ＴＩＢＯＲ3ヵ月物金利の実際の推移と、各時点のユーロ円金利先物の織り込む先行き金利を示した。市場参加者の期待の変化が明確に表れている。

公表機関ホームページアドレス
　東京金融取引所　　http://www.tfx.co.jp/

Ⅲ 国内金利・金融政策の見方

図表Ⅲ-35 オーバーナイト・インデックス・スワップが織り込む翌日物金利の先行き

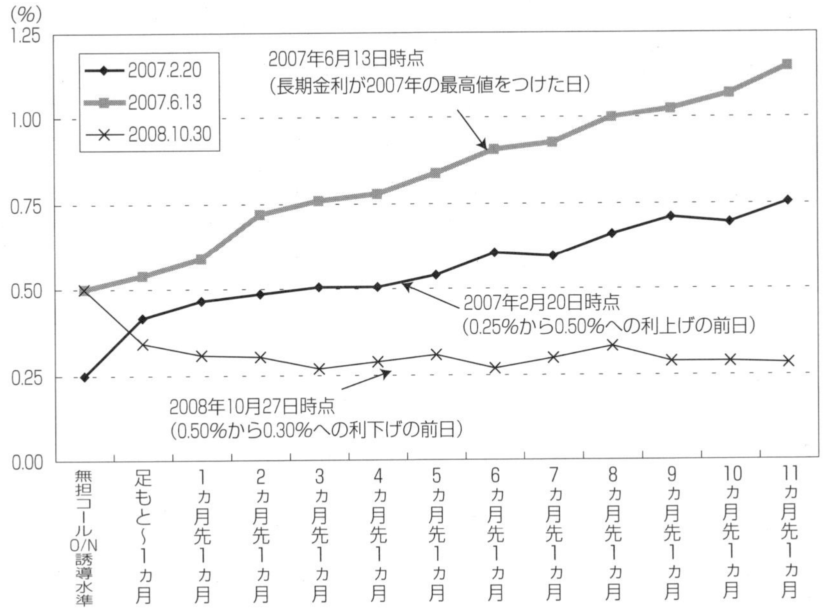

図表Ⅲ-36 ユーロ円金利先物が織り込む短期金利の先行き

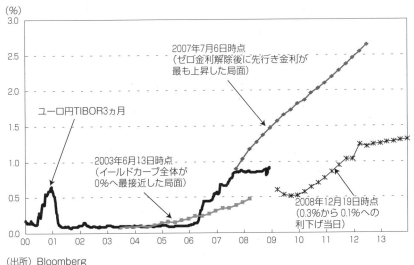

(出所) Bloomberg

## [3] 債券市場の概要
### (1) 債券市場
　債券（公社債ともいう）の分類にはさまざまな基準があるが、基本的な分類は図表Ⅲ-37で示したように、発行体を基準にしたものである。なかでも国債が、売買高、発行残高などといった点から、他の債券を圧倒している。
　債券市場は取引の機能により、発行市場と流通市場に分けられる。発行市場とは、新たに発行される債券の募集・売出しが行われる市場で、債券の発行体、投資家、それらの間を仲介する引き受け業者（証券会社や金融機関）で構成される。一方、流通市場とは、発行済みの債券を売買する市場で、債券の買い手および売り手、仲介業者（証券会社や金融機関）からなる。

① 発行市場
　債券の発行には、発行体による分類のほか、発行方法により直接発行（発行体が債券を直接投資家に販売）と間接発行、募集方式により公募と私募、発行方式により引受シンジケート団（引受シ団）方式と公募入札方式などといった区分がある。
　引受シ団方式とは、債券の発行を円滑に行うために組織される引受シ団（金融機関で構成）と発行体の間で、募集取り扱いや引き受け契約を締結したうえ、一般の投資家を募集し、応募額が発行額に満たないときは、その残額をシ団が引き受ける方式をいう。一方、公募入札方式は、発行のつど、発行条件を応募者の価格競争によって入札するものである。なお公募入札方式には、各落札者自らが入札した価格（もしくは利回り）が発行条件となるコンベンショナル方式と、各落札者自らの入札価格（もしくは利回り）にかかわらず均一の発行条件となるダッチ方式がある。
　社債や地方債の発行が引受シ団方式のみで行われているのに対し、国債の発行では、1989年以降、引受シ団方式に加え、公募入札方式が併用されたが、2006年3月にシ団は廃止された。2004年10月に新公募入札方式「国債特別参加者制度」（特別資格をもつ指定金融機関に対し3％以上の応札と1％以上の引受を義務づける制度）が導入され、国債の安定的な消化や国債市場の流動性、効率性、競争性、透明性、安定性が図られている。なお国債発行には、市中発行以外に個人向け国債、その他窓販の個人向け販売分や日銀乗換などによる公的部門発行方式がある。

②流通市場

　債券の流通市場は、証券取引所で取引される取引所市場と、証券会社や銀行の店頭において相対で取引する店頭市場に区分されるが、ほとんどの取引は店頭市場で行われている。その理由としては、第1に、債券は発行銘柄数が非常に多く、取引所での処理は物理的に不可能なこと、第2に、投資家の取引内容は単純な購入や売却だけではなく、ポートフォリオ改善のための入れ替え取引など複雑なものが多く、取引所ではそうした細かなニーズに対応できないことなどが挙げられる。

　一方で、店頭取引には、相対で行われるために取引価格に統一性が欠ける場合がある。日本証券業協会はこうした問題を解消するために、売買仲介業者からの取引報告をもとに、「店頭売買参考統計値」（公社債約6000銘柄の債券価格と利回り）および「店頭気配情報」（個人向け社債約100銘柄の債券価格と利回り）を原則毎営業日公表している。このうち店頭売買参考統計値は、1966年設置の「店頭基準気配発表制度」に起源を遡り、その後、77年の「指標気配」（機関投資家向け）および「標準気配」（小口投資家向け）の設置、92年の「基準気配」への一本化を経て、2002年8月に現行の形となったものである。05年8月以降は投資法人債券の一

図表Ⅲ-37　債券の分類

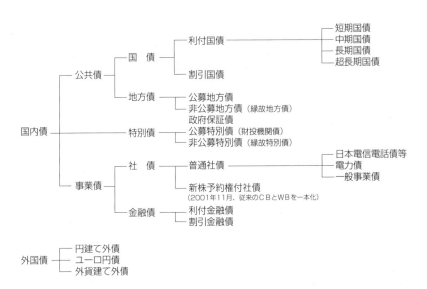

（注）その他、上記以外にも資産担保債券（ABS）、インデックス債、他社転換社債（EB）などがある。
（出所）堀之内朗・武内浩二編『債券取引の知識（第2版）』

部も取引価格の公表対象となっている。他方、店頭気配情報は、個人投資家の積極的な市場参加を図って、日本証券業協会が2003年4月に新たに設置したものである。

なお、主に日本相互証券（1973年創設。略称ＢＢ）を通じて行われる公社債ディーラー（業者）間の売買も、債券の流通市場では重要な機能を果たしている。

## （２）国債市場
①国債の分類

国債の分類にはいくつかの方法があるが、発行目的別には歳入債、繰延債、融通債の3つに大別できる。歳入債とは、さまざまな歳出資金を調達する目的で発行される国債で、当該年度の歳出を賄う新規財源債と国債の償還資金を調達する借換債からなる。繰延債は、財政資金の支出に代えて国債を発行することにより、その国債の償還日まで支出を繰り延べる目的で発行される国債で、交付国債（第2次世界大戦の戦没者遺族や引揚者などに対し弔慰金などの支給に代えて交付される国債）や出資・拠出国債が含まれる。融通債は、国庫の日々の資金繰りを賄うための資金を調達する目的で一時的に発行される国債で、政府短期証券（ＦＢ）と呼ばれるものである。

歳入債をさらに消化方式で分類すると、図表Ⅲ－38のようになる。うち近年登場したものについて簡単に説明すると、「個人向け国債」は、個人投資家の国債保有促進を目的に2003年3月に発行が開始された期間10年の国債（変動金利）である。同様の趣旨で2006年1月からは期間5年の新型個人向け国債（固定金利）の発行が開始されている。一方、「物価連動国債」は、元本額が物価の動向に連動して増減する国債で、将来のインフレ・リスクを回避したい投資家のニーズに応えるべく04年3月に発行が始まった国債である。2007年11月に入札の開始された「40年利付国債」は、年金・生保などの投資家の長期資産構築ニーズに対応したものである。

歳入債については、起債根拠法によって、建設国債（根拠法：財政法4条第1項但し書き）、特例国債（同：各年度における特例法。いわゆる「赤字国債」）、借換国債（同：国債整理基金特別会計法第5条第1項および第5条の2）、財政融資資金特別会計国債（同：財政融資資金特別会計法第11条。いわゆる「財投債」）に分けることもできる。

②国債の発行状況の推移

図表Ⅲ-40は戦後の国債発行額などの推移を示したものである。国債の発行が開始されたのは1965年のことであるが、以降、発行額、残高ともほぼ一貫して増加している。

新規財源債発行額を分子とし一般会計歳入額を分母とした国債依存度、および国債残高の対GDP比の推移をみると、80年代後半から90年代初頭にかけて低下を示す場面もあった。だが、いずれも90年代初頭を境に上昇基調にあり、国債残高の対GDP比は1998年度末に50％を超え、2004年度末には100％を上回った。

新規財源債の発行額は2002年度以降、建設国債を中心に抑制されているものの、借換債の発行額が急増を続けており、国債残高は08年度末には553兆円に達する見込みである。

図表Ⅲ-38　国債の種類

| 償還期間等 | 発行形態 | 最低額面単位 | 発行方式 | 入札方式 | 非競争入札等 | 譲渡制限 | 最近の発行頻度 |
|---|---|---|---|---|---|---|---|
| 短期国債（TB）6ヵ月、1年 | 割引国債 | 1000万円 | 公募入札　日本銀行乗換 | 価格競争入札・コンベンショナル方式 | 第Ⅰ非価格競争入札 | あり | 1年：月1回　6ヵ月：年2回 |
| 中期国債　2年、5年 | 利付国債 | 5万円 | 公募入札　窓販（募集取扱い）　財投債経過措置分 | 価格競争入札・コンベンショナル方式 | 非競争入札　第Ⅰ非価格競争入札　第Ⅱ非価格競争入札 | なし | それぞれ月1回 |
| 長期国債　10年 | 利付国債 | 5万円 | シ団引受　窓販（募集取扱い）　財投債経過措置分 | 価格競争入札・コンベンショナル方式 | 非競争入札　第Ⅰ非価格競争入札　第Ⅱ非価格競争入札 | なし | 月1回 |
| 超長期国債　15年変動 | 利付国債 | 10万円 | 公募入札 | 価格競争入札・コンベンショナル方式 | 第Ⅰ非価格競争入札　第Ⅱ非価格競争入札 | なし | 年4回 |
| 超長期国債　20年 | 利付国債 | 5万円 | 公募入札　財投債経過措置分 | 価格競争入札・コンベンショナル方式 | 第Ⅱ非価格競争入札 | なし | 月1回 |
| 超長期国債　30年 | 利付国債 | 5万円 | 公募入札 | 価格競争入札・コンベンショナル方式 | 第Ⅱ非価格競争入札 | なし | 年4回 |
| 超長期国債　40年 | 利付国債 | 5万円 | 公募入札 | 利回り競争入札・ダッチ方式 | 第Ⅱ非価格競争入札 | なし | 年2回 |
| 個人向け国債　5年固定　10年変動 | 利付国債 | 1万円 | 窓販（募集取扱い） | — | — | あり | それぞれ年4回 |
| 物価連動国債　10年 | 利付国債 | 10万円 | 公募入札 | 利回り競争入札・ダッチ方式 | 第Ⅱ非価格競争入札 | あり | 年4回 |

（出所）財務省『債務管理リポート2008』

③国債の投資家別保有状況

図表Ⅲ-39は2001年3月末以降の部門別国債保有状況の推移を示したものである。01年3月末と08年3月末を比べると、中央銀行（日銀）と郵便貯金の構成比が大きく伸びていることがわかる。とくに郵貯の伸びが著しい。その01年3月末における構成比は6.5％にすぎなかったが、07年3月末では20.8％に達している（郵貯は、07年10月の郵政公社民営化により、個別計数が公表されなくなった）。その背景には、01年4月の財投改革により財務省資金運用部が廃止され、郵貯は金融市場で自主運用しなければならなくなったが、その資金は結局、国債市場に流入したことがあった。

また、絶対額こそ大きくないものの、家計部門のシェアが01年3月末の2.5％から08年3月末の5.2％に上昇していることも注目される。これは、保有者層の多様化を図って個人への国債販売を促進する財務省の発行戦略がある程度奏効していることを表している。

図表Ⅲ-39　部門別国債保有状況の推移　　　　　　　（単位：兆円、構成比は％）

| | 01/3 | 02/3 | 03/3 | 04/3 | 05/3 | 06/3 | 07/3 | 08/3 |
|---|---|---|---|---|---|---|---|---|
| 金融部門 | 354<br>(86.7) | 405<br>(86.2) | 462<br>(85.8) | 481<br>(84.4) | 524<br>(81.6) | 527<br>(79.1) | 512<br>(76.0) | 514<br>(73.9) |
| 　中央銀行 | 48<br>(11.7) | 70<br>(14.9) | 81<br>(15.1) | 84<br>(14.8) | 92<br>(14.3) | 87<br>(13.0) | 71<br>(10.5) | 64<br>(9.2) |
| 　国内銀行 | 64<br>(15.6) | 51<br>(10.9) | 55<br>(10.2) | 66<br>(11.5) | 64<br>(10.0) | 62<br>(9.3) | 53<br>(7.9) | 47<br>(6.7) |
| 　その他預金取扱機関 *1 | 59<br>(14.4) | 89<br>(18.9) | 115<br>(21.3) | 134<br>(23.5) | 157<br>(24.5) | 179<br>(26.8) | 188<br>(28.0) | 200<br>(28.7) |
| 　保険・年金基金 *2 | 83<br>(20.3) | 100<br>(21.3) | 114<br>(21.2) | 117<br>(20.5) | 131<br>(20.4) | 139<br>(20.9) | 149<br>(22.1) | 156<br>(22.4) |
| 　その他金融仲介機関 | 101<br>(24.6) | 94<br>(20.1) | 96<br>(17.9) | 80<br>(14.1) | 79<br>(12.4) | 61<br>(9.1) | 49<br>(7.3) | 47<br>(6.7) |
| 国内非金融部門 | 30<br>(7.4) | 48<br>(10.2) | 58<br>(10.9) | 69<br>(12.1) | 91<br>(14.2) | 109<br>(16.3) | 120<br>(17.8) | 131<br>(18.9) |
| 　非金融法人 | 4<br>(1.0) | 2<br>(0.4) | 3<br>(0.6) | 1<br>(0.1) | 2<br>(0.3) | 2<br>(0.4) | 4<br>(0.5) | 2<br>(0.3) |
| 　一般政府 | 12<br>(3.0) | 28<br>(6.0) | 37<br>(6.9) | 47<br>(8.3) | 60<br>(9.3) | 69<br>(10.3) | 72<br>(10.7) | 80<br>(11.5) |
| 　家計 | 10<br>(2.5) | 12<br>(2.6) | 13<br>(2.4) | 15<br>(2.6) | 22<br>(3.4) | 28<br>(4.2) | 33<br>(5.0) | 36<br>(5.2) |
| 　海外部門 | 24<br>(5.9) | 17<br>(3.5) | 18<br>(3.4) | 20<br>(3.5) | 27<br>(4.2) | 30<br>(4.6) | 42<br>(6.2) | 50<br>(7.2) |
| 合　計 | 409<br>(100.0) | 469<br>(100.0) | 539<br>(100.0) | 570<br>(100.0) | 642<br>(100.0) | 667<br>(100.0) | 673<br>(100.0) | 695<br>(100.0) |
| （参考・内数）<br>*1 うち郵便貯金 | 27<br>(6.5) | 54<br>(11.6) | 76<br>(14.2) | 88<br>(15.4) | 110<br>(17.1) | 126<br>(18.9) | 140<br>(20.8) | ― |
| *2 うち簡易保険等 | 30<br>(7.3) | 40<br>(8.6) | 49<br>(9.1) | 50<br>(8.8) | 55<br>(8.6) | 57<br>(8.5) | 61<br>(9.1) | ― |

（注）2007年10月の日本郵政公社民営化以降、郵便貯金・簡易保険の個別計数公表は取り止めとなった。
（資料）日本銀行「資金循環勘定」

### 図表Ⅲ-40　国債発行額などの推移

| 年度 | 国債発行額（億円） ||||| 国債依存度(%) | 国債残高(億円) | 残高/GDP(%) | 国債費(当初)(億円) | 国債費/一般会計(%) |
|---|---|---|---|---|---|---|---|---|---|---|
| | 新規財源債 ||| 借換債 | 財投債 | | | | | |
| | | 建設国債 | 特例国債 | | | | | | | |
| 1947~64 | 収支均衡予算（国債発行せず） |||||||||||
| 1965 | 1,972 | - | 1,972 | - | - | 1,972 | 5.3 | 2,000 | 0.6 | 220 | 0.6 |
| 1966 | 6,656 | 6,656 | - | - | - | 6,656 | 14.9 | 8,750 | 2.2 | 489 | 1.1 |
| 1967 | 7,094 | 7,094 | - | - | - | 7,094 | 13.9 | 15,950 | 3.4 | 1,153 | 2.3 |
| 1968 | 4,621 | 4,621 | - | - | - | 4,621 | 7.8 | 20,544 | 3.7 | 2,013 | 3.5 |
| 1969 | 4,126 | 4,126 | - | - | - | 4,126 | 6.0 | 24,634 | 3.8 | 2,788 | 4.1 |
| 1970 | 3,472 | 3,472 | - | - | - | 3,472 | 4.2 | 28,112 | 3.7 | 2,909 | 3.7 |
| 1971 | 11,871 | 11,871 | - | - | - | 11,871 | 12.4 | 39,521 | 4.8 | 3,193 | 3.4 |
| 1972 | 19,500 | 19,500 | - | - | - | 19,500 | 16.3 | 58,186 | 6.0 | 4,554 | 4.0 |
| 1973 | 17,662 | 17,662 | - | 5,958 | - | 23,620 | 12.0 | 75,504 | 6.5 | 7,045 | 4.9 |
| 1974 | 21,600 | 21,600 | - | 6,358 | - | 27,958 | 11.3 | 96,584 | 7.0 | 8,622 | 5.0 |
| 1975 | 52,805 | 31,900 | 20,905 | 4,156 | - | 56,961 | 25.3 | 149,731 | 9.8 | 10,394 | 4.9 |
| 1976 | 71,982 | 37,250 | 34,732 | 3,712 | - | 75,694 | 29.4 | 220,767 | 12.9 | 16,647 | 6.9 |
| 1977 | 95,612 | 50,280 | 45,333 | 3,128 | - | 98,741 | 32.9 | 319,024 | 16.8 | 23,487 | 8.2 |
| 1978 | 106,740 | 63,300 | 43,440 | 6,326 | - | 113,066 | 31.3 | 426,158 | 20.4 | 32,227 | 9.4 |
| 1979 | 134,720 | 71,330 | 63,390 | - | - | 134,720 | 34.7 | 562,513 | 25.0 | 40,784 | 10.6 |
| 1980 | 141,702 | 69,550 | 72,152 | 2,903 | - | 144,605 | 32.6 | 705,098 | 28.6 | 53,104 | 12.5 |
| 1981 | 128,999 | 70,399 | 58,600 | 8,952 | - | 137,951 | 27.5 | 822,734 | 31.4 | 66,542 | 14.2 |
| 1982 | 140,447 | 70,360 | 70,087 | 32,727 | - | 173,175 | 29.7 | 964,822 | 35.1 | 78,299 | 15.8 |
| 1983 | 134,863 | 68,099 | 66,765 | 45,145 | - | 180,009 | 26.6 | 1,096,947 | 38.3 | 81,925 | 16.3 |
| 1984 | 127,813 | 64,099 | 63,714 | 53,603 | - | 181,417 | 24.8 | 1,216,936 | 39.7 | 91,551 | 18.1 |
| 1985 | 123,080 | 63,030 | 60,050 | 89,573 | - | 212,653 | 23.2 | 1,344,314 | 41.1 | 102,242 | 19.5 |
| 1986 | 112,549 | 62,489 | 50,060 | 114,886 | - | 227,435 | 21.0 | 1,451,267 | 42.4 | 113,195 | 20.9 |
| 1987 | 94,181 | 68,800 | 25,382 | 154,490 | - | 248,672 | 16.3 | 1,518,093 | 42.2 | 113,335 | 20.9 |
| 1988 | 71,525 | 61,960 | 9,565 | 139,461 | - | 210,986 | 11.6 | 1,567,803 | 40.5 | 115,120 | 20.3 |
| 1989 | 66,385 | 64,300 | 2,085 | 150,798 | - | 217,183 | 10.1 | 1,609,100 | 38.8 | 116,649 | 19.3 |
| 1990 | 73,120 | 63,432 | (9,689) | 186,532 | - | 259,652 | 10.6 | 1,663,379 | 37.0 | 142,886 | 21.6 |
| 1991 | 67,300 | 67,300 | - | 188,757 | - | 256,057 | 9.5 | 1,716,473 | 36.3 | 160,360 | 22.8 |
| 1992 | 95,360 | 95,360 | - | 214,969 | - | 310,329 | 13.5 | 1,783,681 | 36.9 | 164,473 | 22.8 |
| 1993 | 161,740 | 161,740 | - | 218,129 | - | 379,869 | 21.5 | 1,925,393 | 40.1 | 154,423 | 21.3 |
| 1994 | 164,900 | 123,457 | <31,337> [8,106] | 228,817 | - | 393,717 | 22.4 | 2,066,046 | 42.4 | 143,602 | 19.6 |
| 1995 | 212,470 | 164,401 | <28,511> 19,558 | 253,767 | - | 466,238 | 28.0 | 2,251,847 | 45.4 | 132,213 | 18.6 |
| 1996 | 217,483 | 107,070 | <18,796> 91,617 | 265,524 | - | 483,007 | 27.6 | 2,446,581 | 48.1 | 163,752 | 21.8 |
| 1997 | 184,580 | 99,400 | 85,180 | 314,320 | - | 498,900 | 23.5 | 2,579,875 | 50.3 | 168,023 | 21.7 |
| 1998 | 340,000 | 170,500 | 169,500 | 424,310 | - | 764,310 | 40.3 | 2,952,491 | 58.7 | 172,628 | 22.2 |
| 1999 | 375,136 | 131,660 | 243,476 | 400,844 | - | 775,979 | 42.1 | 3,316,687 | 66.4 | 198,319 | 24.2 |
| 2000 | 330,040 | 111,380 | 218,660 | 532,697 | - | 862,737 | 36.9 | 3,675,547 | 72.9 | 219,653 | 25.8 |
| 2001 | 300,000 | 90,760 | 209,240 | 593,296 | 438,831 | 1,332,127 | 35.4 | 3,924,341 | 79.5 | 171,705 | 20.8 |
| 2002 | 349,680 | 91,480 | 258,200 | 696,155 | 318,435 | 1,364,271 | 41.8 | 4,210,991 | 86.0 | 166,712 | 20.5 |
| 2003 | 353,450 | 66,930 | 286,520 | 749,489 | 285,086 | 1,388,025 | 42.9 | 4,569,736 | 92.6 | 167,981 | 20.5 |
| 2004 | 354,900 | 87,040 | 278,860 | 844,507 | 401,297 | 1,600,702 | 41.8 | 4,990,137 | 100.1 | 175,685 | 21.4 |
| 2005 | 312,690 | 77,620 | 235,070 | 1,055,195 | 282,494 | 1,650,379 | 36.6 | 5,269,279 | 104.6 | 184,422 | 22.4 |
| 2006 | 274,700 | 64,150 | 210,550 | 1,081,226 | 255,595 | 1,611,502 | 33.7 | 5,317,015 | 103.9 | 187,616 | 23.5 |
| 2007 | 254,320 | 60,940 | 193,380 | 995,785 | 86,000 | 1,436,105 | 30.3 | 5,466,725 | 105.9 | 209,988 | 25.3 |
| 2008 | 253,480 | 52,120 | 201,360 | 925,420 | 84,000 | 1,262,900 | 30.5 | 5,533,118 | 105.0 | 201,632 | 24.3 |

(注1)　国債発行額は収入金ベース。2006年度までは実績、2007年度は予算ベース、2008年度は当初予算ベース。
(注2)　（　）内は臨時特別公債、〈　〉内は減税特別公債、[　]は震災特別公債。
(注3)　国債依存度は新規財源発行債/一般会計歳出額。
(出所)　財務省『債務管理リポート 2008』

④国債先物取引・国債先物オプション取引

　国債先物取引とは、将来の特定の期日に、あらかじめ合意した価格で特定の国債を取引する契約のことである。日本では、公社債市場の拡大・成熟に伴い、投資家の間でリスクヘッジに対するニーズが高まってきたことなどを背景に、1985年、東京証券取引所が市場を創設した。

　国債先物取引では、実際に発行されている国債ではなく、「標準物」と呼ばれる架空の債券が取引の対象とされる。商品種別としては、中期国債標準物（償還期限5年、クーポンレート3％）を対象とした「中期国債先物取引」、長期国債標準物（償還期限10年、クーポンレート6％）を対象とした「長期国債先物取引」および超長期国債標準物（償還期限20年、クーポンレート6％）を対象とした「超長期国債先物取引」があるが、長期国債先物が大半を占める（超長期国債先物は2002年12月限月分以降、休止）。

　国債先物オプション取引は、リスク管理手段の多様化と資産運用手段の高度化を目的として、東証が1990年6月に導入した取引である。その内容を簡単に述べると、国債先物取引のある限月において、特定の価格（権利行使価格）で、一定数量を一定期間内に買い付けることのできる権利（国債先物コールオプション）もしくは売り付けることのできる権利（国債先物プットオプション）を売買するものである。対象は長期国債先物と中期国債先物であるが、中期国債先物オプションは2002年7月限月以降、新たな限月取引が休止されている。

## （3）債券の投資家売買動向

　債券市場の需給分析に際しては、投資家の売買動向の把握が重要である。投資家別の公社債売買状況については、日本証券業協会が月次データを原則翌月20日に公表している。

　図表Ⅲ-41は、投資家別の公社債の売り越し・買い越し状況（短期証券除き）を月次ベースでみたものであるが、各投資家が債券市場に対しどの程度の影響力をもっているかがわかるとともに、それぞれの特性に応じる形で、投資行動にパターンがあることがみてとれるだろう。

　また、同協会は国債の売買状況も公表している。投資家別に、短期国債、中期国債、超長期国債の売買高がわかる。

公表機関ホームページアドレス
日本証券業協会　http://www.jsda.or.jp/

III 国内金利・金融政策の見方

図表III-41 投資家動向分析

(短期証券を除く、買い越し(+)、売り越し(-)、単位:億円)

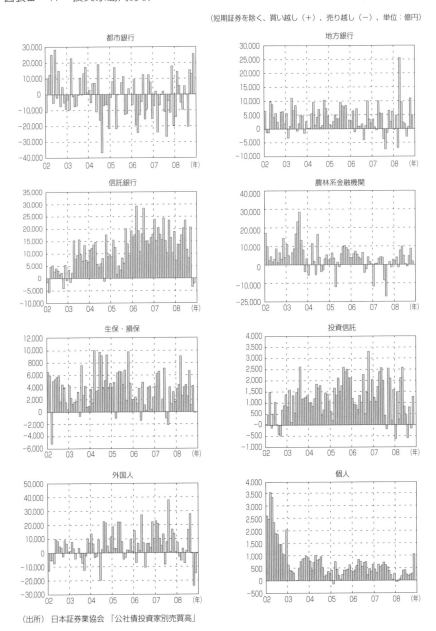

(出所) 日本証券業協会 「公社債投資家別売買高」

143

# ［4］長期金利分析
## （1）企業金融と長期金利

　すでに述べたように、資金循環統計のマネーフロー表は、長期金利の短期的予測において直接役に立つことはほとんどないものの、中長期的な金利トレンドや金融市場の構造変化を捉える際には、欠かせない分析材料である。

　長期金利予測においてとくに重要なのは、法人企業部門の資金調達動向である。企業の長期資金需要が乏しい局面では、金融機関からの借入は伸びず、金融機関の資金は余剰になる。こうした余剰資金はまずインターバンク市場に流入するが、短期金利の水準が極端に低い場合、金融機関はインカム・ゲインを狙って運用資金を債券市場にシフトする。この結果、債券価格は上昇、金利は低下する。

　もっとも企業の借入減少は資金需要の低迷だけがもたらすのではない。より構造的な変化、すなわちデット・ファイナンスからエクイティ・ファイナンスへ、あるいは間接金融中心から直接金融中心への資金調達方法の変化も影響している。

　図表Ⅲ-42は、1990年度以降の資金循環勘定における非金融法人企業部門の資金調達・運用状況を示したものである。最下段の「資金過不足」の項をみると、97年度までマイナス（＝資金不足）、すなわち資金調達超であったのが、98年度以降プラス（＝資金余剰）となっており、負債圧縮の影響を読み取ることができる。ただし、運用額とネットせず、調達額だけをみると、97年度にはすでに負債圧縮の動きが始まっている。このように、非金融法人部門では、長らくバランスシート調整が進められてきたが、2006年度に10年ぶりに資金調達がプラスに転じ、変化の兆しがみられる。

　また、企業の手元流動性は大きく圧縮される（図表Ⅲ-43参照）一方、株式による資金調達は、バブル崩壊直後の90年代前半とITバブル崩壊に見舞われた2001～02年を除けば、堅調に推移している（図表Ⅲ-45参照）。

　このように、中長期的スパンでみると、企業部門の資金需要動向も長期金利の重要な変動要因となっている。

III 国内金利・金融政策の見方

図表III-42 非金融法人企業部門の資金運用・調達（フロー）

(単位：兆円)

| 年　度 | 1990〜04合計 | 1995 | 1996 | 1997 | 1998 | 1999 | 2000 | 2001 | 2002 | 2003 | 2004 | 2005 | 2006 | 2007 |
|---|---|---|---|---|---|---|---|---|---|---|---|---|---|---|
| 資金調達 | 163.39 | 19.86 | 9.41 | -27.43 | -45.73 | -18.15 | -11.95 | -33.95 | -26.22 | -30.34 | -0.43 | -38.40 | 15.29 | 5.59 |
| 借入金 | 100.82 | 7.20 | -6.66 | -2.09 | -25.54 | -17.70 | -22.89 | -6.08 | -26.72 | -28.59 | -11.09 | -20.39 | 0.59 | -0.84 |
| うち民間借入 | 51.97 | -4.97 | -14.16 | 0.46 | -6.14 | -11.84 | -17.62 | -12.94 | -27.08 | -20.85 | -12.17 | -3.15 | 4.02 | 5.61 |
| うち公的借入 | 21.07 | 0.49 | 0.87 | -0.19 | -3.05 | 2.30 | -0.09 | 3.85 | 0.21 | -1.89 | -2.19 | -14.88 | -1.87 | -3.77 |
| うち非金融部門貸出金 | 18.08 | 12.07 | 6.57 | -2.77 | -16.85 | -6.53 | -4.64 | 2.82 | -0.29 | -4.98 | 3.93 | -3.38 | -0.29 | -2.76 |
| 株式以外の証券 | 28.32 | 1.33 | 2.35 | -2.94 | -8.74 | -5.37 | -1.28 | -7.30 | -3.35 | -3.05 | -1.23 | -24.28 | 2.92 | 2.97 |
| うち事業債 | 17.48 | 3.68 | 4.02 | 2.88 | 2.68 | 1.21 | -1.54 | -2.18 | 0.10 | -0.68 | -2.13 | 0.13 | -0.23 | -0.13 |
| うち外債 | 4.30 | -4.41 | -4.94 | -5.46 | -2.37 | -1.49 | -2.04 | -0.90 | -1.24 | 0.47 | 0.71 | -0.72 | 0.04 | 0.29 |
| うちCP | -4.89 | -0.62 | 0.84 | 2.22 | -0.43 | -3.78 | 4.36 | -0.51 | 0.52 | -2.57 | -2.33 | 0.05 | 0.96 | 1.70 |
| うち政府関係機関債 | 10.76 | 2.76 | 2.48 | -2.50 | -8.55 | -1.23 | -2.04 | -3.51 | -2.73 | -0.64 | 1.95 | -24.62 | 1.46 | 0.51 |
| 株式・出資金 | 33.50 | 5.40 | 6.11 | 4.84 | 4.95 | 8.70 | 6.77 | 1.73 | 2.50 | 1.23 | 4.84 | -2.21 | 0.83 | 9.89 |
| うち株式 | 8.28 | 0.98 | 3.03 | 1.99 | 3.33 | 4.48 | 4.30 | 0.99 | 1.99 | 2.81 | 4.42 | 4.23 | 0.86 | 0.07 |
| 対外債務 | 0.97 | -1.43 | 0.42 | 1.12 | -0.51 | 1.07 | -2.64 | 1.99 | -0.87 | -1.43 | 1.13 | 1.78 | -1.47 | 0.82 |
| その他 | -0.22 | 7.36 | 7.19 | -28.36 | -15.90 | -4.85 | 8.09 | -24.30 | 2.23 | 1.49 | 5.91 | 6.70 | 12.43 | -7.24 |
| 資金運用 | 18.83 | 8.95 | 8.74 | -38.19 | -17.09 | 4.57 | 6.87 | -11.97 | -4.17 | 15.72 | 20.04 | 21.21 | 15.27 | 15.97 |
| 現金・預金 | -4.35 | 11.65 | -5.43 | -1.27 | 5.04 | 6.36 | 2.38 | 6.74 | -7.07 | 11.35 | 7.95 | 1.85 | -2.74 | 0.08 |
| うち現金 | 2.16 | 2.21 | 0.64 | 1.88 | -1.65 | 3.74 | 0.24 | 2.69 | 0.18 | -0.19 | 0.69 | 0.40 | 0.45 | 0.18 |
| うち流動性預金 | 8.62 | 7.67 | 0.71 | 0.58 | 5.85 | 5.73 | 9.34 | 19.30 | 2.67 | 8.32 | 9.55 | 4.46 | -4.07 | -4.10 |
| うち定期性預金 | -16.91 | -10.66 | -2.54 | -9.41 | 0.83 | -8.26 | -6.93 | -6.94 | -7.54 | -0.23 | -0.26 | -1.53 | 2.23 | 0.63 |
| うち譲渡性預金 | -1.45 | 13.10 | -0.91 | 4.96 | 0.43 | 5.31 | -0.35 | -9.19 | -1.82 | 3.59 | -2.31 | -0.60 | -2.16 | 1.18 |
| うち外貨預金 | 3.24 | -0.66 | -3.34 | 0.72 | -0.42 | -0.16 | 0.07 | 0.89 | -0.56 | -0.14 | 0.27 | -0.87 | 0.80 | 2.19 |
| 貸出 | 9.26 | -1.31 | 0.70 | -2.18 | -0.26 | 3.06 | -1.11 | 4.63 | -0.35 | 4.71 | 0.87 | 0.14 | -1.34 | 1.40 |
| 株式以外の証券 | 2.54 | -7.52 | 0.38 | 2.87 | -0.03 | 2.86 | -0.57 | -2.17 | 6.38 | -1.72 | -1.75 | -1.26 | 0.14 | -1.59 |
| うち債券 | -2.03 | -0.01 | 1.14 | 3.29 | -1.26 | 1.91 | 0.01 | -1.89 | 2.69 | -3.10 | 0.70 | 0.10 | 0.98 | -2.54 |
| うちCP | -2.99 | -2.19 | 2.10 | 0.18 | -0.09 | -2.08 | 1.07 | 0.90 | -0.36 | 0.08 | -1.72 | 2.29 | -0.02 | 0.48 |
| うち投資信託受益証券 | 2.78 | -3.92 | 0.13 | -1.00 | 1.75 | 4.96 | -2.17 | -2.38 | -0.18 | -0.18 | -1.42 | -2.31 | 1.79 | 3.22 |
| うち信託受益権 | 5.14 | -0.96 | -3.21 | -2.51 | -1.48 | -1.95 | 0.37 | -0.93 | -0.01 | 1.20 | -0.19 | -0.04 | -0.49 | 0.37 |
| うち債権流動化関連商品 | 0.45 | -0.23 | 0.45 | 2.92 | 1.15 | 0.27 | 0.39 | 2.33 | 4.35 | 0.31 | 0.89 | -1.28 | -2.12 | -3.11 |
| 株式・出資金 | -6.26 | -0.70 | -0.44 | -0.77 | -1.20 | -1.25 | -0.09 | 0.47 | 6.14 | -1.51 | -0.38 | -0.95 | -1.00 | 11.13 |
| うち株式 | -16.01 | -1.68 | -1.19 | -1.84 | -0.60 | -3.08 | -0.30 | 0.10 | 1.78 | -1.83 | -0.45 | -1.05 | -0.51 | 1.93 |
| 対外債権 | 18.70 | 1.08 | 5.96 | -4.46 | -3.62 | -1.12 | 0.44 | 0.14 | -2.86 | 0.02 | 7.51 | 15.44 | 7.19 | 7.49 |
| その他 | -1.06 | 5.73 | 7.57 | -32.38 | -17.02 | -5.34 | 5.83 | -21.78 | -6.41 | 2.86 | 5.85 | 5.98 | 13.03 | -2.54 |
| 資金過不足 | -144.55 | -10.91 | -0.67 | -10.76 | 28.64 | 22.73 | 18.82 | 21.98 | 22.05 | 46.06 | 20.47 | 59.61 | -0.02 | 10.37 |

(注1) 対外債権・債務は、直接投資、証券投資、その他の対外債権債務の合計。
(注2) 上記の「その他」には、資金循環勘定上の「その他」以外にも金融派生商品、預け金、企業間・貿易信用などを含む。
(注3) 2005年10月の旧道路公団の部門計上替えの影響を調整していない。
(資料) 日本銀行「資金循環勘定」

図表Ⅲ-43 手元流動性残高（前年同期比増減率）

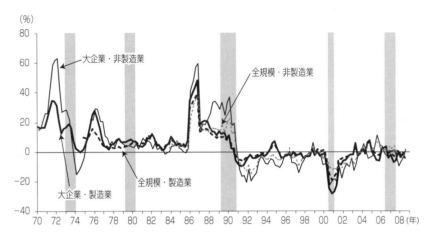

（注1）シャドー部分は基準貸付利率（公定歩合）引き上げ局面を示す。
（注2）1983年第3四半期以前は主要企業を「大企業」に、全国企業を「全規模」に読み替える。
（資料）日本銀行「短観」

図表Ⅲ-44 資金繰り判断DI

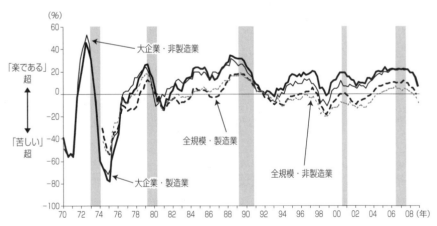

（注1）シャドー部分は基準貸付利率（公定歩合）引き上げ局面を示す。
（注2）1983年第1四半期以前は主要企業を「大企業」に、全国企業を「全規模」に読み替える。
（資料）日本銀行「短観」

## 図表Ⅲ-45 エクイティ・ファイナンスによる調達（東証上場会社資金調達額）

(単位：億円、%)

| 年 | 株式 合計 | 転換社債型新株予約権付社債 合計 | 国内 | 国外 | 新株予約権付社債 合計 | 国内 | 国外 | 合計 | 対名目GDP比 |
|---|---|---|---|---|---|---|---|---|---|
| 1980 | 9,982 | 6,146 | 1,040 | 5,106 | 0 | 0 | 0 | 16,128 | 0.7 |
| 1981 | 18,478 | 11,292 | 3,525 | 7,767 | 200 | 200 | 0 | 29,970 | 1.1 |
| 1982 | 12,868 | 10,693 | 4,370 | 6,323 | 1,420 | 440 | 980 | 24,981 | 0.9 |
| 1983 | 7,423 | 18,670 | 8,110 | 10,560 | 1,365 | 80 | 1,285 | 27,458 | 1.0 |
| 1984 | 9,156 | 24,448 | 11,895 | 12,553 | 4,549 | 130 | 4,419 | 38,153 | 1.3 |
| 1985 | 7,631 | 31,592 | 18,615 | 12,977 | 6,902 | 100 | 6,802 | 46,125 | 1.4 |
| 1986 | 8,025 | 31,201 | 27,060 | 4,141 | 20,546 | 1,160 | 19,386 | 59,772 | 1.8 |
| 1987 | 28,984 | 61,336 | 51,540 | 9,796 | 31,148 | 300 | 30,848 | 121,468 | 3.4 |
| 1988 | 45,334 | 72,847 | 64,680 | 8,167 | 35,025 | 0 | 35,025 | 153,206 | 4.0 |
| 1989 | 85,293 | 83,032 | 67,700 | 15,332 | 95,448 | 3,850 | 91,598 | 263,773 | 6.5 |
| 1990 | 33,994 | 32,886 | 27,025 | 5,861 | 37,598 | 9,150 | 28,448 | 104,478 | 2.4 |
| 1991 | 7,510 | 12,498 | 10,285 | 2,213 | 39,718 | 3,815 | 35,903 | 59,726 | 1.3 |
| 1992 | 3,871 | 8,383 | 4,950 | 3,433 | 15,019 | 0 | 15,019 | 27,273 | 0.6 |
| 1993 | 7,460 | 19,156 | 15,285 | 3,871 | 16,584 | 0 | 16,584 | 43,200 | 0.9 |
| 1994 | 8,398 | 26,841 | 24,705 | 2,136 | 7,799 | 0 | 7,799 | 43,038 | 0.9 |
| 1995 | 5,908 | 9,616 | 6,215 | 3,401 | 4,293 | 12 | 4,281 | 19,817 | 0.4 |
| 1996 | 19,415 | 34,697 | 30,085 | 4,612 | 4,677 | 52 | 4,625 | 58,789 | 1.2 |
| 1997 | 11,171 | 7,002 | 2,229 | 4,773 | 669 | 168 | 501 | 18,842 | 0.4 |
| 1998 | 15,236 | 3,275 | 2,266 | 1,009 | 102 | 102 | 0 | 18,613 | 0.4 |
| 1999 | 99,393 | 9,453 | 5,670 | 3,783 | 2,506 | 342 | 2,164 | 111,352 | 2.2 |
| 2000 | 16,381 | 5,930 | 3,411 | 2,519 | 818 | 602 | 215 | 23,129 | 0.5 |
| 2001 | 19,642 | 8,288 | 2,820 | 5,468 | 1,027 | 562 | 465 | 28,957 | 0.6 |
| 2002 | 19,107 | 12,695 | 4,565 | 8,130 | 592 | 64 | 528 | 32,394 | 0.7 |
| 2003 | 33,607 | 9,870 | 569 | 9,301 | 0 | 0 | 0 | 43,477 | 0.9 |
| 2004 | 27,877 | 21,321 | 5,396 | 15,925 | 0 | 0 | 0 | 49,198 | 1.0 |
| 2005 | 27,673 | 10,878 | 7,140 | 3,738 | 0 | 0 | 0 | 38,550 | 0.8 |
| 2006 | 25,751 | 25,023 | 13,516 | 11,507 | 0 | 0 | 0 | 50,774 | 1.0 |
| 2007 | 20,877 | 8,098 | 942 | 7,156 | 0 | 0 | 0 | 28,975 | 0.6 |

(注) 2002年3月以前の転換社債型新株予約権付社債は転換社債、同じく新株予約権付社債はワラント債
(出所) 日本銀行「金融経済統計月報」(1997年まで)、東京証券取引所「上場会社資金調達額」(1998年以降)

## (2) 株価と長期金利

　株価を説明するモデルの1つに「配当還元モデル」がある。それは、簡単にいえば「株価＝将来にわたって受け取る配当金を現在の価値に換算したものの合計」とする考え方である。数式化すれば、

$$株価 = \frac{1株当たりの配当金}{金利 - 1株当たり利益の成長率}$$

となる。つまり、金利と株価は、他の条件を一定とすれば、反比例の関係にあるということになる。

　現実の世界がこの理屈ほど単純ではないことはいうまでもない。とはいえ図表Ⅲ-46が示すように、景気後退局面では株価は下落する傾向があり、株価と景気循環の関連性を読み取ることができる。また、景気と金利との間の密接な関係は第Ⅰ章で述べた通りである。つまり、景気と金利、株価の間には互いに影響を与える関係がある。図表Ⅲ-47は、そうした三者の関係をまとめたものである。

　以上は中期的な視点から金利と株価の関係を眺めたものだが、より短期的にも両者は関連性がある。株価が下落すると、株から債券への資金シフト、すなわち「質への逃避」(flight to quality)が起こり、金利が低下する、という因果関係である。また株価が大きく下落した場合、金融緩和が実施されるとの思惑が広がり、金利が低下することがある（例えば1987年12月のブラックマンデーの際）。逆に金融当局が強い金融引き締めを実施すると、株価は下落し金利は上昇する。

　いずれにせよ、金利の分析・予測に際しては株価動向も十分考慮しなければならない。

Ⅲ　国内金利・金融政策の見方

図表Ⅲ-46　株価と景気循環

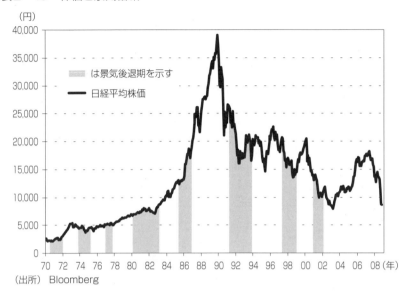

（出所）Bloomberg

図表Ⅲ-47　株式市場の局面推移

| 相場局面 | 金　利 | 業　績 | 株　価 |
|---|---|---|---|
| 金融相場 | ↓ | ↘ | ↑ |
| 中間反落 | → | → | → |
| 業績相場 | ↗ | ↑ | ↗ |
| 逆金融相場 | ↑ | ↗ | ↓ |
| 中間反騰 | → | → | → |
| 逆業績相場 | ↘ | ↓ | ↓ |

（出所）『相場サイクルの見分け方』浦上邦雄　日本経済新聞社

## （3）日米の長期金利比較

　日米の長期金利は1970年代を通じて高い連動性を示していた。しかし80年代に入ると、米国がインフレ抑制（81～82年）や景気拡大（84年）に対応し金融引き締めを行ったのに対し、日本は80年以降長期にわたって金融緩和的な環境にあったことから、日米間の長期金利の連動性は弱まった。もっとも90年代以降、水準こそかなり違うものの、例外的な時期（2000年前後の日米の景況感が異なる時期）を除き、両者は再び連動性を回復しているように見える（図表Ⅲ－48参照）。

　日米だけでなく、近年、先進国の長期金利の連動性が高まっている。その背景には、経済のグローバル化進展により、景気循環に時間のズレが少なくなってきていることが考えられる。グローバル化は、企業活動のみならず、機関投資家の投資対象にも及んでいるため、実体経済・金融取引の両面から、金利の連動性は高められているものと推測される。

## （4）長期金利と為替レート

　ドル円レートと日本の長期金利との関係については、90年代に入るまでは円高＝日本金利の低下、円安＝日本金利の上昇という比較的有意な相関があったが、1990年代以降ははっきりしなくなっている（図表Ⅲ－49参照）。

　金利と為替の関係については、第XI章でも言及されているが、単純に一方が他方へ影響するという関係ではない。あるときは金利の動きが為替で説明され、またあるときは為替の動きを金利で説明するというように、後講釈でいかようにも説明できる。

　少なくとも金融市場が自由化された先進国間の為替と金利の関係については、単に一国の金利と為替レートの関係をみるのではなく、二国間の金利差と為替レートを比較するべきであろう。

Ⅲ 国内金利・金融政策の見方

図表Ⅲ-48 日米の長期金利推移

(出所) Datastream・Bloomberg

図表Ⅲ-49 日本の長期金利と為替レートの推移

(出所) Datastream・Bloomberg

## (5) 長期金利とインフレ率

1980年代以降の日本の金利とインフレ率の推移をみると、第2次石油危機を経た80年代前半、インフレ率が大きく低下する一方で、長期金利はインフレ率ほどには下がらず、したがって長期金利（正確には名目長期金利）からインフレ率を差し引いた実質長期金利は高止まり状態が続いた。レーガノミックスのもと、米国が「強いドル」を維持するために高金利政策を実施し、それが日本の金利にも波及したことがその理由としてあげられる。

80年代後半はインフレ率が安定的に推移する一方、長期金利は大きく低下、その結果、実質長期金利も低下した。その後、バブル期に入っても消費者物価自体の上昇幅はあまり大きくならなかったものの、資産インフレが急激に高まったことに対応し、金融引き締めが行われたことで、実質長期金利は上昇した。

90年代から2000年代前半にかけては、インフレ率がマイナスとなり、デフレ的状況が続くなか、金融緩和が進められていったため、実質長期金利は低水準で推移した。

図表Ⅲ-50　日本の長期金利とインフレ率の推移

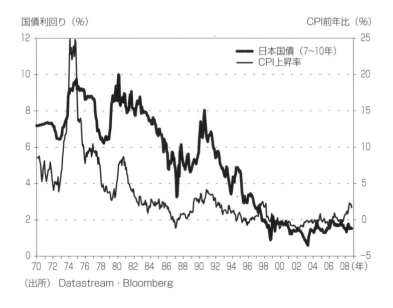

（出所）Datastream・Bloomberg

Ⅲ　国内金利・金融政策の見方

図表Ⅲ-51　日本の実質長期金利

（出所）Datastream・Bloomberg

図表Ⅲ-52　日本の実質短期金利

（出所）Datastream・Bloomberg

*153*

## [5] 金利スプレッド
### (1) 長期金利スプレッド分析

金利スプレッド(金利差)の分析は、金利水準の判断や先行きを予測するうえで参考になる。

図表Ⅲ-53～57は、金融政策をより大まかに時期区分したうえで、各金利の推移をグラフ化したものである。また、図表Ⅲ-58は、1975年以降の金利スプレッド・データを金融政策の局面にしたがって期間を区分し、各期間における金利間スプレッドの平均値、最大値、最小値および標準偏差を算出したものである。

これらのチャートおよびスプレッド・データを読むポイントは以下の通り。

現在のスプレッドが過去の緩和期(もしくは引き締め期)のデータと比較して、平均的なスプレッドの範囲にあるかどうか。過去の平均的なスプレッドから大きく乖離している場合、金利差は修正される可能性が高い。

しかしながら、マーケットが政策金利の変更を先取りして動く場合には、スプレッドは過去の平均的なスプレッドを超えて動く場合が多い。したがって、長期金利の予測に際しても、マーケットが予想している(織り込んでいる)短期金利水準を考慮に入れる必要がある(134頁参照)。

図表Ⅲ-53　国内主要金利推移(その1)(金融緩和期75年4月～79年4月)

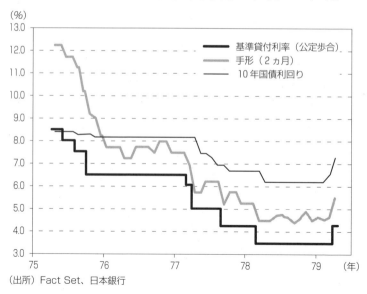

(出所) Fact Set、日本銀行

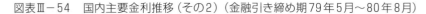

図表Ⅲ-54　国内主要金利推移（その2）（金融引き締め期79年5月～80年8月）

（出所）Bloomberg、FactSet、Amsus

図表Ⅲ-55　国内主要金利推移（その3）（金融緩和期80年9月～89年5月）

（出所）Bloomberg、FactSet、INDB

図表Ⅲ-56 国内主要金利推移(その4)(金融引き締め期89年6月～91年6月)

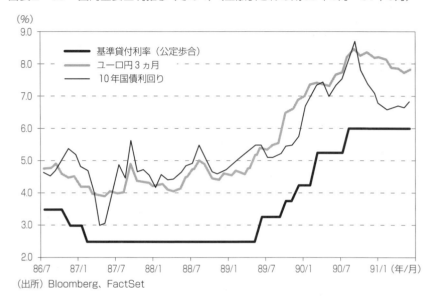

(出所)Bloomberg、FactSet

図表Ⅲ-57 国内主要金利推移(その5)(金融緩和期91年7月～08年11月末現在)

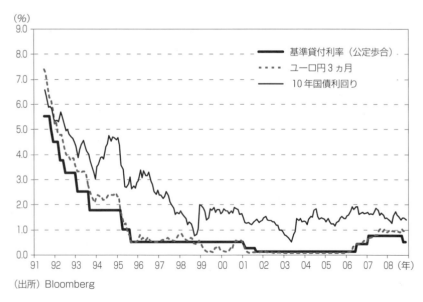

(出所)Bloomberg

## 図表Ⅲ-58　金利スプレッド・データ

| 状況 | 期間（西暦） | | 長期国債と公定歩合（※） | 長期国債とユーロ円3ヵ月 | ユーロ円3ヵ月と公定歩合（※） |
|---|---|---|---|---|---|
| 緩和期 | 75年4月<br>↓<br>79年4月 | 期間平均<br>最大値（日付）<br>最小値（日付）<br>標準偏差 | 2.21<br>4.75 (79.4.14)<br>−0.57 (75.4.12)<br>0.89 | 0.71<br>3.29 (79.4. 7)<br>−4.82 (75.4.12)<br>1.67 | 1.50<br>4.25 (75.4.12)<br>0.75 (77.5.28)<br>0.88 |
| 引き締め期 | 79年5月<br>↓<br>80年8月 | 期間平均<br>最大値（日付）<br>最小値（日付）<br>標準偏差 | 2.14<br>4.66 (79.7.16)<br>−0.91 (80.6. 7)<br>1.7 | −0.54<br>3.57 (79.6.23)<br>−5.90 (80.3.29)<br>2.76 | 2.69<br>7.75 (75.4.12)<br>0.75 (77.5.28)<br>0.88 |
| 緩和期 | 80年9月<br>↓<br>89年5月 | 期間平均<br>最大値（日付）<br>最小値（日付）<br>標準偏差 | 2.13<br>4.23 (87. 9.30)<br>0.18 (80.10.31)<br>0.67 | 0.57<br>1.84 (81.10.31)<br>−3.26 (80. 9.30)<br>0.79 | 1.55<br>3.75 (80.9.30)<br>0.75 (83.4.30)<br>0.47 |
| 引き締め期 | 89年6月<br>↓<br>91年6月 | 期間平均<br>最大値（日付）<br>最小値（日付）<br>標準偏差 | 1.44<br>2.71 (90.8.25)<br>0.26 (91.2.23)<br>0.65 | −0.86<br>0.05 (89.6.17)<br>−1.84 (91.1.18)<br>0.49 | 2.31<br>3.43 (90.3.17)<br>1.71 (91.6. 8)<br>0.36 |
| 緩和期 | 91年7月<br>↓<br>95年9月 | 期間平均<br>最大値（日付）<br>最小値（日付）<br>標準偏差 | 1.92<br>3.17 (94. 9. 2)<br>0.31 (91.10.18)<br>0.69 | 1.25<br>2.57 (94.8.26)<br>−1.11 (91.6.28)<br>0.94 | 0.67<br>2.19 (91.7.5)<br>−0.22 (94.8.4)<br>0.41 |
| 緩和維持期 | 95年10月<br>↓<br>98年9月 | 期間平均<br>最大値（日付）<br>最小値（日付）<br>標準偏差 | 2.01<br>3.01 (96. 4.26)<br>0.83 (98. 8.28)<br>0.60 | 1.84<br>2.81 (96. 4.26)<br>0.22 (97.12.26)<br>0.68 | 0.17<br>1.20 (97.12.26)<br>−0.01 (95.12.15)<br>0.19 |
| 超緩和期 | 98年10月<br>↓<br>99年2月 | 期間平均<br>最大値（日付）<br>最小値（日付）<br>標準偏差 | 0.95<br>1.90 (99. 2. 5)<br>0.26 (98.10. 2)<br>0.54 | 1.08<br>2.00 (99. 2. 5)<br>0.39 (98.10. 2)<br>0.53 | −0.13<br>−0.02 (99. 1. 8)<br>−0.29 (99.2.19)<br>0.07 |
| ゼロ金利期 | 99年3月<br>↓<br>00年7月 | 期間平均<br>最大値（日付）<br>最小値（日付）<br>標準偏差 | 1.22<br>1.45 (99. 8.27)<br>0.74 (99. 5.14)<br>0.12 | 1.62<br>1.92 (99. 8.27)<br>1.20 (99. 5.14)<br>0.13 | −0.40<br>0.00 (99.12.24)<br>−0.49 (99. 9.24)<br>0.08 |
| 超緩和期 | 00年8月<br>↓<br>01年3月 | 期間平均<br>最大値（日付）<br>最小値（日付）<br>標準偏差 | 1.18<br>1.44 (00. 9. 1)<br>0.90 (01. 3.16)<br>0.16 | 1.25<br>1.60 (00. 9. 1)<br>1.01 (00.12.22)<br>0.19 | −0.06<br>0.09 (00.12.15)<br>−0.24 (00. 8.11)<br>0.08 |
| 量的緩和期 | 01年4月<br>↓<br>06年3月 | 期間平均<br>最大値（日付）<br>最小値（日付）<br>標準偏差 | 1.15<br>1.79 (04. 6.17)<br>0.29 (03. 6.12)<br>0.26 | 1.24<br>1.89 (04. 6.17)<br>0.38 (03. 6.12)<br>0.26 | −0.09<br>0.01 (01. 3.20)<br>−0.10 (04. 4.21)<br>0.02 |
| 量的緩和後 | 06年4月<br>↓<br>08年11月 | 期間平均<br>最大値（日付）<br>最小値（日付）<br>標準偏差 | 1.27<br>2.01 (06. 5.10)<br>0.75 (02.12.30)<br>0.30 | 0.94<br>1.86 (06. 4.27)<br>0.29 (08. 3.24)<br>0.40 | 0.33<br>0.64 (08.10.31)<br>0.10 (06. 3.09)<br>0.13 |

（注1）　75年4月～79年4月のユーロ円3ヵ月は手形2ヵ月で代替。
（注2）　※の公定歩合（基準貸付利率）について、01年4月の量的緩和期以降は無担保コール・O/Nで計算。
（出所）　Bloomberg

## （2）長短金利の逆転現象

　短期金利と長期金利の関係はイールドカーブで表される。順イールドとは、右上がりのカーブで、短期金利が長期金利よりも低い状態を指し、逆イールドとは右下がりのカーブで、短期金利が長期金利よりも高い状態を指す。

　長短金利の逆転現象は、金融市場を分析する者にとっては、きわめて興味深いテーマである。図表Ⅲ－59は、1983年から95年の金利の推移をみたものであるが、この期間中に3度、長短金利の逆転が起きている。

　(a) 1回目は85年8月から86年4月に起きた。銀行によるディーリングが始まったことを背景に長期金利が低下し、短期金利を下回った。その後、金融緩和策によって短期金利が大きく下がったことで、逆転は解消された。

　(b) 2回目は、図表では明瞭ではないが、87年2月から5月に起きた。逆転の要因はマーケットが過度の金融緩和期待を抱いた結果、長期国債価格が急騰し、長期金利が急低下したことだったが、3ヵ月間で解消された。

　(c) 3回目は89年7月から91年12月で、2年半余りにわたって続いた。最も典型的な逆転現象で、厳しい金融引き締めにより、短期金利の上昇ピッチと長期金利の上昇ピッチとの間で乖離が起きたために発生したものである。

　3回目の場合にみられるように、金融引き締めを伴う長短金利の逆転は長期化する傾向があり、またその後には、歴史的経験からいうと、しばしば深刻な景気後退が到来する。その理由としては、次のことが考えられる。

　金融当局は景気が過熱していることに気づくと、これを利上げによって「ファイン・チューニング」（裁量的な微調整）しようと考える。だが景気の判断材料となる統計や指標は実際には過去数ヵ月前の記録である。しかも景気の認識と政策の実行との間には、必然的にタイムラグが生じる。そうした現実と認識、認識と実行の間のギャップのため、当局が景気過熱の抑制に乗り出した頃には、景気はすでにピークを過ぎており、引き締めは微調整どころか「オーバーキル」（過度の引き締め）となってしまう。その結果、景気後退は加速し、やがて深刻化するのである。

　なお長短金利の逆転現象が起きると、市場分断仮説（長期と短期の債券市場は分断されていて独自に動くという説）に基づく需給論が市場関係者の間で横行するが、たいていは間違いである。

Ⅲ　国内金利・金融政策の見方

図表Ⅲ-59　長短金利の逆転現象

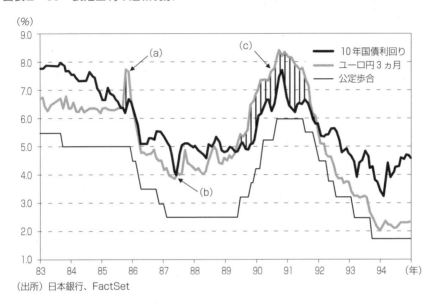

（出所）日本銀行、FactSet

図表Ⅲ-60　日本国債のイールドカーブ推移

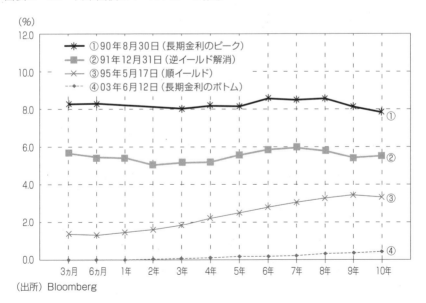

（出所）Bloomberg

## (3) 景気循環と長短金利差

　第Ⅰ章ですでに述べたように、景気と金利との間には密接な関係がある。図表Ⅲ－61は、長短金利差と景気循環の関係をみたものである。1970年代後半から90年代半ばにかけては、タイムラグを伴いつつも、概ね景気拡大期には長短金利差は順イールドとなり、拡大期の終わりにかけて金利差は縮小へ向かい、景気後退期の直前に逆転、後退期に入ると逆イールドは解消へ向かい、長短金利差は再逆転するというパターンがみられる。より詳しくみると、次のような展開が認められる。

　景気拡大期の初期においては将来のインフレ率上昇期待から長期金利が上昇し長短金利差が拡大する。遅れて経済指標などから景気拡大が確認されると、中央銀行が金融引き締め局面に入り、短期金利が上昇する。しかし、景気拡大の初期段階を過ぎると、マーケットは将来の追加利上げによる景気抑制、さらには景気の後退、インフレ率の低下を織り込むようになり、長期金利は低下し、長短金利差は縮小する。拡大期の最終段階では長短金利は逆転する。

　景気後退期に入ると、初期においては中央銀行が前項で述べた「オーバーキル」の状態から金融緩和局面に転換し、短期金利が大きく低下する形で長短金利差は反転へ向かう。後退期の終盤では、将来の景気回復期待が織り込まれ、長期金利が上昇し、長短金利の逆転が解消される。

　もっとも超金融緩和が導入された90年代後半以降、金利水準がゼロ近辺にあるため、長短金利差と景気の関係は不明瞭になっており、長短金利差が景気の転換点に対してもっていた先行性が失われているようにみえる。

図表Ⅲ－61　景気循環、長短金利差と基準貸付利率（公定歩合）

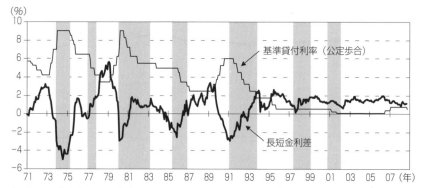

（注1）長短金利差は長期国債利回りからコールレート（有担翌日物）を差し引いたもの。なお、長期国債は、1999年2月以前は10年国債指標銘柄、1993年3月以降は10年新発債最長期国債を使用。
（注2）シャドー部分は景気後退期。
（出所）日本銀行、INDB、内閣府

III 国内金利・金融政策の見方

図表III-62 景気と金融政策・金利の転換点

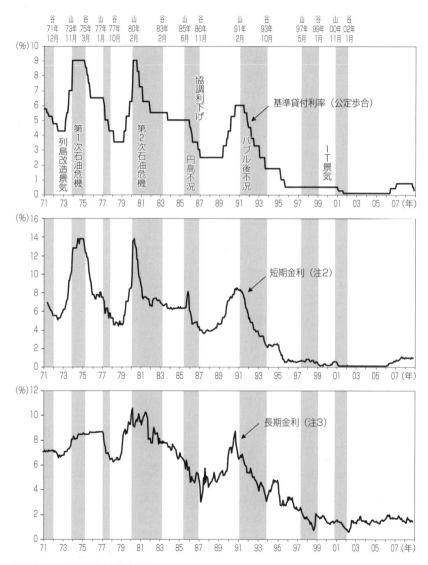

（注1） シャドー部分は景気後退期。
（注2） LIBOR 3ヵ月物、1989年10月以前は手形レート2ヵ月物。
（注3） 新発10年国債利回り、1999年2月以前は10年国債指標銘柄利回り。
（出所） 日本銀行、INDB、内閣府

## [6] 債券ディーラーの眼
### (1) 金利を動かす要因
　将来の金利水準は、金利取引を行う市場参加者にとって、当然ながら最大の関心事である。例えば、企業の資金運用担当者は、将来金利が上昇すると予想すると、一時的に短期運用を行い、金利が上がった時点で長期運用に乗り換えるという運用戦略を立てる。他方、金利先物を取引するトレーダーは、将来金利が上昇すると予想すると、金利先物を売り建てる。予想が当たって金利が上昇し先物価格が下落した時点で買戻しを行い、サヤを稼ごうとする。

　市場参加者にとって重要なのは、いうまでもなく、過去の金利がどうだったかではなく、将来どうなるかである。そこで、彼らは将来金利の見通しを立てるわけだが、そのために景気、物価、為替、海外金利、金融政策、市場の需給バランスなどといったさまざまな材料を用いる。例えば、景気が悪くなると予想すれば、金融が緩和され、したがって金利は低下するという見通しを立てる。あるいは、物価が過度に上昇すると予想すれば、金融引き締めが行われ、したがって金利は上昇するという見通しを立てる。

　だが、いずれのファクターも、直接的に金利を動かすことはできない。金利は、多数の市場参加者によって構成される、きわめて複雑な心理的複合体、すなわち「市場のセンチメント」を介して形作られるものだからである。もちろん、後述する為替も、変動相場を採用している限り同様である。

　つまり、どんなに景気が悪くなっても、またいくら物価上昇が進みそうでも、市場のセンチメントが金利先安あるいは金利先高を読み込まない限り、実際に金利が上下することはない。

　5〜10年といった長期でみた場合、景気循環や物価変動の周期に合わせた形で金利も概ね同様の動きをする。このことから、景気や物価といった要因が直接金利動向を左右するように思えるが、実はそうではない。正しくは、市場のセンチメントが景気に合わせ、あるいは物価に合わせて金利を形成していったのである。

### (2) 市場のセンチメントに敏感な長期金利
　金利には短期、長期という区分があることはすでにみた通りであるが、より鮮明に市場のセンチメントを反映するのは、長期金利のほうである。短期金利は中央銀行の政策金利や誘導目標などが基準になっていることから、市場の外部要因によるインパクトに対する感応度が低い。

　一方、長期金利は政策金利のような基準がないため、市場のセンチメントに対し

素直な反応を示す。例えば、市場が何らかのテーマを捉え、将来的に政策金利が現状よりも低くなると期待すれば、長期金利は低下に向かう。

　具体例をあげよう。156頁の図表Ⅲ−57は1991年以降の基準貸付利率（公定歩合）、ユーロ円3ヵ月、長期金利（10年国債利回り）の推移である。91〜95年の利下げ期に、何度か長期金利が上昇する局面がみてとれる。例えば、94年春、基準貸付利率（公定歩合）が動かないなか、長期金利が急上昇した場面がある。このとき、市場は景気回復による先行きの金利上昇を懸念していた。また、98年末の長期金利の急上昇は、大蔵省資金運用部（当時）の国債買入停止の発表を受けて、国債の先行きの需給悪化懸念が強まったことが背景にあった。さらに、2005年半ば頃から長期金利が上昇したが、これは、景気の回復を受け、市場が日銀の量的緩和政策の解除を長期金利のなかに織り込みはじめたことを表している。

## （3）市場のセンチメントの計り方

　市場のセンチメントを計量化するのは容易ではない。市場のセンチメントは市場の雰囲気であり、文字通り感性であるからだ。あえて、計量化を試みるとするならば、その商品の取引出来高、価格（金利）の変動幅、価格（金利）の変動のスピードが計測手段としてある程度有効といえるかもしれない。出来高が増加しているとき、価格変動幅が拡大しているとき、そのスピードが速いとき、市場のセンチメントは「動意」、つまりいずれかの方向に動こうとする意志を示していることになるからである。

　しかしながら現実の市場はそれほど単純ではなく、結局のところ、市場のセンチメントを明確に捉えることは不可能であり、市場に密着してじかにそれを感じとるしか方法はないものと思われる。

## （4）市場に対する姿勢

　市場のセンチメントは、さまざまな形態の、途方もない数の市場参加者の期待と不安の集合体であり、それによって動く金利や価格は、最大公約数の意思表示である。したがって独り善がりの見方や行動は、結局、市場の餌食となるだけである。

　逆に、市場のセンチメントがある種の生き物であることを見極め、その動きたがっている方向、水準、行動パターンを把握し、素直に謙虚に受け止め対処することが重要である。格言めいていうならば、「市場は敵にまわすより、味方につけるもの」である。以下に市場という生き物の行動パターンをいくつかあげておこう。

・市場が悪材料に反応しない、あるいはちょっとした好材料に対し異常なポジティブ反応を示すのは、市場が上昇方向に動きたがっていることを意味し、基本的にはブル（強気）相場である。

・上とは逆に、市場が好材料に反応しない、あるいは些細な悪材料に異常なネガティブ反応を示すのは、ベア（弱気）相場の典型である。
・いくら時間を費やしても、上値（現在の価格を上回る価格のこと）が取れないのは、市場が低下方向に動きたがっている相場である（逆も同じ）。
・狭いレンジ（変動幅）でもみ合い、かつ取引高が減少している場合、市場は「動意薄」（動きたくない状態）である。
・力強く大きな値幅で上昇相場が続いているときは、市場のセンチメントは加熱状態に入っていることを意味する。

## （5）テクニカル分析の活用

　市場のセンチメントを視覚的に捉えるものとして、チャート（価格の推移をグラフ化したもの）を主体に置いたテクニカル分析という手法がある。詳細については、第XII章「テクニカル分析の基礎」を参照していただきたいが、チャートは市場参加者の欲望と恐怖の軌跡を描いたものといえる。その動きには、一定のパターンを見出すことができる。
　とはいえ、テクニカル分析だけに頼っていても、将来の市場を予測することはできない。市場のセンチメントなるものを自ら十分に経験し、自らの目と手で市場の感触をつかみ、その動向や感情を見極め、それが動きたがっている方向をいち早く捉えることが、市場予測を行うための近道であろう。

《参考文献》
① 「金融読本（第25版）」呉文二・島村高嘉　東洋経済新報社
② 「新しい日本銀行 ── その機能と業務」日本銀行金融研究所編　有斐閣
③ 「金融政策」酒井良清・榊原健一・鹿野嘉昭　有斐閣
④ 「入門 マクロ経済学（第4版）」中谷巌　日本評論社
⑤ 「経済指標の読み方（上）」日本経済新聞社編　日本経済新聞社
⑥ 「実践・景気予測入門」嶋中雄二＋UFJ総合研究所調査部　東洋経済新報社
⑦ 「現代の金融政策 ── 理論と実際」白川方明　日本経済新聞出版社

Ⅲ　国内金利・金融政策の見方

## 日本の経済・金融データ（1）

(前年比％)

| | 名目GDP<br>(10億円) | 名目GDP成長率 | | 実質GDP成長率 | | 実質民間<br>最終消費 | 実質民間<br>設備投資 |
|---|---|---|---|---|---|---|---|
| | 年度 | 年度 | 暦年 | 年度 | 暦年 | 年度 | 年度 |
| 1968 | 54,947 | 18.4 | 18.3 | 11.9 | 12.4 | 9.4 | 21.0 |
| 1969 | 65,061 | 17.5 | 18.4 | 12.0 | 12.0 | 9.8 | 30.0 |
| 1970 | 75,299 | 17.9 | 15.7 | 10.3 | 8.2 | 6.6 | 11.7 |
| 1971 | 82,899 | 10.0 | 10.1 | 4.4 | 5.0 | 5.9 | -4.2 |
| 1972 | 96,486 | 14.5 | 16.4 | 8.4 | 9.1 | 9.8 | 5.8 |
| 1973 | 116,715 | 21.8 | 21.0 | 8.0 | 5.1 | 6.0 | 13.6 |
| 1974 | 138,451 | 19.3 | 18.6 | -1.2 | -0.5 | 1.5 | -8.6 |
| 1975 | 152,362 | 10.5 | 10.0 | 3.1 | 4.0 | 3.5 | -3.8 |
| 1976 | 171,293 | 12.3 | 12.4 | 4.0 | 3.8 | 3.4 | 0.6 |
| 1977 | 190,095 | 11.4 | 11.0 | 4.4 | 4.5 | 4.1 | -0.8 |
| 1978 | 208,602 | 10.1 | 9.7 | 5.3 | 5.4 | 5.9 | 8.5 |
| 1979 | 225,237 | 8.4 | 8.0 | 5.5 | 5.1 | 5.4 | 10.7 |
| 1980 | 246,266 | 8.4 | 9.0 | 2.8 | 2.6 | 0.7 | 7.5 |
| 1981 | 261,914 | 7.5 | 6.4 | 2.9 | 2.8 | 2.0 | 2.1 |
| 1982 | 274,572 | 5.0 | 4.8 | 2.8 | 2.6 | 4.3 | 0.4 |
| 1983 | 286,278 | 4.0 | 4.3 | 1.6 | 1.7 | 2.5 | 0.0 |
| 1984 | 306,809 | 6.4 | 7.2 | 3.1 | 3.9 | 2.8 | 12.1 |
| 1985 | 327,433 | 7.5 | 6.7 | 5.1 | 4.5 | 4.1 | 12.6 |
| 1986 | 341,921 | 4.7 | 4.4 | 3.0 | 2.8 | 3.1 | 5.4 |
| 1987 | 359,509 | 4.1 | 5.1 | 3.8 | 5.0 | 4.6 | 7.3 |
| 1988 | 386,736 | 7.6 | 7.6 | 6.8 | 6.7 | 5.1 | 19.5 |
| 1989 | 414,743 | 7.7 | 7.2 | 5.3 | 4.3 | 4.0 | 10.7 |
| 1990 | 449,997 | 7.7 | 8.5 | 5.2 | 6.0 | 4.8 | 12.0 |
| 1991 | 472,261 | 6.4 | 4.9 | 3.4 | 2.2 | 3.1 | -1.1 |
| 1992 | 483,838 | 2.6 | 2.5 | 1.0 | 1.1 | 1.8 | -5.6 |
| 1993 | 480,662 | 0.8 | -0.7 | 0.2 | -1.0 | 1.8 | -14.0 |
| 1994 | 487,018 | 1.2 | 2.2 | 1.1 | 2.3 | 2.4 | -1.1 |
| 1995 | 496,457 | 1.4 | 1.9 | 2.0 | 2.5 | 2.5 | 3.1 |
| 1996 | 508,433 | 2.2 | 2.4 | 2.7 | 2.9 | 2.7 | 5.7 |
| 1997 | 513,306 | 2.2 | 1.0 | 1.6 | 0.0 | -1.1 | 4.0 |
| 1998 | 503,304 | -2.0 | -1.9 | -2.0 | -1.5 | 0.3 | -8.2 |
| 1999 | 499,544 | -1.4 | -0.7 | -0.1 | 0.7 | 1.1 | -0.6 |
| 2000 | 504,119 | 1.1 | 0.9 | 2.9 | 2.6 | 0.7 | 7.2 |
| 2001 | 493,645 | -1.0 | -2.1 | 0.2 | -0.8 | 1.4 | -2.4 |
| 2002 | 489,875 | -1.3 | -0.8 | 0.3 | 1.1 | 1.2 | -2.9 |
| 2003 | 493,748 | -0.2 | 0.8 | 1.4 | 2.1 | 0.6 | 6.1 |
| 2004 | 498,491 | 1.6 | 1.0 | 2.7 | 2.0 | 1.2 | 6.8 |
| 2005 | 503,187 | 0.7 | 0.9 | 1.9 | 2.3 | 1.8 | 6.2 |
| 2006 | 510,925 | 1.1 | 1.5 | 2.0 | 2.3 | 1.1 | 5.6 |
| 2007 | 515,858 | 1.7 | 1.0 | 2.4 | 1.9 | 0.9 | 2.3 |

(注)　実額は1979年と80年、1993年と94年の間でデータ不連続。
　　　前年比は1980年と81年、1994年と95年の間でデータ不連続。
(出所)　公表機関ホームページより作成

## 日本の経済・金融データ（２）

(前年比%)

| | 実質政府最終消費 年度 | 実質輸出等 年度 | 実質輸入等 年度 | 鉱工業生産 暦年 | 鉱工業生産 年度 | 全国消費者物価指数 暦年 | 全国消費者物価指数 年度 |
|---|---|---|---|---|---|---|---|
| 1968 | 4.9 | 26.1 | 10.5 | | | | |
| 1969 | 3.9 | 19.7 | 17.0 | | | | |
| 1970 | 5.0 | 17.3 | 22.3 | | | | |
| 1971 | 4.8 | 12.5 | 2.3 | | | 6.3 | 5.9 |
| 1972 | 4.8 | 5.6 | 15.1 | | | 4.9 | 5.7 |
| 1973 | 4.3 | 5.5 | 22.7 | | | 11.7 | 15.6 |
| 1974 | 2.6 | 22.8 | -1.6 | | | 23.2 | 20.9 |
| 1975 | 10.8 | -0.1 | -7.4 | | | 11.7 | 10.4 |
| 1976 | 4.0 | 17.3 | 7.9 | | | 9.4 | 9.5 |
| 1977 | 4.2 | 9.6 | 3.3 | | | 8.1 | 6.9 |
| 1978 | 5.4 | -3.3 | 10.8 | | | 4.2 | 3.8 |
| 1979 | 3.6 | 10.6 | 6.1 | 7.4 | 8.1 | 3.7 | 4.8 |
| 1980 | 3.3 | 14.4 | -6.3 | 4.7 | 2.1 | 7.7 | 7.6 |
| 1981 | 5.7 | 11.1 | 3.0 | 1.0 | 1.9 | 4.9 | 4.0 |
| 1982 | 3.9 | -2.1 | -2.9 | 0.3 | -0.4 | 2.8 | 2.6 |
| 1983 | 4.8 | 6.6 | 1.8 | 2.9 | 5.6 | 1.9 | 1.9 |
| 1984 | 1.9 | 12.2 | 9.1 | 9.6 | 8.4 | 2.3 | 2.2 |
| 1985 | 1.8 | 2.5 | -1.8 | 3.6 | 2.4 | 2.0 | 1.9 |
| 1986 | 3.8 | -5.2 | 5.5 | -0.3 | -0.1 | 0.6 | 0.0 |
| 1987 | 3.4 | 0.1 | 16.4 | 3.4 | 6.0 | 0.1 | 0.5 |
| 1988 | 3.3 | 7.6 | 18.6 | 9.6 | 8.6 | 0.7 | 0.8 |
| 1989 | 3.2 | 8.4 | 14.1 | 5.9 | 4.4 | 2.3 | 2.9 |
| 1990 | 3.6 | 5.8 | 4.6 | 4.1 | 4.9 | 3.1 | 3.3 |
| 1991 | 3.4 | 4.3 | 0.3 | 1.7 | -0.7 | 3.3 | 2.8 |
| 1992 | 2.7 | 3.3 | -2.1 | -6.1 | -5.9 | 1.6 | 1.6 |
| 1993 | 3.3 | -0.9 | 0.3 | -3.8 | -3.6 | 1.3 | 1.2 |
| 1994 | 3.2 | 4.6 | 9.1 | 0.9 | 3.1 | 0.7 | 0.4 |
| 1995 | 4.1 | 4.5 | 15.2 | 3.3 | 2.1 | -0.1 | -0.1 |
| 1996 | 2.2 | 7.4 | 10.3 | 2.2 | 3.4 | 0.1 | 0.4 |
| 1997 | 0.8 | 8.8 | -2.0 | 3.7 | 1.1 | 1.8 | 2.0 |
| 1998 | 2.6 | -3.9 | -6.7 | -6.9 | -6.8 | 0.6 | 0.2 |
| 1999 | 4.1 | 6.0 | 6.7 | 0.2 | 2.6 | -0.3 | -0.5 |
| 2000 | 4.3 | 9.5 | 9.7 | 5.6 | 4.3 | -0.7 | -0.5 |
| 2001 | 2.8 | -7.9 | -3.4 | -6.8 | -9.2 | -0.7 | -1.0 |
| 2002 | 2.1 | 11.5 | 4.8 | -1.2 | 2.9 | -0.9 | -0.6 |
| 2003 | 2.6 | 9.8 | 3.0 | 3.0 | 2.9 | -0.3 | -0.2 |
| 2004 | 1.7 | 11.4 | 8.5 | 4.9 | 3.9 | 0.0 | -0.1 |
| 2005 | 0.8 | 9.0 | 5.9 | 1.3 | 1.6 | -0.3 | -0.1 |
| 2006 | 1.1 | 8.3 | 3.1 | 4.5 | 4.6 | 0.3 | 0.2 |
| 2007 | 2.2 | 9.3 | 1.8 | 2.8 | 2.6 | 0.0 | 0.4 |

（注）　ＧＤＰ項目については、実額1979年と80年、1993年と94年の間でデータ不連続。
　　　　同前年比は1980年と81年、1994年と95年の間でデータ不連続。
（出所）公表機関ホームページより作成

III　国内金利・金融政策の見方

## 日本の経済・金融データ（3）

(前年比％)

| | 国内企業物価 | | マネーストック(M2) | | 住宅着工件数 | | 機械受注 |
|---|---|---|---|---|---|---|---|
| | 暦年 | 年度 | 暦年 | 年度 | 年度 | 年度(千戸) | 年度 |
| 1968 | 0.9 | 0.8 | 15.6 | 15.6 | 16.5 | 1,214 | |
| 1969 | 1.9 | 2.9 | 17.3 | 18.0 | 16.0 | 1,408 | |
| 1970 | 3.4 | 2.1 | 18.3 | 17.9 | 5.9 | 1,491 | |
| 1971 | −0.8 | −0.7 | 20.5 | 22.5 | 2.8 | 1,532 | −17.3 |
| 1972 | 1.6 | 4.0 | 26.5 | 26.8 | 21.6 | 1,863 | 24.2 |
| 1973 | 15.7 | 21.7 | 22.7 | 19.6 | −5.4 | 1,763 | 37.1 |
| 1974 | 27.5 | 20.1 | 11.9 | 11.4 | −28.5 | 1,261 | −3.1 |
| 1975 | 2.8 | 2.3 | 13.1 | 13.9 | 13.2 | 1,428 | −18.2 |
| 1976 | 5.5 | 6.1 | 15.1 | 14.4 | 7.2 | 1,530 | 9.8 |
| 1977 | 3.3 | 2.0 | 11.4 | 10.9 | 0.1 | 1,532 | 0.2 |
| 1978 | −0.5 | −0.6 | 11.7 | 12.1 | −2.2 | 1,498 | 13.0 |
| 1979 | 5.0 | 8.8 | 11.9 | 11.4 | −0.8 | 1,487 | 17.6 |
| 1980 | 14.9 | 12.5 | 9.2 | 8.4 | −18.3 | 1,214 | 15.7 |
| 1981 | 1.4 | 0.2 | 8.9 | 9.7 | −5.9 | 1,143 | −2.7 |
| 1982 | 0.4 | 0.3 | 9.2 | 8.4 | 1.3 | 1,157 | −5.0 |
| 1983 | −0.6 | −0.7 | 7.4 | 7.5 | −1.9 | 1,135 | 6.8 |
| 1984 | 0.1 | 0.3 | 7.8 | 7.8 | 6.4 | 1,207 | 17.1 |
| 1985 | −0.8 | −1.7 | 8.4 | 8.7 | 3.6 | 1,251 | 5.1 |
| 1986 | −4.7 | −5.3 | 8.7 | 8.6 | 11.9 | 1,400 | −4.3 |
| 1987 | −3.1 | −1.7 | 10.4 | 11.2 | 23.5 | 1,729 | 19.1 |
| 1988 | −0.5 | −0.5 | 11.2 | 10.8 | −3.8 | 1,663 | 24.4 |
| 1989 | 1.9 | 2.6 | 9.9 | 10.3 | 0.6 | 1,673 | 14.9 |
| 1990 | 1.5 | 1.2 | 11.7 | 10.2 | −0.4 | 1,665 | 8.7 |
| 1991 | 1.0 | 0.4 | 3.6 | 2.6 | −19.4 | 1,343 | −4.8 |
| 1992 | −0.9 | −1.0 | 0.6 | 0.1 | 5.7 | 1,420 | −15.9 |
| 1993 | −1.6 | −1.8 | 1.1 | 1.5 | 6.3 | 1,510 | −9.4 |
| 1994 | −1.6 | −1.3 | 2.1 | 2.5 | 3.4 | 1,561 | 4.1 |
| 1995 | −0.8 | −1.1 | 3.0 | 2.9 | −4.9 | 1,485 | 8.5 |
| 1996 | −1.7 | −1.5 | 3.3 | 3.2 | 9.8 | 1,630 | 11.4 |
| 1997 | 0.7 | 1.0 | 3.1 | 3.5 | −17.7 | 1,341 | −3.9 |
| 1998 | −1.5 | −2.1 | 4.0 | 3.7 | −12.1 | 1,180 | −18.6 |
| 1999 | −1.5 | −0.8 | 3.6 | 3.2 | 4.0 | 1,226 | 0.6 |
| 2000 | 0.0 | −0.6 | 2.1 | 2.2 | −1.1 | 1,213 | 16.6 |
| 2001 | −2.3 | −2.5 | 2.8 | 3.1 | −3.3 | 1,173 | −12.6 |
| 2002 | −2.1 | −1.7 | 3.3 | 2.9 | −2.4 | 1,146 | −3.7 |
| 2003 | −0.8 | −0.6 | 1.7 | 1.6 | 2.5 | 1,174 | 8.2 |
| 2004 | 1.3 | 1.7 | 1.9 | 1.9 | 1.7 | 1,193 | 6.5 |
| 2005 | 1.7 | 1.8 | 1.8 | 1.7 | 4.7 | 1,249 | 5.6 |
| 2006 | 2.2 | 2.0 | 1.0 | 0.9 | 2.9 | 1,285 | 2.0 |
| 2007 | 1.8 | 2.3 | 1.6 | 1.9 | −19.4 | 1,036 | −3.0 |

（注）マネーストックは1998年と99年、2003年と04年との間でデータ不連続。
　　　また、03年以前はマネーサプライ統計のM2＋CD。
　　　機械受注は船舶・電力を除く民需分。なお、1987年以前は旧統計の178社ベース調査。
（出所）INDB、公表機関ホームページより作成

## 日本の経済・金融データ（4）

| | 貿易・サービス収支<br>（10億円） | | 経常収支<br>（10億円） | | 資本収支<br>（10億円） | | 外貨準備<br>（百万ドル） |
|---|---|---|---|---|---|---|---|
| | 暦年 | 年度 | 暦年 | 年度 | 年度 | 年度 | 年度末 |
| 1968 | | | | | | | 3,213 |
| 1969 | | | | | | | 3,868 |
| 1970 | | | | | | | 5,458 |
| 1971 | | | | | | | 16,663 |
| 1972 | | | | | | | 18,125 |
| 1973 | | | | | | | 12,426 |
| 1974 | | | | | | | 14,152 |
| 1975 | | | | | | | 14,182 |
| 1976 | | | | | | | 16,997 |
| 1977 | | | | | | | 29,208 |
| 1978 | | | | | | | 28,813 |
| 1979 | | | | | | | 18,543 |
| 1980 | | | | | | | 27,020 |
| 1981 | | | | | | | 27,231 |
| 1982 | | | | | | | 24,015 |
| 1983 | | | | | | | 25,109 |
| 1984 | | | | | | | 26,538 |
| 1985 | 10,674 | 11,254 | 11,970 | 12,573 | −13,013 | −13,338 | 27,917 |
| 1986 | 12,961 | 13,537 | 14,244 | 14,897 | −12,250 | −11,115 | 58,389 |
| 1987 | 10,293 | 9,201 | 12,186 | 11,325 | −6,151 | −7,448 | 84,857 |
| 1988 | 7,935 | 7,824 | 10,146 | 10,028 | −8,342 | −7,966 | 99,353 |
| 1989 | 5,970 | 5,442 | 8,711 | 8,839 | −7,465 | −8,361 | 73,496 |
| 1990 | 3,863 | 4,259 | 6,474 | 5,578 | −4,868 | −3,701 | 69,894 |
| 1991 | 7,292 | 8,272 | 9,176 | 11,300 | −9,266 | −11,628 | 68,230 |
| 1992 | 10,205 | 10,689 | 14,235 | 15,033 | −12,917 | −13,098 | 70,045 |
| 1993 | 10,701 | 10,565 | 14,669 | 14,222 | −11,704 | −10,982 | 101,737 |
| 1994 | 9,835 | 9,059 | 13,343 | 12,428 | −8,992 | −7,760 | 141,523 |
| 1995 | 6,955 | 5,877 | 10,386 | 9,479 | −6,275 | −2,494 | 203,951 |
| 1996 | 2,317 | 1,921 | 7,153 | 7,289 | −3,343 | −8,111 | 219,357 |
| 1997 | 5,768 | 7,277 | 11,734 | 13,232 | −15,132 | −15,619 | 223,593 |
| 1998 | 9,530 | 9,563 | 15,528 | 15,191 | −17,082 | −16,850 | 222,523 |
| 1999 | 7,865 | 7,849 | 13,052 | 13,241 | −6,274 | −4,982 | 305,512 |
| 2000 | 7,430 | 6,357 | 12,876 | 12,400 | −9,423 | −9,330 | 361,472 |
| 2001 | 3,212 | 3,857 | 10,652 | 11,912 | −6,173 | −8,439 | 401,518 |
| 2002 | 6,469 | 6,361 | 14,140 | 13,387 | −8,478 | −5,049 | 496,181 |
| 2003 | 8,355 | 9,605 | 15,767 | 17,297 | 7,734 | 20,538 | 826,577 |
| 2004 | 10,196 | 9,562 | 18,618 | 18,210 | 1,737 | −14,197 | 837,718 |
| 2005 | 7,693 | 7,407 | 18,259 | 19,123 | −14,007 | −14,041 | 852,030 |
| 2006 | 7,346 | 8,186 | 19,849 | 21,154 | −12,467 | −15,233 | 908,958 |
| 2007 | 9,825 | 9,090 | 24,794 | 24,544 | −22,538 | −22,353 | 1,015,587 |

（注）国際収支は1995年と96年の間でデータ不連続。
（出所）公表機関ホームページより作成

III 国内金利・金融政策の見方

## 日本の経済・金融データ（5）

(前年比%)

|  | 通関輸出 |  | 通関輸入 |  | 賃金指数<br>現金給与総額<br>(規模30人以上) | 有効求人倍率<br>(倍) | 全国市街地<br>価格指数<br>(全用途平均) |
|---|---|---|---|---|---|---|---|
|  | 暦年 | 年度 | 暦年 | 年度 | 年度 | 年度 | 年度 |
| 1968 |  |  |  |  |  | 1.12 | 17.0 |
| 1969 |  |  |  |  |  | 1.30 | 19.6 |
| 1970 |  |  |  |  |  | 1.41 | 15.7 |
| 1971 |  |  |  |  | 14.6 | 1.12 | 13.3 |
| 1972 |  |  |  |  | 16.0 | 1.16 | 25.3 |
| 1973 |  |  |  |  | 21.5 | 1.76 | 23.0 |
| 1974 |  |  |  |  | 27.2 | 1.20 | -4.4 |
| 1975 |  |  |  |  | 14.8 | 0.61 | 0.8 |
| 1976 |  |  |  |  | 12.5 | 0.64 | 2.2 |
| 1977 | 8.6 | 5.4 | -0.5 | -6.1 | 8.5 | 0.56 | 2.6 |
| 1978 | -5.0 | -8.3 | -12.6 | -7.8 | 6.4 | 0.56 | 4.7 |
| 1979 | 9.6 | 22.5 | 44.9 | 61.8 | 6.0 | 0.71 | 8.4 |
| 1980 | 30.4 | 22.8 | 32.0 | 14.0 | 6.3 | 0.75 | 8.8 |
| 1981 | 13.9 | 14.3 | -1.7 | 2.4 | 5.3 | 0.68 | 7.0 |
| 1982 | 2.9 | -0.9 | 3.8 | -1.5 | 4.1 | 0.61 | 4.7 |
| 1983 | 1.4 | 6.0 | -8.1 | -3.7 | 2.7 | 0.60 | 3.2 |
| 1984 | 15.5 | 14.0 | 7.7 | 6.7 | 3.6 | 0.65 | 2.8 |
| 1985 | 4.0 | -1.1 | -3.8 | -11.0 | 2.8 | 0.68 | 2.8 |
| 1986 | -15.9 | -15.1 | -30.7 | -30.6 | 2.7 | 0.62 | 5.4 |
| 1987 | -5.6 | -4.4 | 0.9 | 11.4 | 1.9 | 0.70 | 10.0 |
| 1988 | 1.9 | 5.6 | 10.4 | 10.5 | 3.5 | 1.01 | 7.6 |
| 1989 | 11.4 | 11.3 | 20.7 | 22.4 | 4.2 | 1.25 | 14.1 |
| 1990 | 9.6 | 7.7 | 16.8 | 12.4 | 4.7 | 1.40 | 10.4 |
| 1991 | 2.2 | 2.0 | -5.8 | -9.4 | 3.5 | 1.40 | -1.8 |
| 1992 | 1.5 | 0.8 | -7.4 | -5.6 | 1.7 | 1.08 | -5.5 |
| 1993 | -6.5 | -8.0 | -9.1 | -9.5 | 0.6 | 0.76 | -4.6 |
| 1994 | 0.7 | 2.9 | 4.8 | 9.6 | 1.8 | 0.64 | -3.7 |
| 1995 | 2.6 | 3.2 | 12.3 | 13.7 | 1.8 | 0.63 | -4.4 |
| 1996 | 7.7 | 9.4 | 20.4 | 20.4 | 1.6 | 0.70 | -4.1 |
| 1997 | 13.9 | 11.7 | 7.8 | 0.7 | 2.0 | 0.72 | -3.5 |
| 1998 | -0.6 | -3.8 | -10.5 | -11.4 | -1.4 | 0.53 | -4.8 |
| 1999 | -6.1 | -1.8 | -3.8 | 3.0 | -1.4 | 0.48 | -5.7 |
| 2000 | 8.6 | 7.2 | 16.1 | 16.5 | -0.3 | 0.59 | -6.3 |
| 2001 | -5.2 | -6.6 | 3.6 | -2.2 | -0.9 | 0.59 | -6.7 |
| 2002 | 6.4 | 8.5 | -0.4 | 3.8 | -2.9 | 0.54 | -7.1 |
| 2003 | 4.7 | 6.3 | 5.1 | 4.2 | -0.1 | 0.64 | -8.4 |
| 2004 | 12.1 | 10.1 | 10.9 | 12.3 | -0.8 | 0.83 | -7.1 |
| 2005 | 7.3 | 10.6 | 15.7 | 20.1 | 1.0 | 0.95 | -4.8 |
| 2006 | 14.6 | 13.4 | 18.3 | 13.1 | 1.0 | 1.06 | -2.1 |
| 2007 | 11.5 | 9.9 | 8.6 | 9.4 | -0.3 | 1.04 | -0.8 |

(出所) INDB、公表機関ホームページより作成

日本の経済・金融データ（6）

(年末値)

| | 基準貸付利率（公定歩合）(1) | 有担保翌日物コールレート (2) | 無担保翌日物コールレート (3) | CD3ヵ月物 (4) | 短期プライムレート (5) | 長期プライムレート (6) | 最長期国債利回り (7) |
|---|---|---|---|---|---|---|---|
| 1970 | | 7.50 | | | | | |
| 1971 | | 5.00 | | | | | |
| 1972 | | 5.13 | | | | | |
| 1973 | 9.00 | 11.50 | | | 7.250 | | |
| 1974 | 9.00 | 13.00 | | | 9.250 | | |
| 1975 | 6.50 | 7.50 | | | 6.750 | 9.20 | |
| 1976 | 6.50 | 7.00 | | | 6.750 | 9.20 | |
| 1977 | 4.25 | 4.75 | | | 4.500 | 7.60 | |
| 1978 | 3.50 | 4.38 | | | 3.750 | 7.10 | |
| 1979 | 6.25 | 8.38 | | | 6.500 | 8.20 | |
| 1980 | 7.25 | 9.38 | | | 7.500 | 8.80 | |
| 1981 | 5.50 | 6.63 | | | 6.000 | 8.60 | |
| 1982 | 5.50 | 6.69 | | | 6.000 | 8.60 | |
| 1983 | 5.00 | 6.25 | | | 5.500 | 8.20 | |
| 1984 | 5.00 | 6.44 | | | 5.500 | 7.60 | |
| 1985 | 5.00 | 7.88 | 9.06 | | 5.500 | 7.20 | 5.550 |
| 1986 | 3.00 | 4.44 | 4.56 | | 3.750 | 6.20 | 5.230 |
| 1987 | 2.50 | 4.00 | 4.13 | | 3.375 | 5.70 | 4.525 |
| 1988 | 2.50 | 4.13 | 4.38 | 4.55 | 3.375 | 5.70 | 4.681 |
| 1989 | 4.25 | 6.50 | 6.66 | 6.85 | 5.750 | 6.50 | 5.734 |
| 1990 | 6.00 | 8.25 | 8.34 | 8.17 | 8.250 | 8.10 | 7.125 |
| 1991 | 4.50 | 5.50 | 5.56 | 5.66 | 6.625 | 6.90 | 5.395 |
| 1992 | 3.25 | 3.84 | 3.91 | 3.78 | 4.500 | 5.50 | 4.520 |
| 1993 | 1.75 | 2.38 | 2.44 | 2.09 | 3.000 | 3.50 | 3.040 |
| 1994 | 1.75 | 2.22 | 2.28 | 2.36 | 3.000 | 4.90 | 4.590 |
| 1995 | 0.50 | 0.40 | 0.46 | 0.57 | 1.625 | 2.60 | 2.900 |
| 1996 | 0.50 | 0.38 | 0.44 | 0.56 | 1.625 | 2.50 | 2.575 |
| 1997 | 0.50 | 0.44 | 0.47 | 1.33 | 1.625 | 2.30 | 1.655 |
| 1998 | 0.50 | 0.34 | 0.32 | 0.75 | 1.500 | 2.20 | 2.010 |
| 1999 | 0.50 | 0.01 | 0.05 | 0.12 | 1.375 | 2.20 | 1.645 |
| 2000 | 0.50 | 0.22 | 0.20 | 0.55 | 1.500 | 2.10 | 1.640 |
| 2001 | 0.10 | 0.00 | 0.00 | 0.12 | 1.375 | 1.85 | 1.365 |
| 2002 | 0.10 | 0.00 | 0.00 | 0.11 | 1.375 | 1.65 | 0.900 |
| 2003 | 0.10 | 0.00 | 0.00 | 0.08 | 1.375 | 1.70 | 1.360 |
| 2004 | 0.10 | 0.00 | 0.00 | 0.08 | 1.375 | 1.55 | 1.435 |
| 2005 | 0.10 | 0.00 | 0.00 | 0.10 | 1.375 | 1.85 | 1.470 |
| 2006 | 0.40 | 0.23 | 0.28 | 0.33 | 1.625 | 2.35 | 1.675 |
| 2007 | 0.75 | 0.50 | 0.46 | 0.53 | 1.875 | 2.30 | 1.500 |
| 2008 | 0.30 | 0.08 | 0.10 | 0.38 | 1.675 | 2.40 | 1.165 |

(注) （5）は1990年以降は新短期プライムレート。
　　　（7）は1998年以前は長期国債指標銘柄。
(出所) 日本銀行、Bloomberg

第IV章

米国経済の見方

# 1　米国の景気循環

　米国経済の動向や先行きを正確に分析することは、米国の金利や株価を予測するためばかりでなく、為替や、日本や欧州諸国の金利をみるうえでも重要である。米国の経済指標の発表をきっかけとして、世界各国の市場が大きく動くことが多いからである。

## [1] 景気循環の重要性

　米国の景気動向を中長期的に把握するには、景気循環において、現在がどういった局面にあるかを見極めるのが第1のステップとなる。金利や株価も、景気の転換点との関連で議論が展開されることがしばしばである。

　米国では、図表Ⅳ-1で示したように、日本と同様の景気循環日付が存在する。民間の経済研究機関であるNBER（National Bureau of Economic Research、全米経済研究所）が、景気循環基準日付を発表しているが、これによれば、第2次世界大戦後には10回の景気循環があり、現在は11回目の景気循環に入っている。

　景気後退は、通常リセッションと呼ばれるが、その正確な定義では、NBERが決定した景気の山（ピーク）から谷（ボトム。英語ではトラフ Trough が一般的）までの期間をいう。ただ、普通は実質GDPが2四半期連続して減少することをリセッションと呼んでおり、こちらのほうが常識化している。これは、NBERの景気循環日付の発表が、転換点を相当経過してでないと行われないということも影響しているようである。GDP統計であれば、当該四半期が終了した翌月末には速報値が発表され、速報性の点で格段に優れているからである。

　米国の戦後の景気循環において、景気拡大の平均期間は約57ヵ月、後退期間は約10ヵ月となっており、後退期間のほうがはるかに短くなっている。1991年に始まった第10循環の景気拡大は約10年間続き、戦後最長であった。

公表機関ホームページアドレス
NBER　　　　　http://www.nber.org

# Ⅳ 米国経済の見方

**米国経済をみるポイント**

①金融市場関係者は景気の転換点に敏感である。このため、短期的な経済の動きよりも、景気循環のどの局面にあるかを把握することが大事である。
②景気後退の定義は、一般的にGDPが2四半期連続してマイナス成長を記録したときとされている。ただ、正式にはNBERの景気循環日付による。

図表Ⅳ-1　米国の戦後の景気循環日付

| 循環 | 谷 | 山 | 谷 | 継続期間（月） 拡張期 | 後退期 | 計 |
|---|---|---|---|---|---|---|
| 1 | 1945年10月 | 1948年11月 | 1949年10月 | 37 | 11 | 48 |
| 2 | 1949年10月 | 1953年7月 | 1954年5月 | 45 | 10 | 55 |
| 3 | 1954年5月 | 1957年8月 | 1958年4月 | 39 | 8 | 47 |
| 4 | 1958年4月 | 1960年4月 | 1961年2月 | 24 | 10 | 34 |
| 5 | 1961年2月 | 1969年12月 | 1970年11月 | 106 | 11 | 117 |
| 6 | 1970年11月 | 1973年11月 | 1975年3月 | 36 | 16 | 52 |
| 7 | 1975年3月 | 1980年1月 | 1980年7月 | 58 | 6 | 64 |
| 8 | 1980年7月 | 1981年7月 | 1982年11月 | 12 | 16 | 28 |
| 9 | 1982年11月 | 1990年7月 | 1991年3月 | 92 | 8 | 100 |
| 10 | 1991年3月 | 2001年3月 | 2001年11月 | 120 | 8 | 128 |
| 11 | 2001年11月 | 2007年12月 | － | 73 | － | － |
| 平　均（1－10循環） | | | | 58 | 10 | 67 |

（資料）NBER（全米経済研究所）基準による。

図表Ⅳ-2　60年代以降の景気循環の様相

| | 谷 | 山 | 期間 | 経済成長率 | インフレ率 | 失業率 |
|---|---|---|---|---|---|---|
| 拡大期 | 61/1 | 69/4 | 35 | 4.9 | 2.5 | 4.6 |
| | 70/4 | 73/4 | 12 | 5.3 | 4.6 | 5.5 |
| | 75/1 | 80/1 | 20 | 4.5 | 8.2 | 6.9 |
| | 80/3 | 81/3 | 4 | 4.2 | 11.1 | 7.4 |
| | 82/4 | 90/3 | 31 | 4.2 | 3.8 | 6.7 |
| | 91/1 | 01/1 | 40 | 3.5 | 2.8 | 5.5 |
| | 01/4 | 07/4 | 24 | 2.7 | 2.7 | 5.3 |
| 平　均 | | | 23.7 | 4.2 | 5.1 | 6.0 |

| | 谷 | 山 | 期間 | 経済成長率 | インフレ率 | 失業率 |
|---|---|---|---|---|---|---|
| 後退期 | 60/2 | 61/1 | 3 | -0.7 | 1.4 | 6.2 |
| | 69/4 | 70/4 | 4 | -0.1 | 5.8 | 5.0 |
| | 73/4 | 75/1 | 5 | -2.5 | 11.0 | 6.2 |
| | 80/1 | 80/3 | 2 | -2.0 | 13.7 | 7.5 |
| | 81/3 | 82/4 | 5 | -2.2 | 6.8 | 9.4 |
| | 90/3 | 91/1 | 2 | -2.5 | 5.8 | 6.4 |
| | 01/1 | 01/4 | 3 | 0.5 | 2.6 | 5.3 |
| | 07/4 | | | | | |
| 平　均 | | | 3.4 | -1.4 | 6.7 | 6.6 |

（注）期間は四半期。始期の次の期より終期までの平均値。2008年第4四半期までの実績による。

## ［２］景気先行指数

　景気の方向性を正しく認識するには、さまざまな経済指標を分析する必要がある。しかし、現実の世界では経済指標がそろって一定の方向を示すことのほうが稀であり、総合的な判断には、つねに困難が伴う。すでに述べたように、景気の転換点を的確に捉えることは、政策当局者だけでなく金融市場関係者にとっても不可欠のことである。こうした事情を背景に考案されたのが、景気総合指数である。

　景気総合指数には、先行指数、一致指数、遅行指数の3種類があり、それぞれ景気に先行、一致、遅行して動くように作られている。各指数を構成している経済・金融指標は、図表Ⅳ-3の通りである。

　この指数は、構成している指標を合成してインデックス化しており、その際に少数の指標の不安定な動きに左右されないように配慮されている。発表にあたっては、各構成指標の動きや寄与度なども含まれる。

　景気総合指数の先行性などのパフォーマンスを調べたのが、図表Ⅳ-4である。先行指数は、景気のピークに対して平均すると11ヵ月の、ボトムに対しては6ヵ月の先行性がある。しかし、かなりバラツキがあるので、その点にも注意が必要であろう。

　先行指数が通常は3ヵ月連続で前月比マイナス（ないしはプラス）を記録すると、景気が転換するとされているが、的中率は半分以下ともいわれている。過去の先行指数の動きをみても、1950～51年、66年、84年、2004～05年は景気後退のサインを出したが、実際にはそうはならなかった。

　なお、現在公表されている指数は、2008年3月の改定により、2004年を基準年次としている（2004年=100）。また、2005年7月には図表Ⅳ-3中の⑨金利スプレッドのウェイトが大幅に引き下げられるなど、各構成要素のウェイトは頻繁に変更され、現在は2008年4月に改定されたウェイトを用いている。

《マーケットへのインパクトは小さい》

　景気総合指数の発表結果がマーケットを大きく動かすことは、ほとんどない。なぜならば、この指数が他の発表済みの指標を合成してつくられているため、予想が比較的簡単であり、予想外の数字とならないからである。

　この指数の起源は、ＮＢＥＲ（全米経済研究所）で1938年にアーサー・バーンズとウェスレイ・ミッチェルが発表した景気循環指標にある。1961年から、商務省がＮＢＥＲの先行・一致・遅行指標の月報への掲載を始めた。今の形の合成指数は、1968年から商務省が作成・発表するようになった。現在、作成・発表は民間機関であるコンファランス・ボードに委ねられている。

<u>公表機関ホームページアドレス</u>　　　コンファランス・ボード　http://www.conference-board.org

Ⅳ　米国経済の見方

| 統計名と発表機関<br>発表周期と時期など<br>掲載統計など<br>ポイント | 景気総合指数。コンファランス・ボード<br>月次。翌月20日前後。<br>Survey of Current Business。先行・一致・遅行の3系列。<br>先行指数は景気のピークに11ヵ月、ボトムに6ヵ月先行する。 |
|---|---|

図表Ⅳ-3　景気総合指数の構成指標

| 指　標　名 | ウェイト (2008年4月改定後) | 単　位　な　ど |
|---|---|---|
| ＜ 先行指標 ＞ | | |
| ① 週平均労働時間 （製造業） | 25.5% | 時間 |
| ② 週平均失業保険申請件数 | 3.1% | 千件 |
| ③ 消費財新規受注 | 7.7% | 1982年基準の実質、百万ドル |
| ④ 入荷遅延率　（原系列） | 6.7% | % |
| ⑤ 設備財新規受注 | 1.8% | 1982年基準の実質、百万ドル |
| ⑥ 新規住宅着工許可件数 | 2.7% | 千戸 |
| ⑦ 株価　（SP500種） | 3.9% | 1941～43年＝10とする指数 |
| ⑧ 実質マネーサプライ　（M2） | 35.5% | 2000年基準の実質、10億ドル |
| ⑨ 金利スプレッド　（10年国債－FFレート） | 10.2% | %ポイント |
| ⑩ 消費者期待指数　（ミシガン大学） | 2.8% | 1966年第1四半期＝100 |
| ＜ 一致指標 ＞ | | |
| ① 非農業就業者数 | 54.3% | 千人 |
| ② 個人所得　（移転所得を除く） | 18.9% | 2000年基準の実質、年率、10億ドル |
| ③ 鉱工業生産指数 | 14.9% | 2002年＝100とする指数 |
| ④ 製造業及び商業販売額 | 11.9% | 2000年基準の実質、百万ドル |
| ＜ 遅行指標 ＞ | | |
| ① 平均失業期間 | 3.7% | 週 |
| ② 対売上高在庫比率　（製造業及び商業） | 12.4% | 2000年基準の実質、比率 |
| ③ 単位労働コスト　（製造業） | 6.2% | 年率換算、　%（6ヵ月） |
| ④ プライムレート　（原系列） | 28.2% | % |
| ⑤ 商工業貸付残高 | 11.1% | 2000年基準の実質、百万ドル |
| ⑥ 消費者信用対個人所得比率 | 18.8% | % |
| ⑦ 消費者物価指数（サービス業） | 19.6% | 年率換算、　%（6ヵ月） |

図表Ⅳ-4　景気総合指数のパフォーマンス

| 景気の山 | 先行 | 一致 | 遅行 | 景気の谷 | 先行 | 一致 | 遅行 |
|---|---|---|---|---|---|---|---|
| 1960年4月 | -11 | 0 | 3 | 1961年2月 | -11 | 0 | 9 |
| 1969年12月 | -8 | -2 | 3 | 1970年11月 | -7 | 0 | 15 |
| 1973年11月 | -9 | 0 | 13 | 1975年3月 | -2 | 1 | 17 |
| 1980年1月 | -15 | 0 | 3 | 1980年7月 | -2 | 0 | 3 |
| 1981年7月 | -8 | 0 | 2 | 1982年11月 | -10 | 1 | 6 |
| 1990年7月 | -18 | -1 | -12 | 1991年3月 | -2 | 0 | 21 |
| 2001年3月 | -11 | -6 | -4 | 2001年11月 | -7 | 17 | 28 |
| 2007年12月 | 0 | 6 | 6 | | | | |
| 平　均 | -10 | 0 | 2 | 平　均 | -6 | 3 | 14 |

（注）数字のマイナスは先行していることを、プラスは遅行していることを示す。
（資料）コンファランス・ボード

# 2 米国経済統計

## ［1］米国の経済統計を読む際の注意点

　米国の経済統計について個別に解説する前に、統計を読む場合の一般的な注意点について述べておこう。

①統計の発表時期が早い。
　ＧＤＰ統計を例にとると、米国では当該四半期が終了した翌月には速報値が発表されるが、日本では翌々月に速報が発表される。このため、マーケットの注目度も米国のほうが一段と高い。
②公表計数の改訂が大幅かつ頻繁に行われる。
　日本では公表された統計値の改訂（リバイス）があっても、比較的小幅かつ頻度が高くないが、米国ではまったく逆である。前月にはプラスと発表されていた数値がマイナスになってしまうこともしばしばある。雇用統計や小売売上高などが典型である。マーケットは最初に発表された数値には反応するが、前月や前々月の改訂には概して無関心である。とはいえ、改訂が重要な経済の流れの転換を示していることもあり、マーケット・ウォッチャーとしては警戒を忘れない。
③発表計数は季節調整されたものが多い。
　日本では季節調整前の原系列のベースで、前年同月比を計算してその動きを議論することも多いが、米国では季節調整済みのベースで前月比（前期比）が中心である。また、月次の変化率を年率換算するケースも多い。ＧＤＰや住宅着工件数などのように年率換算された数値が発表されている統計が多いのも米国の特徴である。
④定義の違い。
　当然のことながら、統計の定義は国によって違うので単純比較はできない。よく引き合いに出されるのが、失業（率）である。マネーサプライなども同様である。
⑤統計の予測値の入手が容易である。
　米国の経済指標に対するマーケットの注目度は格段に高い。このため、発表前に各予測機関が競って予測値を発表しており、新聞などでも容易に入手できる。金融市場が大きく反応する場合は、事前の予測値との比較で「驚く」ような内容であることが多い。それ以外は、いわゆる「織り込み済み」として片づけられがちである。

IV　米国経済の見方

## 図表IV-5　経済・金融データ発表日程（あらまし）

|  |  | 前　月　分　（＊当月分） |  | 前　々　月　分 |  | 四　半　期　分 |
|---|---|---|---|---|---|---|
| 第1週<br>月<br>火<br>水<br>木<br>金 | 第1営業日<br>月初<br>第3営業日<br><br><br><br>第1金曜日 | ISM指数 (IS、10:00)<br>自動車販売台数<br>非製造業ISM指数 (IS、10:00)<br><br><br><br>雇用統計 (L、8:30) | 前月末～月初<br><br><br>第1営業日<br><br><br>第5営業日 | 新築住宅販売 (C、10:00)<br>製造業受注 (C、10:00)<br><br>建設支出 (C、10:00)<br><br><br>消費者信用 (F、15:00) | 5日前後 | 労働生産性／単位労働コスト<br>　(L、8:30) |
| 第2週<br>月<br>火<br>水<br>木<br>金 | <br><br><br><br>第2水・木曜日<br><br>第2金曜日<br>（または第3） | <br><br><br><br>輸出入物価指数 (L、8:30)<br><br>ミシガン大消費者信頼感指数＊<br>(MU、9:55) | 10日前後 | 卸売売上高 (C、10:00)<br>貿易収支 (C、8:30) |  | 2・5・8・11月のみ |
| 第3週<br>月<br>火<br>水<br>木<br>金 | 10-15日<br>15日前後<br>15日前後<br><br>15日前後<br>15日前後<br>15-20日前後<br>第3木曜日 | 小売売上高 (C、8:30)<br>PPI (L、8:30)<br>CPI (L、8:30)<br><br>鉱工業生産／稼働率 (F、9:15)<br>エンパイアステートサーベイ (NF、8:30)<br>住宅着工 (C、8:30)<br>フィラデルフィア連銀サーベイ＊<br>(PF、10:00) | 15日前後<br><br><br><br><br><br><br>20日前後 | 企業在庫 (C、10:00)<br><br><br><br><br><br><br>景気先行指数 (CB、10:00) | 15日前後<br><br><br><br><br>25日前後（木曜） | 経常収支（国際収支ベース）<br>　(C、10:00)<br>3．6．9．12月<br><br><br>雇用コスト (L、8:30)<br>1．4．7．10月 |
| 第4週<br>月<br>火<br>水<br>木<br>金 | <br>25日－翌月初<br>25日<br>25日前後<br>25日－月末<br>最終営業日 | <br>個人所得／個人消費支出 (L、8:30)<br>中古住宅販売 (C、10:00)<br>耐久財受注 (C、8:30)<br>消費者信頼感指数＊ (CB、10:00)<br>シカゴPMI指数＊ (CP、9:45) | 20日前後 |  |  | GDP (C、8:30)<br>1．4．7．10月　速報値<br>2．5．8．11月　暫定値<br>3．6．9．12月　確定値 |
| 週次 | 毎週火曜<br><br><br>毎週木曜 | ICSCチェーンストア売上 (IC、7:45)<br>レッドブック売上 (R、8:55)<br>ABC消費者信頼感 (ABC、17:00)<br>失業保険申請 (L、8:30)<br>リザーブデータ／マネーサプライ (F、16:30) | ＜備考＞発表機関<br>C：商務省　　IS：ISM　　　　　　　　PF：フィラデルフィア連銀　　NF：ニューヨーク連銀<br>L：労働省　　CB：コンファランス・ボード　　MU：ミシガン大学<br>F：FRB　　　CP：シカゴ購買部協会　　　　R：レッドブックリサーチ<br>T：財務省　　IC：国際ショッピングセンター協会　　ABC：ABCニュース/ワシントンポスト紙 |||||

（出所）　「金融の基礎テキスト」日本能率協会マネジメントセンターの図表を加筆修正。

177

## ［2］国内総生産（GDP）統計

　GDP統計は、経済全般の動きをみるには最適の統計である。米国では、国民所得生産勘定（NIPA、National Income and Product Accounts）において、国民総生産（GNP）を中心にしてきたが、1991年12月からは国内総生産（GDP）に切り換えた。

　GNPとGDPの相違点は、GNPが米国の国民の産出を計測するのに対して、GDPは、米国の国内で生産された品目の価値を計測することにある（図表Ⅳ－10参照）。

　米国のGDP統計の発表形式を一覧にしたのが、図表Ⅳ－7である。日本のGDP統計と比較すると、さまざまな特徴がある。まず、個人消費支出が細分化されていることである。日本では民間最終消費支出の1項目しかない。同様のことが、設備投資や在庫投資、輸出入などにもいえる。詳細な分析をする際には、貴重な情報を提供してくれる。

### (1) 需要項目の解説

　次に、主要な需要項目について、簡単な解説とポイントを述べよう。

①個人消費支出 ── 個人が購入する財貨やサービスが中心である。名目GDPの構成比でみると、約7割とそのウェイトは高く、とくにサービス消費は約6割を占めている。景気循環との関連では、耐久財購入の変動が大きく重要である。サービス消費はウェイトは高いが、支出額が景気変動によって左右される程度は小さい。

②設備投資 ── 構築物と機械設備・ソフトウェアに分類されている。構築物は非居住用建物（農業を含む）や鉄道、ガス、電力施設、鉱業設備などが内容である。一方、機械設備・ソフトウェアはコンピュータなどの情報関連設備や産業機械、運輸機器である。景気変動には最も敏感であり、注意深い分析が必要である。

③住宅投資 ── 単家族用と多家族用などに分類される。住宅投資と乗用車購入を除く耐久消費財との相関は高く、景気変動要因となる。

④在庫投資 ── 在庫の増減をいう。在庫の内訳としては、農業と非農業業種別がある。在庫循環は景気の局面を捉えるのに重要な要素ではあるが、四半期ごとのブレが大きく予測や分析は難しい。最近は、在庫管理技術の高度化により在庫の変動がトレンド的に小さくなってきている。

### 図表Ⅳ-6　米国実質GDPの年間伸び率

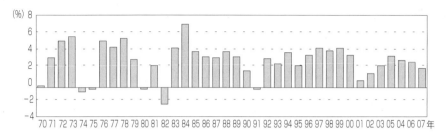

(出所)　Bloomberg

### 図表Ⅳ-7　GDP統計発表形式

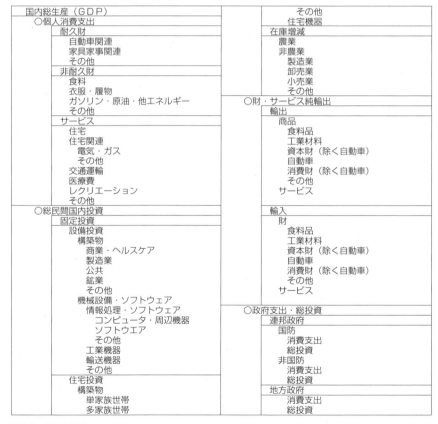

(資料)　米国商務省

⑤財・サービスの純輸出 ——
・輸出：商品とサービスに分類。構成比は2007年の実績で、商品（69.1）、サービス（30.9）。
・輸入：商品とサービスに分類。構成比は2007年の実績で、商品（83.8）、サービス（16.2）。
⑥政府の財・サービス購入 —— 連邦政府（国防費と非国防費）と地方政府に分かれる。公務員に対する俸給の支払いや企業などからの財・サービスの購入が内容である。政府系の企業の経常的な支出は含まれないが、投資は含まれている。

## （2）ＧＤＰ統計に関する知識
①発表の時期（商務省経済分析局が発表）
・速報値：当該四半期が終了した翌月末　　（Advance estimate）
・暫定値：当該四半期が終了した翌々月末　（Preliminary estimate）
・確定値：当該四半期が終了した翌々々月末（Final estimate）
②計数の改訂
　毎年7月に過去3年間の計数改訂が行われる。また、ベンチマーク（測定基準年のこと。現在は2000年）が変更されると、長期間にわたって計数が改訂される。
③ＧＤＰデフレーターの種類
・インプリシット・デフレーター：実質ＧＤＰと名目ＧＤＰの比率として事後的に計算されるもの。
・固定ウェイト・デフレーター：ベンチマーク年のＧＤＰの構成項目比率を基準とするもの。
・チェーン・デフレーター：前年のＧＤＰの構成比率を基準とするもの。
④ＧＤＰ以外の概念
・国内最終総支出＝ＧＤＰ－在庫増減　　　（Final sales of domestic product）
・国内総需要＝ＧＤＰ－輸出＋輸入　　　　（Gross domestic purchases）
・国内最終総需要＝国内総需要－在庫増減　（Final sales to domestic purchases）


公表機関ホームページアドレス
商務省経済分析局　　http://www.bea.gov

Ⅳ 米国経済の見方

## 図表Ⅳ-8 米国GDP統計
(前年比%)

| | 1992 | 1993 | 1994 | 1995 | 1996 | 1997 | 1998 | 1999 | 2000 | 2001 | 2002 | 2003 | 2004 | 2005 | 2006 | 2007 |
|---|---|---|---|---|---|---|---|---|---|---|---|---|---|---|---|---|
| 実質GDP | 3.3 | 2.7 | 4.0 | 2.5 | 3.7 | 4.5 | 4.2 | 4.5 | 3.7 | 0.8 | 1.6 | 2.5 | 3.6 | 2.9 | 2.8 | 2.0 |
| 個人消費 | 3.3 | 3.3 | 3.7 | 2.7 | 3.4 | 3.8 | 5.0 | 5.1 | 4.7 | 2.5 | 2.7 | 2.8 | 3.6 | 3.0 | 3.0 | 2.8 |
| 設備投資 | 3.2 | 8.7 | 9.2 | 10.5 | 9.3 | 12.1 | 11.1 | 9.2 | 8.7 | -4.2 | -9.2 | 1.0 | 5.8 | 7.2 | 7.5 | 4.9 |
| 住宅投資 | 13.8 | 8.2 | 9.6 | -3.2 | 8.0 | 1.9 | 7.6 | 6.0 | 0.8 | 0.4 | 4.8 | 8.4 | 10.0 | 6.3 | -7.1 | -17.9 |
| 輸出等 | 6.9 | 3.2 | 8.7 | 10.1 | 8.4 | 11.9 | 2.4 | 4.3 | 8.7 | -5.4 | -2.3 | 1.3 | 9.7 | 7.0 | 9.1 | 8.4 |
| 輸入等 | 7.0 | 8.8 | 11.9 | 8.0 | 8.7 | 13.6 | 11.6 | 11.5 | 13.1 | -2.7 | 3.4 | 4.1 | 11.3 | 5.9 | 6.0 | 2.2 |
| 政府支出 | 0.5 | -0.9 | 0.0 | 0.5 | 1.0 | 1.9 | 1.9 | 3.9 | 2.1 | 3.4 | 4.4 | 2.5 | 1.4 | 0.4 | 1.7 | 2.1 |
| 国内最終支出 | 3.0 | 2.6 | 3.4 | 3.0 | 3.7 | 4.0 | 4.2 | 4.5 | 3.8 | 1.6 | 1.2 | 2.5 | 3.3 | 3.1 | 2.8 | 2.4 |
| 国内総需要 | 3.3 | 3.2 | 4.4 | 2.4 | 3.8 | 4.8 | 5.3 | 5.3 | 4.4 | 0.9 | 2.2 | 2.8 | 4.1 | 3.0 | 2.6 | 1.4 |
| 国内最終総需要 | 3.1 | 3.2 | 3.8 | 2.8 | 3.8 | 4.3 | 5.3 | 5.4 | 4.5 | 1.8 | 1.8 | 2.8 | 3.3 | 3.1 | 2.6 | 1.8 |
| 実質GNP | 3.3 | 2.7 | 3.9 | 2.6 | 3.7 | 4.4 | 4.0 | 4.6 | 3.7 | 0.8 | 1.5 | 2.7 | 3.8 | 3.0 | 2.6 | 2.2 |
| GDPデフレーター | 2.3 | 2.3 | 2.1 | 2.0 | 1.9 | 1.7 | 1.1 | 1.4 | 2.2 | 2.4 | 1.7 | 2.1 | 2.9 | 3.3 | 3.2 | 2.7 |

(出所) 米国商務省

## 図表Ⅳ-9 名目GDP構成項目の内訳

| 項目 | 2007年 金額(10億ドル) | 対GDP比率(%) |
|---|---|---|
| 実質GDP | 13,807.5 | 100.0% |
| 個人消費 | 9,710.2 | 70.3% |
| 　耐久財 | 1,082.8 | 7.8% |
| 　非耐久財 | 2,833.0 | 20.5% |
| 　サービス | 5,794.4 | 42.0% |
| 設備投資 | 1,503.8 | 10.9% |
| 　構築物 | 480.3 | 3.5% |
| 　機械設備・ソフトウェア | 1,023.5 | 7.4% |
| 住宅投資 | 630.2 | 4.6% |
| 在庫増減 | -3.6 | 0.0% |
| 輸出 | 1,662.4 | 12.0% |
| 輸入 | -2,370.2 | -17.2% |
| 政府支出 | 2,674.8 | 19.4% |
| 　連邦政府 | 979.3 | 7.1% |
| 　地方政府 | 1,695.5 | 12.3% |

(出所) 米国商務省

## 図表Ⅳ-10 GNPとGDPの違い

(注1) GNPは米国人（属人主義）の供給した生産設備や労働力で生産された財・サービスの総計であるのに対し、GDPは米国内（属地主義）にある生産設備や労働力で生産された財・サービスの総計

(注2) GDP＝GNP－要素所得の受け取り＋同支払い

(出所) 『どう読む経済指標』長富祐一郎監修　財経詳報社

## [3] 製造業に関する統計

### (1) 鉱工業生産指数 (Industrial Production Index)

　鉱工業生産指数は、鉱工業部門の生産動向を指数化したものである。総合指数だけでなく、産業別と財別の分類もある（図表Ⅳ-12、13参照）。景気総合指数のうちの一致指数に採用されていることからもわかるように、景気全般との関係は深い。図表Ⅳ-11はGDPと鉱工業生産指数の伸びを比較したものであるが、以前は鉱工業生産指数のほうが振幅が激しかったものの、最近ではほぼ同様の振幅になってきていることがわかる。また、GDP統計は四半期ごとにしか入手できないのに対して、生産指数は毎月発表されるので、景気実態を把握する指標の速報性という観点からは優れている。

　米国の場合、GDPに占める製造業の割合は、13％程度である。日本の場合は20％程度なので、米国では製造業の空洞化が進んでいると指摘されることも多い。確かに経済のサービス化と呼ばれる現象が、構造的に進行しているのは事実ではあるとしても、景気循環を引き起こすのは、主に製造業部門であることを忘れてはならない。とくに自動車や電気機械などの耐久財産業はウェイトも高く、景気変動の影響も受けやすいので、注意深く分析する必要がある。

《予測の方法》
　鉱工業生産指数の短期的な予測には、労働投入量（週平均労働時間や製造業雇用者数）などをベースにするとよい。また、在庫循環の観点からは、最終製品生産の伸びと中間製品生産の伸びに注目するとよい。在庫調整局面では最終製品の伸びが、積み増し局面では中間製品の伸びが、それぞれ他方の伸びを上回る動きをする。さらに稼働率、製造業新規受注、企業在庫、設備投資、個人消費などの関連指標も参考にして総合的に分析する必要がある（『アメリカ経済指標入門』小峰隆夫編著　東洋経済新報社　65頁参照）。

| 統計名と発表機関 | 鉱工業生産指数。FRB |
|---|---|
| 発表周期と時期など | 月次。翌月央。<br>稼働率と同時に発表される。過去3ヵ月分が改訂される。<br>年後半には1年分が遡及改訂される（99年末には、92年以降約8年分が改訂された）。 |
| ポイント | 製造業、とくに耐久財製造業の動向に注目。 |

公表機関ホームページアドレス
　FRB　　http://www.federalreserve.gov

図表Ⅳ-11　実質ＧＤＰと鉱工業生産の伸び率推移

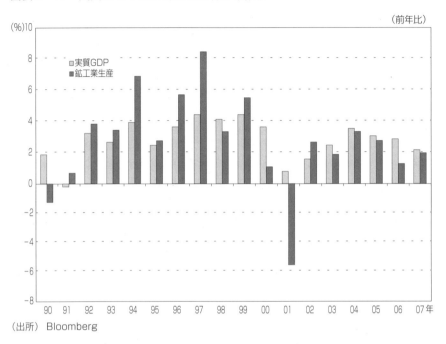

(出所) Bloomberg

図表Ⅳ-12　鉱工業生産指数の産業別分類

| 総合 | 100.0 |
|---|---|
| 鉱業 | 11.6 |
| 公益事業 | 9.7 |
| 製造業（NAICS） | 75.0 |
| 耐久財 | 38.5 |
| うち 一般機械 | 16.6 |
| 電気機械 | 8.8 |
| 輸送機器 | 8.6 |
| 非耐久財 | 36.5 |
| うち 食品 | 10.7 |
| 化学 | 11.6 |
| 製造業（non-NAICS） | 3.7 |

(注) 2007年ベースのウェイト。
　　 ＮＡＩＣＳは、北米工業分類システム。
(資料) ＦＲＢ

図表Ⅳ-13　鉱工業生産指数の財別分類

| 総合 | 100.0 |
|---|---|
| 最終製品 | 41.3 |
| 消費財 | 29.3 |
| 耐久財 | 6.7 |
| 非耐久財 | 22.7 |
| 設備財 | 12.0 |
| うち企業設備財 | 9.4 |
| 国防 | 1.7 |
| 中間製品 | 14.9 |
| 原材料 | 43.9 |
| 耐久財 | 17.6 |
| 非耐久財 | 11.8 |
| エネルギー | 14.6 |

(注) 2007年ベースのウェイト。

## (2) 設備稼働率 (Capacity Utilization)

　設備稼働率は、生産能力に対する実際の生産量の比率である。業種別では、製造業、鉱業、公益事業（電気、ガス）に分類されている。また、製造業部門では、耐久財、非耐久財、素材型、加工型などの分類もある。生産量として使用されていることもあり、前項の鉱工業生産指数は本指数と同時に発表されている。
　稼働率は、2つの側面から重要な指標である。
　第1に、設備投資の先行指標となる点である。稼働率が上昇すると生産設備の不足感が高まり、企業は設備投資を増やそうとするからである。米国のエコノミストの経験則では、稼働率が83％を超えると設備投資が活発化するという。設備投資が景気循環と密接に連動している点からも、稼働率への関心が高まっている（図表Ⅳ-14参照）。
　第2に、インフレの先行指標になっている点である。景気回復の初期では、稼働率の上昇は生産性の上昇につながるので、物価安定要因になる。しかし、景気が成熟した局面に入ってくると、稼働率は製品・原材料の需給の逼迫度を示す点で注目されてくる。稼働率の過度な上昇は、潜在的な物価上昇圧力を高めることになり、極端な場合は、ボトルネック・インフレにつながる可能性が出てくるからである。
　なお、日本では稼働率指数が発表されているが、これは米国のように稼働率の絶対水準を示しているのではなく、基準年の稼働状況を100とした指数である。

（注）ボトルネック・インフレとは、経済の1部門で需要に生産が追いつかなくなり、価格上昇が起こり、経済全体にも波及することをいう。

| | |
|---|---|
| 統計名と発表機関<br>発表周期と時期など | 設備稼働率。FRB<br>月次。翌月央に鉱工業生産と同時に発表。過去2-4ヵ月分が改訂される。<br>季節調整済みの指数のみを発表。 |
| ポイント | 設備投資やインフレの先行指数。83％を超えると投資が活発化する傾向がある。 |

図表Ⅳ-14　設備投資と設備稼働率

（出所）Bloomberg

図表Ⅳ-15　設備稼働率

（単位：％、季節調整値）

| 項　目 | 2007年ウェイト | 72〜07年平均 | 88〜89年最高 | 90〜91年最低 | 94〜95年最高 | 01〜02年最低 |
|---|---|---|---|---|---|---|
| 全産業 | 100.0 | 81.0 | 85.0 | 78.6 | 85.1 | 73.6 |
| 製造業（NAICS） | 77.0 | 79.5 | 85.3 | 77.0 | 84.7 | 71.0 |
| 　耐久財 | 41.3 | 78.0 | 84.6 | 73.5 | 84.2 | 68.1 |
| 　非耐久財 | 35.8 | 81.6 | 86.7 | 81.4 | 85.4 | 74.8 |
| 　製造業（non-NAICS） | 3.8 | 84.5 | 91.1 | 80.4 | 83.0 | 80.3 |
| 鉱業 | 9.9 | 87.5 | 86.1 | 83.5 | 88.7 | 84.8 |
| 公益事業 | 9.3 | 86.8 | 92.7 | 84.1 | 93.9 | 84.6 |

（注）88〜89年、94〜95年は稼働率のピーク時期、90〜91年、01〜02年はボトムの時期である。
（資料）FRB

## (3) 耐久財受注

　本統計は、製造業受注に関する最終報告の2週間前に他の内容に先立って発表される。新規受注の他に、出荷、在庫、受注残高などが含まれるが、マーケットで注目されるのは耐久財新規受注である。新規受注のうちの非国防資本財受注は、設備投資の先行指標として知られており、注目度も高いが、月々の統計値が特殊要因によって振れることが多く、解釈は慎重に行う必要がある。このため、とくに振れの大きい航空機を除いた非国防資本財受注に注目する向きもある（図表Ⅳ-16参照）。なお、半導体関連企業の数値は1992年1月以降除外されており、それ以前のデータとの比較には注意を要する。

| 統計名と発表機関 | 耐久財受注。商務省センサス局 |
|---|---|
| 発表周期と時期など | 月次。翌月末。過去2-4ヵ月分が改訂される。<br>2週間後に製造業受注の最終報告が発表される。<br>毎年7月に過去5年分が遡及改訂される。 |
| ポイント | 非国防資本財受注が重要。設備投資の先行指標とされる。 |

## (4) 企業在庫 (Business Inventory)

　製造業、卸売業、小売業の業種別に、かつ耐久財、非耐久財別に分類されている。対売上高在庫比率（ＩＳレシオと略称されている）で議論されることが多いが、単にこの比率が上昇（低下）しているだけでは、在庫循環の局面判断には不十分である。生産や出荷などの動向と合わせてみる必要がある。

　例えば、同比率が上昇している場合でも、①出荷が伸び悩んで起きている（意図せざる在庫増加）、②企業が将来の出荷増加を見込んで在庫を増やしている（積極的な在庫積み増し）の2通りのケースがあり得るからである。

| 統計名と発表機関 | 企業在庫。商務省センサス局 |
|---|---|
| 発表周期と時期など | 月次。翌々月中旬。過去1-2ヵ月分が改訂される。 |
| ポイント | 対売上高在庫比率の動向に注目。在庫循環の局面把握の材料となるが、総合的な解釈が必要である。 |

## 公表機関ホームページアドレス

商務省センサス局　　http://www.census.gov

## (5) ＩＳＭ景気指数（全米供給管理協会）

　ＩＳＭ指数は全米供給管理協会（ＩＳＭ= Institute for Supply Management）が製造業400社以上の購買（仕入れ）担当役員にアンケート調査を実施して作成し

図表Ⅳ-16　設備投資と非国防資本財受注（除く航空機）（前年比伸び率）

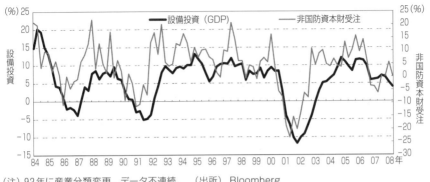

（注）92年に産業分類変更。データ不連続。　（出所）Bloomberg

ている。1931年以来の伝統を有する統計である（2001年1月以前はNAPM指数〈National Association of Purchasing Management〉として発表）。主要指標のなかでは最も早く発表されること（翌月第1営業日）、企業のセンチメントを反映し景気転換の先行指標とされることから注目度はきわめて高い。内容は、生産・新規受注・入荷遅延比率・在庫・雇用の各項目について、1ヵ月前と比較して「良い」、「同じ」、「悪い」を意味する三者択一の回答をもとにそれぞれ季節調整したディフュージョン・インデックス（景気の局面を判断するための景気動向指数）を作成、これらを同ウェイトで加重平均したものである。項目ごとのディフュージョン・インデックスとしてはこの他に受注残・商品価格・顧客在庫・輸出受注・資材輸入が発表される。

　この指数が50％を切ると景気後退、上回ると景気拡大を示唆しているといわれている。ISMによればGDPプラス成長の分岐点は41.1%である。

　ISM指数の前日に発表されるシカゴPM（購買部協会）指数も注目を集めるが、これはあくまで調査対象をシカゴ地区に限定したものであり、内容も若干異なることから、全米ベースのISM指数とは必ずしも相関しない。

　なお、ISMは非製造業約375社を対象に同様のアンケートを実施して非製造業ISM指数を作成、翌月第3営業日に発表している。こちらはまだ歴史が浅いが（97年7月集計開始）、経済におけるサービス業の比重が高まるにつれ注目度はアップしてきている。2008年1月より製造業同様、総合指数も作成され、企業活動・新規受注・入荷遅延比率の各項目も同ウェイトで加重平均したものが発表されるようになった。

公表機関ホームページアドレス

ISM　http://www.ism.ws

図表Ⅳ-17　実質GDPとISM製造業景気指数

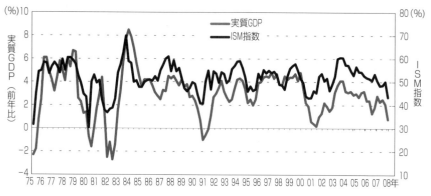

(出所)　Bloomberg

## (6) フィラデルフィア連銀サーベイ (Business Outlook Survey)

　ISMと同様の製造業企業向けアンケート調査である。フィラデルフィア連銀が毎月第3木曜に発表する。1968年以来の歴史がある。対象は同連銀の管轄地域（第3地区）に限られるが、ISMとの相関は比較的高い。10項目について1ヵ月前と比較した現状と6ヵ月後の期待を「良い」、「同じ」、「悪い」のなかから三者択一させる。この回答からディフュージョン・インデックスを作成する。ただしISMのような各項目を加重平均した総合指数は作成されない。数値は日銀短観の業況判断DIと同様、「良い」と「悪い」の回答比率の差で表される。

　一般的には企業活動指数（General Business Activity）の注目度が高いが、仕入単価指数（Prices Paid）や販売価格指数（Prices Received）も注目されることが多い。

## (7) ニューヨーク連銀サーベイ

　類似の調査をニューヨーク連銀も行っており、同連銀が「エンパイアステート・サーベイ（Empire State Manufacturing Survey）」として、毎月15日前後に発表する。対象は同連銀管轄地域の製造業に限られている。歴史は2001年7月以来と比較的浅いが近年注目度が高まっている。調査項目はフィラデルフィア連銀サーベイとほとんど同じで、同様に各項目のディフュージョン・インデックスが作成される。

公表機関ホームページアドレス

フィラデルフィア連銀　　　http://www.phil.frb.org
ニューヨーク連銀　　　　　http://www.ny.frb.org

図表Ⅳ-18　ＩＳＭ製造業景気指数とフィラデルフィア連銀サーベイ

(出所) Bloomberg

## (8) 企業収益 (Corporate Profit)

　国民所得ベースで企業収益を捉えたもので、企業の概念には営利法人の他、私的年金基金や一部の非営利団体なども含まれる。

　計数としては、①在庫評価・資本減耗調整済の企業収益、②在庫評価・資本減耗調整前の企業収益 (税引き前)、③在庫評価・資本減耗調整前の企業収益 (税引き後) などが発表されている。いずれも企業会計と国民所得統計における「企業収益」の概念の差を調整する目的で、在庫と資本減耗の調整が施されている。具体的には、在庫評価調整とは、価格変動に伴う在庫の評価損益を調整するものであり、資本減耗とは、減価償却費に固定資本の偶発損分を加えたものである。通常は、②の計数が分析対象となっている。この統計には企業のキャッシュ・フローも記載されており、設備投資の動向を分析する材料になる。米国での企業収益に関する、これ以外の統計としては、「四半期財務報告」(Quarterly Financial Report、ＱＦＲと略称) が商務省センサス局から発表されている。

| 統計名と発表機関 | 企業収益。商務省経済分析局 |
|---|---|
| 発表周期と時期など | 四半期。当該四半期の翌々月に速報が、さらにその翌月に改訂値が発表される。 |
| ポイント | マクロの企業収益の動向をみるデータ。 |

# ［4］個人消費に関する統計

　GDP統計ベースでの個人消費については、すでに述べたので、それ以外で個人消費の動向をみるのに参考となる経済指標を解説する。

## （1）小売売上高（Retail Sales）

　百貨店などの小売業の売上を、サンプル調査をベースに推計し発表しているものである。耐久財、非耐久財に大分類されているが、自動車販売のウェイトが高いのが特徴である。本統計は、速報値からの改訂幅が若干大きいという問題があるものの、米GDPの約7割は個人消費が占めているため、マーケットの注目度は非常に高い。

| 統計名と発表機関 | 小売売上高。商務省センサス局 |
|---|---|
| 発表周期と時期など | 月次。翌月の第2週。直近の2－3ヵ月分が改訂される。 |
| ポイント | 月々の動きよりも3－4ヵ月のトレンドを追ったほうがよい。自動車を除いた数値も注目される。 |

　これ以外に民間の統計として、毎週火曜に発表されるICSCチェーンストア小売売上（ショッピングセンター対象）とレッドブック小売売上（大型店対象）が消費動向の指標として注目されている。

## （2）乗用車販売台数

　米国の個人消費で一番変動の大きいのが耐久財である。なかでも乗用車購入は耐久財の4割近くを占めており、波及効果もあり重要である。このため、米国の景気変動を予測するには、乗用車販売台数と住宅着工件数をみていればよいとするエコノミストもいる。統計を読む際には、販売促進のための低利ローンなどのインセンティブの有無や、ニューモデル発売前後の販売の振れに注意する必要がある。

| 統計名と発表機関 | 乗用車販売台数。各メーカーが商務省の季節調整法を使って年率換算値を発表。 |
|---|---|
| 発表周期と時期など | 月次（翌月5日前後）。 |

## （3）個人所得・貯蓄率

　個人所得は、消費の最大の決定要因である。社会保険料を控除した後の、個人が実際に受け取った所得であり、政府などからの移転所得も含むと定義されている。発表計数としては、個人所得の構成項目（賃金給与、自営、賃貸、利子・配当、移

転所得など）や、可処分所得、個人消費支出、貯蓄、貯蓄率などがある。

貯蓄率は、貯蓄の可処分所得に対するフローの比率である。米国においては、貯蓄率のトレンド的な低下がしばしば問題となる。貯蓄率に影響を与える要因には、
・人口動態や老齢人口比率
・消費者信用制度の発達度
・税制や社会保障制度の充実度

などがあり、単純な国際比較は難しい。米国の場合、1990年代後半から、家計が過剰消費体質となったようにみえる。

| 統計名と発表機関 | 個人所得・消費支出。商務省経済分析局 |
| 発表周期と時期など | 月次。翌月下旬。直近の2－4ヵ月分が改訂される。 |

図表Ⅳ－19　米国の国産自動車販売状況

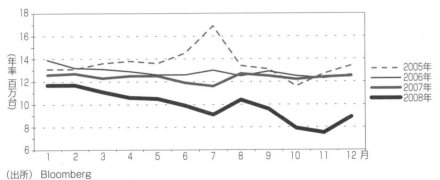

（出所）Bloomberg

図表Ⅳ－20　米国の貯蓄率の推移

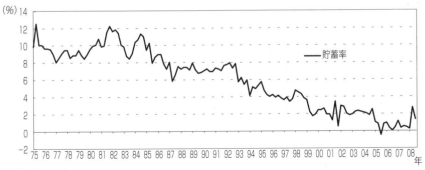

（出所）Bloomberg

## (4) 消費者信用残高（Consumer Installment Credit）

　消費者信用は、消費財やサービスの購入のために個人に供与される信用である。与信期間は短期または中期で、2回以上の分割払いが予定されているものをいう。計数は使途別に、乗用車購入向け信用、リボルビング・クレジット、移動住宅向けなどの分類で発表されている。

　米国では、耐久消費財の購入に限らず、クレジットカードの機能を利用した購買行動が一般化しているだけに、消費者信用の利用度は格段に高い。こうした事情から、個人消費の動向分析に、この統計は欠かせないものとなっている。

　1990年代前半から消費者信用残高の可処分所得に対する比率の上昇が顕著となっている（図表IV－21参照）。

| 統計名と発表機関<br>発表周期と時期など<br>ポイント | 消費者信用残高。FRB<br>月次。翌々月5日前後に発表。直近1－3ヵ月分を改訂。<br>米国では消費者信用の利用度が高いので個人消費の分析材料となる。 |
|---|---|

## (5) 消費者信頼感指数（Consumer Confidence Index）

　消費者に対するアンケート調査を基礎に消費者のマインドを指数化したもので、民間の経済研究所であるコンファランス・ボードが発表している。質問項目は、現在の状況（経済、雇用の2項目）と6ヵ月後の予想（経済、雇用、所得の3項目）である。各項目の回答は季節調整され、指数化される。信頼感指数はこれら5項目の平均である。その他、現在に関する2項目の平均が現況指数、将来に関する3項目の平均が期待指数として発表されている。図表IV－22は、同指数と個人消費の動きをみたものであるが、トレンドはフォローしているといえる。

## (6) ミシガン大学消費者信頼感指数（University of Michigan Survey of Consumer Confidence Sertiment）

　類似の調査をミシガン大学が実施しており、ミシガン大学消費者信頼感指数として知られている。同指数のうち、先行きに関する回答は、景気先行指数に消費者期待指数として採用されている。また、同時に1年先、5年先のインフレ期待も調査されており、消費者のインフレ期待を知ることもできる。

　これら以外にも毎週火曜日にABCニュースとワシントンポスト紙が発表する「ABC消費者信頼感指数」も消費者センチメントとして注目される。

公表機関ホームページアドレス　コンファランス・ボード　http://www.conference-board.org
　　　　　　　　　　　　　　　ミシガン大学　　　　　　http://www.sca.isr.umich.edu

Ⅳ 米国経済の見方

図表Ⅳ-21　消費者信用残高／年率可処分所得

（出所）Bloomberg

図表Ⅳ-22　消費者信頼感指数と個人消費

（出所）Bloomberg

## [5] 住宅に関する統計

### (1) 住宅着工件数 (Housing Starts)

　住宅着工件数は、月中に建設が開始された新設住宅戸数を示す統計である。計数は、季節調整済みの年率換算したベースで発表される。公共住宅の統計もあるが、通常は民間保有分を集計したものを住宅着工件数としている。内訳としては、1戸建て、集合住宅の区別と地域別（北東部、中西部、南部、西部）で発表されている。

　統計を読むうえでの注意点は、天候に左右されやすいので季節調整後でも月次の変動がかなりあることである。トレンドを判断するには、3ヵ月程度の移動平均をとるなどの工夫も必要であろう。

　景気循環との関連では、住宅投資の動向は重要である。住宅投資が活発になると、それに伴って家具や家電製品の購入も増加するなどの波及効果が出てくるからである。また、住宅投資は金利の動きにも左右される。

　過去の景気変動のパターンを分析してみると、「金融緩和→金利低下→住宅着工の増加→景気の本格的拡大・過熱→金融引き締め→金利上昇→住宅着工の減少→景気の後退」という現象がみてとれる。

　しかし、近時では、こうした循環的な動きに加えて、税制の変更や人口構成の変化などの要因も住宅投資に影響を与えており、分析は難しくなっている。

### (2) 住宅建築許可件数 (Building Permits)

　住宅の着工に先立ち、地方自治体などに許可申請を行わなければならない地域での許可発行件数を調査、発表したのが住宅建築許可件数統計である（全米でのサンプル数2万ヵ所）。発表形態は、着工件数統計と同様である。

　許可を受けたうちの約98％は実際に着工されているが、月末時点での未着工の件数も公表されている。また、大部分は許可を受けた月中に着工しているが、着工件数の先行指標になることもあり、景気先行指数にも採用されている。

　ただし、月々の着工件数の予測においては、上述した天候などの特殊要因によって左右されるので、許可件数を説明変数に使っても、あまり精度は向上しないようである。

IV 米国経済の見方

| 統計名と発表機関 | 住宅着工件数、許可件数。商務省センサス局 |
|---|---|
| 発表周期と時期など | 月次。翌月の第3週。過去の2ヵ月分が改訂される。 |
| ポイント | 景気に敏感である。許可件数は景気先行指標とされている。 |

図表IV-23 住宅着工件数とGDP

(出所) Bloomberg

図表IV-24 その他の住宅関連指標

| 統計名 | 発表機関 | ポイント |
|---|---|---|
| 新築住宅販売 | 商務省センサス局 | 月次。翌月25日前後に発表。景気変動に対して最も先行性が高い指標のひとつ。 |
| 中古住宅販売 | 全米不動産協会 | 月次。翌月25日前後に発表。景気変動に対する先行性が比較的高い。 |
| 中古住宅販売保留 | 全米不動産協会 | 月次。翌々月7日前後に発表。契約は成立しているが販売は未完了の件数。大部分は1～2ヵ月後には販売が完了し、中古住宅販売件数としてカウントされるため、同指標の先行指標となる。 |
| S&P/ケース・シラー住宅価格 | スタンダード&プアーズ | 月次。翌々月最終火曜日に発表。住宅価格算出方法をカール・ケースおよびロバート・シラーが作成したためこの統計名となっている。全米20主要都市の価格指数が発表される。 |
| OFHEO住宅価格 (FHFA住宅価格) | 連邦住宅公社監督局 (連邦住宅金融局) | 月次。翌々月25日前後に発表。全米を9地域に分割し各地域ごとの価格指数を発表。2008年7月に議会がFHFAを設立し、OFHEOはその一部となったため、現在ではFHFA住宅価格と呼ばれることもある。 |

## [6] 労働・雇用に関する統計

　雇用関係の統計は、調査方法の違いから、家計調査（Household Survey）をベースにしたものと、事業所調査（Establishment Survey）をベースにしたものに分けられている。作成はいずれも労働省労働統計局（BLS）である。

　家計調査は、毎月12日を含む暦上の1週間に約6万世帯を対象として、商務省センサス局がヒアリング調査（CPS：Current Population Survey）を行い、それを基礎にしている。一方、事業所調査は、農業を除く約40万の事業所を対象として、毎月12日を含む週（暦とは必ずしも一致せず）についての給与支払い帳簿（Nonfarm Payrolls）の調査を各州当局の協力のもとに行い、それを基礎にしている。

### （1）失業率（Unemployment Rate）

　失業率は、「失業者÷労働力人口×100」で定義されており、前期の家計調査をベースとしている。日本と比較した労働力人口などの詳しい定義は、図表Ⅳ-25を参照。

　米国の失業統計では、実にさまざまなカテゴリーで雇用状況を知ることができる。主なものを列記すると、年齢別（16歳～、20歳～）、性別、人種別（白人、黒人、アジア人、ヒスパニック）、学歴別、失業期間の長さ別（5、5～14、15～26、27週超）、失業理由別（失職、レイオフ、再参入など）、地域別、現在求職しているか否かなどである。

　失業率は、後述の非農業就業者数とともに、政策変更のきっかけとなることが多い。とくに景気が低迷している場合には、本統計の発表日直後に金融緩和へ踏み切るのではないかとの思惑が高まる。しかし、失業率は政治的に利用されがちで、かつ景気の動きに遅行するので、非農業部門就業者数や新規失業保険申請件数のほうが統計としては信頼できると主張するエコノミストもいる。

　各国の雇用統計に関する定義は微妙に違い、また労働慣習や人口動態などの固有の事情もあるため、一概に国際比較をすることができない。しかし、日本の平成不況の長期化と米国の長期にわたる未曾有の景気回復を背景に日米の失業率が一時逆転したことは象徴的な意味をもっている（図表Ⅳ-26参照）。

| 統計名と発表機関<br>発表周期と時期など<br>ポイント | 失業率。労働省労働統計局（BLS）<br>月次。翌月第1週の金曜日。<br>政策変更の引き金になることが多い。とくに注目度が高いのは、①非農業部門就業者数（事業所調査）、②失業率（家計調査）、③週当たりの平均賃金伸び率（事業所調査）。 |
| --- | --- |

公表機関ホームページアドレス
労働省労働統計局（BLS）　http://www.bls.gov

Ⅳ 米国経済の見方

### 図表Ⅳ-25　日米の家計調査データの比較

| | 米　国 | 日　本 |
|---|---|---|
| 発表機関 | 労働省労働統計局（BLS）。調査は商務省センサス局が行う。（CPS：Current Population Survey） | 総務省統計局（労働力調査）。 |
| 発表時期 | 翌月第1金曜。 | 翌月末。 |
| 調査対象 | 約6万世帯。<br>16歳以上人口（刑務所・精神病院などの施設にいる者、軍役についている者を除く）。 | 約4万世帯。<br>15歳以上人口。 |
| 調査期間 | 毎月12日を含む1週間。 | 月末1週間。（12月は20日から26日） |
| 調査方法 | 調査員が直接聴取。 | 調査員が調査票を配布し、後日回収。 |
| 就業者の定義 | ①調査期間中に少しでも有給で仕事をしていた者。<br>②休暇・病気・育児・葬儀・悪天候などによる休業者。<br>③無給の家族事業で15時間以上仕事をしていた者（=unpaid family worker）。 | ①調査期間中に収入を伴う仕事を1時間以上した者と、無給の家族従業者（=従業者）。<br>②仕事を休んでいた者（=休業者）。 |
| 失業者の定義 | ①現在仕事がなく、過去4週間に仕事を探していた者のうち、仕事があればすぐ就くことができる者。<br>②レイオフ中の者（求職活動の有無は問わない）。 | 現在仕事がなく、調査期間中に仕事を探していた者のうち、仕事があればすぐ就くことができる者（=完全失業者）。 |
| 労働力人口の定義 | 就業者+失業者。 | 就業者+完全失業者。 |
| 非労働力人口の定義 | ①就業者と失業者を除く者（仕事がなく、かつ仕事を探していない者）。通学・退職・家事・障害者。<br>②無給の家族事業で15時間未満の仕事をしていた者。 | ①仕事をしなかった者のうち、休業者・完全失業者を除く者（通学・家事・高齢者など）。<br>②レイオフ中の者。 |
| 季節調整 | 失業率は季節調査値。 | 完全失業率は季節調整値。 |

（資料）　米労働省労働統計局（BLS）「How the Goverment Measures Uneplyoment」
　　　　総務省統計局「労働力調査」

### 図表Ⅳ-26　一時逆転した日米失業率

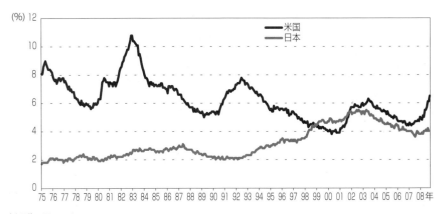

（出所）　Bloomberg

## (2) 非農業部門就業者数 (Nonfarm Payrolls)

　事業所調査によって、非農業部門に属する事業所の給与支払い帳簿をもとに集計された就業者数をいう。前述の失業率統計とは就業者の概念が違い、給与が支払われているか否かが基準となる。したがって、経営者や自営業者などは実際に働いていても、就業者にはカウントされない。逆に、2ヵ所以上の事業所から給与の支払いを受けている者は、二重以上にカウントされてしまうことになる。計数は、業種別に細分類されており、とくに製造業の就業者数の動きに関心が集まっている。

　失業率とともにマーケットの注目度が高いことは、すでに説明した通りである。調査のベースが家計調査と違うので、月々の動きでは2つの指標がまったく反対の方向を示すことがある。景気判断が微妙な時期には、「どちらの統計を信用したらよいのか？」という論争がしばしば起きてきた。一般的には、非農業就業者数のほうがサンプル数も多く（約40万の事業所）、景気の動きに一致するため短期的にはより重視されるが、翌月には大幅に修正されることも多く、中長期的に見る場合は修正の少ない失業率が重視されることもある。

　事業所調査では、上記以外に、週平均労働時間、時間当たり平均賃金、週当たり平均賃金などのデータが発表されている。これらは、個人所得やインフレ動向を分析するのに重要な手がかりを与えてくれる。とくに時間当たり平均賃金の伸び率は賃金インフレの指標とされている。

## (3) 失業保険新規申請件数 (Initial Claims)

　失業した者が失業保険給付を初めて申請した件数を集計したものである。給付事務を取り扱う州事務所から労働省に報告され、季節調整を施したうえで発表される。
　本統計を読むうえでの注意点は、以下の諸点である。
①すべての労働者が失業保険でカバーされているわけではなく、失業者に対する保険受給者数 (State Benefits) のカバレッジは50％以下と低い。この統計から判断されるよりも実際の雇用状況が悪化している場合がありうる。
②祭日や天災などの影響で、月次や週次の計数がかく乱される。例えば、祭日の前には計数は減少する。
③マーケットが注目するのは、前週比の増減であるが、前週の数値は翌週、必ず改訂される。
④不規則な動きをするために、アナリストは4週の移動平均をベースに分析することが多い。

　本指標は、景気の動きに敏感に反応するので、景気先行指数にも採用されている。経験則では、本指標は景気の谷（ボトム）に2～3ヵ月先行してピークをつける。

# Ⅳ 米国経済の見方

| 統計名と発表機関 | 失業保険新規申請件数。労働省雇用訓練局（ＥＴＡ） |
|---|---|
| 発表周期と時期など | 週次。毎週木曜日。 |
| ポイント | 速報性に優れ、失業率の予測にも参考指標となる。 |

図表Ⅳ-27　失業保険新規申請件数と景気循環

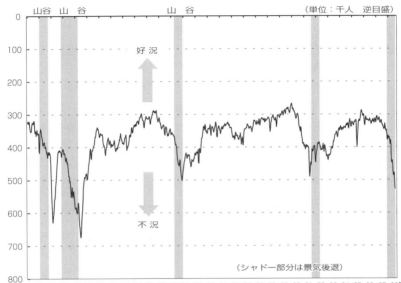

（出所）Bloomberg

図Ⅳ-28　その他の雇用関連指標

| 統計名 | 発表機関 | ポイント |
|---|---|---|
| ADP雇用統計 | ADP（Automatic Data Processing）社 | 月次。翌月、雇用統計の2営業日前に発表。2006年5月より正式公表された民間企業による統計。ADP社は米国の給与計算アウトソーシング会社（全米約50万社の給与計算を代行）である。雇用統計前に発表されるため、近年注目度が高まっているが、雇用統計との相関はそれほど高くない。 |
| ISM指数 | 全米供給管理協会 | 質問項目のひとつに雇用があり、企業の雇用センチメントがわかる。近年はサービス業の雇用変化が、全体に占める割合が高まっているため、ISM非製造業指数の雇用項目により注目すべきである。 |
| 消費者信頼感指数 | コンファレンスボード | 質問項目に「十分な雇用がある」及び「雇用を探すのが困難」など雇用に関する項目が複数あり、消費者の雇用センチメントがわかる。 |
| モンスター雇用指数 | モンスターワールドワイド社 | 月次。翌月初木曜日（通常は雇用統計の前日）に発表。全米のオンライン求人情報を集計、指数化し、地域や業種ごと、職種ごとに発表。 |
| チャレンジャー人員削減数 | チャレンジャー・グレイ・アンド・クリスマス社 | 月次。翌月初に発表。人材あっ旋会社による統計で、大企業が発表した人員削減数・新規雇用数を地域および業種ごとに集計し発表。 |

**公表機関ホームページアドレス**　労働省雇用訓練局（ＥＴＡ）　http://www.doleta.gov

199

## ［7］物価に関する統計

　物価（インフレ）の動向は、金利を予測するうえで、きわめて重要である。当然のことながら、インフレ率が上昇すれば長期金利に上昇圧力がかかりやすくなるし、金融引き締め政策がとられる結果、短期金利も大幅に上昇するからである。金融政策当局も、物価の安定が最大の政策目標であるので、市場関係者が想像する以上に神経質に経済指標や商品価格の動向に注目している。
　ここでは、物価そのものの統計だけでなく、インフレの先行指標となるような統計についても詳しく解説する。

### （1）生産者物価（Producer Price Index ＝ PPI）
　国内製造業者の販売価格を約1万品目について調査している。日本の卸売物価が輸送費や流通マージンを含んでいるのに対して、生産者物価は生産者の出荷時点での価格であるので、これらを含まない点に注意する必要がある。本統計の歴史をさかのぼると、1978年までは卸売物価（Wholesale Price Index）と呼ばれていたが、内容の誤解を避けるために呼称が変更された。
　計数は製造段階別に、最終財（Finished goods）、中間財（Intermediate goods）、原材料（Crude goods）に分類されている。また、詳細な品目別の価格や商業別にも分類がある。

《統計を読むポイント》
　価格変動は、「原材料→中間財→最終財」の順で伝播していくので、最終財の価格が安定しているからといって、将来もそれが続くという保証はない。このため、原材料や中間財レベルの価格動向にも注意を払う必要がある。
　また、食料やエネルギー価格は季節的な要因で乱高下することがあるので、これらを除いたベースで最終財価格をみるべきだと主張しているエコノミストも多い。これは通常、コア・インフレ率（Core inflation rate）とか、基礎的インフレ率（Underlying inflation rate）と呼ばれている。金融市場が最も注目しているのは、最終財（コア・ベース）の季節調整済みの前月比上昇率である。

《予測の材料》
　最終財のコア・インフレ率の動きを予測するには、雇用コスト指数、単位労働コスト、時間当たり平均賃金、商品価格指数などが材料となる。

## Ⅳ 米国経済の見方

| 統計名と発表機関 | 生産者物価。労働省労働統計局（BLS） |
|---|---|
| 発表周期と時期など | 月次。翌月15日前後。1982年＝100。原数値は該当月分が発表された4ヵ月後に改訂され、季調値は毎年1月分発表時に5年分改訂される。 |
| ポイント | わが国の卸売物価に近い統計。加工段階別のうち最終財の価格や食品・エネルギーを除いたコア・インフレ率が重要。 |

図表Ⅳ-29　生産者物価（PPI）の段階別価格動向

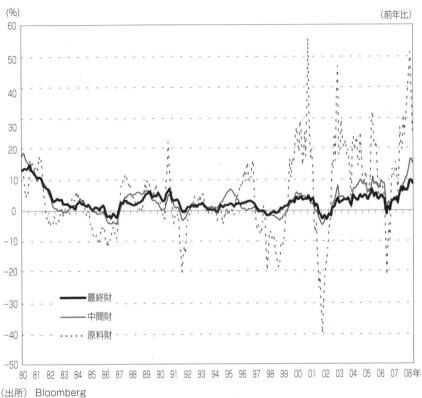

(出所) Bloomberg

## 公表機関ホームページアドレス

労働省労働統計局（BLS）　http://www.bls.gov

## (2) 消費者物価 (Consumer Price Index = CPI)

都市地域の全消費者を対象とした小売・サービス価格の調査によって、消費者物価を算出している。これは、CPI-U (CPI for all Urban Consumers。Urbanとは都市地域のこと) と呼ばれており、全人口の約87％をカバーしている。

米国の消費者物価指数にはもうひとつ、CPI-W (CPI for Urban Wage Earners and Clerical Workers) と呼ばれる系列がある。これは、賃金労働者と事務職従事者の消費支出構成比を基準に消費者物価を算出しているものであり、賃金交渉や社会保障などの物価スライドの基準値として利用されている。同指数は全人口の約32％しかカバーしておらず、通常マスコミなどでCPIという場合にはCPI-Uを指している。

なお、CPI-Uの集計は1978年からで、それ以前の消費者物価統計としてはCPI-Wしかない。また、CPI-Uは1983年以降、持家費用の項目を購入価格から帰属家賃に改訂しているので、それ以前の数値とは整合性を欠いている。また、2002年8月からはCPI-Uをチェーンウェイト方式で表示するC-CPI-U (Chained Consumer Price Index For All Urban Consumers) が別途発表されている。

物価調査は、全国87ヵ所の都市区域における約5万世帯の住居と約2万3000店のデパート、スーパー、小売店などを対象とし、約8万に及ぶ品目のデータを集計している。

CPIは政治的にも注目度がきわめて高いため、その数値の妥当性について論議を招くことが多い。96年には上院財政委員会が設置した諮問委員会 (ボスキン委員会) がCPIの上方バイアスを指摘するレポートを発表した。これに基づき99年1月より、従来の算術平均法に代わって幾何平均法が導入された。これによって価格の変動に伴う消費行動の変化がより正確に反映され、CPIでは年率で0.2％ポイント程度低下すると労働省は説明している。もっともこの方法が適用されるのはあくまで消費全体の約60％であり、しかも各調査地域における約200の品目分類 (strata) ごとの集計においてのみである。

《統計を読むポイント》

発表時期は通常、生産者物価よりも数日遅いが、インフレの趨勢をみる指標としては最も一般的であり、注目度は非常に高い。生産者物価と同様、変動の大きい食料品とエネルギーを除いたコア・インフレ率でみるのが好ましいとされている (図表Ⅳ-30参照)。

CPIの構成比は図表Ⅳ-31に示しているが、日本と比較してサービス価格のウェイトが6割近くと高いことが特徴となっている。サービス価格は、労働コストの占め

る割合が高いので、商品価格と比較して相対的に安定しているものの、硬直的な部分も多い。サービス価格のうち、近年、とくに上昇が顕著なのがメディカル・ケアと呼ばれている医療である。また、住居関連・光熱費のウェイトも全体の4割と非常に高い。

CPIを予測する際は、労働コストを示す指標である、雇用コスト指数(四半期ベースの統計)、時間当たり平均賃金(月次ベースの統計)などが参考となろう。

| 統計名と発表機関<br>発表周期と時期など<br>ポイント | 消費者物価。労働省労働統計局(BLS)<br>月次。翌月15日前後。82-84年平均=0。<br>生産者物価とともにインフレの最重要指標。食品とエネルギーを除いたベースでトレンドを把握する。 |
|---|---|

図表Ⅳ-30 消費者物価(CPI)の価格動向

(出所) Bloomberg

図表Ⅳ-31 日米の消費者物価指数ウェイト比較

| 日本(2005年基準) | | アメリカ(2007年12月基準) | |
|---|---|---|---|
| 食料 | 25.9 % | 食料・飲料 | 14.9 % |
| 住居 | 20.4 | 住居 | 32.6 |
| 光熱・水道 | 6.8 | 光熱 | 5.1 |
| 家具・家事用品 | 3.4 | 家具・什器・家事サービス | 4.7 |
| 被服及び履物 | 4.6 | 被服 | 3.7 |
| 交通・通信 | 13.9 | 交通 | 17.7 |
| 保険・医療 | 4.5 | 保険・医療 | 6.2 |
| 教育 | 3.6 | 教育・通信 | 6.1 |
| 教養娯楽 | 11.0 | 娯楽 | 5.6 |
| 諸雑費 | 5.9 | その他 | 3.3 |
| 財 | 49.4 | 財 | 41.3 |
| サービス | 50.6 | サービス | 58.7 |

(出所)各発表機関

## (3) 個人消費支出 (PCE) デフレーター (Personal Consumption Expenditure Deflator)

　GDPを構成する個人消費支出のデフレーターを指している。FRBが半期に一度、議会に提出する報告書 (Monetary Policy Report to the Congress) のなかでは、インフレ見通しとして、本指数のコア指数（総合指数から変動の激しいエネルギーと食料品価格の変動を除いたもの）が用いられているように、FRB内では最も重視される物価指数である。バーナンキ議長は「PCEコア・デフレーターが1～2％の範囲内が望ましいインフレ率である」と発言したことがあるように、米国の金融政策を予想するうえでも不可欠な指標となっている。

　米国ではCPIとの違いが議論になることがあるため、ここでBEA（経済分析局）の論文にしたがって解説しておく。PCEデフレーターとCPIの違いとしては、①指数の計算方式の違い、②対象品目の違い、③対象品目に対するウェイトの違い、などが存在する。①については、CPIは約4割をラスパイレス方式（基準時点の数量を用いて、基準時点と比較時点の価格変化を算術平均で計算する方式）で、約6割を幾何平均方式（基準時点の数量を用いて、基準時点と比較時点の価格変化を幾何平均で計算する方式）で計算するのに対して、PCEデフレーターはラスパイレス方式とパーシェ方式（比較時点の数量を用いて、基準時点と比較時点の価格変化を計算する方式）の幾何平均で計算されている。具体的な違いとしては、ラスパイレス方式ではウェイトが基準時点で固定されているため、価格変化に伴う消費者の購買行動の変化が考慮されていないことになる。一般的には、消費者は価格が低下したものをより多く購入する傾向があるが、この変化をラスパイレス方式では考慮に入れていないため、CPIには上方バイアスがかかると指摘されることが多い。②については、CPIは消費者が直接支払う支出だけを対象にしているのに対して、PCEデフレーターでは、企業や国による消費者のためになされた支出（例えば保険制度による医療費負担など）も含む。③については、例えば「住居」の項目がCPIでは30％以上のウェイトを占めるのに対して、PCEデフレータでは15％程度のウェイトしか占めない、といった違いがある。

　以上のような違いがあるため、CPIとPCEデフレーターでは、必ずしも近い数値にならない可能性もあるし、一時的には方向が逆に動く可能性もあるが、長期的にみればほぼ同様の動きとなる（図表Ⅳ-33参照）。

Ⅳ 米国経済の見方

図表Ⅳ-32 PCEデフレーターとコアPCEデフレーター

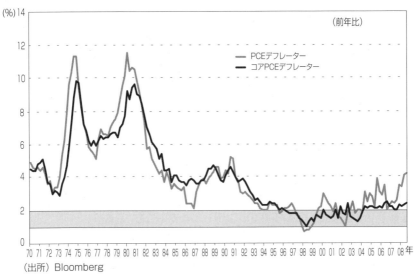
（出所）Bloomberg

図表Ⅳ-33 消費者物価とPCEデフレーター

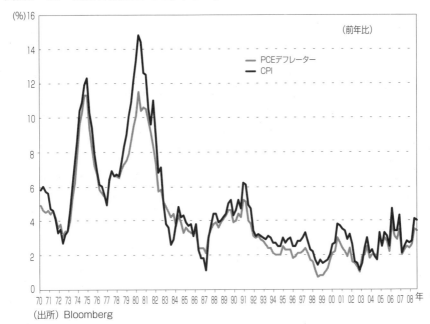
（出所）Bloomberg

205

## （4）インフレの参考指標

①単位労働コスト

　労働コストの動向は、インフレの基本的な方向を決めるうえでは、きわめて重要である。そのうち、単位労働コスト（Unit Labor Costs）とは、単位当たりの生産に要する労働コストを示す指標である。算式は、

　　時間当たり報酬(Compensation Per Hour)÷労働生産性(＝生産高÷労働投入量)

である。報酬には、賃金や給与だけでなく、企業が負担する社会保険料の支払いも含まれている。この統計は、四半期ベースで労働省から発表されており、四半期終了後2ヵ月後の月初に速報値が入手可能である。

　単位労働コストがインフレの指標となるのは、労働コストの上昇が労働生産性の向上で吸収されているか否かを示すからである。労働生産性の向上を上回るピッチで労働コストが上昇すれば、企業収益が圧迫されるので、コストアップ分を価格に転嫁する動きが出てきて、インフレ圧力の上昇につながることになる。

　単位労働コストと消費者物価との連動性は強く、過去はピークとボトムがほとんど一致していたが、07年以降は資源価格の急伸を背景にやや相関が崩れている。（図表Ⅳ－34参照）。単位労働コストは、景気総合指数の遅行指数の構成指標となっている。

②雇用コスト指数（図表Ⅳ－35参照）

　雇用コスト指数（Employment Cost Index）は、賃金や賃金以外のコストを含めた総合的な労働コストを示す指標である。労働省から、1、4、7、10月に前四半期の計数が発表される。雇用コスト指数が優れているのは、最も包括的に労働コストの動向が把握でき、インフレ関連の統計予測を行う際に参考となるからである。金融当局もインフレの動向を把握するために、この指標の分析を重要視しているといわれている。

　計数は、「総合指数（Compensation Costs）＝賃金・報酬（Wages and Salaries）＋ベネフィット・コスト（Benefit Costs）」という形で構成されている。

　最近の傾向としては、ベネフィット・コスト（有給休暇、残業代、保険・社会保障関連費用など）の上昇率の高止まりが問題となっている。企業が負担する各種の健康保険、生命保険、雇用保険、社会保障などの費用が硬直化してきており、負担額も傾向的に増加しているからである。

③労働協約による賃金動向

　米国では、労働組合が経営者側と賃金交渉する場合、労働協約期間中の賃金上

昇率を初年度と残りの期間に分けて一括決定することが多い。このため、中期的な賃金動向を知るにはよい材料となる。もっとも近年では、労働組合の組織率の低下が顕著になっており、影響度が小さくなっていることは否めないところである。

上記の3つの指標の詳細は、いずれも労働省労働統計局（BLS）が発行している月刊統計誌"Monthly Labor Review"に掲載されている。

④その他

以上の他に、設備稼働率、輸入物価、商品価格指数、GDPデフレーターなどがインフレ関連の統計指標としてあげられるが、それぞれ別項目での解説を参照されたい。

図表Ⅳ-34　単位労働コストと消費者物価（CPI）

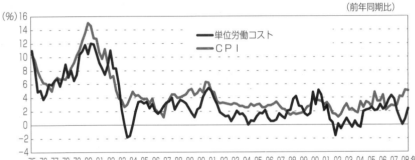

（出所）Bloomberg

図表Ⅳ-35　雇用コスト指数（ECI）と消費者物価（CPI）

（注）2001年より雇用コストの産業分類変更。データ不連続。
（出所）Bloomberg

## [8] 貿易・国際収支に関する統計

### (1) 貿易収支（International Trade in Goods and Services）

　米国の貿易収支統計は、発表体系がきわめて複雑多岐にわたっており、注意すべき点が多い。以下では、統計の概要を簡潔に解説する。

①発表形式
・センサス・ベースと国際収支ベース ── 米国の貿易収支には、財の輸出入・収支データを商務省センサス局が通関統計に基づいて作成した数値（センサス・ベース）と、これを商務省経済分析局（BEA）が修正した数値（国際収支ベース）がある。センサス・ベースからの修正点は次ページ②の計上基準の他、軍事関連取引の控除（サービスに計上）、通関を伴わない所有権移転の加算（個人贈答品郵送、海外公的機関が連銀に保有する金の売買など）。
・季節調整済系列と原系列 ── 相手国別内訳は原系列のみである。
・名目ベースと実質ベース ── インフレ調整後の実質値は輸出入・収支・商品別が発表される。デフレーターは労働省労働統計局（BLS）が月次で発表している数値を基礎としており、2000年=100となっている。
・その他、数値の発表形式については図表Ⅳ－36にまとめた。

図表Ⅳ－36　貿易収支統計の発表形式

| 系列 | 区分 | ベース | 細目 | 内訳 | 収支 | 輸出 | 輸入 |
|---|---|---|---|---|---|---|---|
| 季節調整系列 | 財+サービス | 国際収支ベース | | | ① | ① | ① |
| | | | （3ヵ月移動平均値） | | ② | ② | ② |
| | サービス | | | | ① | ① | ① |
| | | | （3ヵ月移動平均値） | | ② | ② | ② |
| | | | サービス内訳 | | ③ | ③ | ④ |
| | 財 | センサス・ベース | | | ① | ① | ① |
| | | | （3ヵ月移動平均値） | | ② | ② | ② |
| | | | | | ⑤ | ⑤ | ⑤ |
| | | | 〈実質ベース〉 | | ⑪ | ⑪ | ⑪ |
| | | | 商品別 | | ⑥ | ⑥ | ⑥ |
| | | | 〈実質ベース〉 | | ⑩ | ⑩ | ⑩ |
| | | | 商品細目別 | | ⑦ | ⑦ | ⑧ |
| | | | 石油関連・非関連別 | | ⑨ | ⑨ | ⑨ |
| | | | 〈実質ベース〉 | | ⑪ | ⑪ | ⑪ |
| 原系列 | | 国際収支ベースとセンサス・ベースの比較 | | | ⑫ | ⑫ | ⑫ |
| | | 国際収支ベース | | | ⑬ | ⑬ | ⑬ |
| | | | | | ⑬ | ⑬ | ⑬ |
| | | センサス・ベース | 商品別 | | ⑬ | ⑬ | ⑬ |
| | | | 標準国際貿易分類（SITC）商品別 | | | ⑮ | ⑮ |
| | | | 先端技術商品（ATP）分野別・国別 | | ⑯ | ⑯ | ⑯ |
| | | | 原油輸入（金額・量・価格） | | | | ⑰ |
| | | | 自動車輸出入（特定国向） | | | ⑱ | ⑱ |
| | | | 相手国別・地域別 | | ⑭ | ⑭ | ⑭ |

（注1）丸数字は該当数値が掲載されている公表資料（Exhibit）の番号。（ただし同じ数値が複数の資料に掲載されているものがある）
（注2）空欄は該当がないもの。（収支は掲載がなくても計算上求められるものがある）
（注3）特記があるもの以外は名目ベース。

なお、一般に報道される貿易収支・輸出入の数値は図表Ⅳ－36のシャドー部分、国際収支ベースの財とサービスの季節調整値（名目値）である。相手国別については季節調整値が算出されないので、全体の数値と比較する際は注意が必要である。

②財の輸出と輸入の計上基準

・センサス・ベース

　輸出 ── FAS（Free Alongside Ship ＝船側渡しのことで、商品を積み込む本船の船側までの費用を含み、積込み費用、運賃、保険料は含まない）基準
（注）米国以外では、FOB（Free On Board ＝本船渡しのことで積み込み費用を含み、運賃、保険料を含まない）で評価するのが一般的。当然のことながら、FOBのほうが積込み費用の分だけFASより大きくなる。

　輸入 ── Custom Value（通関時評価価格＝輸入税、保険料、運送費を含まない）基準
（注）米国以外では、CIF（Cost Insurance and Freight ＝保険料、運賃が含まれるが、輸入税は含まれない）で評価するのが一般的。米国でも88年12月まではCIFベースが主要系列で、Custom Value 基準と2通りの輸入額を発表していたが、89年1月から現行方式となった。現行方式の方が貿易赤字は4－5％程度小さくなる。

・国際収支ベース

　輸出・輸入 ── いずれもFOBで評価する。

③統計への計上時点

・輸出 ── 輸出貨物を積んだ船舶または航空機の出航（港）の日
・輸入 ── 貨物の輸入日

| 統計名と発表機関<br>発表周期と時期など<br>ポイント | 貿易収支。商務省センサス局と経済分析局が共同で発表<br>月次。翌々月10日前後。<br>90年代後半以降、急拡大する米国の貿易赤字に伴って、本統計の影響度も大きくなっている。 |
| --- | --- |

④統計上の米国地域の定義

米国関税地域（50州、ワシントンDC、プエルトリコ、米領ヴァージン諸島、自由貿易地域を含む）

⑤統計から除外される貨物

大使館と本国との物資、貨幣用コイン、マネタリー・ゴールドなど。

《貿易収支の予測》

貿易収支の予測に役立つ情報としては、輸入では財政収支統計の関税収入で、これは先行指標になる。原データが季節調整していないので、足もとのところは工夫が必要である。原油輸入の動きも、量はAPI（American Petroleum Industry）統計が、価格はWTI（West Texas Intermediate）原油価格が参考になる。通関ベースの入着原油価格は、おおよそ1ヵ月のタイムラグがある。

輸出の予測に参考となるデータは限られており、製造業の出荷統計ぐらいである。輸出依存度の高い業種の出荷額の伸びは検討材料となろう。

《貿易統計を読むポイント》

貿易収支は基本的な経済統計として重要であるうえに、最近では米国の双子の赤字が為替マーケットのテーマになったことにより、その注目度は高まっている。

・輸出については、競争力があるとされている資本財の輸出に着目したい。よくドル安によって輸出が伸びるといわれるが、為替レートの変化よりも他国の景気拡大に依存するほうが大きい。

・輸出・輸入の数量ベースの動きを捉えて、トレンドをおさえる。簡便法としては、GDP統計の商品の実質輸出・入の動きをみればよい（図表Ⅳ-39参照）。

・輸入の動きをどう捉えるかは、経済学的には輸入の所得弾性値（所得の変化率に対する輸入の変化率）をどうみるかにかかってくる。エコノミストの計測値にはかなりばらつきがあるが、2前後が標準的な見方である。

《日米貿易統計の差異》

日米間の貿易不均衡はつねに通商・政治問題化するテーマであるが、日本側と米国側が発表する貿易収支額の不突合額がかなり大きくなっている。このため、1995年に大蔵省関税局と米国商務省・関税局が92年のデータをもとに共同調査した結果が発表された。基本的な原因は両国の統計の計上方法の違い、とくに運賃、保険料の取扱いにあることが判明している。

公表機関ホームページアドレス

商務省センサス局　　　　http://www.census.gov
商務省経済分析局（BEA）　http://www.bea.gov

Ⅳ 米国経済の見方

図表Ⅳ-37 米国の貿易収支(国際収支ベース 財+サービス)の推移

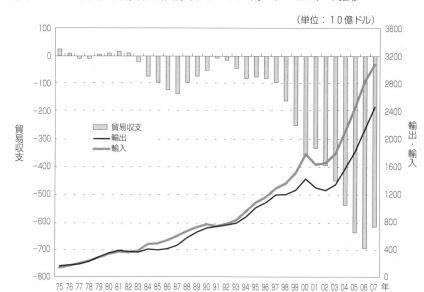

(出所) Bloomberg

図表Ⅳ-38 米国の相手国別貿易収支の推移(センサス・ベース 財のみ)

(億ドル・%は赤字総額に占めるシェア)

| | 総額 | 日本 | | 中国 | | NICS(注) | | EU | | カナダ | | メキシコ | | OPEC | | その他 | |
|---|---|---|---|---|---|---|---|---|---|---|---|---|---|---|---|---|---|
| 1985年 | -1,265 | -462 | 36.5% | 0 | 0.0% | -221 | 17.5% | -188 | 14.9% | -218 | 17.2% | -55 | 4.3% | -103 | 8.2% | -18 | 1.4% |
| 1986年 | -1,363 | -550 | 40.4% | -17 | 1.2% | -278 | 20.4% | -226 | 16.6% | -229 | 16.8% | -49 | 3.6% | -89 | 6.5% | 76 | -5.5% |
| 1987年 | -1,521 | -563 | 37.0% | -28 | 1.8% | -341 | 22.4% | -206 | 13.6% | -113 | 7.4% | -57 | 3.7% | -129 | 8.5% | -84 | 5.5% |
| 1988年 | -1,185 | -518 | 43.7% | -35 | 2.9% | -282 | 23.8% | -92 | 7.7% | -98 | 8.2% | -26 | 2.2% | -90 | 7.6% | -45 | 3.8% |
| 1989年 | -1,094 | -491 | 44.8% | -62 | 5.7% | -243 | 22.3% | 12 | -1.1% | -91 | 8.4% | -22 | 2.0% | -174 | 15.9% | -22 | 2.0% |
| 1990年 | -1,017 | -411 | 40.4% | -104 | 10.3% | -198 | 19.5% | 63 | -6.1% | -77 | 7.6% | -19 | 1.8% | -243 | 23.9% | -27 | 2.6% |
| 1991年 | -667 | -434 | 65.0% | -127 | 19.0% | -136 | 20.5% | 170 | -25.4% | -59 | 8.9% | 21 | -3.2% | -136 | 20.4% | 34 | -5.1% |
| 1992年 | -845 | -496 | 58.7% | -183 | 21.7% | -138 | 16.3% | 90 | -10.6% | -80 | 9.5% | 54 | -6.4% | -112 | 13.3% | 21 | -2.5% |
| 1993年 | -1,156 | -594 | 51.4% | -228 | 19.7% | -121 | 10.4% | -10 | 0.8% | -108 | 9.3% | 17 | -1.4% | -122 | 10.6% | 10 | -0.8% |
| 1994年 | -1,506 | -657 | 43.6% | -295 | 19.6% | -118 | 7.8% | -81 | 5.3% | -140 | 9.3% | 13 | -0.9% | -138 | 9.2% | -92 | 6.1% |
| 1995年 | -1,588 | -591 | 37.2% | -338 | 21.3% | -78 | 4.9% | -82 | 5.2% | -171 | 10.8% | -158 | 10.0% | -161 | 10.1% | -9 | 0.6% |
| 1996年 | -1,702 | -476 | 28.0% | -395 | 23.2% | -70 | 4.1% | -152 | 9.0% | -217 | 12.7% | -175 | 10.3% | -220 | 12.9% | 3 | -0.2% |
| 1997年 | -1,805 | -561 | 31.1% | -497 | 27.5% | -79 | 4.4% | -170 | 9.4% | -155 | 8.6% | -145 | 8.1% | -185 | 10.2% | -13 | 0.7% |
| 1998年 | -2,298 | -640 | 27.9% | -569 | 24.8% | -227 | 9.9% | -286 | 12.4% | -167 | 7.2% | -159 | 6.9% | -88 | 3.8% | -163 | 7.1% |
| 1999年 | -3,288 | -734 | 22.3% | -687 | 20.9% | -241 | 7.3% | -452 | 13.8% | -321 | 9.8% | -228 | 6.9% | -218 | 6.6% | -407 | 12.4% |
| 2000年 | -4,361 | -816 | 18.7% | -838 | 19.2% | -268 | 6.1% | -587 | 13.5% | -511 | 11.9% | -246 | 5.6% | -480 | 11.0% | -607 | 13.9% |
| 2001年 | -4,119 | -690 | 16.8% | -831 | 20.2% | -212 | 5.2% | -646 | 15.7% | -528 | 12.8% | -300 | 7.3% | -397 | 9.6% | -513 | 12.5% |
| 2002年 | -4,683 | -700 | 14.9% | -1031 | 22.0% | -221 | 4.7% | -857 | 18.3% | -482 | 10.3% | -371 | 7.9% | -344 | 7.4% | -677 | 14.5% |
| 2003年 | -5,324 | -660 | 12.4% | -1241 | 23.3% | -212 | 4.0% | -979 | 18.4% | -517 | 9.7% | -406 | 7.6% | -511 | 9.6% | -798 | 15.0% |
| 2004年 | -6,509 | -756 | 11.6% | -1619 | 24.9% | -219 | 3.4% | -1093 | 16.8% | -665 | 10.2% | -451 | 6.9% | -718 | 11.0% | -988 | 15.2% |
| 2005年 | -7,675 | -825 | 10.8% | -2015 | 26.3% | -158 | 2.1% | -1223 | 15.9% | -785 | 10.2% | -497 | 6.5% | -929 | 12.1% | -1242 | 16.2% |
| 2006年 | -8,173 | -886 | 10.8% | -2326 | 28.5% | -118 | 1.4% | -1176 | 14.3% | -718 | 8.8% | -643 | 7.9% | -1053 | 12.9% | -1265 | 15.5% |
| 2007年 | -7,945 | -828 | 10.4% | -2562 | 32.2% | -39 | 0.5% | -1072 | 13.5% | -682 | 8.6% | -746 | 9.4% | -1274 | 16.0% | -742 | 9.3% |

(注) NICS:香港、台湾、シンガポール、韓国
(出所) 米国商務省

図表Ⅳ-39　米国の商品・輸出入（実質GDPベース）

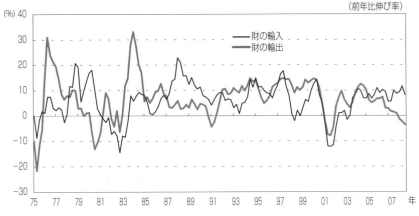

(出所)　Bloomberg

## （２）国際収支（International Transactions）

　財の輸出入、サービスの収支、移転取引、資本取引などを集計した四半期ベースの統計。原系列（季節調整していないもの）と季節調整済みの系列が発表されているが、通常は後者のベースで議論している。また、補注（メモランダム）で、財の貿易収支や経常収支が記載されている。

　（1）で述べたように、国際収支のベースの貿易収支と、センサス・ベースの貿易収支とは、概念が違うので注意する必要がある。また、GDP統計上の名目純輸出と国際収支統計の「財・サービス収支」の概念は、基本的にはほぼ等しいものの、四半期ベースで比較すると相当乖離が大きい。これは、政府の対外利払いや直接投資収益の調整などから生じている。

《日本の国際収支との相違点》
　次の点で、日本の国際収支とは違う。
①国際取引表だけが発表されており、日本のような国際収支表はない。
②日本でも季節調整済みの系列を発表しているが、原系列のほうが重視されており、この点では米国と逆である。
③米国では統計上の不突合がきわめて大きい。

Ⅳ 米国経済の見方

| 統計名と発表機関 | 国際収支。商務省経済分析局（BEA） |
|---|---|
| 発表周期と時期など | 四半期。当該四半期終了後、3ヵ月後15日前後に発表。毎年6月に過去数年にわたる改訂を実施。 |
| ポイント | 対外不均衡や資本の流れをみるのには、基本的な統計。ただし、発表時期は遅い。 |

図表Ⅳ-40　米国の国際取引表（抜粋）

（単位：10億ドル）

|  |  | 2006年 | 2007年 |
|---|---|---|---|
| 経済収支 |  |  |  |
| 1 | 財・サービスの輸出と投資収益の受取 | 2,142 | 2,464 |
| 2 | 財・サービスの輸出 | 1,457 | 1,646 |
| 3 | 財（国際収支ベース） | 1,023 | 1,148 |
| 4 | サービス | 434 | 497 |
| 12 | 投資収益の受け取り | 685 | 818 |
| 18 | 財・サービスの輸入と投資収益の受取 | -2,838 | -3,082 |
| 19 | 財・サービスの輸入 | -2,210 | -2,346 |
| 20 | 財（国際収支ベース） | -1,861 | -1,968 |
| 21 | サービス | -349 | -378 |
| 29 | 投資収益の受け取り | -628 | -736 |
| 35 | 移転収支（ネット） | -92 | -113 |
| 資本収支 |  |  |  |
| 39 | その他資本収支（ネット） | -4 | -2 |
|  | 投資収支 | 809 | 768 |
| 40 | 米国の対外資産の純増 | -1,252 | -1,290 |
| 55 | 外国の対米資産の純増 | 2,061 | 2,058 |
| 71 | 統計上の不突合 | -47 | -41 |
| 備考 |  |  |  |
| 72 | 財の収支 （3+20） | -838 | -819 |
| 73 | サービスの収支 （4+21） | 85 | 119 |
| 74 | 財とサービスの収支 （2+19） | -753 | -700 |
| 75 | 投資収益の収支 （12+29） | 57 | 82 |
| 76 | 移転収支（ネット）（35） | -92 | -113 |
| 77 | 経常収支 （1+18+35 または74+76+76） | -788 | -731 |

（注）実際の国際取引表は合計77項目で成り立っている。
（資料）米国商務省

# 3 米国の財政収支の見方

 かつて米国の財政赤字は、1980年代に貿易赤字とともに双子の赤字と呼ばれた。その後90年代の景気回復時を迎え、98年度には29年ぶりに黒字に転じたものの、21世紀に入り再び財政赤字へ転落しており、2008年度には過去最大の4548億ドルの赤字を計上した。ここでは、複雑で理解しにくいといわれる米国の財政制度のしくみや最近の財政政策の動きなどについて解説し、合わせて財政収支と金利や為替レートとの関係についても考えてみたい。

## ［1］米国財政に関する基礎知識

### （1）会計年度（Fiscal Year）
 米国の会計年度は、10月から翌年9月までとなっている。例えば2008会計年度は、2007年10月から2008年9月までの期間となる。

### （2）月次の財政収支
 財務省は、毎月10日前後に月次の財政収支報告を発表する。統計の性格上、季節調整はされていないが、個人の所得税納付が4月に、法人税も3、6、9、12月に大部分が集中するなどの季節要因がある。このため、月次の変動の分析をしてもあまり意味はなく、赤字額などの計数を年度の累積額ベースで前年同期比に直してみたほうがよいであろう。

### （3）予算制度の概要
①予算の性格
 米国の予算においては、歳出は経常予算権限（Current authority）による裁量的経費支出と、恒久予算権限（Permanent authority）による義務的経費支出に分けられる。前者は毎年、歳出予算法を制定することにより決められ、後者は社会保障年金など支出の権限を与えるよう法律でいったん定められれば、あとは自動的に支出が認められる点に違いがある。
 歳入については、歳入法が制定されるだけで議会の議決を必要としない。歳入の見積りは、行政管理予算局（OMB＝Office of Management and Budget）や議会

予算局（CBO＝Congressional Budget Office）などが作成するだけである。
②連邦予算の区分
　予算の区分の仕方には、連邦基金（Federal funds）と信託基金（Trust funds）という分け方がある。この2つを統合したものが統合予算（Unified Budget）で、一般的に財政収支と呼ばれている。連邦基金は、日本でいう一般政府予算にあたり、連邦政府の一般活動のための資金を扱う経理勘定である。信託基金は、社会保障などの特定の計画のための経理勘定であり、老齢者・遺族年金（OASI）や廃疾者年金（DI）などが該当する。

図表Ⅳ-41　連邦政府財政・歳入の内訳

| 項　目 | 金額（10億ドル） | 構成比（％） |
|---|---|---|
| 個人所得税 | 1,164 | 45.3% |
| 法人所得税 | 370 | 14.4% |
| 社会保障税および雇用者負担 | 870 | 33.9% |
| 物品税 | 65 | 2.5% |
| 相続・贈与税 | 26 | 1.0% |
| 関税 | 26 | 1.0% |
| その他 | 48 | 1.9% |
| 合　計 | 2,568 | 100.0% |

（注）2007年度実績ベース。
（資料）2009年度予算教書

図表Ⅳ-42　連邦政府財政・歳出の内訳

| 費　目 | 金額（10億ドル） | 構成比（％） |
|---|---|---|
| 裁量的支出 | 1,042 | 38.2% |
| 　国防関連費 | 594 | 21.8% |
| 　その他 | 448 | 16.4% |
| 義務的支出 | 1,688 | 61.8% |
| 　社会保障費 | 581 | 21.3% |
| 　医療保険費 | 371 | 13.6% |
| 　医療扶助費等 | 197 | 7.2% |
| 　その他 | 302 | 11.1% |
| 純利払費 | 237 | 8.7% |
| 合　計 | 2,730 | 100.0% |

（注）2007年度実績ベース。
（資料）2009年度予算教書

連邦予算の区分のもう1つの方法は、オンバジェット（予算内）とオフバジェット（予算外）という分け方である。一般政府予算がオンバジェットであり、信託基金の大半はオフバジェットである。1985年12月の財政収支均衡法（通称グラム・ラドマン・ホリングス法）により、従来はオフバジェットであった連邦融資銀行などの7つの連邦機関の歳出がオンバジェット化された。同時に、社会保障信託基金の収支はオフバジェット化された。これは、同法で規定していた一律歳出削減の対象から社会保障信託基金を外すための措置であった。

③予算過程（図表Ⅳ-44参照）
　第1段階は、OMBを中心に行われる大統領予算案の作成である。これは、当該会計年度の開始日を含む年の前年の春頃に着手され、経済諮問委員会（CEA）や財務省との共同作業を経て、翌年2月の大統領予算教書となり議会に提出される。
　予算教書の提出を受けて議会は、第2段階として前述の裁量的経費の予算権限を付与するための歳出予算法（13本）の審議を開始する。まず議会は、4月15日までに、歳出入総額や費目別の歳出額の目標額を設定する予算決議を採択する。その後、歳出予算法案は下院の歳出委員会で作成され、本会議での審議を経て、6月30日までに可決される。法案は同様の手続きを経て、上院に送付されることになっている。ただ最近では、上下両院で同時平行的に審議が進められ、両院が相矛盾した法案を可決した場合には両院協議会で調整され、本決定されるのが普通となっている。
　第3段階では、議会が歳入法案、歳出法案を大統領に送付する。大統領は内容に異議がなければ署名し、法律が成立する。大統領が拒否権を行使した場合でも、議会が3分の2以上の多数で再可決すれば法律は成立する。こうして10月1日の新会計年度には、歳出予算法が成立していることになる。ただし、議会では共和・民主両党の間で、あるいは各議員の間でさまざまな衝突や駆け引きがあるため、10月1日に間に合わないこともある。
　なお、歳出法によって予算権限が認められた全額が当該年度内に支出されるわけではない。図表Ⅳ-45のように、翌年度以降に将来の支出分として繰り越すこともできるし、過去に付与された予算権限のうちの未使用分を当該年度に支出することもできる。

## （4）連邦政府と地方政府の財政
　一般に米国の財政赤字というと連邦政府のそれを指すが、最近では州・地方政府の財政状態も議論の対象となることが多い。米国ではGDP統計で州・地方政府の支出状況をマクロ的にも捉えることができる。

Ⅳ　米国経済の見方

図表Ⅳ-43　米国財政収支の推移と見通し

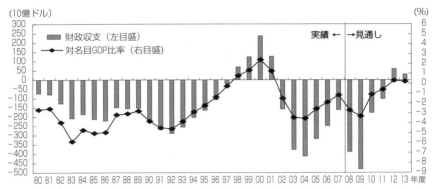

(注) 2007年度以前の数値の出所は Bloomberg。
　　 2007年度以降の見通しは2006年度予算教書の年央改定 (Mid·Session Review) (2008年7月)
　　 による。

図表Ⅳ-44　米国の予算過程

図表Ⅳ-45　2009年度の予算権限と予算支出の関係

(単位：10億ドル)

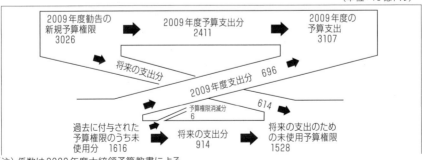

(注) 係数は2009年度大統領予算教書による。
(出所) 図表Ⅳ-44、45も『図説　日本の財政』東洋経済新報社

217

## ［2］予算教書の読み方

　米国大統領は毎年、2月の最初の月曜日までに議会にあてて予算教書を提出することになっている。この予算教書には、翌年度分の財政収支見通しだけでなく、向こう5年度分の財政収支見通しも付されている。これは、予算過程の項でも述べたが、OMBやCEA、財務省の協働作業の結果をベースに大統領が最終決定したものである。

　しかし、大統領の予算教書が、議会の予算案に直結しているわけではない。米国では大統領に法案の提出権を認めていないので、予算教書の位置づけは、大統領が適切と考える予算の枠組みや基本的な方向性を議会に示し、勧告するといった程度のものでしかない。とくに政権与党と議会与党が異なる場合には、議会と大統領との意見の対立は鮮明になりがちである。しかし、議会で通過した法案に対しては大統領が拒否権を行使することができるため、実際は予算教書の内容を歳出法案に反映させていることが多い。

　予算教書で注目されることは、大統領が要求する政策の内容とそれを裏付ける予算が全体としてどのようになっているかである。予算教書では、来年度以降5年間の財政内容が示されており（図表Ⅳ－46参照）、大統領が掲げる国防計画や医療改革、減税策などを実施した場合に、歳出、歳入、およびそれらの合計である財政収支が今度5年間でどのように推移すると想定しているかが明らかにされている。歳出に関しては、各省別に詳細が示されており、歳入に関しても財源ごとの詳細が示されている。

　また、予算教書には6年間の経済見通しが付されている。項目は、実質・名目GDP伸び率、GDPデフレーター、消費者物価上昇率、失業率、金利（3ヵ月TBと10年国債）である。この見通しは楽観的すぎると、よく批判されることがある。また、CBO（議会予算局）の見通しとも比較されるが、①経済成長率は歳入の伸びを大きくしたいがために高めである、②金利見通しも国債利払い額の伸びを抑えたいがために金利低下予想が多い、などのバイアスがかかる傾向があるのは事実である。そのため、この見通し自体を重視するのは意味がなく、財政収支計算のためのラフな前提程度と捉えたほうがよいであろう。

## ［3］米国財政の歴史

### （1）80年代の財政動向 ── レーガノミックスの功罪

　米国の財政赤字が政治・経済問題として顕在化してきたのは、1981年にレーガン

図表Ⅳ-46　予算教書における財政収支の見通しと経済・金利予測

(単位 10億ドル)

| 予算年度 | 2007年(実績) | 2008年 | 2009年 | 2010年 | 2011年 | 2012年 | 2013年 |
|---|---|---|---|---|---|---|---|
| 歳出 | 2730 | 2942 | 3133 | 3094 | 3187 | 3230 | 3411 |
| 　裁量的歳出 | 1042 | 1130 | 1226 | 1092 | 1062 | 1057 | 1064 |
| 　　国防関連費 | 594 | 654 | 738 | 636 | 620 | 624 | 632 |
| 　　その他 | 448 | 476 | 488 | 456 | 442 | 433 | 431 |
| 　義務的支出 | 1451 | 1580 | 1679 | 1742 | 1840 | 1879 | 2048 |
| 　　社会保障費 | 581 | 611 | 651 | 691 | 730 | 773 | 853 |
| 　　医療保険費 | 371 | 387 | 406 | 419 | 449 | 445 | 493 |
| 　　医療扶助費等 | 197 | 212 | 226 | 240 | 258 | 277 | 298 |
| 　　その他 | 302 | 370 | 396 | 392 | 404 | 383 | 403 |
| 　純利払い費 | 237 | 232 | 228 | 260 | 285 | 294 | 299 |
| 歳入 | 2568 | 2553 | 2651 | 2916 | 3084 | 3288 | 3439 |
| 財政収支 | -162 | -389 | -482 | -178 | -103 | 58 | 29 |

(単位；%)

| 暦年 | 2007年(実績) | 2008年 | 2009年 | 2010年 | 2011年 | 2012年 | 2013年 |
|---|---|---|---|---|---|---|---|
| 実質GDP | 2.2 | 1.6 | 2.2 | 3.4 | 3.4 | 3.1 | 2.9 |
| CPI | 2.9 | 3.8 | 2.3 | 2.2 | 2.3 | 2.3 | 2.3 |
| 失業率 | 4.6 | 5.3 | 5.6 | 5.3 | 5.0 | 4.8 | 4.8 |
| 3ヵ月TB | 4.4 | 1.9 | 2.8 | 3.9 | 4.1 | 4.1 | 4.1 |
| 10年国債 | 4.6 | 4.0 | 4.6 | 4.9 | 5.2 | 5.3 | 5.3 |

(出所)　2009年度予算教書年央改定

政権が誕生してからであった。レーガン大統領は経済再建計画を就任早々に発表。そのレーガノミックスと呼ばれた政策の内容は、①大幅な減税、②非軍事支出の削減、③政府の規制緩和（Deregulation）、④マネーサプライ管理によるインフレ抑制、の4本柱から成り立っていた。具体的に税制面では、81年8月に「経済再建租税法」（Economic Recovery Tax Act of 1981）を成立させ、減税により個人の勤労意欲を喚起するとともに、設備投資に対するインセンティブを与えて民間部門の活性化を図った。減税措置は、短期的には歳入の減少につながるとしても、長期的には経済成長や効率が高まることによって歳入の増加がもたらされ、財政赤字を縮小させることができると考えられていた。

　しかし、こうしたサプライサイド経済学的な考え方は、「強いアメリカ」を標榜し国防予算を増大させたレーガン政権下では、狙い通りの成果をあげられなかった。む

しろ家計の過剰消費体質を生み、期待通りの税収増加をもたらすことなく財政赤字が拡大してしまった。また、社会保障関連支出の削減が、医療コストの上昇や人口高齢化による給付対象者増加により計画通り進まなかったことも、財政赤字拡大の構造的な要因として残った。83年には財政赤字は2000億ドルを上回り、名目GDP比でも6％に迫った。

レーガン政権において財政赤字削減が大きな課題となるなか、85年12月に財政収支均衡法（Balanced Budget and Emergency Deficit Control Act of 1985。通称「グラム・ラドマン・ホリングス法」。以下、旧GRH法）が成立した。同法は91年までに財政赤字をゼロとすることを目標として掲げ、赤字が各年度の目標額を100億ドル以上、上回る場合には、歳出の強制的削減措置をとることを規定している点で画期的であった。

しかし、旧GRH法が適用開始となった86年度の赤字額が目標を500億ドルも超過したうえ、旧GRH法では歳出削減額の決定機関として会計検査院（GAO）が大統領への勧告権をもっていたが、この点が憲法の三権分立に反するとの最高裁の判断（会計検査院は、組織的には議会の監督下にあり、立法府の一部とみなされるので、歳出削減額を決定するという行政権限を担うのは三権分立の主旨に違反するとされた。86年7月判決）が示されるに及んで内容の見直しの機運が高まり、議会は87年9月に修正GRH法を成立させた。同法ではOMBが歳出削減額を決定する機関として位置づけられ旧法の不備を補正した。

しかし、いずれのGRH法も財政赤字削減の効果的な手段にはならなかった。その理由としては強制歳出削減の対象にならない経費項目が拡大したこと、削減措置は予算の審議段階で収支見通しが赤字目標額を超える場合だけ適用され、実際の赤字額が目標額を上回ってもペナルティがなかったことなどがあげられる。

### (2) 90年代の財政動向 ── 財政黒字化への道

GRH法の失敗を受けて、90年には財政赤字削減に向けた新たな動きが進展し、議会では90年11月に包括財政調整法（The Omnibus Budget Reconciliation Act of 1990、OBRA90と略）を制定、91～95年度で4919億ドルの赤字削減を企図した。この内訳は、歳入面では増税により1466億ドルの増収を見込む一方、歳出面では3453億ドルを削減する計画であった。とくに、OBRA第13章の予算執行法（Budget Enforcement Act of 1990、BEA90と略）では、裁量的支出については上限（CAP制）を定め、これを超えた場合には強制削減措置を実施、義務的支出と歳入については、義務的支出が増加する、あるいは歳入が減少する法案に対しては、他の法案で当該赤字増加分を相殺するように支出減ないしは収入増の措置を取

## 図表Ⅳ-47 米国連邦財政収支の推移

(単位:10億ドル)

|  | 歳入 | 前年比(%) | 歳出 | 前年比(%) | 財政収支 | 対名目GDP比率 |
|---|---|---|---|---|---|---|
| 1950年代 | 67.5 | 7.9 | 69.3 | 9.8 | -1.7 | -0.4 |
| 1960年代 | 124.2 | 9.1 | 129.9 | 7.3 | -5.5 | -0.8 |
| 1970年代 | 287.7 | 9.7 | 322.8 | 10.7 | -35.1 | -2.0 |
| 1980年代 | 725.9 | 8.0 | 882.4 | 8.6 | -156.5 | -3.9 |
| 1990年代 | 1352.4 | 6.3 | 1486.3 | 4.1 | -133.9 | -2.1 |
| 1960 | 92.5 | 16.7 | 92.2 | 0.1 | 0.3 | 0.1 |
| 1961 | 94.4 | 2.1 | 97.7 | 6.0 | -3.3 | -0.6 |
| 1962 | 99.7 | 5.6 | 106.8 | 9.3 | -7.1 | -1.2 |
| 1963 | 106.6 | 6.9 | 111.3 | 4.2 | -4.7 | -0.8 |
| 1964 | 112.6 | 5.6 | 118.5 | 6.5 | -5.9 | -0.9 |
| 1965 | 116.8 | 3.7 | 118.2 | -0.3 | -1.4 | -0.2 |
| 1966 | 130.8 | 12.0 | 134.5 | 13.8 | -3.7 | -0.5 |
| 1967 | 148.8 | 13.8 | 157.5 | 17.1 | -8.7 | -1.0 |
| 1968 | 153 | 2.8 | 178.1 | 13.1 | -25.1 | -2.8 |
| 1969 | 186.9 | 22.2 | 183.6 | 3.1 | 3.3 | 0.3 |
| 1970 | 192.8 | 3.2 | 195.6 | 6.5 | -2.8 | -0.3 |
| 1971 | 187.1 | -3.0 | 210.2 | 7.5 | -23.1 | -2.0 |
| 1972 | 207.3 | 10.8 | 230.7 | 9.8 | -23.4 | -1.9 |
| 1973 | 230.8 | 11.3 | 245.7 | 6.5 | -14.9 | -1.1 |
| 1974 | 263.2 | 14.0 | 269.4 | 9.6 | -6.2 | -0.4 |
| 1975 | 279.1 | 6.0 | 332.3 | 23.3 | -53.2 | -3.2 |
| 1976 | 298.1 | 6.8 | 371.8 | 11.9 | -73.7 | -4.0 |
| 1977 | 355.6 | 19.3 | 409.2 | 10.1 | -53.6 | -2.6 |
| 1978 | 399.6 | 12.4 | 458.7 | 12.1 | -59.1 | -2.6 |
| 1979 | 463.3 | 15.9 | 504 | 9.9 | -40.7 | -1.6 |
| 1980 | 517.1 | 11.6 | 590.9 | 17.2 | -73.8 | -2.6 |
| 1981 | 599.3 | 15.9 | 678.2 | 14.8 | -78.9 | -2.5 |
| 1982 | 617.8 | 3.1 | 745.8 | 10.0 | -128 | -3.9 |
| 1983 | 600.6 | -2.8 | 808.4 | 8.4 | -207.8 | -5.9 |
| 1984 | 666.5 | 11.0 | 851.9 | 5.4 | -185.4 | -4.7 |
| 1985 | 734.1 | 10.1 | 946.4 | 11.1 | -212.3 | -5.0 |
| 1986 | 769.2 | 4.8 | 990.5 | 4.7 | -221.3 | -5.0 |
| 1987 | 854.4 | 11.1 | 1,004.1 | 1.4 | -149.7 | -3.2 |
| 1988 | 909.3 | 6.4 | 1,064.5 | 6.0 | -155.2 | -3.0 |
| 1989 | 991.2 | 9.0 | 1,143.7 | 7.4 | -152.5 | -2.8 |
| 1990 | 1,032.0 | 4.1 | 1,253.2 | 9.6 | -221.2 | -3.8 |
| 1991 | 1,055.0 | 2.2 | 1,324.4 | 5.7 | -269.4 | -4.5 |
| 1992 | 1,091.3 | 3.4 | 1,381.7 | 4.3 | -290.4 | -4.6 |
| 1993 | 1,154.4 | 5.8 | 1,409.5 | 2.0 | -255.1 | -3.8 |
| 1994 | 1,258.6 | 9.0 | 1,461.9 | 3.7 | -203.3 | -2.9 |
| 1995 | 1,351.8 | 7.4 | 1,515.8 | 3.7 | -164.0 | -2.2 |
| 1996 | 1,453.1 | 7.5 | 1,560.6 | 3.0 | -107.5 | -1.4 |
| 1997 | 1,579.3 | 8.7 | 1,601.3 | 2.6 | -22.0 | -0.3 |
| 1998 | 1,721.8 | 9.0 | 1,652.6 | 3.2 | 69.2 | 0.8 |
| 1999 | 1,827.5 | 6.1 | 1,701.9 | 3.0 | 125.6 | 1.4 |
| 2000 | 2,025.2 | 10.8 | 1,788.1 | 5.1 | 237.1 | 2.4 |
| 2001 | 1,991.2 | -1.7 | 1,863.8 | 4.2 | 127.4 | 1.3 |
| 2002 | 1,853.2 | -6.9 | 2,011.0 | 7.9 | -157.8 | -1.5 |
| 2003 | 1,782.1 | -3.8 | 2,159.2 | 7.4 | -377.1 | -3.4 |
| 2004 | 1,879.8 | 5.5 | 2,292.6 | 6.2 | -412.8 | -3.5 |
| 2005 | 2,154.3 | 14.6 | 2,472.9 | 7.9 | -318.6 | -2.6 |
| 2006 | 2,406.5 | 11.7 | 2,654.4 | 7.3 | -247.9 | -1.9 |
| 2007 | 2,567.7 | 6.7 | 2,729.2 | 2.8 | -161.5 | -1.2 |

(注) 年代値は10年間の年間平均値。

(出所) Bloomberg

らなければならないという新ルール（pay-as-you-go、PAYGOと略）を設けた。OBRA90はこのBEA90を軸として、財政規律の徹底を図る画期的な内容となっていた。

しかし、BEA90の制定当初は、①米景気が後退局面入りし税収が伸び悩んだこと、②金融機関の倒産などにより預金保険関連支出が急増したこと、③医療保険関連支出など義務的支出の増加傾向に歯止めがかからなかったこと、などから財政赤字は悪化し、92年度には過去最悪の2900億ドル台に達した。

こうしたなか、93年1月に誕生したクリントン政権は、高所得者への所得税増税、歳出削減などを主内容とした財政赤字削減案を提案し、93年9月には93年包括財政調整法（OBRA93と略）が成立した。同法では、今後5年間での5000億ドルの財政赤字削減を目指すとともに、BEA90で導入されたCAP制とPAYGOルールを98年まで延長した。さらに97年には歴史的な97年財政収支均衡法（The Balanced Budget Act of 1997、BBA97と略）が制定され、引き続き財政再建が図られた。こうした財政再建に向けた努力と折からの戦後最長の景気拡大も効を奏し、ついに98年度、69年度以来約30年ぶりに財政の黒字化が達成された。

## （3） 21世紀の米国財政 ── 赤字再転落と今後の試練

クリントン政権が予想を上回るスピードで財政赤字解消をなしえたのは、政府が赤字削減への断固とした姿勢を堅持したこともさることながら、① 冷戦構造の終焉に伴う軍事国防費の削減、② 金利低下に伴う財務コストの低減、③ 株価上昇に伴うキャピタルゲイン税の増大、というファンダメンタル面からの恩恵によるところが大きく、米国経済は良好な経済環境に支えられて1998年以降も着実に財政黒字を続けた。

しかし、ITバブルに支えられた史上最長の好景気が2001年3月に終わり、景気減速感が漂いはじめると、再び財政赤字危惧が台頭しはじめた。01年1月に誕生したブッシュ政権は大統領選挙において公約した減税を推し進め、最終的には01年から向こう10年間で1.35兆ドルの減税法案（Economic Growth and Tax Relief Reconciliation Act、EGTRRAと略）を可決させる一方、9月11日の同時多発テロへの対応としての緊急歳出法案、その後の航空業界支援策、さらに02年3月には失業者対策を中心とした経済対策法案を相次いで発動し、緊急財政支出が急増した。その結果、1998～01年度まで続いた財政黒字は02年度には1578億ドルの赤字を計上するに至った。その後も03年にはイラク戦争勃発、04年には景気刺激のための大規模減税、05年には大型ハリケーン「カトリーナ」のメキシコ湾直撃など、財政支出がかさみ財政赤字は拡大を続けた。06～07年度にかけては堅調な経済を背

Ⅳ　米国経済の見方

図表Ⅳ-48　財政支出額の推移

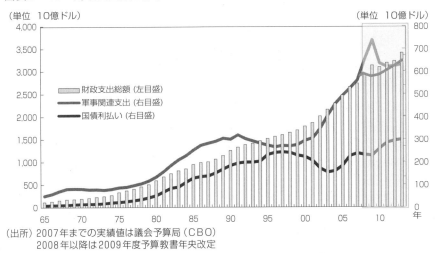

(出所) 2007年までの実績値は議会予算局（CBO）
2008年以降は2009年度予算教書年央改定

図表Ⅳ-49　個人所得税と株価指数

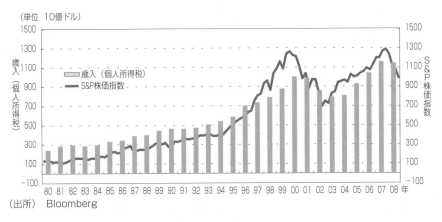

(出所) Bloomberg

景に一旦は赤字が縮小傾向となったものの、08年度にはサブプライム問題や一連の金融危機を受けて景気が大幅に減速し、景気対策のための戻し減税、金融機関への公的資金の注入、失業者への給付金負担増、金融安定化法案の可決などから米財政は一気に悪化、2008年度の財政赤字は過去最大の4548億ドルを記録した。さらに09年度には米経済の更なる悪化、金融機関以外への公的資金の注入、第二次景気対策なども予想されていることから、財政改善の兆しはみえず、オバマ新政権に

223

とっては、大きな試練が待ち構えている。

## [4] 財政赤字と金利の関係

　財政赤字の増加が長期金利に与える影響としては、①国債の発行量の増加に伴う国債市場での需給悪化からの金利上昇、②政府の財政プレミアム（債務不履行リスク）拡大に伴う金利上昇、③紙幣流通量増加に伴うインフレ期待の上昇からの金利上昇、などが考えられる（逆に、財政赤字が減少する場合は、理論的には金利低下圧力がかかる）。ただし、財政赤字拡大の背景次第で影響は変わってくるため、一概にはいえない部分も多い。

　図表Ⅳ-50は長期金利と財政収支の関係をみたものである。両者の間には、過去にはある程度の相関関係があったが、近年はその相関が崩れてきている。21世紀以降に財政赤字が拡大したにもかかわらず、長期金利が低下基調で推移している背景としては、①世界的な過剰流動性に伴う資産需要（国債も含む）の高まり、②80年代に比べて米国の成長率およびインフレ率が大きく低下していること、などが考えられる。

　米国の財政収支の動向は、国内金利のみならず、それらを通じて世界的な資金フローにも影響を与えると考えられるので、マーケット・ウォッチャーには引き続き重要なテーマである。

## [5] 財政赤字と為替の関係

　財政赤字の増加が為替相場に与える影響としては、①紙幣流通量増加に伴う自国通貨安、②政府の財政プレミアム拡大懸念からの自国通貨安、③金利上昇に伴う外国からの資金流入による自国通貨高、などが考えられる。ただし、こちらも金利への影響と同様、財政赤字拡大の背景次第で影響は変わってくるため、一概にはいえない部分も多い。

　図表Ⅳ-51はドルと財政収支の関係をみたものである。長期的にみると両者の間の相関は高い。最近では米国の双子の赤字（経常赤字と財政赤字）拡大懸念から、ドル安が進んだ局面もあり、米国の場合はこれまでのところ、財政赤字拡大→ドル安の流れが強かったといえる。

Ⅳ 米国経済の見方

### 図表Ⅳ-50 米国の財政収支と実質長期金利

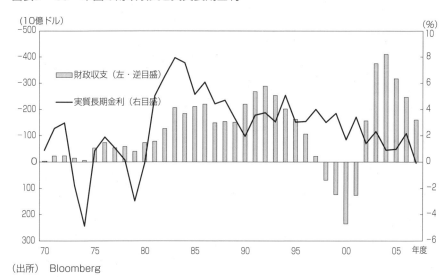

(出所) Bloomberg

### 図表Ⅳ-51 米国の財政収支と実効ドル相場

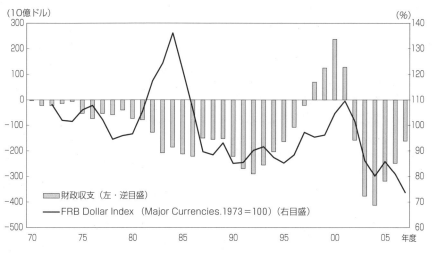

(出所) Bloomberg (注) FRB Dollar Index は367頁参照。

# 4 米国の経済政策動向

## (1) 大統領の経済学

戦後の政権別の経済パフォーマンスをみたのが図表Ⅳ-52である。これはハーバード大学のバロー教授が作成したものであるが、従来のミザリー・インデックス（窮乏化指数。インフレ率と失業率を加えたもの）を拡大して、金利や経済成長率も加味していて面白い。2つの指数で、ともにトップの成績を誇るのがレーガンの1期目。逆に、最下位に近いのはフォードとカーターであるが、この時期は第1次石油危機後のインフレ悪化が原因である。

大統領が就任すると新しい考え方で経済や外交・内政関係に手をつけようとするが、議会も最初の3ヵ月ほどは大統領の主導権を尊重するのが通例である。これが大統領と議会のハネムーンと呼ばれる期間である。世界恐慌に直面していたフランクリン・ルーズベルト大統領は、「最初の100日間 (the first hundred days)」でニューディール政策の基盤をなす主要法案を矢継ぎ早に制定させた。

レーガン大統領は、サプライサイド経済学とマネタリズムを融合させて、レーガノミックスと呼ばれるほどの、経済政策の根本を変える試みをした。これに対して、ケインズ経済学を政策の主柱にしたのは、1960年代のケネディとジョンソン民主党政権であったが、これは当時ニューエコノミックスと呼ばれた。

## (2) 経済政策における政党間の差異

一般的に民主党は積極財政、保護貿易主義、大きな政府（市場への介入に寛容）、福祉優先の政策イメージがある。これに対して、共和党は、均衡財政、自由貿易主義、小さな政府（市場原理を尊重し政府の介入や規制を排除する）指向が強いとされる。

しかし最近は、こうした色わけが薄れてきているのも事実であり、とくに民主党は従来のリベラル色を意識的に変えようとしている。リベラルとは、マイノリティ（黒人やユダヤ人など）や労働組合の支持をバックにしているとのイメージを指しているが、クリントン大統領が選挙戦の際に、リベラルではないと強調したのは有名な話である。

## (3) 注目されるシンクタンクの存在

新しい政権が誕生すると経済政策を担当するブレーンを引き連れてホワイトハウス入りするのが一般的である。この際、注目されるのが、ブレーンとなるような人材を擁しているシンクタンクである。このため、大統領個人の考え方よりも、ブレーンの人たちの考え方のほうが重要になることが多い。官僚組織がしっかりしている日本と大きく違う点であろう。有名なシンクタンクとしては、民主党系とされるブルッキングス研究所がある。現にクリントン政権誕生の際には、同研究所にいたエコノミストが主要な経済ポストを占めた。保守系では、アメリカン・エンタプライズ研究所（AEI）、ヘリテージ財団、国際経済に強い国際経済研究所（IIE）などが有名である。

図表Ⅳ-52 戦後における政権別の経済パフォーマンス

| 政権名 | | | 期間 | インフレ① | 失業率② | 金利③ | 経済成長④ | ミザリー・インデックス⑤ | 順位⑥ | 拡大ミザリー・インデックス⑦ | 順位⑧ |
|---|---|---|---|---|---|---|---|---|---|---|---|
| トルーマン | Ⅱ期 | 民主党 | 49-52 | -5.2 | 0.6 | 0.3 | -1.9 | -4.5 | 2 | -6.1 | 2 |
| アイゼンハワー | Ⅰ期 | 共和党 | 53-56 | -1.7 | 1.2 | 0.6 | -0.2 | -0.5 | 6 | -0.1 | 8 |
| 〃 | Ⅱ期 | | 57-60 | 0.6 | 1.4 | 0.5 | 0.4 | 2.0 | 13 | 2.9 | 13 |
| ケネディ・ジョンソン | | 民主党 | 61-64 | -0.3 | 0.2 | 0.3 | -1.7 | 0.0 | 8 | -1.4 | 6 |
| ジョンソン | Ⅱ期 | | 65-68 | 1.6 | -1.2 | 2.0 | -2.1 | 0.4 | 9 | 0.3 | 11 |
| ニクソン | Ⅰ期 | 共和党 | 69-72 | 0.5 | 1.4 | 0.3 | 0.0 | 1.9 | 12 | 2.2 | 12 |
| ニクソン・フォード | | | 73-76 | 4.8 | 1.1 | 0.4 | 0.4 | 5.8 | 15 | 6.6 | 14 |
| カーター | | 民主党 | 77-80 | 4.0 | -1.2 | 5.6 | -0.3 | 2.8 | 14 | 8.1 | 15 |
| レーガン | Ⅰ期 | 共和党 | 81-84 | -7.6 | 1.4 | -0.9 | -0.1 | -6.1 | 1 | -7.1 | 1 |
| 〃 | Ⅱ期 | | 85-88 | -1.0 | -1.0 | -2.4 | -0.8 | -2.1 | 3 | -5.2 | 3 |
| ブッシュ | | | 89-92 | 0.3 | 0.8 | -2.5 | 0.9 | 1.1 | 11 | -0.4 | 7 |
| クリントン | Ⅰ期 | 民主党 | 93-96 | -0.2 | -1.5 | -0.3 | -0.2 | -1.7 | 4 | -2.2 | 5 |
| クリントン | Ⅱ期 | | 97-00 | -0.6 | -1.0 | -1.3 | -1.2 | -1.6 | 5 | -4.1 | 4 |
| ブッシュ | Ⅰ期 | 共和党 | 01-04 | -1.0 | 1.5 | -0.9 | 0.7 | 0.5 | 10 | 0.3 | 10 |
| ブッシュ | Ⅱ期 | | 05- | 0.5 | -0.8 | -0.2 | 0.4 | -0.3 | 7 | -0.1 | 9 |

(注) ① CPIの4年間平均-前政権最終年のCPI上昇率
② 失業率の4年間平均-前政権最終年の失業率
③ 長期国債利回り（期末-期初）
④ 3%-4年間平均の実質経済成長率
⑤ ①+②
⑥ ミザリー・インデックスによるランク（1が最良）
⑦ ⑤+③+④
⑧ 拡大ミザリー・インデックスによるランク（1が最良）

(出所) Asian Wall Street Journal 1992.10.5 Robert J.Barroの論文に加筆修正。

# 5　経済予測や情報収集のコツ

## (1) 景気予測に関する情報

　米国の景気予測や月次の経済指標の予測値に関する情報を入手することは比較的容易である。日本経済新聞社も定期的に内外のエコノミストや銀行などの景気や金利見通しを掲載している。さらに詳しく知りたい向きは、Wall Street Journalなども有用である。

　公式の経済見通しとしては、図表Ⅳ-53にあるように、政府、議会予算局（CBO）、連邦準備制度（フェッド）、IMF、OECDが利用可能である。このうち、フェッドの見通しは、議会への報告書（Monetary Policy Report to the Congress）に記載されるものである。政府の予測は、財政の項で説明したように、財政見通しの前提条件として作成していることもあり、楽観的なバイアスがかかりやすい点に注意すべきである。CBOの見通しは、より中立的との評価が一般的である。

　民間の予測期間の見通しを集計し発表しているのがブルーチップ予測である。毎月ニューズレターとして配布しているが、有料である。予測のコンセンサスがどのあたりにあるのかを知るにはよい材料である。集計されている項目を列挙すると、実質、名目のGDP、GDPデフレーター、CPI、鉱工業生産、可処分所得、個人消費支出、設備投資額、税引き前利益などである。

　アンケート方式で著名エコノミストの景気・金利見通しを紹介しているものには、Wall Street Journal紙（6、12月末）やBusiness Week誌のほか、Bloombergなどの通信社がある。

## (2) 経済統計、指標

　米国の経済統計や指標について、比較的入手しやすいものを選んで紹介する。
① 「景気指標」日本経済新聞、月曜版に掲載。最新のデータが掲載されており、最も手軽で便利である。
② 「統計月報」東洋経済新報社。月刊で、巻末に海外関係の指標が掲載されている。
③ 「Economic Trends」Business Week誌。米国の経済週刊誌であるが、同誌独自作成の生産・景気指数もある。「Business Outlook」も景気動向を知るにはよいコラムである。

以下には、やや専門的になるが利用価値の高いものを列挙した。
④「Survey of Current Business」月報、米国商務省経済分析局（BEA）編。
　本格的に米国経済を調査・分析しようとする向きには必読の統計。
⑤「Federal Reserve Bulletin」月報、FRB編。
　フェッド・ウォッチャーには欠かせない月報。金融関連の統計や論文、議会証言の内容や規制の変更などを掲載。
　この他、インターネットを利用すれば各種統計を容易に入手することができる。

## 公表機関ホームページアドレス

| | |
|---|---|
| ホワイトハウス経済統計コーナー | http://www.whitehouse.gov/fsbr/esbr.html |
| 商務省経済分析局（BEA） | http://www.bea.gov/ |
| 商務省センサス局 | http://www.census.gov/ |
| 労働省労働統計局（BLS） | http://www.bls.gov/ |
| FRB | http://www.federalreserve.gov/ |

図表Ⅳ-53　米国経済の見通し

(%)

| | 実績 | 政府 (2008年6月時点) | | 議会予算局（CBO） (2008年9月時点) | | 連邦準備制度 (2008年10月時点) | | IMF (2008年10月時点) | | OECD (2008年11月時点) | |
|---|---|---|---|---|---|---|---|---|---|---|---|
| | 2007年 | 2008年 | 2009年 | 2008年 | 2009年 | 2008年 | 2009年 | 2008年 | 2009年 | 2008年 | 2009年 |
| 実質GDP | 2.2 | 1.6 | 2.2 | 1.5 | 1.1 | 0.0-0.3 | -0.2-1.1 | 1.6 | 0.1 | 1.4 | -0.9 |
| GDPデフレーター | 2.7 | - | - | 2.3 | 2.6 | (2.3-2.5) | (1.5-2.0) | 2.2 | 1.6 | 3.6 | 1.2 |
| CPI | 2.9 | 3.8 | 2.3 | 4.7 | 3.1 | - | - | - | - | - | - |
| 失業率 | 4.6 | 5.3 | 5.6 | 5.4 | 6.2 | 6.3-6.5 | 7.1-7.6 | 5.6 | 6.9 | 5.7 | 7.3 |
| 経常収支GDP比率 | -5.3 | - | - | - | - | - | - | -4.6 | -3.3 | -4.9 | -3.9 |

（注）連邦準備制度のインフレ指標は、GDP個人消費支出デフレーター（除くエネルギーおよび食品）。
（出所）各機関公表資料

# 第Ⅴ章
# 米国金利・金融政策の見方

# 1 米国の金融政策

## [1] フェッド(連邦準備制度)の組織 ── その1

　米国で、日本の日銀に相当するのが連邦準備制度(Federal Reserve System)、略してフェッド(Fed)。連邦準備銀行ではなく連邦準備制度であるのは、これが複数の組織体から成り立っているからである。現在の組織が創設されたのは1913年。先進諸国の中央銀行としては最も新しい部類に入る。誕生がこれだけ遅かったのは、米国が建国以来、分権主義を標榜し、中央集権的な組織に対して抵抗感があったためである。現在も、その組織には地方分権主義の名残りが見られる。

　連邦準備制度理事会(Board of Governors of the Federal Reserve System)は、金融政策の基本方針決定に中心的役割を果たす組織で、ワシントンにある。これをフェッドと呼称することもある。日本では一般にFRBと呼ばれる。

　構成メンバーの理事(Governor)は、議長(Chairman)と副議長(Vice Chairman)を含めて7名。大統領が任命し、上院の承認を得て正式に就任する。任期は14年。議長・副議長についても、理事選任と同様の手続きを踏む。任期はいずれも4年。政治の関与を極力避ける工夫が施され、理事の任期は2年おきに1名が交替するよう設定されている。大統領の任期は最長8年なので、各理事が辞任しない限り、ひとりの大統領が指名できる理事は4名までである。また、議長と副議長の任期も大統領の任期と一致していない(図表V－1参照)。

　理事会の主たる任務は、①公開市場操作の基本方針決定に参加すること、②公定歩合変更(234頁の《公定歩合について》参照)を決定すること、③預金準備率を設定すること、などである。米国の金融政策形成において最も重要な組織であり、それだけに議長をはじめとした各理事の発言は注目されることが多い。

　理事会の監督下、全米12の地区ごとに連邦準備銀行(Federal Reserve Bank)が置かれている。これらの地区連銀は、形式的には独立した株式会社であり、独自の取締役会を有する。取締役は9名で、Aクラス3名は加盟民間銀行から選出され、Bクラス3名は加盟民間銀行が銀行業以外の各分野から選出、Cクラス3名は理事会が任命する。取締役会は総裁(President)を任命、これを理事会が承認する。中央権力としての理事会の影響力が強いとはいえ、地区連銀の構成にはアメリカの地方分権主義の流れが色濃く残っている。

## V 米国金利・金融政策の見方

　現在でも公定歩合の変更は、各地区連銀が個別に理事会に申請する形をとっており、新しい公定歩合の適用が地区によって1日程度異なることもある。フェッドに加盟する民間銀行は、直接的には地区連銀に加盟しているのであり、その地区連銀に出資し、権利義務を負い、その監督に服する。地区連銀総裁は、後述のように理事と並んで公開市場操作の基本方針決定に参加する。なお、例えばニューヨーク連銀のことをニューヨーク・フェッドというように呼ぶこともある。

図表V－1　FRBメンバーの任期と大統領の任期

（2008年10月現在）

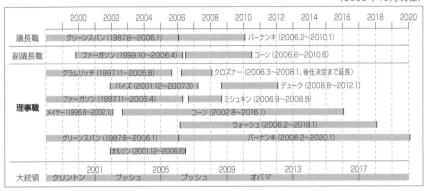

図表V－2　理事会・地区連銀の所在地と管轄

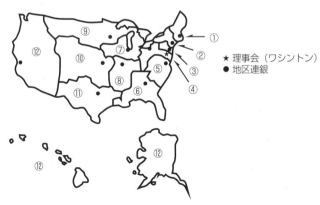

①ボストン　②ニューヨーク　③フィラデルフィア　④クリーブランド　⑤リッチモンド　⑥アトランタ
⑦シカゴ　⑧セントルイス　⑨ミネアポリス　⑩カンザスシティ　⑪ダラス　⑫サンフランシスコ

## ［2］フェッド（連邦準備制度）の組織 ── その2

　民間の銀行は、連邦準備制度への加盟いかんにかかわらず、所轄地区連銀に準備預金を積み立てる義務と、そこから借入を受ける特権を有する。したがって、すべての民間銀行は実質的に地区連銀の管轄下、つまり連邦準備制度の枠内にある。加盟銀行は、前述のように地区連銀に出資するとともに、取締役の3分の2を選出する。その一方で、地区連銀の検査・監督を受けることになる。

　公開市場委員会（Federal Open Market Committee）、略してFOMCは日銀の政策委員会に相当する最高意思決定機関である。年8回、約6週間ごとの原則火曜日（1月、4月、6月、10月各月末開催の4回は水曜日を含めた2日間）に、ワシントンの理事会会議室で開催される（ただし、緊急時には電話会議が行われる）。金融調節の代表的手段である公開市場操作の基本方針は、ここで決定される。メンバーは、理事会から理事全員（7名）、地区連銀から総裁5名（1名はニューヨーク連銀総裁が常任、4名はその他11地区の連銀総裁が1年交替の輪番で務める）の計12名。メンバーにあたっていない地区連銀総裁7名は、議決権のないオブザーバーとして出席。議長は理事会議長、副議長はニューヨーク連銀総裁が務める。議決は単純多数決で、決定された公開市場操作の基本方針は、実際の執行機関であるニューヨーク連銀に向けて指令される。なお、為替市場での介入も同様の手続きをとる。

　FOMCの議事録には、賛成者と反対者の名前が明示される。反対意見については、理由が記載される。一般に理事にはフェッド内部の出身者が少ないのに対し、地区連銀総裁にはフェッド生え抜き、またはフェッドでキャリアを積んだ者が多い。このため、概して理事には景気を重視する者が多く、地区連銀総裁には強硬なインフレ・ファイターが多い。金融引き締めを主張して多数意見に反対する意見が出るとすれば、それは往々にして地区連銀総裁のなかからである。とくに議会は、つねに景気刺激を望んでいるので、FOMCの議決に不満を示すことがままある。その際、槍玉にあがるのが地区連銀総裁である。国の行政機関として金融政策の意思決定を行うFOMCに、民主的選出過程を経ていない地区連銀総裁が参画することには疑義があると批判する議員もいる。確かにこの主張にも一理あるが、理事選任が大統領の任命という政治色を帯びた人事であるのに対し、総裁は地方金融・経済界の代表として選出される。したがって、むしろ政治的に中立かつ中央銀行の一員としての職務に忠実なテクノクラートが多いのである。

《公定歩合について》

　公定歩合（Discount Rate）とは、連銀が金融機関に資金を貸し出す際の金利であ

るが、かつては短期金利の指標であるFFレートよりも低く設定されていた。銀行は公定歩合で資金を借り、市場でFFレートで運用すれば利益が出ることになるため、借りる際の手続きが煩雑であった。また、金融機関も予期せぬ資金需要などで想定以上の資金が必要になったときでも、連銀貸出に頼るという汚名を嫌って、インターバンク市場で無理して資金を調達するため、FFレートが一時的に跳ね上がるケースがみられた。こういった問題を解決するため、FRBは2002年10月に連銀窓口貸出制度を改革し、公定歩合をFFレートよりも高い水準に変更し、03年1月より適用することを決定した。こうすることで、利ざや稼ぎの運用を困難にすれば、審査を簡素化でき、想定外の資金調達が必要になった金融機関も比較的容易に連銀からの借入を利用できるようになり、不意のFFレートの跳ね上がりを回避できる。また、経営状況が健全な金融機関に対しては、FFレートよりも1％高い水準で連銀貸出金利を設定し、本金利のことを「プライマリークレジットレート」と命名した。経営状況が劣る金融機関にはFFレートに1.5％上乗せする「セカンダリークレジットレート」を適用する。新制度実施後、金利を変更する場合は、これまでの公定歩合と同様、連邦準備制度を構成する12の地区連銀が個別にFRBに申請し、FRBが最終決定する。なお、2008年の金融危機（詳細は250ページ《サブプライム問題と金融危機》を参照）を受けてFRBは潤沢な流動性を供給するために、プライマリークレジットレートをFFレート＋0.25％に設定している（2009年1月現在）。

図表V-3　フェッドの組織と金融政策の形成過程

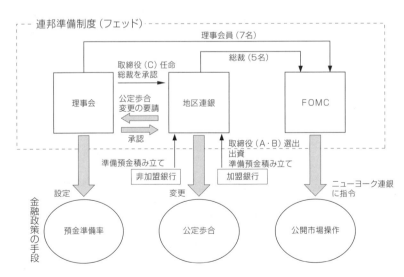

## [3] 米国の金融政策を読み解く材料

### (1) FOMC 声明文
　FOMC開催日に即日公表される。内容は非常に簡潔で、全体で5～6段落程度、各段落とも数行にまとまっている。通常は、①今後の政策金利を何%に決定したか（不変の場合も）、②経済状況の認識、③物価状況の認識、④成長と物価のリスクバランス、⑤今回の①の決定に対しての賛成者の名前と反対者の名前および主張、⑥公定歩合の変更情報（あれば）、というような流れになっている。
　みるべきポイントとしては、前回声明文と比較し、その6週間でFOMCの認識がどのように変化したかということを把握することが重要である。

### (2) FOMC 議事録
　FOMCの議事録（minutes）は、金融当局内部の議論と公式見解が明らかになるという意味で、きわめて貴重な資料である。米国金利の先行きを予測するため、これを熟読するという市場参加者は多い。以前は、次回のFOMCが開催される週の金曜になって初めて前回の議事録が公開されていた（約6週間後）が、2004年12月開催分のFOMC議事録以降は、FOMCの3週間後に公開されるようになったため、注目度も上がった。そこで以下、議事録の構成と読み方を簡単に紹介する。

①経済情勢
　委員会開催に先立って、メンバーに手渡されたベージュブック（各地区連銀が作成した地方経済分析をまとめたもの。FOMCの2週間前に一般に公開される）に基づき、前回のFOMC以降の全米経済情勢が、雇用・生産・販売・出荷・在庫・貿易・物価の順に述べられる。
②金融政策の回顧
　前回採択された金融政策の基本方針を振り返った後、実際にどのような政策が実行に移されたか、それを受けて金融市場や為替市場がどのように反応したか、さらにマネーサプライはどんな推移を辿ったか、などが報告される。
③経済予測
　事前に配布されたグリーンブック（理事会調査統計局が作成した経済予測資料）の内容が紹介される。これがメンバーの議論の基礎となる。
④メンバーの議論
　以上を踏まえて、メンバーの活発な議論が展開される。分量的には、この部分が全体の半分以上を占めており、内容的にも興味深い点が多い。まず、景気見通しに

ついての議論の過程が明らかになる。少数意見の内容も匿名で明記される。次に、金融政策の変更の是非について議論がなされる。最後に結論として、金融緩和または引き締め、もしくは現状維持が政策として採用されたことが述べられる。また、当面の政策変更の方向性（バイアス）についても結論が出される。

⑤ニューヨーク連銀向け国内政策指令（domestic policy directive）
　上記の結論に基づく金融政策の基本方針が、公開市場操作の執行機関であるニューヨーク連銀に向けて発せられる。

⑥経済予測サマリー（Summary of Economic Projection）
　2007年10月開催のFOMCから四半期に一度、FOMC参加者による今後の成長率、失業率、インフレ率の見通し（3年間）が『Summary of Economic Projection』として議事録に添付されることとなった。このような経済見通しは従来2月と7月の議長の議会証言で発表されていたが、これに加えて4月末と10月末のFOMC議事録でも発表されるようになったものである。

公表機関ホームページアドレス
FOMC　http://www.federalreserve.gov/fomc

## （3）Monetary Policy Report to the Congress

　理事会とFOMCは年2回、2月と7月の20日までに上院・下院それぞれに対し、向こう1年間の経済見通しと金融政策の基本方針を報告している。毎年2月（または1月末）と7月（または6月末）のFOMCが2日間にわたって行われるのは、この報告書作成のためである。

　議会に、この報告書を提出する際、理事会議長（＝FOMC議長）は議会証言を行う。内容は文書化され、一般に公表される。また、議長は議員からの質問に対し答弁し、閉会後は記者の質問に答える。これらの発言内容は、マスコミによって詳細に報道される。FOMCと異なって、タイムラグを置くことなくフェッドの基本的姿勢をうかがい知ることができるため、議会証言に対する市場の関心はきわめて高い。

## （4）その他議会証言・要人発言

　理事や地区連銀総裁は、記者会見や講演などの場でさまざまな発言を行う。地区連銀総裁の場合、現在FOMCのメンバーであるかどうかにより発言の重みが変わる。ボルカー議長やグリーンスパン議長の時代はその権限やカリスマ性が絶大であったため、議長の発言の重みが他を圧倒したが、バーナンキ時代に入って合議制の色彩が強くなり、他の理事・総裁のコメントも相対的に重視されるようになった。

ただし、注意を要するのは、各理事・総裁の個人的な経歴・性格に基づく傾向である。例えば、かつてレーガン大統領によってボルカー体制のなかに送り込まれた理事は、概して金融緩和を主張する傾向があった。また、一般に地区連銀の総裁は、フェッド内部でのキャリアを積んでいるため、インフレ抑制を強調するきらいがある。

フェッドは、政府や議会からたびたび政治的圧力を受けるが、中央銀行としての独立性は比較的高いと考えられている。したがって、フェッド部外者の金融政策に関する発言は、あまり重大に受けとるべきではない。

## [4] 公開市場操作の見方

金融政策の3つの手段（公開市場操作・公定歩合変更・準備率変更）のなかで最も機動的なのが公開市場操作（オペ）。かつてフェッドはFFレートの誘導目標の変更を行ってもその事実を直ちに公表しなかったため、オペ動向は政策意図を探るうえで重要な手がかりであった。しかし1994年2月4日のFFレートの高め誘導（引き締め）以降、政策変更があった場合、即日FOMCの声明が発表されることとなった。このためオペに対する注目度は従来に比して低下している。それでも日々のオペの動向はフェッドの微妙な政策意図を表すものとして注視すべきであろう。

オペは、ニューヨーク連銀が債券を市場で買う（買いオペ）か、または市場で売る（売りオペ）形で行われる。前者は債券購入の対価としての資金を市場に供給することで金融緩和効果をもたらし、後者は逆に、債券売却の対価としての資金を市場から吸い上げることで金融引き締め効果をもたらす。

種類については、図表V—4参照。

オペが行われた場合の注目点は——

①FFレートがどの水準のときに行われたか。

FFレート（フェッドファンドレード）は、日本のコールレートに相当するオーバーナイト中心の短期金利である。オペは国債、エージェンシー（Agency、政府機関）債、モーゲージ債（Morgage Backed Security、住宅ローン担保債券）を対象に行われるが、その効果は最終的に短期金利市場の需給に反映される。フェッドは間接的にFFレートを調節するために、オペを行うことが多い。とくに金利政策を変更、または微調整（ファイン・チューニング）する場合、明らかにFFレートの水準を誘導するためにオペを行う。したがって、オペが行われた時点のFFレートの水準は重要な意味をもつ。通常、FFレートは上下0.25％程度のレンジで推移するので、例えば、その下限で推移しているときに買いオペが実施されたとすれば、金利低め誘導（＝緩和）の可能性がある。

②どんな種類のオペであったか。

買いオペ、売りオペともそれぞれ大きく分けて2種類の方法があり、1つはレポ（買戻条件付き売買・売戻条件付き売買）、もう1つはアウトライト（買い切り・売り切り）である。以前はレポについて、フェッドが自己勘定で行う（システムレポ）のか、海外の中央銀行などの顧客勘定で行う（カスタマーレポ）のかを使い分けていたが、1997年に自己勘定に統一された。アウトライトについては、主に季節的資金需給の一時的調整に使われ、政策意図を表すことは少ないとされている。

③特殊要因はなかったか。

次に解説するリザーブデータなどに特殊な一過性の要因が現れている場合、オペはその影響を相殺する目的で行われる。つまり、現状維持のためのオペに過ぎないわけであり、これを政策変更の兆候と混同してはならない。

図表V-4　公開市場操作（オペ）の種類

|  |  | 買いオペ | 売りオペ |
|---|---|---|---|
| レポ（現先）| 自己勘定 | <レポ><br>資金供給<br>政策意図を示す可能性 | <リバースレポ（マッチドセールス）><br>資金吸収<br>政策意図を示す可能性 |
| アウトライト（買切り・売切り）| 自己勘定 | <ビルパス><br>TB対象<br><クーポンパス><br>Tノート<br>Tボンド対象 | <アウトライトセール><br>季節要因に対応 |

図表V-5　政策変更とオペの実例（2000年5月16日）

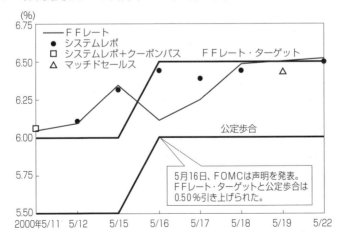

## ［5］支払準備制度と連銀借入

　あらゆる銀行は、連邦準備制度に加盟しているか否かにかかわらず、預金平残の一定量を支払準備（リザーブ）として所轄の地区連銀に積み上げる義務を負う。金融政策はこの支払準備制度を前提として機能している。つまり、金融政策の3つの手段のうち、準備率の変更はリザーブの直接的な量的調節であり、公定歩合変更はリザーブの不足をフェッドからの借入（連銀借入）によって埋める際のコストの変更であり、公開市場操作（オペ）はリザーブを市場から調達する際のコストの調整である。

　リザーブの積み立ては遅行積み立て方式（LRR）による。これは、隔週月曜に終わる2週間の預金平残を対象に、一定の料率（準備率）のリザーブをその翌々週の水曜に終わる2週間の平残として積み立てるものである。預金平残確定から積みの締めまで16日間あることになる。銀行は低利息のリザーブ（地区連銀への預け金、または手持ち現金）を最小限度に抑えるため、銀行間市場であるフェッドファンド市場（日本のコール市場に相当。その金利がFFレート）を利用して過不足を調整する。1998年7月までは同じ週の水曜を締めとする同時積み立て方式（CRR）が採用されていたため、預金平残確定から積み立ての締めまで2日間の猶予しかなく、締め切り直前にフェッドファンド市場の需給が逼迫し、FFレートが乱高下することが多かった。その点、現在は積み立て締めの前後でも市場は比較的落ち着いている。

　銀行はフェッドファンド市場で短期的な資金の過不足を調整するが、需給が逼迫して金利が上昇するなどの理由で調達が困難となった場合、連銀からの借入に追い込まれる。つまり市場の需給が締まれば連銀借入が増え、逆に市場の需給が緩和すれば連銀借入が減る。フェッドがオペにより市場の需給を調整すれば、その結果として連銀借入は増減する。連銀借入の水準は市場需給の反映といえる。

　連銀借入に適用される利率が公定歩合である。経済的な判断からすれば、銀行は公定歩合がFFレートより低ければ連銀借入に走るはずである。しかし、実際はフェッドからの借入を受ければその理由を問われ、速やかに（原則1週間以内に）返済することを求められる。つまり、連銀借入は権利というより緊急避難的な特権である。一般に銀行、とくに大手行は、当局の介入を嫌うので、極力連銀借入を避けようとする。それだけに、もしこれが増えるとすれば市場需給はよほど逼迫しているということになる。

　連銀借入はリザーブの一部であり、その意味で借入準備といわれる。これに対し、市場から調達したリザーブは非借入準備と呼ばれる。また、一般にいう連銀借入とは、狭義の連銀借入に季節借入を加えたものである。この連銀借入や純準備（図表Ⅴ－6参照）の水準は、しばしばフェッドの政策遂行上の目安となっている。

V 米国金利・金融政策の見方

図表V-6　リザーブの構成

＊プラスの場合「自由準備」、マイナスの場合「純借入準備」と呼ぶ。

図表V-7　連銀借入と非借入準備

| 総準備 | 借入準備 | 連銀借入(広義) | 連銀借入（狭義） | フェッドが供与 | 緊急避難的な特権 | 増加は市場需給の逼迫を表す |
| | | | 季節借入 | | 中小行向け季節的資金需要に対応（少額） | |
| | | 非借入準備(広義) | 別枠借入 | | 信用不安に対応（臨時措置） | |
| | 非借入準備(狭義) | | | 市場から調達 | | 増加は市場需給の緩和を表す |

≪FRBによるリザーブへの付利開始について≫

　2008年10月、FRBはリザーブへの付利を開始した。FRBの意図としては、①FFレートの動きを安定化すること、②余剰資金をもつ銀行から資金を吸収し、新たに導入したさまざまの貸出制度（詳細は図表V-13　FRBの貸出制度一覧参照）における資金源とすること、と考えることができる。①について補足すると、2008年の金融危機を受けてFRBは短期金融市場に大量の資金を供給してきたが、これにより実際のFFレートはターゲットレートを下回ることが多くなった。リザーブに金利を付与すれば銀行はこの金利を下回る水準で市場に資金放出をしようとは思わないため、理論上はこの過剰準備に対する金利が実際のFFレートの下限となる。2008年11月現在、必要準備に対する金利はその積み立て期間におけるFFターゲットレートの平均、過剰準備に対する金利は同期間における最低のFFターゲットレートが適用される。

## [6] リザーブデータの見方

　フェッドが毎週木曜に発表するリザーブデータには、連銀借入をはじめとするリザーブの数値（基本的には前日水曜に終わる1週間の平残・末残。積立期間に合わせて2週間単位でのみ発表されるものもある）のほか、リザーブ・アフェクティング・ファクターと呼ばれるフェッドのコントロール外の要因の数値が公表される（図表V―8参照）。また、特殊要因についてはフェッド側から説明がある。これらを分析することによって、フェッドの政策意図の有無、またはその方向性をある程度知ることができる。ここでは、いくつかの例をあげて説明する。

(例1) 同時多発テロ時の流動性供給
　2001年の同時多発テロは金融機関が多数集結している地区での災害であったため、金融決済機能のマヒを避けるため理事会は即時にフェッドの機能が正常に稼働していること、および流動性枯渇時のディスカウント・ウィンドウ（適格債券を担保にした連銀借入）の利用を推奨する声明を発表。その後翌日以降もプライマリー・ディーラー中心に債券レポオペによる大量の資金供給を行いテロ災害に起因する流動性危機防止に努めた。その結果、テロ発生月の9月にはかつて例をみないほどの過剰準備が生じたものの、金融機能の正常化が確認された後はオペの期日とともに資金吸収され翌月の準備額は通常の金額に戻った。

(例2) 法人税納税と買いオペ
　法人税は4、6、9、12月の中旬の納期締切までに民間銀行にある財務省名義の租税国債勘定に振り込まれる。何らかの事情でここからフェッドにある財務省勘定への吸い上げが遅れ、財務省勘定の残高があまり増えていない場合、この残高の増加による需給逼迫を相殺するために買いオペが実施されることが予想される。

(例3) 流通通貨とクリスマス
　12月中旬以降、クリスマスを控えて、消費者による銀行からの現金の払出しが増えるため、市場の需給は逼迫する。この動きは、流通通貨の増加の度合をみればわかる。

(例4) 2008年の金融危機への対応
　2008年に発生した金融危機を受けてFRBは短期金融市場に大量の資金を供給し、また10月にはリザーブへの付利を開始したことから、大量の連銀借入および過剰準備が発生。2008年11月現在、これらの額はさらに増加傾向である。

V 米国金利・金融政策の見方

## 図表V-8 リザーブ・アフェクティング・ファクター

| | 内　容 | 増加要因 | 市場需給は | |
|---|---|---|---|---|
| | | | 増加で | 減少で |
| 財務省勘定 | フェッドにある財務省の預金。財務省は民間銀行に租税国債勘定をもつ。この勘定は有担保なので残高に制限がある。そこで資金を財務省勘定に引き揚げることになるが、これはその分フェッドがリザーブを市中から吸い上げる効果をもつ。 | 納税 | 逼迫 | 緩和 |
| 流通通貨 | 市中に流通する現金の残高。消費が盛り上がる時期に急増する。その増加は銀行にとってリザーブの減少を意味する。 | 祝日バカンス | 逼迫 | 緩和 |
| フロート | 小切手取立を依頼された地区連銀が呈示を他の地区連銀に委任する場合、悪天候などで現地での呈示が遅れても2日後には依頼人に支払を行う。この一時的信用供与をいう。 | 悪天候通信障害 | 緩和 | 逼迫 |
| 財務省追加資金供給勘定 | フェッドによる資金供給を不胎化するため、財務省が短期国債を発行し、フェッドの口座に預金。金融危機により資金供給を急拡大したため、FED保有の短期国債だけで不胎化しきれなくなり、2008年9月に導入。 | 短期金融市場逼迫 | 逼迫 | 緩和 |

（注）財務省追加資金供給勘定以外に金融危機に対応するためのものとして、ターム物入札クレジットやCPFF LLCなどがある。（ファシリティについては、コラム《サブプライム問題と金融危機》参照）

## 図表V-9 リザーブとFFレート

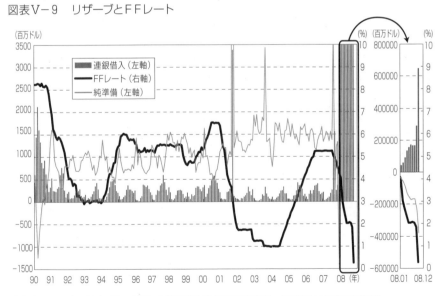

(注1) 2001年9月末（テロ直後）の連銀借入は3385百万ドル、純準備は15632百万ドル
　　　純準備のプラスは「自由準備」、マイナスは純借入準備状態
(注2) 2007年12月中旬以降、TAF（連銀借入れ）による資金供給が大幅に拡大
　　　2008年10月末時点の連銀借入は648319百万ドル、純準備は−380417百万ドル
(出所) 連邦準備制度

## [7] 金融政策の変遷（ボルカーからグリーンスパンへ）

### （1）サタデイナイト・スペシャル（1979年10月）

1979年8月、ポール・ボルカーがFRB議長に就任した。その頃米国内では、ドル急落を受け、インフレ圧力が高まりつつあった。インフレ対策を重視するボルカーは、同年10月6日（土曜日）、異例の緊急FOMCを召集、FFレートに代わり非借入準備を操作目標と決定。マネーサプライの急激な伸びを抑制するため、FFレートの水準にかかわりなくオペによる引き締めを行い、リザーブを調整することを意図した。この措置は、後に「サタデイナイト・スペシャル」と呼ばれた。この結果、短期金利は急上昇、翌年米国はリセッション入りしたが、82年になるとインフレは沈静化し、その後も米景気は拡大を続けた。

### （2）ボルカー時代の終焉（1980年代後半）

ボルカーは、インフレファイターとして名を馳せたが、その硬直的な引き締め姿勢と秘密主義はレーガン政権との軋轢を招いた。レーガン再選後、過半数の理事がレーガン派で占められると、ボルカーの影響力は徐々に低下していった。その間、プラザ合意（1985年9月）によるドル高是正のインフレ効果を原油価格の急落が相殺する形で、金利は86年半ばまで低下。しかし、原油が下げ止まり、景気が順調に拡大を続けると、金利は上昇に転じた。ボルカーはその後、金融政策の主導権を握れないまま、87年8月に辞任することとなった。

### （3）グリーンスパンの登場とクラッシュ（1987年10月）

1987年8月、FRB議長に就任したグリーンスパンが最初に直面した試練は、ブラック・マンデーだった。同年10月19日に起きた株式大暴落に対して、グリーンスパンは、積極的かつ機動的な金融緩和措置をとり、市場に流動性を供給、世界的な信用不安の発生を防ぎきった。新議長の手腕は高く評価され、市場の信任を一気に勝ち取った。ボルカーと対照的に、グリーンスパンのポリシーは柔軟かつ民主的な姿勢を旨としており、特定の指標に固執して劇的な政策転換を行ったりすることはない。

90年半ば以降の景気後退に対して、グリーンスパンは再三金融緩和を行い、経済のファイン・チューニング（微調整）を行った。当時の景気後退を「バランスシート・リセッション」（過剰債務によるバランスシート悪化がもたらした景気後退）と位置づけ、何よりも信用秩序の維持を優先した。

## （4）情報公開と予防的引き締め（1994年2月）

　1989年2月に公定歩合を引き上げて以降、フェッドは一貫して金融緩和策を維持した。この間、米景気は拡大を続けていたが、雇用の伸びは低迷し、回復感に乏しい働きだった。しかし、94年に入ると雇用も増勢に転じたため、2月4日には金融引き締めが実施され、緩和策に終止符が打たれた。この政策変更は議長声明をフェッドが公表する形で行われた点、画期的だった。従来フェッドは政策変更の事実を明示せず、市場参加者はＦＦレートの推移やオペ動向によって事後的に判断するしかなかったからである。これ以降、政策変更の事実は、即日発表されることとなった。

　その後フェッドは、予防的引き締めとして翌95年2月にかけて1年間に7回、計3％の利上げを実施したため、景気は減速、インフレの伸びも頭打ちとなった。

## （5）「根拠なき熱狂」と金融危機への対応（1990年代後半）

　1995年2月に最後の引き締めを行った後、グリーンスパンはインフレ圧力沈静の兆候さえあれば緩和の用意があることを言明した。同年7月にはインフレ圧力が十分後退したとして利下げに踏み切り、翌年1月までに0.75％の利下げを行った。

　景気の再加速に伴い株式市場は活況を呈したが、バブルの兆候を察知したグリーンスパンは、「根拠なき熱狂（irrational exuberance）」という表現で警告を発し（96年12月）、翌年3月、低インフレ維持のため予防的引き締めに踏み切った。

　しかし、同年アジア通貨危機が10月に入って世界的な株式暴落を招いたため、金融政策を中立に変更。98年8月にはロシア通貨危機に続いて、9月にヘッジファンド

図表Ⅴ-10　ＦＦレートと米10年金利の推移

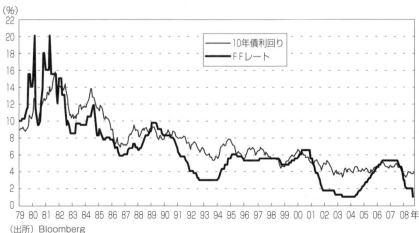

（出所）Bloomberg

LTCM（Long-Term Capital Management）が破綻。金融危機発生に対して、フェッドは民間金融機関による緊急融資を指導した。さらに海外経済の混乱が米国に及ぼす影響を抑えるため、3ヵ月連続で利下げを実施。一連の措置により国際金融市場の混乱は終息に向かい、グリーンスパンの名声はさらに高まった。

### (6)「ニューエコノミー」論と株式バブルの発生

金融市場の緊張が緩和し、世界景気の下振れ懸念が払拭されたことから、フェッドは再び引き締め姿勢に転じた。1999年6月以降、翌年5月にかけて6回、1.75％の利上げが行われた。この間IT革命による生産性の向上が高成長と低インフレを両立させるという「ニューエコノミー」論が台頭した。グリーンスパンは生産性の伸びには限界があることを指摘した一方で、IT革命による生産性向上自体の可能性には理解を示したため、LTCM危機後の下げを取り戻していた株式市場はさらに騰勢を強めた。株式バブルを決定的なものとしたのはコンピュータの2000年問題の存在であった。同問題から派生するシステミックリスクに対処するため連銀をはじめとする各国中央銀行は99年末に向けてベースマネーの供給を拡大させたが、このことが金融引き締めの効果を相殺させただけでなく過熱気味の株式市場および景況感をさらにあおる形となり、2000年春に株式バブルの大天井を形成するに至った。

### (7) 株式バブルの崩壊と高まる世界同時不況リスク

懸念されていた2000年問題を混乱なく乗り切ったことから、2000年初より各国中央銀行は過剰流動性の吸収に動き出した。これが1999年からの金融引き締め効果を顕在化させることとなり、00年春をピークに世界的な株式・ITバブルは崩壊局面を迎えることとなった。99年から2年間続いた原油高の影響でインフレ率が高止まりを続けるなか、フェッドは00年11月までインフレ警戒バイアスを続けたが、同年末には景気配慮型にバイアスを変更、01年初には異例の緊急FOMCを開催し、0.5％の緊急利下げを行った。この利下げを含めてフェッドは1年間で計4.75％の大幅な利下げを断行したが、これはバブル崩壊による急速な景気後退に配慮した措置であった。ナスダック株価の6割を超える大幅下落や同時多発テロ（01年9月11日）などの外的ショックも急速な利下げを後押しする要因となった。これらの大幅な利下げに加え、大型減税などの財政政策が奏効し、米国景気は比較的短期間でリセッションを脱し02年にはプラス成長に戻ったが、世界的なITバブル崩壊により米国も含めた主要国の需給ギャップはいずれも拡大したため、フェッドは03年6月までにさらに0.75％の利下げを行い、FFレート1％という50年代以来の低金利水準にして、以後の推移を見守る姿勢をみせた。

## (8) デフレ懸念の台頭と景気回復への道

　20世紀終盤は、中央銀行による「インフレ抑制」がテーマであったが、21世紀初頭は、2001年1月の緊急緩和措置以来、逆にデフレ懸念が重要な関心事となった。03年以降の景気回復局面においても、フェッドが実質マイナス金利であるFFレート1%を「相当な期間（considerable period）」据え置きつづけることを表明した理由は、まさにこのデフレ懸念があったためである。

　04年に入ると、こうした大胆な金融緩和策が功を奏し、デフレ懸念は払拭された。そして雇用増加を伴う景気回復が確認された04年6月から、超低金利から中立水準へ向けての「慎重な（measured）ペース」での利上げが始まった。この頃から、BRICs（ブラジル、ロシア、インド、中国）、アジア、東欧を中心としたエマージング諸国の急速な経済拡大に伴って、原油や銅などのエネルギー価格および金属価格が急騰したことで、再びインフレ懸念が台頭した。しかしフェッドは、インフレ圧力は認めながらも、コアの消費者物価が低位安定していたことを理由に、毎回のFOMCごとに0.25%の「慎重な（measured）ペース」での利上げを継続し、05年12月末時点でFFレートを4.25%まで上昇させた。その結果、景気に与える影響を最小限にとどめ、堅調なペースでの経済成長を保ちつつ、インフレを抑制することに成功したかにみえたが、超低金利時代の負の資産である住宅バブルは、堅調な経済を背景にますます巨大なものへと成長した。

## (9) バーナンキ議長の登場と住宅バブルの崩壊

　2006年2月、これまで実に18年以上もFRB議長を務めたグリーンスパンに代わって、バーナンキ議長が就任した。就任当初は、資源価格の上昇から引き続きインフレ懸念が高かったため、グリーンスパン流を引き継ぎ、毎回のFOMCで0.25%ずつの利上げを実施し、FFレートを5.25%まで引き上げた。当時は、景気、物価ともに比較的安定しており、順調な滑り出しとなったが、06年後半に入ると、かねてから懸念されていた米国住宅市場がいよいよ悪化しだした（詳細は250ページの《サブプライム問題と金融危機》を参照）。

　バーナンキ議長をはじめフェッドのメンバーの多くは、07年半ばになってもサブプライム問題が実体経済へ及ぼす影響は限定的との見方を示し、引き続きインフレ懸念も高かったことから利下げ実施にはためらいがあった。しかし、07年9月、クレジット市場の急激な悪化を背景についに利下げに踏み切った。その後も段階的に利下げを行うものの、クレジットスプレッドが拡大していくなか、利下げの効果は薄く、08年1月には世界的な株価の急落を受けて0.75%の緊急利下げを行うなど、大胆な利下げで08年5月にはFFレートを2%まで引き下げた。しかし、原油価格が

140ドルまで上昇し、物価指数も軒並み上昇を続けるなか、これ以上の利下げは難しく、短期金融市場の悪化に対しては、新しい貸出制度をつくり（図表Ⅴ－13参照）積極的に流動性を供給することで対応した。

　08年後半に入ると、世界的な景気減速が顕著になり、グローバルリセッション懸念が高まるなか、原油をはじめ資源価格が暴落、個人消費も低迷し、物価指数は一転、前月比マイナスが続いた。こうした状況のもと、市場ではインフレ懸念は急速に後退、逆にデフレ懸念が高まったため、フェッドは利下げを再開し、2008年12月現在、ＦＦレートは０～０.25％となっている。フェッドは、利下げ以外でもＣＰ（254ページ参照）やＭＢＳ（258ページ参照）の買取り制度をつくるなど、非伝統的手段で金融市場の安定化を図るも市場の混乱は収束せず、現在もなお予断の許さない状況が続いている。

図表Ⅴ－11　最近の金融政策変更

| 政策変更発表日 | ＦＦレート変更幅 | 変更後 | 定例FOMC | 政策変更の背景など（注） |
|---|---|---|---|---|
| 99. 6.30 | +25 | 5 | ○ | 「金融市場の緊張は緩和し、海外経済は回復した」 |
| 99. 8.24 | +25 | 5.25 | ○ | 「前回利上げや最近の市場動向からインフレ再燃リスクは減少」 |
| 99.11.16 | +25 | 5.5 | ○ | 「３度の利上げで今後のインフレリスクは著しく減少する」→金融危機対応以前の水準に |
| 00. 2. 2 | +25 | 5.75 | ○ | 「需要の伸びは生産性向上を考慮しても潜在的供給の伸びを上回る見込み」 |
| 00. 3.21 | +25 | 6 | ○ | 「需要の伸びは潜在的供給の伸びを上回っている」→前回と同じ認識 |
| 00. 5.16 | +50 | 6.5 | ○ | 「需要の伸びは生産性向上による潜在的供給の急増をも上回っている」→前回・前々回と同じ認識 |
| 01. 1. 3 | -50 | 6 | × | 「株価急落などの金融市場の厳しい状況やエネルギー価格の上昇で、販売や生産が弱体化」景気減速を懸念、緊急利下げ |
| 01. 1.31 | -50 | 5.5 | ○ | 「消費者や企業が対応できず、経済に対する信頼を予想以上に低下させる可能性」→前回と同じ認識 |
| 01. 3.20 | -50 | 5 | ○ | 「生産設備の過剰や世界経済の弱体化の可能性が需要や生産を認める可能性」→景気低迷長期化を懸念 |
| 01. 4.18 | -50 | 4.5 | × | 「企業業績悪化や景気の先行き不透明感が将来の資本支出を抑制、受け入れがたい経済の弱体化につながる可能性」 |
| 01. 5.15 | -50 | 4 | ○ | 「企業収益力の低下が、設備投資を抑制する傾向」、「インフレは封じ込められている」 |
| 01. 6.27 | -25 | 3.75 | ○ | 「企業収益や民間設備投資の低下」、「個人消費の抑制」、「海外経済の減速」、「労働市場の緩和でインフレは抑制」 |
| 01. 8.21 | -25 | 3.5 | ○ | 「家計需要は堅調なものの、企業収益、民間設備投資が減設を続け、海外経済も減速が続いている」 |
| 01. 9.17 | -50 | 3 | × | 同時多発テロを受けて、「市場機能が十分普通の状態に回復するまで、異例の大幅で潤沢な資金を金融市場に供給し続ける」 |
| 01.10. 2 | -50 | 2.5 | ○ | 「テロは弱含んでいた景気に大きな先行き不透明感を与え、設備投資や個人消費を一層抑制」 |
| 01.11. 6 | -50 | 2 | ○ | 「国内外での景気の悪化に対する不確実性や懸念材料の高まりが経済活動を抑制」 |
| 01.12.11 | -25 | 1.75 | ○ | 「需要の減退が緩和する兆候があるが、まだ予備的で一時的」 |
| 02.11. 6 | -50 | 1.25 | ○ | 「最近の経済データは、地政学的リスクの拡大などに伴う不確実性の高まりが支出・生産および雇用を抑制する傾向にあることを裏付けている」 |

# V 米国金利・金融政策の見方

| 政策変更発表日 | FFレート 変更幅 | FFレート 変更後 | 定例FOMC | 政策変更の背景など（注） |
|---|---|---|---|---|
| 03. 6.25 | -25 | 1 | ○ | 「歓迎されない顕著なインフレ率の低下の確率が、すでに低いインフレ率の上昇よりもわずかながら上回っている」 |
| 04. 6.30 | +25 | 1.25 | ○ | 「雇用市場の環境は改善されてきた」「緩和政策の解除を慎重なペースで実行する可能性が高い」 |
| 04. 8.10 | +25 | 1.5 | ○ | 「経済は先行きより強い拡大ペースを再開する方向にあるようだ」「基調的なインフレはなお相対的に低い水準にとどまる見通し」 |
| 04. 9.21 | +25 | 175 | ○ | 「エネルギー価格の上昇にもかかわらず、インフレおよびインフレ期待は過去数ヵ月にわたり弱まってきた」 |
| 04.11.10 | +25 | 2 | ○ | 「エネルギー価格の上昇にも関わらず、生産は穏やかに拡大しているように見える」「インフレおよび長期的なインフレ期待は引き続き十分抑制されている」 |
| 04.12.14 | +25 | 2.25 | ○ | 前回とほとんど変化なし |
| 05. 2. 2 | +25 | 2.5 | ○ | 前回とほとんど変化なし |
| 05. 3.22 | +25 | 2.75 | ○ | 「エネルギー価格の上昇にも関わらず、生産は明らかに堅調なペース」「インフレ圧力は高まったが、消費者物価のコア指数にはあまり波及していない」 |
| 05. 5. 3 | +25 | 3 | ○ | 「支出の堅調な伸びは、エネルギー価格の上昇が影響してやや減速気味」「インフレ圧力は高まったが、長期的なインフレ期待は十分抑制されている」 |
| 05. 6.30 | +25 | 3.25 | ○ | 「エネルギー価格の一段高にも関わらず、経済成長は依然堅調で、労働市場の状況も引き続き徐々に改善されている」 |
| 05. 8. 9 | +25 | 3.5 | ○ | 「総支出は今冬の終わり頃から強くなってきたようにみえる」「インフレ圧力は依然として高水準だが、コアインフレは比較的低い水準」 |
| 05. 9.20 | +25 | 3.75 | ○ | 「カトリーナの影響により、不透明感は増幅したが、一層の脅威をもたらすことはないとみている」「長期的なインフレ期待はなお抑制されている」 |
| 05.11. 1 | +25 | 4 | ○ | 「カトリーナの悪影響は一時的で、今後は復興需要により経済活動が押し上げられる」「政策金利はなお緩和的」 |
| 05.12.13 | +25 | 4.25 | ○ | 「エネルギー価格の高騰は一段の潜在的インフレ圧力となる」「今後は慎重なペースでの引き締めが若干必要になる可能性が高い」 |
| 06. 1.31 | +25 | 45 | ○ | 「さらに若干の引き締めが必要になるかもしれない」→「慎重なペース」の文言を削除 |
| 06. 3.28 | +25 | 4.75 | ○ | 「資源利用が拡大する可能性や高水準のエネルギー・商品価格が、インフレ圧力を高める可能性」「さらに若干の引き締めが必要になるかもしれない」 |
| 06. 5.10 | +25 | 5 | ○ | 「インフレリスクに対処するため、なおさらなる若干の引き締めが必要になるかもしれない。ただし、新たな情報による経済見通しの変化に大きく依存」 |
| 06. 6.29 | +25 | 5.25 | ○ | 「総需要の伸び鈍化によりインフレ圧力は時間をかけて抑制されるが、一部インフレリスクは残る」「追加的な引き締めが必要になるかもしれない」 |
| 07. 9.18 | -50 | 4.75 | ○ | 「今回の措置は、金融市場の混乱による幅広い経済への悪影響をある程度阻止するとともに、長期にわたり緩やかな成長を促進することが目的」 |
| 07.10.31 | -25 | 4.5 | ○ | 「今回の措置を講じた後、インフレ上振れリスクと成長下振れリスクはほぼ均衡が取れた状態になると判断」 |
| 07.12.11 | -25 | 4.25 | ○ | 「金融市場情勢の悪化を含む最近の展開により、経済成長とインフレの見通しをめぐる不確実性が増大した」 |
| 08. 1.22 | -75 | 3.5 | × | 「経済見通しの悪化と成長下振れリスクの増大を受けて、今回の措置を取った」「リスクに対処するため必要に応じてタイムリーに行動」 |
| 08. 1.30 | -50 | 3 | ○ | 「金融市場は依然としてかなり逼迫した状態で、一部の企業や家計への信用が引き締められている」「成長の下振れリスクは残る」 |
| 08. 3.18 | -75 | 2.25 | ○ | 「経済活動の見通しは一段と悪化した」「インフレ見通しの不確実性は増した」「成長の下振れリスクは残る」 |
| 08. 4.30 | -25 | 2 | ○ | 「経済活動は依然として弱い」「インフレ見通しの不確実性は依然として高い」→成長の下振れリスクについての言及を削除 |
| 08.10. 8 | -50 | 1.5 | × | 「経済活動の弱まりとインフレ圧力の緩和を示す証拠を踏まえ、今回の措置を取った」 |
| 08.10.29 | -50 | 1 | ○ | 「経済活動のペースは、消費の減少を主因として著しく鈍化」「インフレは今後数四半期で物価安定の水準に収まると予想」「成長の下振れリスクは残る」 |
| 08.12.16 | -75 | 0～0.25 | ○ | 「異例に低いFF金利が当面は妥当となる公算」「今後の重点は、FRBのバランスシートを用いた金融市場支援や景気刺激」「長期国債購入の利点を検証」 |

（注）FOMC声明文からの抜粋

《サブプライム問題と金融危機》
　2008年、世界経済は未曾有の金融危機に直面した。短期金融市場は信用不安から完全に機能が麻痺し、各国政府・中央銀行は積極的に市場に流動性を供給するものの、事態は大きく改善することなく悪化の一途を辿り、住宅関連機関や金融機関をはじめ多くの企業が破綻した。ここではその発端となった米国サブプライム問題と、その後に金融危機にまで発展した背景について解説する。
　サブプライム・ローンとは信用度の低い個人向けの住宅ローンのことである。2003年から06年にかけて、米国では低金利や住宅価格の上昇を背景に、新種の住宅ローンが続々と登場し、金融機関は比較的信用力の低い借り手に対して多くの信用を供与した。米国ではこれら住宅ローンをそのまま銀行が保有しつづけることは少なく、多くは住宅ローン担保証券（MBS：Mortgage Backed Securities）として証券化され、幅広い投資家に販売される。さらに複数のMBSを担保資産として再証券化した債務担保証券（CDO：Collateralized Debt Obligation）なども組成される。これらMBSやCDOは格付け機関によって格付けされ、市場で取引されている。2003年から06年にかけては、世界的な過剰流動性・金余りを背景に金融市場のボラティリティ（変動性）が低下し、クレジットスプレッドも縮小していたため、投資家はより高いリスクを求めレバレッジ（借入により元本以上の投資を行い、少ない変動で多くの利益を狙うこと）を増やしていった。
　しかし、2006年頃からそれまで持続不可能といわれるペースで上昇していた米国の住宅価格の伸び率がいよいよ鈍化する。それに伴って、サブプライム・ローンの延滞率も急上昇することとなった（図表Ⅴ－12参照）。
　2007年に入ると、米住宅市場の悪化を反映してサブプライム関連資産の価格が大きく下落した。とくにリスクの高いCDOに投資していたヘッジファンドなどの巨額損失がクローズアップされるようになり、それらヘッジファンドに大量の資金を融資していた欧米金融機関の収益も懸念されはじめた。また、これら金融機関は住宅ローンの貸し付け、証券化商品の組成、販売といった一連の住宅関連業務を行っていたため、これら資産を在庫として大量に保有していた。そうしたなか、米格付け機関がサブプライム関連資産を大量に格下げしたこと、モノラインと呼ばれる金融保証会社（証券化商品の元利払いなどを保証）の経営状況が悪化したことなどから、サブプライム関連資産の売りが加速し、さらに価格が下がる悪循環となった。また、短期金融市場では各金融機関が手元流動性の確保を優先させたためLIBORレートが急上昇し、事態は一気に深刻化した。
　2008年に入っても、米住宅市場の悪化やサブプライム関連資産価格の下落は続き、欧米金融機関が次々に大幅な評価損を発表していくなか、インターバンク市場で

# V 米国金利・金融政策の見方

は信用不安が高まり、金融機関は徐々に資金繰り困難に陥った。資金繰りが困難になると金融機関は保有資産の売却により資金を確保せざるを得なくなり、流動性が薄くリスクの引き受け手も不在のなか、大量のクレジット資産が市場で売却され、資産価格の下落が加速し、更なる評価損を計上、信用状態はさらに悪化するといった悪循環が止まらない流れとなった。そして、2008年3月、ついに米大手証券会社のベア・スターンズが破綻した。その間、FRBは大幅な連続利下げによる金融緩和を行う一方、市場に流動性を供給するプログラムを次々に発表した（図表Ⅴ-13参照）。しかしこれらの対策は一定の効果を生むものの、事態を収束させるには至らなかった。

その後、いったんは落ち着きかけた信用問題であったが、2008年夏以降に再燃、金融危機は加速し、米大手証券会社リーマン・ブラザーズの破綻（9月15日）などを経て、ついに米政府は米金融機関への資本注入を行った。このようにサブプライム問題は、100年に一度ともいわれる世界的な金融危機にまで発展したのである。2009年に入っても事態は予断を許さない状況が続いている。

図表Ⅴ-12 住宅ローン延滞率と住宅価格の推移

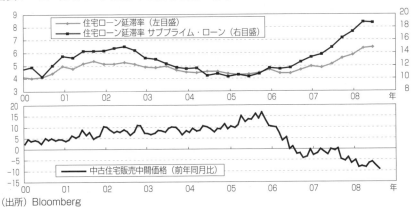

(出所) Bloomberg

図表Ⅴ-13 FRBの貸出制度一覧

|  | 公開市場操作 | 連銀窓口 | 国債貸出 | ターム入札ファシリティ(TAF) | プライマリー・ディーラー信用ファシリティ(PDCF) | ターム証券貸出ファシリティ(TSLF) | ABCPマネーマーケット・ファンド流動性ファシリティ(AMLF) | コマーシャル・ペーパー資金調達ファシリティ(CPFF) |
|---|---|---|---|---|---|---|---|---|
| 対象 | プライマリー・ディーラー | 預金金融機関 | プライマリー・ディーラー | 預金金融機関 | プライマリー・ディーラー | プライマリー・ディーラー | 預金金融機関 | 高格付けCP発行体 |
| 貸出の種類 | 資金 | 資金 | 国債 | 資金 | 資金 | 国債 | 資金 | 資金 |
| 貸出期間 | オーバーナイト～65日 | オーバーナイト～90日 | オーバーナイト | 28日 or 84日 | オーバーナイト | 28日 | ABCPの満期 | 3ヶ月 |
| 必要な担保 | 国債、エージェンシー債、エージェンシーMBS | AAA格付け債券全般 | 国債 | AAA格付け債券全般 | 投資適格債券全般 | 投資適格債券全般 | 高格付けABCP | 期間3ヶ月の高格付けCP(ABCPを含む) |
| 借入コスト | FFレート近辺 | プライマリー・クレジット・レート | 50bp | 入札 | プライマリー・クレジット・レート | 10bp or 25bp(担保の質に依存) | プライマリー・クレジット・レート | 3ヶ月オーバーナイト・インデックス・スワップ+100bp(ABCPは+300bp) |
| 導入時期 | 1913年 | 1913年 | 1999年 | 2007年12月 | 2008年3月 | 2008年3月 | 2008年9月 | 2008年10月 |

(出所) FRB

## 2 米国の金融市場

### [1] 短期金融市場 ── その1

　フェッドファンド（Fed Funds）市場は、日本のコール市場に相当するインターバンク（銀行間）のマーケットである。銀行の地区連銀への預け金を原則無担保で貸借するもので、ブローカーが仲介する。ほとんどがオーバーナイト物（期日が翌営業日）で、各銀行が積み立てるリザーブの過不足を相互に調整する場として機能している。その金利であるフェッドファンドレート、略してFFレートは、銀行のリザーブ積み立て締切日前後に乱高下する傾向がある。例えば、締切間際になって積み立てが不足している銀行があったとすれば、フェッドファンドで多額の調整をせねばならず、需給が短期的に逼迫してFFレートは急上昇する。

　フェッドへの預け金は、即日使用可能な資金なので銀行間の証券の決済にも使われる。フェッドによるオペは国債、エージェンシー債、モーゲージ債を対象とするが、決済はフェッドへの預け金の振替で行われるため、その効果は、フェッドファンド市場の需給を通じてFFレートに直ちに反映される。

　リザーブの調達という観点からすれば、市場金利であるFFレートは非借入準備のコスト、公定歩合は借入準備のコストである。以前は、公定歩合はFFレートよりも低く設定されていたが、2003年1月以降、FFレートよりも高い水準に設定されるようになった（詳細は234ページの《公定歩合について》を参照）。

　フェッドファンドで調達した資金は、リザーブ積み立ての対象外となっている。フェッドが1日遅れで発表する実効レート（effective rate）は、その日出合いのあったレートを出来高で加重平均したもので、基準レートとしてしばしば引用される。

　CD（Certificate Deposit）は、銀行が短期資金を調達するために発行する譲渡可能な預金証書。発行銀行の信用力が高ければ高いほど、調達コストであるCDレートは低くなる。優良銀行の3ヵ月物CDレートは、3ヵ月LIBORレート（255ページ参照）との連動が強い。短期金利の指標のひとつとして用いられる。

　プライムレートは、銀行が優良企業に対して適用する短期貸出金利。各銀行が個別に設定するが、基本的にはFFターゲットレート＋3％で設定されており、大手銀行ではほぼ同一のレートとなる。プライムレートと3ヵ月物CDレートのスプレッドは、1990年代以降は3％前後であったが、2008年の金融危機以降は利下げにより、

## V 米国金利・金融政策の見方

FFターゲットレートは下がるものの、信用不安によりCDレートは下がらないという現象が起きたため、両者のスプレッドが急縮小した。

図表V-14　FFレートと公定歩合（2003年以降はプライマリークレジットレートを適用）

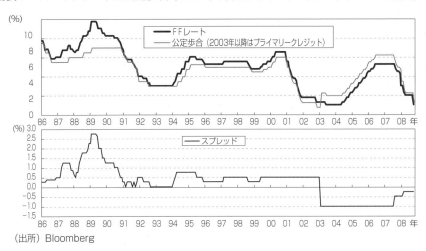

（出所）Bloomberg

図表V-15　プライムレートとCDレート

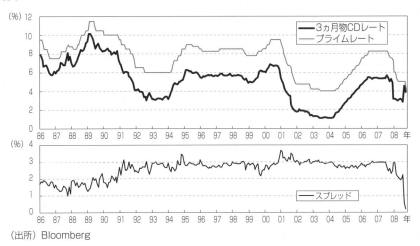

（出所）Bloomberg

253

## ［2］短期金融市場 ── その2

　BA（Banker's Acceptance）は、貿易業者が貿易取引を裏づけとして振り出した期限付き為替手形を銀行が引き受けたもの。個別性が強く市場規模は小さいが、担保付きで信用力が高いため、金利はCDよりも低い。しかし、2001年以降はほとんど取引されていない。

　CP（Commercial Paper）は、金融機関以外の優良企業が振り出す短期の無担保約束手形。企業にとっては、銀行からの借入の代替手段である。発行企業は、債券格付機関（［6］金利スプレッド（3）クレジット・スプレッドを参照）から格付けを受ける。その信用力を反映し、金利は概してCDより低い。

　TB（Treasury Bill）は、財務省が発行する割引債。Tビルとも呼ばれる。4週間物・3ヵ月物・6ヵ月物の3種類がある。信用力は当然のことながら最も高く、3ヵ月物で比べても金利は最も低い。特徴は、全世界的にみても安全性の高い運用手段であること、発行量が大きいこと、流通市場が完備し流動性が高いこと、フェッドのオペの対象になっていること、など。発行は、公募入札（オークション）で行われる。日程は、3ヵ月物・6ヵ月物が毎週月曜、4週間物が原則毎週火曜。登録債方式（ブック・エントリー方式）であるため、保有者は受領証を受け取るのみで、現物の受け渡しは行われない。直近に発行された銘柄が指標として扱われる。

　ニューヨーク連銀がオペを行う際に取引の相手方となるのがプライマリー・ディーラー（政府公認証券ディーラー）である。オークションに直接参加するためにも、その地位が必要である。一時40社を超えたが、金融環境の悪化や金融機関の合併などから、近時はむしろ減少傾向にある（2008年11月現在17社）。

　レポ（Repos）は、リパーチェス・アグリーメント（Repurchase Agreement）の略。日本の債券現先に相当する。債券（主としてTB）の買戻条件付き売却であるが、あらかじめ売却価格・買戻価格・経過利息が決まっているので、実質的には債券担保の短期資金貸付である。元来は債券の在庫を大量に抱えた証券会社が短期の運用手段として始めたものである。現在は事業会社も参加できる唯一の短期オープン市場として機能している。担保付きなので金利はFFレートよりも低い。

　フェッドが行うオペのうち、買いオペは、プライマリー・ディーラーを相手とする売戻条件付き債券購入であり、売りオペは逆に、買戻条件付き債券売却である。ただし、英語の用法としてはディーラー側からみた用語で、前者を買戻条件付き（Repurchase）、後者を売戻条件付き（Reverse）と呼んでいる。

　ユーロドル（ユーロダラー）は、米国外の市場で取引される米ドルのことであるが、アメリカにはオフショア市場としてIBF（International Banking Facility）があり、

これもユーロドルの範疇に入る。取引は預金の形態をとり、期間はオーバーナイトから1年物まであるが、中心となるのは3ヵ月物と6ヵ月物である。米国外の銀行が参加することから、金利はTBはもとよりCDよりも高い。

　LIBOR (London Inter-Bank Offered Rate)（「ライボー」と発音する）は、しばしばさまざまな金融取引の基準となる非常に重要な指標レートである。英国銀行協会（BBA）が毎営業日、ロンドン時間午前11時に、指定16銀行から期間別（翌月、3ヵ月、6ヵ月など）の対銀行貸出金利を集計し、上下4行の数字を除いた8行の金利を平均してLIBORを算出している。

図表V-16　TB・CD・ユーロドル金利

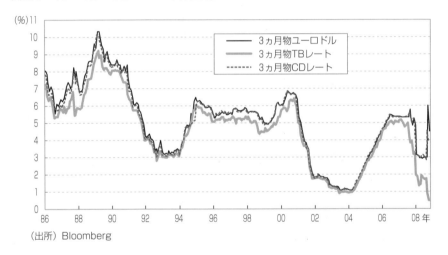

（出所）Bloomberg

## [3] 米国債市場

　財務省が発行する債券は、トレジャリー（Treasury）と総称されている。満期によって呼称が異なり、1年未満の割引債はＴＢ（Treasury Bill）、1年超10年以下の利付債はＴノート（Treasury Note）、10年超の利付債はＴボンド（Treasury Bond）という。また、1997年より元本がインフレ率に応じて調整される物価連動国債（TIPS：Treasury Inflation Protected Securities）も発行され、近年市場が拡大している。

　ＴＢについては、前項参照。Ｔノート、Ｔボンド、ＴＩＰＳは、年2回利払いで財政赤字補てんのために発行される。中長期の投資手段としては、安全性・流動性・発行量の観点からみて世界随一の地位を占めている。

　現在、定期的に発行されているのは、Ｔノートが2年物、3年物、5年物、10年物で、Ｔボンドが30年物、ＴＩＰＳが5年物、10年物、20年物となっている。それぞれ直近に発行されたものが指標銘柄となる。

　発行はＴＢと同じくオークションによる。2年債、3年債、5年債、10年債は毎月発行されるが、10年債については、2、5、8、11月以外はリオープン（前回発行された新発債の追加発行）形式で発行される。30年債については、2、5、8、11月の四半期に1回発行となるが、5、11月はリオープンとなる。また、ＴＩＰＳについては、ＴＩＰＳ5年債が4、10月発行、ＴＩＰＳ10年債が1、4、7、10月発行、ＴＩＰＳ20年債が1、7月発行となっている。かつては日本勢が大量に落札していたが、最近は日本、中国などアジアを中心とする海外中銀の割合が多い。その成否は、しばしば金利動向を大きく左右する。フェッドは金融政策の遂行上、このオークションの成功を側面支援している。

　入札では、高い入札価格（低い利回り）から順に落札されるが、発行価格は、落札のストップ・レートにおける価格が適用されるため、最低落札価格で落札者全員が購入できる（ダッチ方式）。入札結果には、割当価格（利回り）、応札利回りの範囲、応札倍率（応札額／応札額、ビッドカバーと呼ばれる）、間接入札比率（各国中銀の落札分とみなされる）などの情報が盛り込まれている。入札の成否は、過去10回程度の平均値との比較で論じられることも多い。

　トレジャリーのイールドカーブ（利回り曲線）は、指標銘柄の利回りを結んだものである。金利の期間構造に関する純粋期待仮説にしたがえば、短期金利の先高感が強くなると、右肩が上がり（スティープニング）、短期金利の先安感が強くなると、右肩が下がる（フラットニング）。イールドカーブの形状は、金利の水準と並んで日々注目されている。

V 米国金利・金融政策の見方

　なお、1998年度から4年間、米国の財政収支が黒字化したことで、一時トレジャリーの発行量は急減したが、2002年度以降再び赤字に転落し、2008年の金融危機を受けて、最近は再び発行量が急増している。

図表V-17　トレジャリー利回り推移

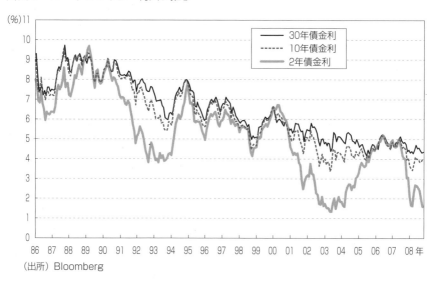

(出所) Bloomberg

図表V-18　トレジャリー・イールドカーブの推移の例

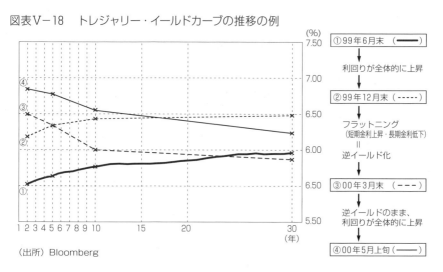

(出所) Bloomberg

## [4] エージェンシー債市場

　エージェンシー（Agency）債とは、政府系金融機関（GSE：Government Sponsored Enterprise）と呼ばれる政府関連機関が発行する債券のことを指す。債券の発行規模や後に解説するMBS市場との関連から、連邦抵当金庫（Fannie Mae/ファニーメイ）や連邦住宅金融抵当公社（Freddie Mac/フレディマック）が有名であるが、それ以外にも連邦住宅貸付銀行（FHLB）や学生ローン販売組合（Sallie Mae/サリーメイ）、農業信用制度（Farm Credit System）などが発行する債券も含まれる。GSEは、連邦政府の一機関ではないためエージェンシー債には明確な政府保証は付いていないが、市場では暗黙の政府保証があるとみなされている。高い信用に加え流動性も高く、FRBによる日々のオペの対象にもなっているため、市場では国債に準じる取り扱いとなっている。

## [5] モーゲージ証券市場

　モーゲージ（住宅ローン）証券（MBS：Mortgage Backed Securities）とは、小口の住宅ローンをまとめて証券化し流動化した証券を指す。米国では、住宅購入者が住宅ローンを借りる場合（借り換えも含む）、銀行などの金融機関にて住宅ローンを申し込むのが一般的である。住宅ローンを貸し出した金融機関は、多数の住宅ローンのなかからローンの金利・期間・債務者のクレジットスコア（個人の信用状態を点数化したもの）などが類似した特徴をもつ複数の住宅ローンを集めてファニーメイやフレディマックといった政府系機関を通じて証券化を行い、市場で売却している。政府系機関は投資家に対してMBSの元本と金利の支払いを保証しており、これらの機関が保証するMBSをエージェンシーMBSという。これら政府系機関がローンを保証する際には、一定の基準（ローン金額の上限、借り手の債務所得比率、その他必要書類など）があり、その基準を満たさないものを証券化する場合は民間MBSとなる。民間MBSはさらに信用力の違いなどによって、ジャンボ（Jumbo）、オルトA（Alt-A）、サブプライム（Subprime）などに分類される。MBS保有者（投資家）は、証券化の元となるローンの利払いと期限前返済を含む元本支払いの全額に対して、一定の割合を受け取る権利をもっている。

　モーゲージ証券市場は、1980年代から飛躍的に成長し、今では発行残高が米国債をしのいで、米国債券市場のなかでも重要な位置を占めている（図表V−19参照）。

V 米国金利・金融政策の見方

図表V-19 米国各債券市場の発行残高推移

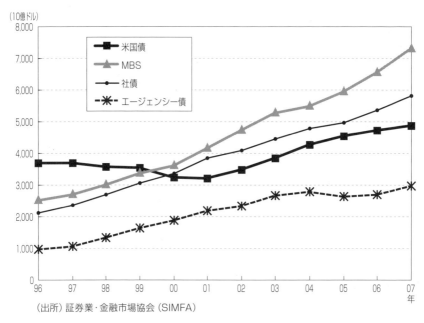

(出所)証券業・金融市場協会(SIMFA)

図表V-20 エージェンシーMBSと民間MBSの新規発行額の推移

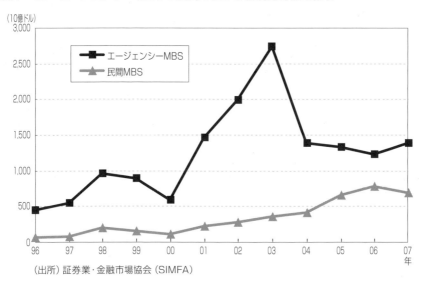

(出所)証券業・金融市場協会(SIMFA)

*259*

## [6] 金利スプレッド

金利の先行きを探る手段として、各金利間スプレッド（金利差）の分析がある。ここでは、代表的なものを取り上げる（通常、スプレッドは、100分の1％ポイントであるベーシス〈ｂｐ〉で表されることが多い）。

### （1）TED（テッド）スプレッド

これはＴＢとユーロドル金利のスプレッドである。

前述のように、ＴＢは米国政府の信用力を背景としているため、金利は最も低いが、ユーロドルは外国のさまざまな銀行が参加するため、金利は相対的に高い。

このスプレッドは、市場の信用秩序が保たれている場合には縮小し、それが揺らぐ場合には拡大する。2008年の金融危機時には、過去最高の500bp前後まで広がった（図表Ｖ－21参照）。一般的には、金利低下が予想される局面では縮まり、金利上昇が予想される局面では広がると考えられる。

なお、1年超のＴノートやＴボンドと満期が対応するスワップ金利とのスプレッドもＴＥＤスプレッドと呼ばれる。

図表Ｖ－21　ＴＥＤ（テッド）スプレッド

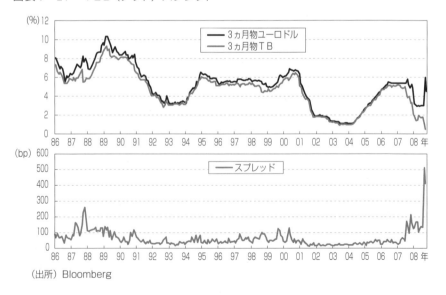

（出所）Bloomberg

## （２）２年債と１０年債のスプレッド

　２年債利回りは、短期金利とはいえないものの比較的年限が短いため、政策金利であるＦＦレートの影響を直接受けやすい。このためフェッドの政策意図をすばやく反映する傾向がある。一方、10年債利回りは、代表的な長期金利の指標であり、期間が長いため投資家は10年債を償還まで持ち切る前提で購入することは少ない。むしろ先行きの相場観に基づき、場合によっては投機的な動機からこれを取引する。それだけに、市場心理、つまりインフレ懸念や今後の景気動向、またはフェッドに対する信任などを如実に表す。このスプレッドはいわばフェッドの自己評価と、それに対する市場の客観的評価の落差を示す。

　一般に長短金利差を表すイールドカーブは、順イールド（右上がりのイールドカーブ）の程度は市場のインフレ懸念やフェッドへの不信感の強さを表し、逆イールド（右下がりのイールドカーブ）の状態は市場のインフレ懸念の鎮静とフェッドに対する信頼感を表すといえる。

　この他、スプレッドとして注目される代表的なものは、２年債と30年債のスプレッド、５年債と30年債のスプレッド、10年債と30年債のスプレッドなどがある。これらは、それぞれＴＯＢ（トブ）スプレッド、ＦＯＢ（フォブ）スプレッド、ＮＯＢ（ノブ）スプレッドと呼ばれる。

図表Ｖ－22　２年債と10年債のスプレッド

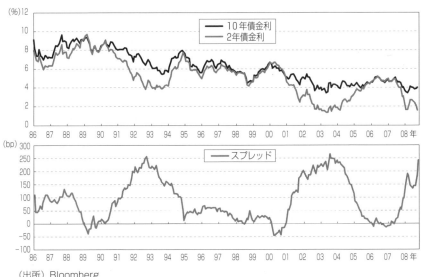

（出所）Bloomberg

## （3）クレジット・スプレッド

　民間あるいは公共機関は政府よりも信用力が劣るため、債券を発行する際は国債よりも高い利回りをつけなければならない。このような債券と国債の利回りの格差をクレジット・スプレッド（信用スプレッド）という。個別の債券の信用力を目にみえる形で評価したものが格付け（レーティング）である。海外の代表的な格付機関には米国のMoody's（ムーディーズ）やＳ＆Ｐ（エスピー）、英米の2社が合併したFitch（フィッチ）がある。格付けには債券を対象としたものの他、ＣＰや預金などの短期債務格付け、国のリスク（カントリーリスク）を除外して純粋に経営体質を評価した銀行の財務格付けなどがある。また国家を対象とした国債の格付けもある（例えば2008年6月にMoody'sは日本国債の格付けをＡ１からＡａ３に引き上げた）。一般的に引用されることの多い長期債務格付けの対照表は以下の通り（図表Ｖ－23参照）。ＢＢ以下は投機的要素が強いとされている。

　クレジット・スプレッドは格付けや通貨が同じでも業種や個別の発行体によって違いがある。一般的な傾向としては、景気が後退する局面ではスプレッドが拡大し、とくに格付けが低いものほど、それが加速する傾向がある。また金融危機が起こると同様の現象がみられる。1998年9月のＬＴＣＭ危機、2001年のリセッション、2008年の金融危機などはその例である（図表Ｖ－24参照）。

　前述のＴＥＤスプレッドは銀行のクレジット・スプレッドである。1年超についてはスワップレートが使われるが、これは元本交換を伴わない取引であり、リスクが比較的小さい。個別銀行の信用力によって当然格差はあるが、おおむねＡＡＡの社債スプレッド並の水準となっている。

　また、エージェンシー債（［４］エージェンシー債市場を参照）と国債のスプレッドはＴＡＧ（タグ）スプレッドという。エージェンシー債に明確な政府保証はないが、市場では暗黙の政府保

図表Ｖ－23　格付け対照表

| 一般的な呼称 | Moody's | S&P |
|---|---|---|
| AAA（トリプルエー） | Aaa | AAA |
| AA（ダブルエー） | Aa1 | AA+ |
|  | Aa2 | AA |
|  | Aa3 | AA− |
| A（シングルエー） | A1 | A+ |
|  | A2 | A |
|  | A3 | A− |
| BBB（トリプルビー） | Baa1 | BBB+ |
|  | Baa2 | BBB |
|  | Baa3 | BBB− |
| BB（ダブルビー） | Ba1 | BB+ |
|  | Ba2 | BB |
|  | Ba3 | BB− |
| B（シングルビー） | B1 | B+ |
|  | B2 | B |
|  | B3 | B− |

## Ⅴ 米国金利・金融政策の見方

証があるとみなされており、こちらはおおむねＡＡＡの社債スプレッドよりも、さらに低い水準となっている。

図表Ⅴ-24　クレジット・スプレッド

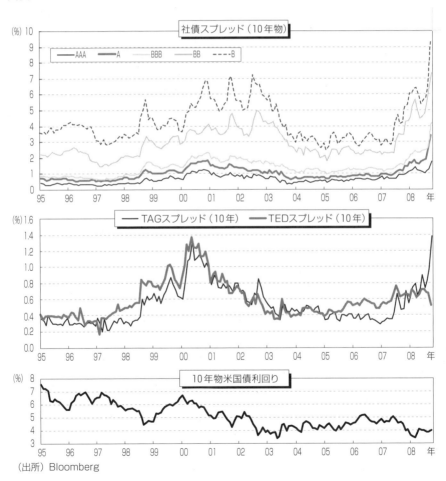

（出所）Bloomberg

米国の経済・金融データ（1）

| | 名目GDP | 実質GDP | GDPデフレーター | 貯蓄率(%) | 失業者(千人) | 失業率(%) | 非農業雇用者数(千人) |
|---|---|---|---|---|---|---|---|
| 1968 | 9.3 | 4.8 | 4.3 | 7.8 | 2,685 | 3.4 | 69,245 |
| 1969 | 8.2 | 3.1 | 5.0 | 8.5 | 2,884 | 3.5 | 71,240 |
| 1970 | 5.5 | 0.2 | 5.3 | 9.9 | 5,076 | 6.1 | 70,790 |
| 1971 | 8.5 | 3.4 | 5.0 | 9.5 | 5,154 | 6.0 | 72,108 |
| 1972 | 9.9 | 5.3 | 4.3 | 10.0 | 4,543 | 5.2 | 75,270 |
| 1973 | 11.7 | 5.8 | 5.6 | 11.7 | 4,489 | 4.9 | 78,035 |
| 1974 | 8.5 | −0.5 | 9.0 | 11.0 | 6,636 | 7.2 | 77,657 |
| 1975 | 9.2 | −0.2 | 9.4 | 10.0 | 7,744 | 8.2 | 78,017 |
| 1976 | 11.4 | 5.3 | 5.8 | 8.9 | 7,545 | 7.8 | 80,448 |
| 1977 | 11.3 | 4.6 | 6.4 | 9.4 | 6,386 | 6.4 | 84,408 |
| 1978 | 13.0 | 5.6 | 7.0 | 8.8 | 6,228 | 6.0 | 88,674 |
| 1979 | 11.7 | 3.2 | 8.3 | 8.9 | 6,325 | 6.0 | 90,669 |
| 1980 | 8.8 | −0.2 | 9.1 | 10.7 | 7,718 | 7.2 | 90,936 |
| 1981 | 12.1 | 2.5 | 9.4 | 12.2 | 9,267 | 8.5 | 90,884 |
| 1982 | 4.0 | −1.9 | 6.1 | 10.0 | 12,051 | 10.8 | 88,756 |
| 1983 | 8.7 | 4.5 | 4.0 | 9.0 | 9,331 | 8.3 | 92,210 |
| 1984 | 11.2 | 7.2 | 3.8 | 11.0 | 8,358 | 7.3 | 96,087 |
| 1985 | 7.3 | 4.1 | 3.0 | 8.6 | 8,138 | 7.0 | 98,587 |
| 1986 | 5.7 | 3.5 | 2.2 | 7.2 | 7,883 | 6.6 | 100,484 |
| 1987 | 6.2 | 3.4 | 2.7 | 7.5 | 6,936 | 5.7 | 103,634 |
| 1988 | 7.7 | 4.1 | 3.4 | 7.1 | 6,518 | 5.3 | 106,871 |
| 1989 | 7.5 | 3.5 | 3.8 | 6.8 | 6,667 | 5.4 | 108,809 |
| 1990 | 5.8 | 1.9 | 3.9 | 6.9 | 7,901 | 6.3 | 109,118 |
| 1991 | 3.3 | −0.2 | 3.5 | 7.6 | 9,198 | 7.3 | 108,261 |
| 1992 | 5.7 | 3.3 | 2.3 | 7.8 | 9,557 | 7.4 | 109,418 |
| 1993 | 5.0 | 2.7 | 2.3 | 5.9 | 8,477 | 6.5 | 112,203 |
| 1994 | 6.2 | 4.0 | 2.1 | 5.3 | 7,230 | 5.5 | 116,056 |
| 1995 | 4.6 | 2.5 | 2.0 | 4.0 | 7,423 | 5.6 | 118,210 |
| 1996 | 5.7 | 3.7 | 1.9 | 3.8 | 7,253 | 5.4 | 121,003 |
| 1997 | 6.2 | 4.5 | 1.7 | 3.7 | 6,476 | 4.7 | 124,361 |
| 1998 | 5.3 | 4.2 | 1.1 | 3.8 | 6,032 | 4.4 | 127,359 |
| 1999 | 6.0 | 4.4 | 1.4 | 1.9 | 5,653 | 4.0 | 130,532 |
| 2000 | 5.9 | 3.7 | 2.2 | 1.9 | 5,634 | 3.9 | 132,485 |
| 2001 | 3.2 | 0.8 | 2.4 | 0.5 | 8,258 | 5.7 | 130,723 |
| 2002 | 3.4 | 1.6 | 1.7 | 1.8 | 8,640 | 6.0 | 130,183 |
| 2003 | 4.7 | 2.5 | 2.1 | 2.2 | 8,317 | 5.7 | 130,270 |
| 2004 | 6.6 | 3.6 | 2.9 | 2.5 | 7,949 | 5.4 | 132,351 |
| 2005 | 6.3 | 2.9 | 3.3 | 0.8 | 7,262 | 4.8 | 134,883 |
| 2006 | 6.1 | 2.8 | 3.2 | 0.4 | 6,760 | 4.4 | 136,982 |
| 2007 | 4.8 | 2.0 | 2.7 | 0.4 | 7,655 | 5.0 | 138,078 |

（注）GDP関連以外は年末値。
（出所）Bloomberg

## 米国の経済・金融データ（2）

| | 鉱工業生産(前年比%) | 設備稼働率(%) | CPI(前年比) | CPI（コア） | PPI(前年比) | PPI（コア） | 住宅着工件数(年率千戸) |
|---|---|---|---|---|---|---|---|
| 1968 | 4.7 | 87.6 | 4.7 | 5.1 | 3.1 | | 1,548 |
| 1969 | 1.6 | 85.5 | 5.9 | 5.9 | 4.9 | | 1,327 |
| 1970 | -3.7 | 79.3 | 5.6 | 6.6 | 2.3 | | 1,893 |
| 1971 | 5.3 | 80.9 | 3.3 | 3.1 | 3.3 | | 2,295 |
| 1972 | 11.6 | 87.5 | 3.4 | 3.0 | 3.9 | | 2,366 |
| 1973 | 4.7 | 88.4 | 8.9 | 4.7 | 11.5 | | 1,526 |
| 1974 | -8.4 | 78.6 | 12.1 | 11.3 | 18.5 | | 975 |
| 1975 | 0.9 | 77.4 | 7.1 | 6.7 | 6.6 | 6.0 | 1,321 |
| 1976 | 7.8 | 81.5 | 5.0 | 6.1 | 3.8 | 5.7 | 1,804 |
| 1977 | 6.1 | 83.6 | 6.7 | 6.5 | 6.9 | 6.3 | 2,142 |
| 1978 | 7.0 | 86.6 | 9.0 | 8.5 | 9.1 | 8.3 | 2,044 |
| 1979 | -0.3 | 84.2 | 13.3 | 11.3 | 12.9 | 9.4 | 1,498 |
| 1980 | -0.9 | 81.3 | 12.4 | 12.2 | 11.7 | 10.6 | 1,482 |
| 1981 | -2.6 | 76.9 | 8.9 | 9.5 | 7.1 | 8.0 | 910 |
| 1982 | -6.3 | 70.9 | 3.8 | 4.5 | 3.6 | 4.7 | 1,303 |
| 1983 | 11.1 | 78.2 | 3.8 | 4.7 | 0.5 | 1.9 | 1,688 |
| 1984 | 5.2 | 80.4 | 4.0 | 4.9 | 1.7 | 2.1 | 1,612 |
| 1985 | 1.5 | 79.4 | 3.8 | 4.3 | 1.9 | 2.6 | 1,942 |
| 1986 | 1.5 | 79.4 | 1.2 | 3.8 | -2.3 | 2.7 | 1,833 |
| 1987 | 7.2 | 83.4 | 4.3 | 4.2 | 2.1 | 2.0 | 1,400 |
| 1988 | 3.0 | 84.9 | 4.4 | 4.7 | 4.0 | 4.3 | 1,563 |
| 1989 | 0.0 | 83.1 | 4.6 | 4.4 | 5.0 | 4.2 | 1,251 |
| 1990 | -1.2 | 80.3 | 6.3 | 5.3 | 5.6 | 3.5 | 969 |
| 1991 | 0.7 | 79.6 | 3.0 | 4.4 | 0.2 | 3.1 | 1,079 |
| 1992 | 3.9 | 80.8 | 3.0 | 3.4 | 1.6 | 2.0 | 1,227 |
| 1993 | 3.5 | 82.3 | 2.8 | 3.1 | 0.2 | 0.4 | 1,533 |
| 1994 | 7.0 | 85.1 | 2.6 | 2.6 | 1.8 | 1.6 | 1,455 |
| 1995 | 2.8 | 83.5 | 2.5 | 3.0 | 2.1 | 2.6 | 1,431 |
| 1996 | 5.8 | 83.5 | 3.4 | 2.6 | 2.8 | 0.6 | 1,370 |
| 1997 | 8.6 | 84.6 | 1.7 | 2.3 | -1.1 | 0.0 | 1,566 |
| 1998 | 3.4 | 82.0 | 1.6 | 2.5 | -0.1 | 2.5 | 1,792 |
| 1999 | 5.6 | 82.6 | 2.7 | 1.9 | 3.0 | 0.8 | 1,708 |
| 2000 | 1.1 | 80.2 | 3.4 | 2.6 | 3.9 | 1.3 | 1,532 |
| 2001 | -5.5 | 73.6 | 1.6 | 2.8 | -1.8 | 1.0 | 1,568 |
| 2002 | 2.7 | 75.1 | 2.5 | 2.0 | 1.2 | -0.6 | 1,788 |
| 2003 | 1.9 | 77.0 | 2.0 | 1.1 | 3.9 | 1.0 | 2,057 |
| 2004 | 3.4 | 79.4 | 3.3 | 2.2 | 4.2 | 2.3 | 2,042 |
| 2005 | 2.8 | 80.9 | 3.4 | 2.2 | 5.4 | 1.5 | 1,994 |
| 2006 | 1.3 | 80.9 | 2.6 | 2.6 | 1.1 | 2.0 | 1,649 |
| 2007 | 2.0 | 81.0 | 4.1 | 2.4 | 6.4 | 2.0 | 1,000 |

（注）年末値。
（出所）FRB、BLS、Bloomberg

米国の経済・金融データ（3）

| | 輸出<br>(10億ドル) | 輸出<br>(前年比) | 輸入<br>(10億ドル) | 輸入<br>(前年比) | 貿易収支<br>(10億ドル) | 対日貿易収支<br>(10億ドル) | 経常収支<br>(10億ドル) |
|---|---|---|---|---|---|---|---|
| 1968 | 45.5 | 10.2 | 45.3 | 16.9 | 0.3 | | 0.6 |
| 1969 | 49.2 | 8.1 | 49.1 | 8.5 | 0.1 | | 0.4 |
| 1970 | 56.6 | 15.1 | 54.4 | 10.7 | 2.3 | | 2.3 |
| 1971 | 59.7 | 5.4 | 61.0 | 12.1 | −1.3 | | −1.4 |
| 1972 | 67.2 | 12.6 | 72.7 | 19.2 | −5.4 | | −5.8 |
| 1973 | 91.2 | 35.7 | 89.3 | 23.0 | 1.9 | | 7.1 |
| 1974 | 120.9 | 32.5 | 125.2 | 40.1 | −4.3 | | 2.0 |
| 1975 | 132.6 | 9.7 | 120.2 | −4.0 | 12.4 | | 18.1 |
| 1976 | 142.7 | 7.6 | 148.8 | 23.8 | −6.1 | | 4.3 |
| 1977 | 152.3 | 6.7 | 179.5 | 20.7 | −27.2 | | −14.3 |
| 1978 | 178.4 | 17.2 | 208.2 | 16.0 | −29.8 | | −15.1 |
| 1979 | 224.1 | 25.6 | 248.7 | 19.5 | −24.6 | | −0.3 |
| 1980 | 271.8 | 21.3 | 291.2 | 17.1 | −19.4 | | 2.3 |
| 1981 | 294.4 | 8.3 | 310.6 | 6.6 | −16.2 | | 5.0 |
| 1982 | 275.2 | −6.5 | 299.4 | −3.6 | −24.2 | | −5.5 |
| 1983 | 266.1 | −3.3 | 323.9 | 8.2 | −57.8 | | −38.7 |
| 1984 | 291.1 | 9.4 | 400.2 | 23.6 | −109.1 | | −94.3 |
| 1985 | 289.1 | −0.7 | 411.0 | 2.7 | −121.9 | −47.5 | −118.2 |
| 1986 | 310.0 | 7.3 | 448.6 | 9.2 | −138.5 | −55.0 | −147.2 |
| 1987 | 348.9 | 12.5 | 500.6 | 11.6 | −151.7 | −56.3 | −160.7 |
| 1988 | 431.1 | 23.6 | 545.7 | 9.0 | −114.6 | −51.8 | −121.2 |
| 1989 | 487.0 | 13.0 | 580.1 | 6.3 | −93.1 | −49.1 | −99.5 |
| 1990 | 535.2 | 9.9 | 616.1 | 6.2 | −80.9 | −41.1 | −79.0 |
| 1991 | 578.3 | 8.1 | 609.5 | −1.1 | −31.1 | −43.4 | 2.9 |
| 1992 | 616.9 | 6.7 | 656.1 | 7.6 | −39.2 | −49.6 | −50.1 |
| 1993 | 642.9 | 4.2 | 713.2 | 8.7 | −70.3 | −59.4 | −84.8 |
| 1994 | 703.3 | 9.4 | 801.7 | 12.4 | −98.5 | −65.7 | −121.6 |
| 1995 | 794.4 | 13.0 | 890.8 | 11.1 | −96.4 | −59.1 | −113.6 |
| 1996 | 851.6 | 7.2 | 955.7 | 7.3 | −104.1 | −47.6 | −124.8 |
| 1997 | 934.5 | 9.7 | 1,042.7 | 9.1 | −108.3 | −56.1 | −140.7 |
| 1998 | 933.2 | −0.1 | 1,099.3 | 5.4 | −166.1 | −64.0 | −215.1 |
| 1999 | 965.9 | 3.5 | 1,231.0 | 12.0 | −265.1 | −73.4 | −301.6 |
| 2000 | 1,070.6 | 10.8 | 1,450.4 | 17.8 | −379.8 | −81.6 | −417.4 |
| 2001 | 1,004.9 | −6.1 | 1,370.0 | −5.5 | −365.1 | −69.0 | −384.7 |
| 2002 | 974.7 | −3.0 | 1,398.4 | 2.1 | −423.7 | −70.0 | −461.3 |
| 2003 | 1,017.8 | 4.4 | 1,514.7 | 8.3 | −496.9 | −66.0 | −523.4 |
| 2004 | 1,160.6 | 14.0 | 1,768.3 | 16.7 | −607.7 | −75.6 | −625.0 |
| 2005 | 1,283.8 | 10.6 | 1,995.3 | 12.8 | −711.6 | −82.5 | −729.0 |
| 2006 | 1,457.0 | 13.5 | 2,210.3 | 10.8 | −753.3 | −88.6 | −788.1 |
| 2007 | 1,645.7 | 13.0 | 2,346.0 | 6.1 | −700.3 | −82.8 | −731.2 |

（注）対日収支はセンサス・ベース、その他は国際収支ベース。
（出所）US. Department of Commerce, Bloomberg

## 米国の経済・金融データ（4）

| | 連邦財政収支<br>(10億ドル) | 連邦政府債務<br>(10億ドル) | 連邦政府債務<br>名目GDP比 | M1<br>(前年比) | M2<br>(前年比) | MZM<br>(前年比) | 公定歩合<br>(年末値) |
|---|---|---|---|---|---|---|---|
| 1968 | -25.2 | 368.7 | 42.5 | 7.7 | 8.0 | | 5.50 |
| 1969 | 3.2 | 365.8 | 38.6 | 3.3 | 3.7 | | 6.00 |
| 1970 | -2.8 | 380.9 | 37.6 | 5.1 | 6.6 | | 5.50 |
| 1971 | -23.0 | 408.2 | 37.8 | 6.5 | 13.4 | | 4.50 |
| 1972 | -23.4 | 435.9 | 37.0 | 9.2 | 13.0 | | 4.50 |
| 1973 | -14.9 | 466.3 | 35.7 | 5.5 | 6.6 | | 7.50 |
| 1974 | -6.1 | 483.9 | 33.6 | 4.3 | 5.5 | | 7.75 |
| 1975 | -53.2 | 541.9 | 34.7 | 4.7 | 12.7 | | 6.00 |
| 1976 | -73.7 | 629.0 | 36.2 | 6.7 | 13.4 | | 5.25 |
| 1977 | -53.7 | 706.4 | 35.8 | 8.1 | 10.3 | | 6.00 |
| 1978 | -59.2 | 776.6 | 35.0 | 8.0 | 7.5 | | 9.50 |
| 1979 | -40.7 | 829.5 | 33.2 | 6.9 | 7.9 | | 12.00 |
| 1980 | -73.8 | 909.0 | 33.3 | 7.0 | 8.6 | | 13.00 |
| 1981 | -79.0 | 994.8 | 32.6 | 6.9 | 9.7 | 11.1 | 12.00 |
| 1982 | -128.0 | 1,137.3 | 35.2 | 8.7 | 8.8 | 16.8 | 8.50 |
| 1983 | -207.8 | 1,371.7 | 39.9 | 9.8 | 11.3 | 22.0 | 8.50 |
| 1984 | -185.4 | 1,564.6 | 40.7 | 5.8 | 8.6 | 8.3 | 8.00 |
| 1985 | -212.3 | 1,817.4 | 43.9 | 12.4 | 8.0 | 12.2 | 7.50 |
| 1986 | -221.2 | 2,120.5 | 48.1 | 16.9 | 9.5 | 17.8 | 5.50 |
| 1987 | -149.8 | 2,346.0 | 50.5 | 3.5 | 3.6 | 1.4 | 6.00 |
| 1988 | -155.2 | 2,601.1 | 51.9 | 4.9 | 5.8 | 2.3 | 6.50 |
| 1989 | -152.5 | 2,867.8 | 53.1 | 0.8 | 5.5 | 3.6 | 7.00 |
| 1990 | -221.2 | 3,206.3 | 55.9 | 4.0 | 3.8 | 6.2 | 6.50 |
| 1991 | -269.4 | 3,598.2 | 60.6 | 8.8 | 3.1 | 11.0 | 3.50 |
| 1992 | -290.4 | 4,001.8 | 64.1 | 14.3 | 1.6 | 10.9 | 3.00 |
| 1993 | -255.0 | 4,351.0 | 66.2 | 10.2 | 1.5 | 5.1 | 3.00 |
| 1994 | -203.1 | 4,643.3 | 66.7 | 1.9 | 0.4 | -1.0 | 4.75 |
| 1995 | -163.9 | 4,920.6 | 67.2 | -2.0 | 4.1 | 3.0 | 5.25 |
| 1996 | -107.5 | 5,181.5 | 67.3 | -4.1 | 4.8 | 7.5 | 5.00 |
| 1997 | -21.9 | 5,369.2 | 65.6 | -0.8 | 5.7 | 8.6 | 5.00 |
| 1998 | 69.2 | 5,478.2 | 63.5 | 2.1 | 8.6 | 14.6 | 4.50 |
| 1999 | 124.4 | 5,605.5 | 61.4 | 2.5 | 6.0 | 9.2 | 5.00 |
| 2000 | 236.9 | 5,628.7 | 58.0 | -3.1 | 6.0 | 8.0 | 6.00 |
| 2001 | 127.3 | 5,769.9 | 57.4 | 8.7 | 10.4 | 21.1 | 1.25 |
| 2002 | -157.8 | 6,198.4 | 59.7 | 3.2 | 6.3 | 7.7 | 0.75 |
| 2003 | -377.1 | 6,760.0 | 62.5 | 7.1 | 5.0 | 4.0 | 2.00 |
| 2004 | -412.8 | 7,354.7 | 64.0 | 5.4 | 5.8 | 4.8 | 3.25 |
| 2005 | -318.6 | 7,905.3 | 64.6 | -0.1 | 4.0 | 2.4 | 5.25 |
| 2006 | -248.2 | 8,451.4 | 64.9 | -0.5 | 5.1 | 5.7 | 6.25 |
| 2007 | -161.5 | 8,950.7 | 65.5 | 0.0 | 5.6 | 12.2 | 4.75 |

（注）マネーサプライは年末値、財政収支は年度ベース。
（出所）OMB、Bloomberg

米国の経済・金融データ（5）

| | FFレート | 3ヵ月TB | 2年国債 | 10年国債 | NYダウ30 | SP500 | ナスダック |
|---|---|---|---|---|---|---|---|
| 1968 | 6.02 | 5.96 | | 6.16 | 943.75 | 103.86 | |
| 1969 | 8.97 | 7.82 | | 7.88 | 800.35 | 92.06 | |
| 1970 | 4.90 | 4.87 | | 6.50 | 838.91 | 92.15 | |
| 1971 | 4.14 | 4.01 | | 5.89 | 890.19 | 102.09 | 114.12 |
| 1972 | 5.33 | 5.07 | | 6.41 | 1,020.01 | 118.05 | 133.73 |
| 1973 | 9.95 | 7.45 | | 6.90 | 850.85 | 97.55 | 92.19 |
| 1974 | 8.53 | 7.15 | | 7.40 | 616.24 | 68.56 | 59.82 |
| 1975 | 5.20 | 5.44 | | 7.76 | 852.41 | 90.19 | 77.62 |
| 1976 | 4.65 | 4.35 | | 6.81 | 1,004.65 | 107.46 | 97.88 |
| 1977 | 6.56 | 6.07 | 7.25 | 7.78 | 831.17 | 95.10 | 105.05 |
| 1978 | 10.03 | 9.08 | 9.99 | 9.15 | 805.01 | 96.11 | 117.98 |
| 1979 | 13.78 | 12.04 | 11.24 | 10.33 | 838.74 | 107.94 | 151.14 |
| 1980 | 18.90 | 15.49 | 13.07 | 12.43 | 963.98 | 135.76 | 202.34 |
| 1981 | 12.37 | 10.85 | 13.64 | 13.98 | 875.00 | 122.55 | 195.84 |
| 1982 | 8.95 | 7.94 | 9.53 | 10.39 | 1,046.55 | 140.64 | 232.41 |
| 1983 | 9.47 | 9.00 | 10.81 | 11.80 | 1,258.64 | 164.93 | 278.60 |
| 1984 | 8.38 | 8.06 | 10.01 | 11.51 | 1,211.56 | 167.24 | 247.35 |
| 1985 | 8.27 | 7.10 | 7.97 | 8.99 | 1,546.67 | 211.28 | 325.22 |
| 1986 | 6.91 | 5.53 | 6.34 | 7.22 | 1,895.95 | 242.17 | 348.83 |
| 1987 | 6.77 | 5.77 | 7.78 | 8.86 | 1,938.80 | 247.08 | 330.47 |
| 1988 | 8.76 | 8.07 | 9.13 | 9.14 | 2,168.60 | 277.72 | 381.38 |
| 1989 | 8.45 | 7.63 | 7.84 | 7.94 | 2,753.20 | 353.40 | 454.82 |
| 1990 | 7.31 | 6.74 | 7.23 | 8.07 | 2,633.66 | 330.22 | 373.84 |
| 1991 | 4.43 | 4.07 | 4.75 | 6.70 | 3,168.83 | 417.09 | 586.34 |
| 1992 | 2.92 | 3.22 | 4.56 | 6.69 | 3,301.11 | 435.71 | 676.95 |
| 1993 | 2.96 | 3.06 | 4.23 | 5.79 | 3,754.09 | 466.45 | 776.82 |
| 1994 | 5.45 | 5.60 | 7.70 | 7.82 | 3,834.44 | 459.27 | 751.96 |
| 1995 | 5.60 | 5.14 | 5.15 | 5.57 | 5,117.12 | 615.93 | 1,052.14 |
| 1996 | 5.29 | 4.91 | 5.87 | 6.42 | 6,448.27 | 740.74 | 1,291.03 |
| 1997 | 5.50 | 5.16 | 5.65 | 5.74 | 7,908.25 | 970.43 | 1,570.35 |
| 1998 | 4.68 | 4.39 | 4.53 | 4.65 | 9,181.43 | 1,229.23 | 2,192.69 |
| 1999 | 5.30 | 5.20 | 6.21 | 6.44 | 11,497.12 | 1,469.25 | 4,069.31 |
| 2000 | 6.40 | 5.77 | 5.10 | 5.11 | 10,786.85 | 1,320.28 | 2,470.52 |
| 2001 | 1.82 | 1.69 | 3.03 | 5.05 | 10,021.50 | 1,148.08 | 1,950.40 |
| 2002 | 1.24 | 1.19 | 1.60 | 3.82 | 8,341.63 | 879.82 | 1,335.51 |
| 2003 | 0.98 | 0.90 | 1.82 | 4.25 | 10,453.92 | 1,111.92 | 2,003.37 |
| 2004 | 2.16 | 2.19 | 3.07 | 4.22 | 10,783.01 | 1,211.92 | 2,175.44 |
| 2005 | 4.16 | 3.89 | 4.40 | 4.39 | 10,717.50 | 1,248.29 | 2,205.32 |
| 2006 | 5.24 | 4.85 | 4.81 | 4.70 | 12,463.15 | 1,418.30 | 2,415.29 |
| 2007 | 4.24 | 3.00 | 3.05 | 4.02 | 13,264.82 | 1,468.36 | 2,652.28 |

（注）FFレートと3ヵ月TBは12月の平均値、その他は年末値。
（出所）FRB、Bloomberg

# 第Ⅵ章
# ユーロ圏経済・金融の見方

# 1 ユーロ圏の経済・指標の見方

## [1] ユーロ圏の経済

### (1) 統一通貨ユーロ誕生までの経緯と今後の課題
《欧州統合とユーロ誕生》
　ヨーロッパを戦場とする2度の世界大戦の後、欧州統合の機運は急速に高まった。その第一歩が、独仏両国の血を引く仏外相ロベール・シューマンの提唱によるECSC（欧州石炭鉄鋼共同体）設立である（1952年）。加盟国は独、仏、伊、ベネルクス3国（オランダ、ベルギー、ルクセンブルク）。その後58年にこの6ヵ国によりEEC（欧州経済共同体）、EURATOM（欧州原子力共同体）が発足、さらに67年、これら3共同体が実質的に統合し、EC（欧州共同体）と総称されることとなった。
　通貨統合への動きは、早くも69年に経済通貨同盟（EMU）への段階的移行が合意され、72年に通貨間の変動幅を一定限度内で管理する「スネーク（ヘビ）」制度を導入、79年には欧州通貨制度（EMS）とバスケット通貨であるECU（欧州通貨単位）（エキューと発音）が発足した。この間、EC加盟国は英、アイルランド、デンマーク（いずれも73年）、ギリシャ（81年）、スペイン、ポルトガル（いずれも86年）を加え12ヵ国となった。
　92年2月7日、オランダのマーストリヒトで欧州連合条約（マーストリヒト条約）が調印され、これに基づき93年11月1日、従来のECの権限に安全保障と司法協力が加わったEU（欧州連合）が設立された（域内で人・モノ・カネが自由に移動できる「単一市場」は同年1月に実現）。95年にはオーストリア、フィンランド、スウェーデンが参加し、EU加盟国は15ヵ国に拡大。98年6月、ECB（欧州中央銀行）が業務を開始し、オランダ出身のウィム・ドイセンベルクが初代総裁に就任した。99年1月には英、デンマーク、スウェーデン、ギリシャを除く11ヵ国により欧州経済通貨同盟（EMU）が発足し、単一通貨「ユーロ（Euro）」が誕生。2年後の2001年1月にはギリシャを加えて参加国は12ヵ国となった。2002年1月1日（Eデー）、ユーロの現金流通が始まり、3月1日にはドイツマルク、フランスフランなど旧通貨（legacy currency）との併用期間が終了し、名実ともに欧州単一通貨制度が実現した。
　2004年5月1日、東欧を含む10ヵ国（エストニア、ラトビア、リトアニア、ポーランド、チェコ、スロバキア、ハンガリー、スロベニア、キプロス、マルタ）が一挙に加

盟する第6次EU拡大により加盟国は25ヵ国に、さらに07年1月1日にはブルガリアとルーマニアの加盟で27ヵ国となった（公用語は23ヵ国語）。なお、ユーロ参加国はスロベニア（07年1月）、キプロス、マルタ（08年1月）、スロバキア（09年1月）の

図表Ⅵ-1　EUの主な組織（特記なきものはブリュッセルに所在）

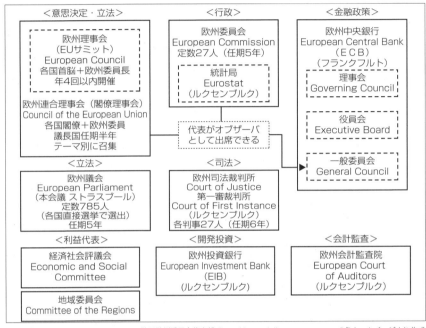

（出所）EU (http://europa.eu.int)・駐日欧州委員会代表部 (http://www.deljpn.ec.europa.eu/)各ホームページより作成

図表Ⅳ-2　EU加盟国・加盟候補国（2009年1月現在）

| EU加盟国（27ヵ国） | | | 加盟交渉国 | 加盟交渉国候補 |
|---|---|---|---|---|
| ユーロ参加国（16ヵ国） | | | | |
| ドイツ | ギリシャ | イギリス | トルコ | 西バルカン諸国 |
| ベルギー | スロベニア | スウェーデン | （1987.4.14 | （アルバニア、ボスニア・ |
| ルクセンブルク | キプロス | デンマーク | 加盟申請 | ヘルツェゴビナ、マケドニ |
| スペイン | マルタ | エストニア | 1999.12.11 | ア旧ユーゴスラビア共和 |
| フランス | スロバキア | ラトビア | 候補承認 | 国、セルビア、モンテネグ |
| アイルランド | | リトアニア | 2005.10.3 | ロ、国連安保理決議124 |
| イタリア | | ポーランド | 加盟交渉承認） | 4で規定されたコソボ） |
| オランダ | | チェコ | クロアチア | （EUの長期的な平和定 |
| オーストリア | | ハンガリー | （2004.6.18 | 着・経済発展プロセスを |
| ポルトガル | | ルーマニア | 候補承認 | 経て加盟交渉へ） |
| フィンランド | | ブルガリア | 2005.10.3 | |
| | | | 加盟交渉承認 | |

（出所）図表Ⅵ-1に同じ。　　（注）マケドニア旧ユーゴスラビア共和国は2005.12.19に候補承認。

加入で16ヵ国となっている。

《ユーロ参加の条件》
　ユーロ導入の前提となるEMU参加手続きは、2年に1度、または参加申請国の要求により開始される。欧州委員会・ECB（欧州中央銀行）・財務相理事会を通過し、欧州議会への諮問を経て、首脳会議の全会一致で決定される。ただし、EMUに参加を希望する国はまずERMⅡに参加しなくてはならない。
　EMUでは、ECBを中心とする欧州中央銀行制度（ESCB）による一元的金融政策（図表Ⅵ-12参照）と、単一通貨ユーロの導入が最大の特徴であるが、通貨安定のため、以下の2つの制度が導入された。

①ERMⅡ（新ERM）
　1996年12月のダブリンEU首脳会議で、EMU未参加国のスムーズなEMU参加を図るため、EU加盟国のうち、EMU未参加国の通貨とユーロとの為替相場制度の創設を合意した。対ユーロ中心レートと変動幅を設定し（図表Ⅵ-3を参照）、このレンジを守るため、ECBと各国中央銀行は自動的かつ無制限に介入を実施する。また、必要に応じて、中心レート変更を発議できる。99年1月1日にERM（79年にEMSの一環として創設された為替相場メカニズム）はERMⅡへ移行したが、ERMⅡへの参加はEU参加国の自由意志となっている。2005年12月現在、デンマーク・エストニア・リトアニア・ラトビアの4ヵ国が参加している。

②安定成長協定（Stability and Growth Pact）
　各国の財政健全化を図ることによりユーロへの信認を高めるため、ドイツのワイゲル財相（当時）が提案し、1996年12月のダブリンEU首脳会議で「安定と成長の協定」として基本合意された。各国の財政赤字対名目GDP比が3％を超えた、あるいはその見込みのとき、欧州委員会により当該国に対する報告書が作成される。当該国が2年以内に3％以内に戻さなければ、EU財務相理事会によりEMU参加国の健全財政義務違反に対する制裁措置が取られる。ただし、当該国が景気後退（経済成長率が−2％以下）局面にある場合、適用除外が認められる。また、成長率が−2％超から−0.75％以下の場合は、当該国の申請により、財務相理事会において適用除外が協議される。なお、これらの条件は2005年6月、より柔軟に解釈ができるような形で変更されている。

## 図表Ⅵ-3　ユーロ固定為替レート

|  | 対ユーロ公式固定レート |
|---|---|
| ドイツ・マルク | 1.955830 |
| ベルギー・フラン | 40.339900 |
| ルクセンブルク・フラン | 40.339900 |
| スペイン・ペセタ | 166.386000 |
| フランス・フラン | 6.559570 |
| アイルランド・ポンド | 0.787564 |
| イタリア・リラ | 1936.257000 |
| オランダ・ギルダー | 2.203710 |
| オーストリア・シリング | 13.760300 |
| ポルトガル・エスクード | 200.482000 |
| フィンランド・マルカ | 5.945730 |
| ギリシャ・ドラクマ | 340.750000 |
| スロベニア・トラー | 239.640000 |
| キプロス・ポンド | 0.585274 |
| マルタ・リラ | 0.429300 |
| スロベキア・コルナ | 30.126000 |

| ERMⅡ | 対ユーロ中心レート(レンジ) |
|---|---|
| デンマーク・クローネ | 7.460380 (±2.25%) |
| エストニア・クローン | 15.646600 (±15%) |
| リトアニア・リタス | 3.452800 (±15%) |
| ラトビア・ラト | 0.702804 (±15%) |

(出所)ECB

## 図表Ⅵ-4　EMU参加の5つの経済的条件
　　　　　（収斂基準、Convergence criteria）

①消費者物価指数でみたインフレ率が、加盟国中、最も低位安定している3ヵ国のインフレ率から、過去1年以上にわたり1.5%以内にあること。

②財政状態→予算赤字がGDPの3%以下であること。

③財政状態→公的債務（財政赤字の累計）がGDPの60%を超えていないこと。

④金利→長期国債金利が加盟国中、最も安定的な物価を維持している3ヵ国の長期金利から、過去1年以上にわたり2%を超えていないこと。

⑤少なくとも2年間、ERMの変動幅を遵守し、他のどの通貨にも切り下げられていないこと。

《EU拡大問題》
　EU加盟国は依然として主権国家である。古代ギリシャ・ローマ文明およびキリスト教という歴史的基盤を今のところ共有しているものの、各国間には経済・文化・歴史の無視できない相違が存在する。ECBの金融政策はユーロ圏内に限定されるが、それでも製造業中心のドイツと農業国であるスペインに同一の政策金利を適用していることを考えれば、いかに運営が困難であるかは容易に想像できるであろう。2004年5月のEU拡大は東欧旧共産圏への進出という意味でも画期的であったが、従来以上に大きな経済格差を域内にもたらした。これらの新規加盟国もいずれユーロ参加が予定されており（スロベニアは07年1月、スロバキアは09年1月導入）、ECBは大きな試練を受ける。
　05年10月3日、ルクセンブルクで開催されていたEU外相理事会は難航の末、歴史的決定を行った。1987年加盟申請以来の長年の懸案事項とされてきたトルコの加盟交渉（accession negotiation）の開始をついに承認したのである（クロアチアも同時）。コペンハーゲン基準（加盟のための政治的・経済的・法律的条件）に基づく基盤整備と交渉は10年以上かかるといわれているが、EUはイスラム圏への拡大という新たな局面を視野に入れることとなった。

《財政赤字問題》
　EU加盟国はユーロ加入の前提条件としてEMU参加の5つの収斂基準（Convergence criteria）（マーストリヒト・クライテリアともいう）を満たす必要がある（図表VI-4参照）。そのなかでも話題となるのが「財政赤字対名目GDP比率3％以内」という条件である。ギリシャはユーロ加盟から3年以上を経て財政赤字の公表数値が虚偽であったことが発覚、実は加盟条件を満たしていなかったことが判明し大問題となった（2004年11月）。
　ドイツの提唱による「安定成長協定」(Stability and Growth Pact)により、この基準を満たさなかった場合、EUは対象国から供託金を徴収、2年以内に是正されない場合はこれを罰則金として没収することとなっている。このような罰則規定を設けることによって、ユーロ加盟国に自国同様の財政規律を求めるのがドイツの本来の意図であった。しかし構造改革の遅れによる景気後退に苦しむドイツ自身が2002年より3年連続基準に抵触。不況時の財政発動を阻害しないため適用除外規定が設けられていることや、実際の運営がEU財務相理事会の裁量に任されていることもあって、この措置は発動されなかった。これも主権国家の寄せ集めであり、かつ依然として大国ドイツやフランスの意向が優先するEUの実態を象徴する事態であろう。
　2008年にはサブプライム問題の深刻化による金融危機に対し、各国当局が銀行

VI　ユーロ圏経済・金融の見方

への公的資金注入や景気刺激策を打ち出したことで財政状況が急激に悪化した。とくにフランスは再び基準に抵触した可能性が高くなっている。

図表VI-5　EU各国の財政赤字対名目GDP比率

(単位：%)

| | | | 2004 | 2005 | 2006 | 2007 |
|---|---|---|---|---|---|---|
| EU27 | ユーロ圏 EU15 | ドイツ | 3.8 | 3.3 | 1.5 | 0.2 |
| | | フランス | 3.6 | 2.9 | 2.4 | 2.7 |
| | | イタリア | 3.5 | 4.3 | 3.4 | 1.6 |
| | | ベルギー | 0.2 | 2.6 | (0.3) | 0.3 |
| | | オランダ | 1.7 | 0.3 | (0.6) | (0.3) |
| | | ルクセンブルク | 1.2 | 0.1 | (1.3) | (3.2) |
| | | アイルランド | (1.4) | (1.7) | (3.0) | (0.2) |
| | | スペイン | 0.3 | (1.0) | (2.0) | (2.2) |
| | | ポルトガル | 3.4 | 6.1 | 3.9 | 2.6 |
| | | オーストリア | 4.4 | 1.5 | 1.5 | 0.4 |
| | | フィンランド | (2.4) | (2.9) | (4.1) | (5.3) |
| | | ギリシャ | 7.5 | 5.1 | 2.8 | 3.5 |
| | | キプロス | 4.1 | 2.4 | 1.2 | (3.5) |
| | | マルタ | 4.7 | 2.8 | 2.3 | 1.8 |
| | | スロベニア | 2.2 | 1.4 | 1.2 | (0.5) |
| | | | 2.9 | 2.5 | 1.3 | 0.6 |
| | | イギリス | 3.4 | 3.4 | 2.7 | 2.8 |
| | | スウェーデン | (0.8) | (2.4) | (2.3) | (3.6) |
| | | デンマーク | (2.0) | (5.2) | (5.1) | (4.9) |
| | | エストニア | (1.7) | (1.5) | (2.9) | (2.7) |
| | | ラトビア | 1.0 | 0.4 | 0.2 | (0.1) |
| | | リトアニア | 1.5 | 0.5 | 0.4 | 1.2 |
| | | ポーランド | 5.7 | 4.3 | 3.8 | 2.0 |
| | | チェコ | 3.0 | 3.6 | 2.7 | 1.0 |
| | | スロバキア | 2.3 | 2.8 | 3.5 | 1.9 |
| | | ハンガリー | 6.4 | 7.8 | 9.3 | 5.0 |
| | | ブルガリア | (1.6) | (1.9) | (3.0) | (0.1) |
| | | ルーマニア | 1.2 | 1.2 | 2.2 | 2.6 |
| | | | 2.9 | 2.4 | 1.4 | 0.9 |

(注) 括弧は黒字、シャドー部分は赤字3%超過。
(出所) Eurostat

図表VI-6　ユーロ圏の主な経済指標

| 公表機関 | 名　称 | 頻　度 | 発表時期 |
|---|---|---|---|
| Markit社 | PMI（総合、製造業、サービス業） | 月次 | 当月下旬（速報値）、翌月初（改訂値） |
| Blomberg社 | PMI（小売業） | 月次 | 当月下旬 |
| 欧州委員会経済・金融総局 | 企業・消費者信頼感指数 | 月次 | 当月末 |
| Eurostat | 消費者物価指数（HICP） | 月次 | 当月末～翌月初（推計値） |
| | | | 翌月中旬～下旬（速報値） |
| | 生産者物価（PPI） | 月次 | 翌々月上旬 |
| | 失業率 | 月次 | 翌々月上旬 |
| | 小売売上 | 月次 | 翌月上旬 |
| | 鉱工業生産 | 月次 | 翌月中旬 |
| | 貿易収支 | 月次 | 翌月中旬 |
| | GDP | 四半期 | 翌四半期2ヵ月目中旬以降 |
| | 国際収支 | 四半期 | 翌四半期の最終月上旬以降 |
| | 労働コスト | 四半期 | 翌四半期の最終月中旬以降 |
| ECB | マネーサプライ（M3） | 月次 | 翌月下旬 |
| | 国際収支 | 月次 | 翌々月下旬 |

## (2) ユーロ圏の経済指標の読み方

ユーロ圏の経済指標は、主として欧州委員会統計局(Eurostat)およびECBにより発表されている。通貨・銀行統計はECBが所管し、国際収支統計・資金循環統計は両者が分担、その他の統計はEurostatが所管している。PMIなどサーベイに基づく指数は、民間情報ベンダーや欧州委員会経済・金融総局が発表している(図表Ⅵ－6参照)。これらの指標は基本的に統一基準に基づいてユーロ圏各国で作成された数値を合成したものである。各国の数値が改訂されれば、それに応じてユーロ圏の指標も改訂されることになる。

以下、マーケットで注目度の高い指標について概説する。
①消費者物価
　ECBの政策動向を占ううえでマーケットが最も注目する指標。正式名称はHICP (Harmonised Indices of Consumer Prices)。消費者物価指数は国ごとに作成基準が異なるため、比較がしづらい。そこでこれらとは別に統一基準に基づく物価指数を各国ごとに集計し、合成したものである。ECBは物価安定を「ユーロ圏のHICPが前年比2％以下であること」と定義している（286ページ「(3) 金融政策の基本方針」参照)。なお、現在の基準年は2005年。エネルギーと非加工食品を除いた数値はコアHICPと呼ばれる。

　推計値(flash estimate)は当月末から翌月初にかけて発表される。これはその段階で入手できるユーロ加盟国の速報値を集計したもの。内訳は発表されない。

　改訂値は翌月の中旬から下旬にかけて発表される。品目や国別の内訳が明らかとなる。

②GDP
　四半期ベースの数値がEurostatにより期末の翌々月中旬以降に発表される。季節調整と休日調整がなされており、前期比の数値が注目される。実質GDPは2000年基準で算定されている。2008年第2四半期にはマイナス成長を記録したが(－0.2％)、これはユーロ発足後初めてのことであり、続く第3四半期もマイナスでユーロ圏のリセッション入りが確認された。

③労働コスト
　四半期ベースの数値がEurostatにより翌期3ヵ月目の中旬、下記④と同じ日に発表される。前年同期比伸び率が注目される。製造業からサービスまであらゆる産業をカバーしており、公表の時期は遅いものの、ユーロ圏のインフレ動向を探るうえで重

Ⅵ　ユーロ圏経済・金融の見方

要な指標である。

④鉱工業生産

　月次データが Eurostat により翌々月中旬に発表される。通常は季節調整値の前月比が注目されるが、2008年10月に記録した前年比5.3％の減少幅は93年7月以来の大幅な落ち込みであった。

⑤購買部協会指数（PMI）

　アメリカではサーベイによる景気先行指標として購買部協会指数（ISM指数）が注目されているが、ユーロ圏でも同様の指数が発表されている。情報ベンダーである Markit 社が作成しているもので、5000社の役員を対象としたアンケートに基づき、製造業PMIとサービス業PMI、双方を合成した総合PMIが当月中旬に発表されている。50が景気動向の分岐点となる。2008年11月の総合PMIは38.3を記録。これは1998年に調査を開始して以来最低であった。なお、Bloomberg 社は小売業者を対象とする小売業PMIを当月末に発表している。

⑥貿易収支

　月次データが Eurostat により翌々月中旬に発表される。ユーロ圏外向けモノの輸出（FOB建）とユーロ圏外向けモノの輸入（CIF建）の差額。季節調整がなされている。2008年半ば以降、赤字は急拡大したが、金融危機の深刻化とともに輸入が減少し、結果的に収支は改善した。


公表機関ホームページアドレス
| | |
|---|---|
| Eurostat | http://epp.eurostat.ec.europa.eu/ |
| 欧州委員会経済・金融総局 | http://ec.europa.eu/economy_finance/ |
| ECB | http://www.ecb.int/ |
| Markit 社 | http://www.markiteconomics.com/MarkitFiles/Pages/About.aspx |

## (3) ユーロ圏主要国の経済指標の読み方

《独仏経済の重要性》

　ユーロ圏としての指標は次第にマーケットの認知度が高まってきたが、経済規模の大きさ（図表Ⅵ－7参照）、速報性の高さなどから、依然としてドイツやフランスの経済指標の注目度も高い。ユーロ圏のファンダメンタルズやＥＣＢの政策をみるには、この両国の指標にも着目する必要がある。

図表Ⅵ－7　ユーロ圏のGDPと人口

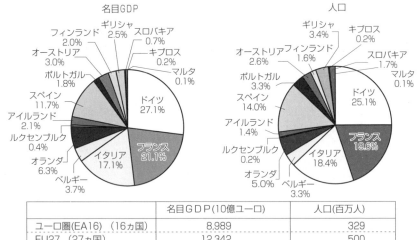

(注)名目GDPは2007年通年、人口は2006年初（但し、ユーロ圏は2009年初推計値）。
(出所) Eurostat、EU（ただし、日米GDPはOECDのドル建数値を年間平均為替レートで換算）

《ドイツの経済指標など》

　ドイツ特有の経済見通しと主な経済指標について以下説明する。

① 「5賢人」（政府経済諮問委員会）の年次報告

　「5賢人」(Fünf Weisen) の由来は、5人の大学教授（経済学）（大統領による任命で任期は5年）で構成されていることによる。正式名称は「経済情勢全般の評価に関する専門家諮問委員会」。1963年に設立された。毎年、数ヵ月にわたる検討作業を経て、11月15日までに経済見通しと政策提言を内容とする500ページに達する大部の報告書を首相に提出する。財務大臣はこれを参考に8週間以内に年間経済見通しを議会に報告しなければならない。予測や提言内容は下記②と比較しても厳しめである。独立機関であるので、メンバーは立場にとらわれず随時辛口の発言を行っている。

## VI ユーロ圏経済・金融の見方

②4大経済研究所による年2回の合同経済見通し

報告書には政策提言も含まれている。春(4月)の見通しは当該年の、秋(10月)のものは翌年の見通しとなっている。複数の研究所が政府(経済技術省)の委託に基づき共同で経済予測を実施するのは先進国でも例がなく、きわめてユニークな存在である。多数意見としての予測値が発表されるが、少数意見についても言及される。かつてはHWWA(ハンブルク国際経済研究所)やベルリンのDIW(ドイツ経済調査研究所)も参加、6大研究所の合同見通しであった。

図表Ⅵ-8　4大経済研究所の特色　　　　　　　　　　　　　　( )内は所在地

| |
|---|
| ①IFO(イーフォ)研究所(ミュンヘン):1949年設立。知名度と影響力においては4大研究所中最大。EUや国連の委託を受け、途上国にもノウハウを提供している。産業界を対象としたサーベイに基づく各種の経済指標を発表している。とくに月次のifo景況感指数は注目度が高い。93年に東西統一に関連する調査を目的としたドレスデン事務所を開設。99年、ルートヴィヒ・マクシミリアン大学経済研究所(CES)と共同でCESIfoグループを結成し、理論経済と実体経済の融合を目指した。2002年にはミュンヘン大学の付属機関となった。経済見通しはチューリッヒのスイス連邦工科大(ETH)景気動向調査研究所(KOF)と共同で行っている。<br>　http://www.cesifo-group.de/ |
| ②世界経済研究所(北独キール):略称IfW。1914年設立。キール大学の付属施設。国際経済、とくに労働分配分析に力を入れている。密接な関係を持つドイツ中央経済学図書館(ZBW)は経済学・社会学分野で世界最大と評価されている。<br>　http://www.ifw-kiel.de/ |
| ③ライン・ウェストファーレン経済調査研究所(ルール地方エッセン):略称RWI。1926年、現DIW内にルール工業地帯の経済分析を目的に設立され、43年に独立。各種の計量モデルに定評がある。政府統計に先立ってGDPの予測値を発表している。規模は上記2研究所よりも小さい。春の経済見通しはウィーンの高等学術研究所(IHS)と共同で行っている。<br>　http://www.rwi-essen.de/ |
| ④ハレ経済調査研究所(旧東独ハレ):略称IWH。唯一旧東独を本拠地とする。1993年春より旧西独の5大経済研究所に加わり、6大研究所として合同調査に参加。Ifoより所長を迎えた。欧州におけるEU経済の位置付けやEU拡大問題、旧東独各州の経済調査を得意分野とする。経済見通しはデュッセルドルフのハンス・ベックラー財団マクロ経済景気動向調査研究所(IMK)、ウィーンのオーストリア経済調査研究所(WIFO)と共同で行っている。<br>　http://www.iwh.uni-halle.de/ |

(出所)各機関ホームページ

③GDP

翌四半期の2ヵ月目下旬に連邦統計局(FSO)とブンデスバンク(ドイツ連邦銀行)から発表される。前期比の数値は季節調整と休日調整がされており、前年比の数値はこれらがなされていない。実質GDPは2000年基準でチェーン・デフレーターを使用して算出されている。英米に比べるとデータの発表が1ヵ月遅いが、その分改訂幅は大きくない。年間伸び率の暫定値は翌年1月初めに、第4四半期伸び率の暫定値は翌年3月初めに公表される。統一ドイツとしてのデータの発表は95年からで、それ以前は旧西独と旧東独のデータが個別に発表されていた。2008年第3四半期には前期比で2期連続マイナスを記録し、リセッション入りが確認されている。

279

④鉱工業生産

　季節調整値であり、前月比伸び率が注目される。翌々月上旬に連邦経済技術省（ＢＭＷｉ）とブンデスバンクが発表する。この改訂は大幅であることが多い。建設が含まれている点が特徴である。発表されるタイミングは遅いが、GDPの約4割をカバーすることから重要な指標。ただし、マーケットの関心は次項の製造業受注の方が上である。

⑤製造業受注

　ドイツ経済における製造業の比重の高さから、注目度が高い指標。季節調整値の前月比が注目される。ＢＭＷｉとブンデスバンクが④の前日に発表する。国内と海外という2分類があり、前者が約3分の2を占める。国内受注は機械設備投資の、海外受注は輸出の、それぞれ先行指標とされている。

⑥Ｉｆｏ（イーフォ）景況感指数

　マーケットの注目度が最も高い指標。Ｉｆｏ研究所（図表Ⅵ－8参照）が約7000社の企業役員を対象に日本の短観と同様のサーベイを行うもの。2000年を100とした指数である。質問は生産・在庫・受注・価格・雇用の項目に分かれる。翌月下旬に発表される。鉱工業生産との相関性が高く（図表Ⅵ－9参照）、しかも発表が早い。一般に報道される景況感指数は現況指数と6ヵ月後の期待指数の平均である。

　なお、ドイツでは政府が集計する稼働率データがないため、Ｉｆｏがサーベイに基づいて四半期ベースで発表する製造業稼働率が利用される。

⑦ＺＥＷ景況感指数

　Ｉｆｏ指数の1週間前（翌月中旬）に発表されるため、注目度が高い指標。Ｉｆｏ指数に対する先行性が見られる（図表Ⅵ－9参照）。民間調査会社であるＺＥＷ（欧州経済センター）が集計する。ただしＩｆｏと異なり、サーベイの対象は機関投資家とエコノミスト（約350人）。向こう6ヵ月の景気見通しに対する予想を答えさせ、楽観回答から悲観回答を引いたものである。過去の平均値は26.8。現況に関する指数も発表される。なお、ユーロ圏、日、米、英に関するサーベイも実施されている。

⑧雇用統計（失業者・失業率）

　ブンデスバンクと連邦労働局（ＢｆＡ）が当月末に発表。失業者数、失業率、求人数などが季節調整値と季節調整前値で公表される。注目度の高いのは前月比失業者数増減の季節調整値。季節調整前値はしばしば数日前にマスコミにリークされる。数値は政治的にも意味をもっている。

ドイツでの失業者の定義は、15歳以上で仕事に就いておらず、少なくとも3ヵ月間、週20時間以上の労働を希望し、求職登録をした者である。日本の定義と違うのは、一時解雇者や積極的に求職していない者も含めて算出する点である。

図表Ⅵ-9　Ifo景況感指数・ZEW景況感指数と鉱工業生産

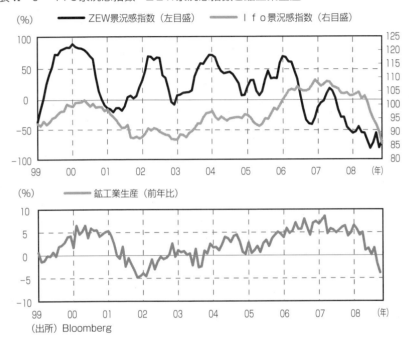

(出所) Bloomberg

⑨CPI消費者物価

　かつては生計費（COL）と呼ばれていた。構成項目は5年ごとに見直される（直近は2005年）。当月下旬に主要6州（ヘッセン、バイエルン、バーデン・ヴュルテンベルク、ノルトライン・ウェストファーレン、ザクセン、ブランデンブルク）の個別の原数値が発表され、これらに基づいて全国ベースの速報値が発表される。原計数は連邦統計局が、季節調整値はブンデスバンクが算出する。確定値は翌月中旬の発表である。同時にEU統一基準であるHICPも算出されるが、前年比で見てCPIより概ね0.1～0.2％高い。

公表機関ホームページアドレス

| | |
|---|---|
| 連邦統計局（FSO） | http://www.destatis.de/ |
| ブンデスバンク | http://www.bundesbank.de/ |
| 連邦経済技術省（BMWi） | http://www.bmwi.de/ |
| 連邦労働局（BfA） | http://www.arbeitsagentur.de/ |
| 「5賢人」 | http://www.sachverstaendigenrat-wirtschaft.de/ |

《フランスの経済指標》
　欧州第3位の経済大国フランスではINSEE（国立統計経済学研究所）が経済指標を所管している。

①GDP
　四半期データの速報値が期末の約2ヵ月後、確定値はその1ヵ月半後に発表される。速報値は伸び率が中心で、詳細な内訳は確定値を待つ必要がある。支出ベースの構成項目は各国の国民所得統計と同じ。生産ベースは工業（食料品、エネルギー、製造業）と非工業（農業、建設、サービス）に分かれている。実質GDPは2000年基準。季節調整されており、前期比伸び率が注目される。

②鉱工業生産
　GDPの約4分の1を占め、生産ベースの構成項目と同じく食料品、エネルギー、製造業から構成されているが、ウェイト付けは大きく異なっている。建設は含まれず、別の指標として発表される。月次データは2ヵ月後の中旬に発表される。季節調整がなされ、GDPと異なり休日調整もされている。エネルギーは振れが激しいため、これと食料品を除いた製造業生産に注目が集まる。

③INSEE企業サーベイ
　INSEEが民間企業4000社を対象に行うサーベイ。月次で行われ、最終週に発表される（ただし8月のサーベイは例年行われない）。製造業、農業、食品産業、精油産業をカバーしている。質問事項は自社に関する生産・需要・在庫・価格の状況と、経済全般に関する生産見通し。季節調整がなされる。1976年以来の平均は100。
　月次とは別により詳細な四半期サーベイも1、4、7、10月に行われており、稼働率や雇用見通しが含まれる。発表は当月最終週である。

④家計消費支出
　消費関連で注目度の高い指標。月次データが翌月下旬に発表される。家計のモノに対する消費を集計。耐久財、衣料、その他商品の3項目がある。季節調整された前年基準の実質値で、前月比が注目される。

⑤消費者信頼感指数（INSEE家計サーベイ）
　INSEEが約2000世帯を対象に8月を除く毎月電話調査を行うもの。③のサー

ベイの家計版と言える。月次データの発表日は③と数日前後する。2004年1月にEU基準への定義直しが行われた。質問項目は家計の生活水準・財政状態（各実績・見通し）・購買意欲。0が分岐点で季節調整がなされる。

図表Ⅵ-10　ＩＮＳＥＥ企業サーベイと製造業生産

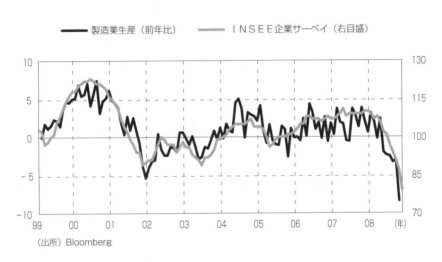

（出所）Bloomberg

公表機関ホームページアドレス

INSEE　　http://.www.insee.fr/

図表Ⅵ-11　ユーロ圏のＧＤＰ統計

（単位：%）

|  | 実質GDP | 個人消費 | 政府消費 | 固定投資 | 在庫投資 | 純輸出 | 輸出 | 輸入 |
|---|---|---|---|---|---|---|---|---|
| 96 | 1.5 | 1.7 | 1.7 | 1.6 | -0.6 | 0.4 | 4.8 | 3.6 |
| 97 | 2.5 | 1.7 | 1.2 | 2.6 | 0.2 | 0.6 | 10.7 | 9.2 |
| 98 | 2.8 | 3.1 | 1.2 | 5.9 | 0.3 | -0.7 | 7.5 | 10.4 |
| 99 | 2.9 | 3.4 | 1.9 | 6.1 | -0.1 | -0.5 | 5.7 | 7.8 |
| 00 | 3.9 | 3.1 | 2.1 | 4.8 | 0.1 | 0.5 | 12.7 | 11.6 |
| 01 | 1.9 | 2.0 | 2.0 | 0.5 | -0.4 | 0.6 | 3.9 | 2.2 |
| 02 | 0.9 | 0.9 | 2.4 | -1.4 | -0.3 | 0.5 | 1.8 | 0.4 |
| 03 | 0.8 | 1.2 | 1.7 | 1.3 | 0.1 | -0.6 | 1.2 | 3.1 |
| 04 | 2.1 | 1.6 | 1.6 | 2.2 | 0.2 | 0.3 | 7.3 | 6.9 |
| 05 | 1.7 | 1.7 | 1.5 | 3.2 | -0.1 | -0.1 | 4.9 | 5.6 |
| 06 | 2.9 | 1.9 | 1.9 | 5.5 | 0.1 | 0.2 | 8.3 | 8.2 |
| 07 | 2.6 | 1.6 | 2.3 | 4.3 | 0.1 | 0.3 | 5.9 | 5.4 |

（注）前年比伸び率、ただし在庫投資・純輸出は前年比寄与度。
（出所）Euroastat

# 2 ユーロ圏の金利・金融政策の読み方

## [1] ECBの金融政策

### (1) ユーロシステムの政策目標と任務

　欧州中央銀行制度（ESCB、European System of Central Banks）のうち、ユーロに加盟していない11ヵ国中銀を除いた組織を「ユーロシステム」と呼んでいる（図表Ⅵ－12太枠内）。政策目標と任務は以下の通りである。

　　政策目標　　物価の安定
　　基本任務　　①ユーロ圏の金融政策の策定・実施
　　　　　　　　②外国為替オペの実施とユーロ圏各国の外貨準備の維持・管理
　　　　　　　　③ユーロ圏の銀行券発行
　　　　　　　　④決済システムの円滑運営の促進
　　追加任務　　①必要な統計情報の収集
　　　　　　　　②銀行・金融システムの状況の把握
　　　　　　　　③ESCBと監督機関との情報交換の促進

　ユーロシステムを含むESCBはECB（欧州中央銀行）とNCBs（各国中央銀行）からなるEUの中央銀行組織である。その仕組みは範を仰いだアメリカの連邦準備制度（フェッド）によく似ている。ただしアメリカが連邦国家とはいえ連邦政府組織を中心とする州の連合体であるのに対し、EUはいまだ主権国家の寄せ集めに過ぎない。このため、ESCBの権限や機能も自ずと制約を受けざるをえないのが現状である。

### (2) ECBの組織
①理事会（Governing Council）
　最高意思決定機関。フェッドのFOMCに相当する。原則的に2週間ごとに開催される。ECB役員会6名とユーロ参加国の各国中央銀行総裁16名の計22名で構成される。主要任務は、①ESCBに与えられた任務を確実に遂行するために必要なガイドラインを定め、諸決定を行うこと、②EUの通貨政策（金融政策・政策金利・

Ⅵ　ユーロ圏経済・金融の見方

準備の供給などに関する諸決定を含む）を策定することである。2代目総裁ジャン・クロード・トリシェは2003年11月1日に就任した。

図表Ⅵ-12　ＥＳＣＢの組織

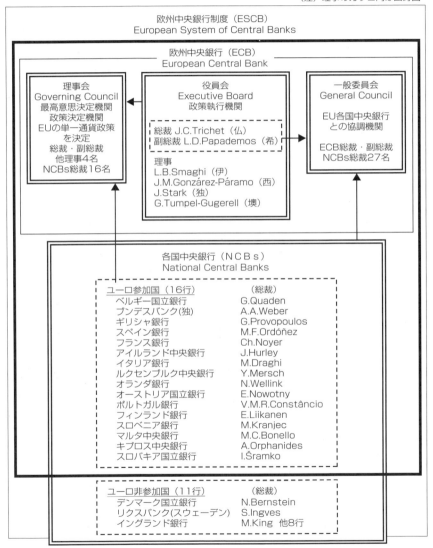

（出所）"Organisation of the European System of Central Banks(ESCB)"（ＥＵ）および"The members of the decision-making bodies of the ECB"（ＥＣＢ）より作成（2009年1月時点）

②役員会(Executive Board)

　政策執行機関。フェッドの理事会に相当する。総裁・副総裁・4人の理事(欧州議会と理事会との協議のうえ、閣僚理事会の勧告に基づいて、首脳レベルの合意により任命される)で構成される。主要任務は、①ECB理事会が策定したガイドライン・諸決定に基づき金融政策を実施すること、②ECB理事会によって委任された諸権限を行使することである。

③一般委員会(General Council)

　ユーロ圏とそれ以外のEU加盟国との間を調整するESCB固有の機関。年4回、3、6、9、12月のそれぞれ2回目の理事会と同時に開催される。総裁・副総裁・EU加盟国の各国中央銀行総裁27名の計29名で構成される。

### (3) 金融政策の基本方針

　1998年10月13日、ECB理事会は金融政策の主たる方針として以下の3項目を採択した。

　①単一通貨政策の一義的目的である「物価の安定」の量的定義
　②通貨量の伸び率の参考値を設定することによる通貨の役割の重視
　③将来の物価動向に関する見通しの幅広い評価　　(ECBプレスリリースより)

　同時に「物価安定」を「ユーロ圏の前年比HICP伸び率2%以下」と定義した。これはインフレ・ターゲティングの採用ではなく、あくまで中期的に達成すべき目標としての位置づけである。なお、マネーサプライについては、年2回、M3の年率伸び率目標を参考値(reference value)として設定している(2009年1月現在4.5%)。

### (4) 金融政策の手段

　主たる金融政策の手段は、毎週火曜に行われる1週間物の売戻し条件付き債券買いオペ(レポ)による公開市場操作である。ユーロ導入当初は固定金利入札でスタートした。このレポレート近辺にオーバーナイトの市場金利が収斂する。2000年6月8日の政策変更(利上げ)時、変動金利入札に変更された(6月28日の入札より実施)。この方式では最低金利が呈示され、レポレートは入札で決定される。固定金利入札よりも市場の見通しを反映しやすいと考えられている。その後、世界的金融危機に対応し2008年10月14日の入札より固定金利による全額応札方式が導入された。

　この他、月1回実施される3ヵ月物の長期オペがあるが、この金利は市場実勢を反映するものであって政策意図を示すものではないとECBは明言している。

　ドイツにおいて上限政策金利であったロンバートレート(中銀による債券担保貸出に適用される)に相当するのは限界貸出金利(Marginal Lending Rate)である。一方、

公定歩合に相当するのが中銀預金金利 (Deposit Rate) である。

図表Ⅵ-13　ＥＣＢによる政策金利変更

| 発表日 | 変動幅 | レポレート | 下限（中銀預金金利） | 上限（限界貸出金利） |
|---|---|---|---|---|
| 1999. 1. 1** | - | 3 | 2 | 4.5 |
| 1. 4** | - | 3 | 2.75 | 3.25 |
| 1.21 | - | 3 | 2 | 4.5 |
| 4. 8 | -50 | 2.5 | 1.5 | 3.5 |
| 11. 4 | +50 | 3 | 2 | 4 |
| 2000. 2. 3 | +25 | 3.25 | 2.25 | 4.25 |
| 3.16 | +25 | 3.50 | 2.5 | 4.5 |
| 4.27 | +25 | 3.75 | 2.75 | 4.75 |
| 6. 8 | +50 | 4.25* | 3.25 | 5.25 |
| 8.31 | +25 | 4.5* | 3.5 | 5.5 |
| 10. 5 | +25 | 4.75* | 3.75 | 5.75 |
| 2001. 5.10 | -25 | 4.5* | 3.5 | 5.5 |
| 8.30 | -25 | 4.25* | 3.25 | 5.25 |
| 9.17 | -50 | 3.75* | 2.75 | 4.75 |
| 11. 8 | -50 | 3.25* | 2.25 | 4.25 |
| 2002.12. 5 | -50 | 2.75* | 1.75 | 3.75 |
| 2003. 3. 6 | -25 | 2.5* | 1.5 | 3.5 |
| 6. 5. | -50 | 2* | 1 | 3 |
| 2005.12. 1. | +25 | 2.25 | 1.25 | 3.25 |
| 2006. 3. 2. | +25 | 2.5* | 1.5 | 3.5 |
| 6. 8. | +25 | 2.75* | 1.75 | 3.75 |
| 8. 3. | +25 | 3* | 2 | 4 |
| 10. 5. | +25 | 3.25* | 2.25 | 4.25 |
| 2007.12. 7. | +25 | 3.5* | 2.5 | 4.5 |
| 3. 8. | +25 | 3.75* | 2.75 | 4.75 |
| 2008. 6. 6. | +25 | 4* | 3 | 5 |
| 7. 3. | +25 | 4.25* | 3.25 | 5.25 |
| 10. 8. | -50*** | 3.75 | 3.25 | 4.25 |
| 11. 6. | -50 | 3.25 | 2.75 | 3.75 |
| 12. 4. | -75 | 2.5 | 2 | 3 |
| 2009. 1.15 | -50**** | 2 | 1 | 3 |

（注）*は変動金利入札の最低入札金利（Minimum Bid Rate）。
　　**は1998年12月22日に設定されたユーロ移行経過措置（日付は実施日）。
　　***は上限と下限をレポレートの上下100bpずつから50bpずつに縮小。
　　****は上限と下限をレポレートの上下100bpずつに再び拡大。

## [2] ユーロ圏の金利

### (1) 短期金利

　1999年1月のユーロ導入までに各国通貨の短期指標金利（ドイツのコールレートなど）は3％に収斂した。これがアメリカのFFレートに相当するユーロのEuribor（ユーリボー）オーバーナイト金利の始まりである。以降、この金利がユーロの短期金利として注目されている。FFレートの実効レート（Effective Rate）と同様の指標金利としてはEONIA（Euro Overnight Index Average）（イオニアと発音する）がある。これは1日の取引レートを出来高で加重平均したもので、当日中に発表される。

### (2) 長期金利

　EUは中央政府として国債を発行しているわけではないので、ユーロの長期金利の指標はユーロ圏各国が発行する国債である。なかでも信用力や発行量の面でドイツの連邦債（Bund）（ブンズと呼ばれる）とフランスの国債（OAT）（オーツとも呼ばれる）が重要視されている。各国国債はその信用力によって利回りが異なっている（図表Ⅵ-14参照）。

　ユーロの長短金利推移については図表Ⅵ-15参照。

図表Ⅵ-14　ユーロ圏の国債利回り格差（10年物）

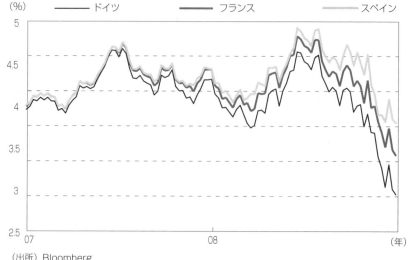

（出所）Bloomberg

Ⅵ ユーロ圏経済・金融の見方

図表Ⅵ-15　ユーロ圏のファンダメンタルズと金利動向

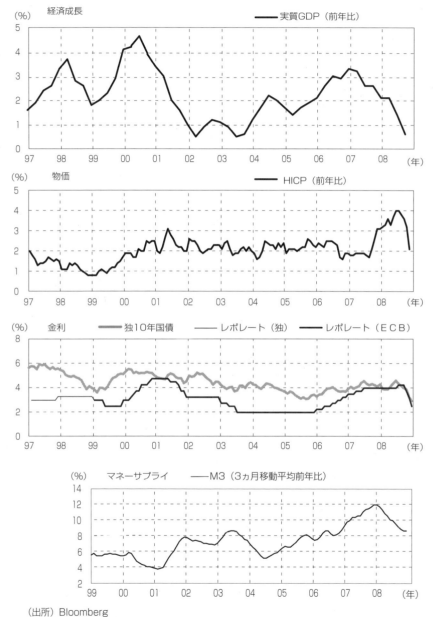

(出所) Bloomberg

欧州の経済・金融データ

<ユーロ圏>

| | 1993 | 1994 | 1995 | 1996 | 1997 | 1998 | 1999 | 2000 | 2001 | 2002 | 2003 | 2004 | 2005 | 2006 | 2007 |
|---|---|---|---|---|---|---|---|---|---|---|---|---|---|---|---|
| 実質GDP | -4.7 | 4.5 | - | 1.5 | 2.5 | 2.8 | 2.9 | 3.9 | 1.9 | 0.9 | 0.8 | 2.1 | 1.7 | 2.9 | 2.6 |
| 鉱工業生産 | - | 4.5 | 3.3 | 0.1 | 4.1 | 3.9 | 1.9 | 5.5 | 0.4 | -0.4 | 0.3 | 2.1 | 1.4 | 4.0 | 3.5 |
| 失業率 | 10.0 | 10.7 | 10.4 | 10.7 | 10.6 | 10.0 | 9.1 | 8.2 | 7.8 | 8.3 | 8.7 | 8.9 | 8.9 | 8.3 | 7.4 |
| 小売売上 | - | - | - | 0.4 | 1.2 | 3.1 | 2.4 | 2.0 | 1.8 | 1.1 | 0.7 | 1.6 | 1.4 | 1.5 | 0.9 |
| HICP | - | - | - | - | 1.5 | 0.8 | 1.7 | 2.5 | 2.0 | 2.3 | 2.0 | 2.4 | 2.2 | 1.9 | 3.1 |
| PPI | 1.4 | 2.1 | 4.2 | 0.4 | 1.1 | -0.6 | -0.4 | 5.3 | 2.1 | -0.1 | 1.4 | 2.3 | 4.1 | 5.1 | 2.8 |
| 単位労働コスト | - | - | - | - | 2.5 | 1.8 | 2.6 | 3.5 | 3.7 | 3.5 | 3.1 | 2.5 | 2.4 | 2.4 | 2.7 |
| 経常収支（10億ユーロ） | - | - | 48.68 | 64.30 | 73.5 | 68.7 | 32.8 | -21.2 | 47.4 | 99.0 | 69.6 | 71.5 | 16.0 | -7.0 | 24.1 |
| 経常収支（10億ユーロ） | - | - | - | - | 56.7 | 26.5 | -23.7 | -67.6 | -22.4 | 57.0 | 31.9 | 54.7 | -8.8 | -18.1 | 13.2 |
| マネーサプライ（M3） | 6.6 | 2.4 | 5.6 | 4.1 | 4.6 | 4.8 | 5.4 | 4.2 | 11.2 | 6.7 | 6.5 | 6.4 | 8.2 | 9.4 | 11.7 |
| 政策金利 | 6.00 | - | - | - | - | - | 3.00 | 4.75 | 3.25 | 2.75 | 2.00 | 2.00 | 2.25 | 3.50 | 4.00 |
| 実効為替レート | 93.0 | 96.6 | 101.6 | 97.5 | 89.0 | 92.9 | 81.5 | 80.6 | 78.8 | 84.5 | 92.8 | 95.0 | 90.7 | 94.9 | 101.1 |

<ドイツ>

| | 1993 | 1994 | 1995 | 1996 | 1997 | 1998 | 1999 | 2000 | 2001 | 2002 | 2003 | 2004 | 2005 | 2006 | 2007 |
|---|---|---|---|---|---|---|---|---|---|---|---|---|---|---|---|
| 実質GDP | -0.8 | 2.7 | 1.9 | 1.0 | 1.8 | 2.0 | 2.0 | 3.2 | 1.2 | 0.0 | -0.2 | 1.2 | 0.8 | 3.0 | 2.5 |
| 鉱工業生産 | -6.6 | 3.5 | 0.2 | -0.6 | 2.3 | 3.6 | 1.4 | 4.4 | -0.8 | -1.3 | 0.1 | 3.7 | 2.4 | 5.5 | 5.6 |
| 製造業受注 | -8.1 | 7.4 | 3.0 | -0.1 | 7.2 | 3.6 | 2.2 | 13.8 | -1.7 | 0.0 | 0.7 | 6.1 | 6.3 | 10.9 | 10.9 |
| Ifo景況感指数 | 90.6 | 100.4 | 91.3 | 92.9 | 99.4 | 94.8 | 99.7 | 97.8 | 87.8 | 87.4 | 97.2 | 96.5 | 99.9 | 109.0 | 103.3 |
| 失業率 | 9.0 | 9.6 | 9.5 | 10.4 | 11.5 | 11.1 | 10.5 | 9.6 | 9.4 | 9.8 | 10.5 | 10.6 | 11.7 | 10.8 | 9.0 |
| 小売売上 | -4.2 | -2.5 | 0.7 | -0.6 | -1.7 | 1.1 | 0.5 | 1.2 | 0.2 | -1.3 | -0.5 | 2.1 | 1.4 | 0.3 | -2.3 |
| CPI | 4.4 | 2.8 | 1.8 | 1.4 | 1.9 | 1.0 | 0.6 | 1.4 | 1.9 | 1.5 | 1.0 | 1.7 | 1.5 | 1.6 | 2.3 |
| PPI | -0.0 | 0.6 | 1.7 | -1.2 | 1.2 | -0.4 | -1.0 | 3.1 | 3.0 | -0.6 | 1.7 | 1.1 | 4.6 | 5.5 | 2.0 |
| 単位労働コスト | - | - | - | - | 1.6 | 1.6 | 2.3 | 3.3 | 2.6 | 2.3 | 2.7 | 1.1 | 0.8 | 1.6 | 1.2 |
| 貿易収支（10億ユーロ） | 29.8 | 36.6 | 45.1 | 50.8 | 59.8 | 64.3 | 64.5 | 59.3 | 96.5 | 134.2 | 131.0 | 154.6 | 157.5 | 159.4 | 196.4 |
| 経常収支（10億ユーロ） | -15.8 | -25.3 | -22.4 | -10.8 | -8.8 | -14.6 | -25.2 | -35.2 | 0.4 | 43.0 | 41.4 | 102.9 | 116.6 | 141.5 | 180.8 |
| 財政収支（対GDP比%） | -3.0 | -2.3 | -3.2 | -3.3 | -2.6 | -2.2 | -1.5 | 1.3 | -2.8 | -3.7 | -4.0 | -3.8 | -3.4 | -1.6 | 0.0 |
| 政策金利 | 6.00 | 4.85 | 3.75 | 3.00 | 3.30 | 3.00 | - | - | - | - | - | - | - | - | - |
| 長期金利 | 6.5 | 6.9 | 6.9 | 6.2 | 5.6 | 4.6 | 4.5 | 5.3 | 4.8 | 4.8 | 4.1 | 4.0 | 3.4 | 3.8 | 4.2 |
| 株価（DAX） | 127 | 118 | 126 | 161 | 237 | 279 | 389 | 359 | 288 | 162 | 221 | 238 | 302 | 368 | 451 |

Ⅵ　ユーロ圏経済・金融の見方

| <フランス> | 1993 | 1994 | 1995 | 1996 | 1997 | 1998 | 1999 | 2000 | 2001 | 2002 | 2003 | 2004 | 2005 | 2006 | 2007 |
|---|---|---|---|---|---|---|---|---|---|---|---|---|---|---|---|
| 実質GDP | -0.9 | 2.2 | 2.1 | 1.1 | 2.2 | 3.5 | 3.3 | 3.9 | 1.9 | 1.0 | 1.1 | 2.5 | 1.9 | 2.2 | 2.2 |
| 鉱工業生産 | -4.1 | 4.3 | 2.2 | -0.4 | 4.3 | 3.9 | 2.2 | 4.5 | 1.3 | -1.2 | -0.2 | 1.8 | 0.3 | 0.9 | 1.4 |
| INSEE指数(製造業) | -12 | 34 | -0 | -11 | 14 | 5 | -5 | 13 | -16 | -5 | -2 | 11 | -4 | 6 | 2 |
| 失業率 | 11.6 | 12.1 | 11.4 | 11.9 | 12.1 | 11.5 | 10.8 | 9.5 | 8.7 | 9.1 | 9.9 | 10.0 | 9.9 | 9.0 | ― |
| 家計消費支出 | -2.9 | 1.7 | 0.5 | 1.6 | -1.2 | 6.0 | 5.2 | 4.8 | 2.9 | 3.0 | 3.0 | 4.2 | 5.0 | 4.8 | 6.2 |
| CPI | 2.1 | 1.6 | 1.8 | 2.0 | 1.2 | 0.6 | 0.6 | 1.7 | 1.6 | 1.9 | 2.1 | 2.1 | 1.8 | 1.6 | 1.5 |
| PPI | ― | ― | ― | ― | ― | ― | ― | 4.4 | 1.2 | -0.2 | 0.9 | 3.4 | 3.0 | 3.4 | 2.5 |
| 単位労働コスト | ― | ― | ― | ― | 1.8 | 2.4 | 2.4 | 4.1 | 3.7 | 3.6 | 2.6 | 3.6 | 3.5 | 3.4 | 3.4 |
| 貿易収支(10億ユーロ) | 8.0 | 6.0 | 9.1 | 11.3 | 23.2 | 20.7 | 14.0 | -4.5 | 1.3 | 4.9 | 1.7 | -5.1 | -23.4 | -29.2 | -39.7 |
| 経常収支(10億ユーロ) | 8.1 | 5.4 | 8.3 | 16.0 | 23.8 | 22.3 | 42.7 | 23.9 | 29.5 | 20.3 | 13.7 | 9.5 | -11.1 | -12.0 | -22.5 |
| 財政収支(対GDP比%) | -6.0 | -5.5 | -5.5 | -4.0 | -3.3 | -2.6 | -1.8 | -1.5 | -1.5 | -3.1 | -4.1 | -3.6 | -2.9 | -2.4 | -2.7 |
| 長期金利 | 6.8 | 7.2 | 7.5 | 6.3 | 5.6 | 4.6 | 4.6 | 5.4 | 4.9 | 4.9 | 4.1 | 4.1 | 3.4 | 3.8 | 4.3 |
| 株価(CAC40) | 113 | 94 | 94 | 116 | 150 | 197 | 298 | 296 | 231 | 153 | 178 | 191 | 236 | 277 | 281 |

| <イギリス> | 1993 | 1994 | 1995 | 1996 | 1997 | 1998 | 1999 | 2000 | 2001 | 2002 | 2003 | 2004 | 2005 | 2006 | 2007 |
|---|---|---|---|---|---|---|---|---|---|---|---|---|---|---|---|
| 実質GDP | 2.2 | 4.3 | 3.0 | 2.9 | 3.3 | 3.6 | 3.5 | 3.9 | 2.5 | 2.1 | 2.8 | 2.8 | 2.1 | 2.8 | 3.0 |
| 鉱工業生産 | 2.2 | 5.4 | 1.8 | 1.4 | 1.4 | 1.0 | 1.5 | 1.8 | -1.5 | -1.7 | -0.7 | 0.9 | -1.1 | 0.7 | 0.4 |
| CBI製造業サーベイ | 11 | 21 | 20 | 18 | 17 | -6 | 5 | 4 | -6 | 5 | -3 | 12 | 4 | 10 | 15 |
| 失業率 | 9.7 | 8.8 | 7.6 | 6.9 | 5.3 | 4.5 | 4.1 | 3.6 | 3.2 | 3.1 | 3.0 | 2.7 | 2.7 | 2.9 | 2.7 |
| 小売売上 | 2.9 | 3.4 | 1.4 | 3.4 | 4.9 | 3.2 | 3.1 | 4.4 | 6.1 | 6.2 | 3.4 | 6.2 | 1.8 | 3.2 | 4.3 |
| RPI | 2.5 | 2.0 | 2.7 | 2.5 | 1.8 | 1.6 | 1.3 | 0.8 | 1.2 | -4.6 | 1.4 | 1.3 | 2.0 | 2.3 | 2.3 |
| PPI(投入) | 4.6 | 1.9 | 8.8 | -1.2 | -8.3 | -9.0 | -1.2 | 7.4 | -1.2 | -4.6 | 0.6 | 2.3 | 10.5 | 9.5 | 3.0 |
| 単位労働コスト | ― | ― | ― | ― | 5.8 | 4.2 | 4.7 | 5.0 | 5.5 | 4.8 | 4.5 | 6.9 | 3.5 | 3.6 | 5.2 |
| 貿易収支(10億ポンド) | -13.1 | -11.1 | -12.0 | -13.7 | -12.3 | -21.8 | -29.1 | -33.0 | -41.2 | -47.7 | -48.6 | -60.9 | -68.6 | -76.3 | -89.3 |
| 経常収支(10億ポンド) | -12.5 | -6.8 | -9.1 | -6.3 | -1.0 | -3.2 | -21.8 | -25.8 | -21.1 | -18.7 | -18.3 | -25.2 | -32.7 | -45.0 | -39.5 |
| 財政収支(対GDP比%) | -7.9 | -6.8 | -5.9 | -4.2 | -2.2 | -0.1 | 0.9 | 3.6 | 0.5 | -2.0 | -3.3 | -3.4 | -3.4 | -2.6 | -2.9 |
| マネーサプライ(M4) | 4.9 | 4.3 | 9.8 | 9.6 | 5.8 | 8.4 | 4.0 | 8.4 | 6.7 | 7.0 | 7.2 | 8.7 | 12.7 | 12.8 | 11.9 |
| 政策金利 | 5.50 | 6.25 | 6.50 | 6.00 | 7.25 | 6.25 | 5.50 | 6.00 | 4.00 | 4.00 | 3.75 | 4.75 | 4.50 | 5.00 | 5.50 |
| 長期金利 | 7.5 | 8.2 | 8.3 | 7.9 | 7.1 | 5.6 | 5.0 | 5.3 | 5.0 | 4.9 | 4.6 | 4.9 | 4.5 | 4.4 | 5.0 |
| 株価(FT100) | 141 | 127 | 152 | 170 | 212 | 243 | 286 | 257 | 215 | 163 | 185 | 199 | 232 | 257 | 267 |
| 実効為替レート | 87.3 | 85.4 | 80.8 | 93.0 | 100.0 | 96.5 | 101.5 | 99.2 | 101.6 | 100.4 | 98.4 | 99.8 | 98.3 | 104.2 | 97.9 |

(注) 経済指標は指数、収支などを除き前年比伸び率(%)。
政策金利は年末値。長期金利は年間平均値(IMF算出)。
株価は年末値(89年末値=100として換算)。
実効為替レートはBOE算出(1990=100)年末値。

(出所) 経済指標はDatastream
金利、株価、為替はBloomberg

291

## ユーロ圏ファンダメンタルズ比較

### 経済成長率（実質GDP）

| | | 1999 | 2000 | 2001 | 2002 | 2003 | 2004 | 2005 | 2006 | 2007 |
|---|---|---|---|---|---|---|---|---|---|---|
| | ドイツ | 2.0 | 3.2 | 1.2 | 0.0 | -0.2 | 1.2 | 0.8 | 3.0 | 2.5 |
| | フランス | 3.3 | 3.9 | 1.9 | 1.0 | 1.1 | 2.5 | 1.9 | 2.2 | 2.2 |
| | イタリア | 1.5 | 3.7 | 1.8 | 0.5 | 0.0 | 1.5 | 0.6 | 1.8 | 1.5 |
| | ベルギー | 3.4 | 3.7 | 0.8 | 1.5 | 1.0 | 3.0 | 1.8 | 3.0 | 2.8 |
| | オランダ | 4.7 | 3.9 | 1.9 | 0.1 | 0.3 | 2.2 | 2.0 | 3.4 | 3.5 |
| | ルクセンブルク | 8.4 | 8.4 | 2.5 | 4.1 | 1.5 | 4.5 | 5.2 | 6.4 | 5.2 |
| | アイルランド | 10.7 | 9.2 | 5.8 | 6.4 | 4.5 | 4.7 | 6.4 | 5.7 | 6.0 |
| | スペイン | 4.7 | 5.0 | 3.6 | 2.7 | 3.1 | 3.3 | 3.6 | 3.9 | 3.7 |
| | ポルトガル | 3.8 | 3.9 | 2.0 | 0.8 | -0.8 | 1.5 | 0.9 | 1.4 | 1.9 |
| | オーストリア | 3.3 | 3.7 | 0.5 | 1.6 | 0.8 | 2.5 | 2.9 | 3.4 | 3.1 |
| | フィンランド | 3.9 | 5.0 | 2.6 | 1.6 | 1.8 | 3.7 | 2.8 | 4.9 | 4.5 |
| | ギリシャ | 3.4 | 4.5 | 4.2 | 3.4 | 5.6 | 4.9 | 2.9 | 4.5 | 4.0 |
| | スロベニア | 5.4 | 4.4 | 2.8 | 4.0 | 2.8 | 4.3 | 4.3 | 5.9 | 6.8 |
| | キプロス | 4.8 | 5.0 | 4.0 | 2.1 | 1.9 | 4.2 | 3.9 | 4.1 | 4.4 |
| | マルタ | - | - | -1.6 | 2.6 | -0.3 | 1.2 | 3.5 | 3.2 | 3.9 |
| ユーロ圏 | | 2.9 | 3.9 | 1.9 | 0.9 | 0.8 | 2.1 | 1.7 | 2.9 | 2.6 |
| | イギリス | 3.5 | 3.9 | 2.5 | 2.1 | 2.8 | 2.8 | 2.1 | 2.8 | 3.0 |
| | スウェーデン | 4.6 | 4.4 | 1.1 | 2.4 | 1.9 | 4.1 | 3.3 | 4.2 | 2.5 |
| | デンマーク | 2.6 | 3.5 | 0.7 | 0.5 | 0.4 | 2.3 | 2.4 | 3.3 | 1.6 |
| | エストニア | -0.1 | 9.6 | 7.7 | 7.8 | 7.1 | 7.5 | 9.2 | 10.4 | 6.3 |
| | ラトビア | 3.3 | 6.9 | 8.0 | 6.5 | 7.2 | 8.7 | 10.6 | 11.9 | 10.2 |
| | リトアニア | -1.5 | 4.2 | 6.7 | 6.9 | 10.2 | 7.4 | 7.8 | 7.8 | 8.9 |
| | ポーランド | 4.5 | 4.3 | 1.2 | 1.4 | 3.9 | 5.3 | 3.6 | 6.2 | 6.6 |
| | チェコ | 1.3 | 3.6 | 2.5 | 1.9 | 3.6 | 4.5 | 6.3 | 6.8 | 6.0 |
| | スロバキア | 0.0 | 1.4 | 3.4 | 4.8 | 4.7 | 5.2 | 6.5 | 8.5 | 10.4 |
| | ハンガリー | 4.2 | 5.2 | 4.1 | 4.1 | 4.2 | 4.8 | 4.0 | 4.1 | 1.1 |
| | ブルガリア | 2.3 | 5.4 | 4.1 | 4.5 | 5.0 | 6.6 | 6.2 | 6.3 | 6.2 |
| | ルーマニア | -1.2 | 2.1 | 5.7 | 5.1 | 5.2 | 8.5 | 4.2 | 7.9 | 6.2 |
| EU27 | | 3.0 | 3.9 | 2.0 | 1.2 | 1.3 | 2.5 | 2.0 | 3.1 | 2.9 |

### インフレ率（HICP）

| | | 1999 | 2000 | 2001 | 2002 | 2003 | 2004 | 2005 | 2006 | 2007 |
|---|---|---|---|---|---|---|---|---|---|---|
| | ドイツ | 1.3 | 2.2 | 1.4 | 1.2 | 1.0 | 2.3 | 2.1 | 1.4 | 3.1 |
| | フランス | 1.4 | 1.7 | 1.4 | 2.2 | 2.4 | 2.3 | 1.8 | 1.7 | 2.8 |
| | イタリア | 2.1 | 2.7 | 2.2 | 2.9 | 2.5 | 2.4 | 2.1 | 2.1 | 2.8 |
| | ベルギー | 2.1 | 3.0 | 2.0 | 1.3 | 1.7 | 1.9 | 2.8 | 2.1 | 3.1 |
| | オランダ | 1.9 | 2.9 | 5.1 | 3.2 | 1.6 | 1.2 | 2.0 | 1.7 | 1.6 |
| | ルクセンブルク | 2.3 | 4.3 | 0.9 | 2.8 | 2.4 | 3.5 | 3.4 | 2.3 | 4.3 |
| | アイルランド | 3.9 | 4.6 | 4.3 | 4.6 | 3.0 | 2.4 | 1.9 | 3.0 | 3.2 |
| | スペイン | 2.8 | 4.0 | 2.5 | 4.0 | 2.7 | 3.3 | 3.7 | 2.7 | 4.3 |
| | ポルトガル | 1.7 | 3.8 | 3.9 | 4.0 | 2.3 | 2.6 | 2.5 | 2.5 | 2.7 |
| | オーストリア | 1.7 | 1.8 | 1.8 | 1.7 | 1.3 | 2.5 | 1.6 | 1.6 | 3.5 |
| | フィンランド | 2.2 | 2.9 | 2.3 | 1.7 | 1.2 | 0.1 | 1.1 | 1.2 | 1.9 |
| | ギリシャ | 2.3 | 3.7 | 3.5 | 3.5 | 3.1 | 3.1 | 3.5 | 3.2 | 3.9 |
| | スロベニア | 8.0 | 8.9 | 7.1 | 7.1 | 4.7 | 3.3 | 2.4 | 3.0 | 5.7 |
| | キプロス | 3.6 | 3.7 | 2.1 | 3.1 | 2.2 | 3.9 | 1.4 | 1.5 | 3.7 |
| | マルタ | 4.4 | 1.0 | 3.6 | 2.1 | 2.4 | 1.9 | 3.4 | 0.8 | 3.1 |
| ユーロ圏 | | 1.7 | 2.5 | 2.0 | 2.3 | 2.0 | 2.4 | 2.2 | 1.9 | 3.1 |
| | イギリス | 1.1 | 0.8 | 1.1 | 1.7 | 1.3 | 1.7 | 1.9 | 3.0 | 2.1 |
| | スウェーデン | 1.2 | 1.3 | 3.1 | 1.6 | 1.8 | 0.9 | 1.3 | 1.4 | 2.5 |
| | デンマーク | 3.1 | 2.3 | 2.2 | 2.6 | 1.2 | 0.9 | 2.2 | 1.7 | 2.4 |
| | エストニア | 3.7 | 5.0 | 4.2 | 2.7 | 1.2 | 4.8 | 3.6 | 5.1 | 9.7 |
| | ラトビア | 3.0 | 1.7 | 3.2 | 1.5 | 3.5 | 7.4 | 7.1 | 6.8 | 14.0 |
| | リトアニア | 0.4 | 1.6 | 2.1 | -0.9 | -1.3 | 2.8 | 3.0 | 4.5 | 8.2 |
| | ポーランド | 9.8 | 8.3 | 3.6 | 0.8 | 1.6 | 4.4 | 0.8 | 1.4 | 4.2 |
| | チェコ | 2.6 | 4.0 | 3.9 | 0.1 | 0.9 | 2.5 | 1.9 | 1.5 | 5.5 |
| | スロバキア | 14.1 | 8.4 | 6.7 | 3.2 | 9.4 | 5.8 | 3.9 | 3.7 | 2.5 |
| | ハンガリー | 11.4 | 10.0 | 6.8 | 4.9 | 5.6 | 5.5 | 3.3 | 6.6 | 7.4 |
| | ブルガリア | 7.0 | 11.3 | 4.8 | 3.8 | 5.6 | 4.0 | 7.4 | 6.1 | 11.6 |
| | ルーマニア | 54.8 | 40.7 | 30.3 | 17.8 | 14.1 | 9.3 | 8.7 | 4.9 | 6.7 |
| EU27 | | 3.4 | 3.5 | 2.7 | 2.4 | 2.1 | 2.5 | 2.3 | 2.2 | 3.2 |

（注）GDPは2000年基準実質年間伸び率、インフレ率は12月前年同月比伸び率。
　　　ユーロ圏の分類は2009年1月1日（スロバキア加入）以前。
（出所）Bloomberg　　（資料）Eurostat

## 第VII章
# 英国経済・金融の見方

# 1 英国経済の見方

## [1] 英国経済

### (1) 英国経済の特徴

　第2次世界大戦後の労働党政権以降、歴代政権によってなされた福祉政策の充実と重要基幹産業の国有化は1970年代に入るとさまざまな弊害をみせ、財政赤字・経常赤字拡大に苦しむこととなり、ついに76年にはIMFによる緊急融資（欧州初）を仰ぐに至った。その惨状は「英国病」と称され、失業やインフレ、頻発するストライキに社会は麻痺状態に陥った。

　1979年に誕生したサッチャー保守党政権は構造改革を断行、マネーサプライのコントロールによるインフレ抑制と、国有企業の民営化および公共支出削減を主体とした「小さな政府」志向による財政赤字削減に踏み切った。その結果、インフレ率は急激に低下して財政収支は黒字に転じ、経済が立ち直りをみせる一方で、失業率の増加と所得格差の拡大に悩まされることとなった。また同政権下では「金融ビッグバン」と称される金融市場改革が行われ、ロンドンの金融市場としての国際的地位の復活および向上に寄与することとなった。

　90年のサッチャー退陣後は景気後退により大幅な財政赤字を計上、92年にはポンド危機が発生しERMから脱退を余儀なくされたものの、90年代後半はブレア労働党政権のもと、緊縮財政と景気回復があいまって財政赤字は縮小している。一方で「小さな政府」政策による公共サービスの低下が著しく、同政権以降は政府支出の拡大などによる福祉政策の見直しが行われている。

　また同政権下での好調な経済と世界的な低金利を背景として、英国でも住宅ブームが発生し価格上昇を続け、景気は大いに拡大することとなった。しかし2007年半ばの米国サブプライム危機をきっかけに住宅価格は大きく下落、個人消費が冷え込むとともに、住宅関連融資の比率の高かった金融機関が相次いで破綻するなど金融業への打撃も大きく、英国経済は再び試練のときを迎えている。

### (2) 経済指標の読み方

①GDP

　四半期ベースのデータが期末の翌月から毎月下旬、3回にわたって発表される。

暫定値（Preliminary Estimate）は生産ベースの統計だが、この段階では鉱工業生産が2ヵ月分しか反映されないなど、データは不完全である。2次推定値（Output, Income and Expenditure）は生産・所得ベースの全項目を網羅しているが、支出ベースの一部項目がカバーされていない。確定値（Quarterly National Accounts）は支出構成項目（個人消費、設備投資、在庫など）がすべて出揃う。暫定値と確定値は大きく異なることもある。注目されるのは前期比（年率換算せず）と前年比の伸び率。

②鉱工業生産
　月次データが翌月第2週に発表され、改訂が頻繁に行われる。経済のサービス化が早くから進展したため、鉱工業部門がGDPに占める割合は4分の1程度であり、この指標の重要度は大陸諸国に比べてやや低いともいえる。振れの大きいエネルギー関連を除いた製造業生産（全体の約8割）も注目される。

図表Ⅶ-1　英国経済　推移

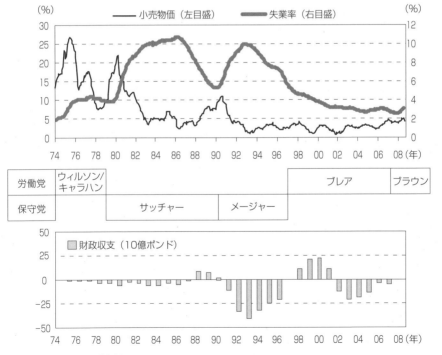

（注）小売物価はRPI前年比。
（出所）Bloomberg、財政収支のみ英国財務省

③ＣＢＩ製造業サーベイ・ＢＣＣサーベイ

ＣＢＩは英国産業連盟（Confederation of Business Industry）の略称。メーカー約1300社を対象とした月次ベース（四半期末月はなし）と、1200社を対象とした四半期ベース（四半期末月のみ）のサーベイを実施し、当月の最終週に発表する。ドイツのIfoサーベイに相当し、4ヵ月先と1年先の見通しを「yes」と「no」で回答させるもの。月次ベースの質問事項は受注・輸出受注・在庫・生産予測・価格見通し。四半期ベースはこれに企業信頼感・投資見通し・雇用見通し・価格圧力・稼働率が加わる。マーケットの注目度は高いが、季節調整がなされていない。月次の生産予測と価格見通しはそれぞれ製造業生産と生産者物価（産出）の先行指標とされる。四半期ベースのデータは設備投資、雇用、輸出の先行指標となる。

ＢＣＣは英国商工会議所（British Chamber of Commerce）の略称。ＣＢＩと同種のサーベイを実施しているが、対象が製造業（3500社）のみならずサービス業（4500社）に及んでいること、採用需給の項目があること、地域別の内訳が発表されること、四半期ベースのみであること、などの差異がある。季節調整はなされない。ＧＤＰ以外でサービス部門も包括的にカバーしているのはこの統計だけである。

なお、英国では政府が設備稼働率を集計していないため、ＣＢＩとＢＣＣが発表する四半期ベースのデータが利用される。

④製造業購買担当者景気指数（ＰＭＩ）

アメリカのＩＳＭに相当するサーベイ。製造業指数の発表は翌月第1営業日。購買・供給研究所（Chartered Institute of Purchasing and Supply、略してＣＩＰＳ）とMarkit社がメーカー約600社を対象に月次で実施する。サーベイ対象はＧＤＰの産業・地域別寄与度に則して選定されている。生産、受注、輸出受注、受注残、在庫、雇用、産出価格、投入価格、入荷速度・仕入量の10項目について毎月中旬、前月と比較した今月の状態を質問する。50が景気の分岐点。③と異なり季節調整がなされる。価格項目はＰＰＩの信頼性の高い先行指標である。

製造業指数の他に、翌月第2営業日に発表される建設指数（5項目）、第3営業日に発表されるサービス指数（7項目）がある（図表Ⅶ－3参照）。

⑤雇用統計

翌月中旬に発表される。失業保険申請ベースとＩＬＯ（国際労働機構）ベース（求職中の失業者を加えたもの）があるが、マーケットが注目するのは前者、とくに失業者の前月比増減。季節調整がなされている。

平均賃金はインフレ指標として重要であるが、賃金交渉妥結のタイミングやボーナ

ス支給時期の影響で振れが大きい。そこで3ヵ月移動平均の前年比に注目が集まっている。

図表Ⅶ-2 英国の経済成長率推移

(出所) Bloomberg

図表Ⅶ-3 PMI指数推移

(出所) ReuterおよびBloomberg

⑥小売売上

　個人消費の約4割を占める小売の基本的な統計。翌月中旬に発表される。国立統計局（ONS）が大手から中小まで5000の事業所を対象に集計する。自動車は含まれない。数量ベースのデータを小売価格デフレーターで除して金額ベースのデータが算出される。数量ベース前月比と、3ヵ月移動平均前期比が注目される。当初発表時は6割程度のサンプルしかカバーしておらず、季節調整の影響も加わり確定値までに大幅に修正されがちである。

　なお、CBIとBRC（英国小売協会）が流通業のサーベイを実施しているが、小売売上との相関性は月次では必ずしも高くない。

⑦RPI（Retail Prices Index）（小売物価）

　翌月の中旬に発表される。季節調整されないため、前年比に着目する必要がある。ローン利払い（Mortgage Interest Payments、MIPSと略称）が含まれるため、金利変動の影響を受けやすい。このためMIPSを除いたRPIXが基礎的インフレ率（underlying inflation）とみなされており、かつて金融政策におけるインフレ目標もこれを使用していた。なお、これからさらに間接税（付加価値税、自動車税、地方税）を除いたRPIYのほうが真の物価動向を反映しているともいわれている。

⑧CPI（Consumer Prices Index）（消費者物価）

　RPIと同時に発表。RPI同様、季節調整されず、前年比が注目される。マーストリヒト条約に基づくEUの統一基準で加盟27ヵ国ごとに作成され、ユーロ圏と全加盟国（EU27）の2つの単位で集計されている。以前はHICP（Harmonised Index of Consumer Prices）と呼ばれていたが、2003年12月10日、インフレ目標としてRPIXに代わって採用された際、この名称に変更された。

　RPIとCPIの違いは、①RPIは地方税や住宅関連費用（持ち家の減価償却、家財保険、不動産手数料）を含むのに対し、CPIは含まない、②RPIは構成項目を算術平均するのに対し、CPIは幾何平均を用いる、③RPIは高額所得者や年金生活者の世帯を調査から除外するのに対し、CPIは全世帯対象。ONSによれば②の差異によりCPIはRPIより0.5％程度低くなる。また①の差異により住宅価格の上昇時はRPIがCPIより高めに出やすい。実際、2003年12月の指標変更発表時、RPI（2.7％）とCPI（1.4％）のスプレッドは1.3％ポイントに達し、指標の見直しでインフレターゲット（2％）を一夜にして下回る事態となって物議をかもした。もっとも国際比較上はCPIのほうが優れており、また住宅バブルが収まれば両者は収斂する傾向がみられる。

⑨PPI（生産者物価）

　RPIの1週間程度前に発表。二つの系列がある。算出（output）は製造業者の国内向け出荷価格。季節調整されない。投入（input）は製造業者の資材仕入れ価格。季節調整される。実際の取引された価格ではなく、価格表の上での希望価格を反映しているとみられるため、好況時にはインフレを過小評価し、不況時にはインフレを過大評価する傾向がみられる。

図表Ⅶ-4　英国のインフレ動向

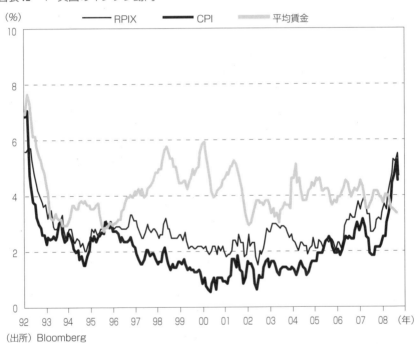

（出所）Bloomberg

⑩住宅価格
　政府からは、DCLG（Department for Communities and Local Government）とHM Land Registryとがそれぞれ統計を発表しているが、過去のデータが乏しいこともあり市場での注目度は低く、民間の指標が広く利用されている。とくに、住宅金融組合出身の金融機関であるHBOS（最大手だが、地盤である北部にやや偏りがあり、基準変更のため2002年11月以前のデータとの連続性がない）とNationwideが翌月初め前後に発表する指標（季節調整値）に加え、Rightmove社が発表する価格指数（2002年からのデータで不動産会社経由の住宅取引の90％を網羅）が注目される場合が多い。この他、RICS（王立公認不動産鑑定士協会）が発表する指数（鑑定士による今後の価格動向予想を比率で表す。0％以上の場合は上昇を見込む比率が高いことを示す）もある。
　英国人は概して持ち家志向が強いため、住宅価格の上昇による資産効果は大きく、個人消費との相関性が指摘されている。また、英国では住宅ローンの多くが固定金利（長期金利）ではなく変動金利（短期金利）で設定されるため、住宅市場が金融政策変更の影響を直接的に受けやすいことも特徴的で、金融当局は住宅価格の動向にきわめて敏感である。英国では90年代後半から、経済成長、失業率の低下、低金利、人口増加を背景として住宅価格が高騰。BOEの機動的な金融政策によって住宅価格の安定を図ってきたが、2007年のサブプライム危機による影響で住宅価格の下落は不可避となっている。その結果、2008年2月に積極的な貸出しで知られていたNorthern Rock、同年9月には投資用住宅（Buy to let）への融資最大手のBradford & Bingleyが破綻・公的管理下に置かれ、住宅金融最大手のHBOSはLloyds TSBによって買収されるなど、金融業への影響も大きなものとなっている。

⑪マネーサプライ
　現在注目されているのはM4。これは流通現金に民間部門保有預金を加えたもの。BOEが月次データを翌月第3週に発表する。もっとも英国でも金融自由化に伴ってマネーサプライ自体の指標としての信頼性は揺らいでおり、BOEは特定のレンジ設定を97年8月以降行っていない。その点、同時に発表されるM4貸出（金融機関の民間向け貸出残高）のほうが景気・インフレの先行指標として有用であろう。

⑫貿易収支
　月次データが翌々月10日頃に発表される。季節調整がなされている。EU向けと非EU向けの区分がある。
　98年以降、貿易赤字は拡大傾向にある。2001年には1946年より統計を開始し

て以来最大の赤字を記録し、年々更新している。この背景には国内の消費が好調なことによる輸入拡大と、海外の景気停滞による輸出不振がある。

⑬ＰＳＮＣＲ（公的部門純通貨需要）
　月次データが翌月中旬に発表される。各国の財政収支に相当するが、符号が逆であること、中央政府のみならず地方公共団体や政府が出資する公社などを含むこと、などの違いがある。

図表Ⅶ-5　住宅価格と金融政策

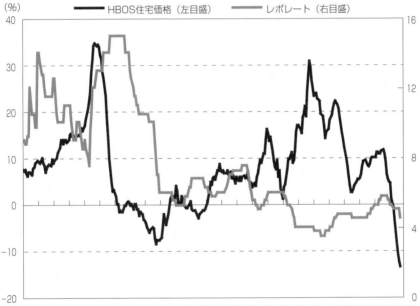

（注）HBOS住宅価格は2002年11月までは前年同月比、同12月以降は3ヵ月移動平均前年同期比
（出所）Bloomberg

公表機関ホームページアドレス
国立統計局（ONS）　　　　http://www..statistics.gov.uk/
イングランド銀行（BOE）　http://www.bankofengland.co.uk/
財務省　　　　　　　　　　http://www.hm-treasury.gov.uk/

## 2　英国の金利・金融政策の見方

### (1) イングランド銀行

　英国の金融政策は、イングランド銀行(Bank of England、以下BOEと略)の専管事項である。BOEの設立は1694年。中央銀行としてはスウェーデンのリクスバンク(1658年創立)に次ぐ歴史を誇り、オールド・レディの愛称で呼ばれる。

　BOEは1946年に労働党が政権を獲得した際に国有化され、金融政策についても政府が一般的な指令権をもつようになった。その後ERM(欧州為替相場メカニズム)への参加・離脱を経て、97年に労働党ブレア政権が発足するとBOEの独立性強化などの改革が宣言され、98年6月に改正BOE法が施行された。

　BOEの主要任務(core purpose)は以下の通り。

　通貨の完全性と価値の維持
　内外金融システムの安定性の維持
　国内金融サービスの実効性の確保

　BOEの総裁は女王の任命を受け、任期は5年である。政策決定機関としてはMPC(Monetary Policy Committee 金融政策委員会)がある。メンバーは総裁・2名の副総裁・2名の行内委員(チーフエコノミスト、市場操作担当役員)・4名の外部委員(財務大臣が直接任命)の合計9名。毎月上旬(水・木)に2日連続で開催される。政策金利変更の有無は2日目の正午に発表され、市場の注目を集める。議事録は2週間後に公表される。これとは別に2、5、8、11月に発表されるインフレ四季報も注目される。

### (2) 金融政策の変遷

　BOEは政府から独立した地位を占め、インフレ・ターゲティングを採用している。近年の金融政策は現在に至るまで以下のような変遷をたどった。

　簡単にまとめると、①1979〜83年は、ハウ財相のもとでスターリングM3を主目標としたマネタリズム色の強い政策、②83〜84年は、ローソン財相のもとでM0を主目標としたマネタリズムに近い政策、③85年以降は、為替相場の安定を優先する脱マネタリズム的政策、④92年秋に欧州通貨危機によりERMを離脱し、為替より

Ⅶ 英国経済・金融の見方

も国内景気やインフレ抑制を重視する金融政策、⑤98年のBOE法改正後は、独立性を高めたBOEの下でのインフレターゲティングによる金融政策、と概括できよう。

ERM離脱直後の92年10月には金融政策に対する信認を維持するため、経済・金融政策の新たなフレームワークとして、①中期的なインフレ率の目標値として、小売物価指数（RPI）を採用（実際に目標としたのはモーゲージ金利払い部分を除くコア部分＝RPIX）、前年比1－4％の範囲内を目標レンジとすることとし、②政策発動（金利操作）の前提となる判断材料として、為替レート、M0、市場金利とその相互関係、住宅価格などの資産物価などをあげ、その達成状況をBOE「インフレ・レポート」で公表する、などの措置を決定した。しかしながら依然として財務大臣が金融政策を決定する枠組みに変化はなく、BOE総裁は助言のみが可能であった。

一方で、マネーサプライについては、「十分な先行性を有しないが、将来のインフレ率の予測について補足的には役割が期待できる」との観点からM0の位置付けをターゲットレンジからモニタリングレンジに格下げするとともに、M4にもモニタリングレンジを設定した。

93年2月、財務大臣とBOE総裁との間で金融政策に関する月例会議開催が決定。93年12月、英国下院の財務委員会が金融政策の決定権限をBOEに委譲すべきだとの報告書を提出。これを受けて94年4月、財相・BOE総裁月例協議の議事録が翌月の協議後約2週間（当該協議後約6週間）で公表されることとなった。この結果、金融政策の透明度が高まるとともに、しばしば総裁の助言に反して財務大臣が金融政策を決定することが明らかとなり、BOE独立への世論形成に役立った。

この背景には、欧州通貨統合への参加にあたって中央銀行の独立性確保が義務づけられていることも大きい。改正BOE法施行（98年6月）により財相・総裁月例協議が廃止されMPCが政策決定機関となったことは、BOE独立の仕上げであった。

なお、マネーサプライについては97年8月にモニタリングレンジの公表が中止されていたが、改正BOE法によって正式に目標から外されることとなった。

図表Ⅶ－6　MPCメンバー

| | | 就任 | 任期 | 経歴 | 政策スタンス |
|---|---|---|---|---|---|
| 総裁 | Mervyn King | 03. 7 | 13.6 | BOE副総裁（98〜03）、大学教授（経済学） | 中立 |
| 副総裁 | Sir John Gieve | 06. 1 | 11.1 | 財務省生え抜き（局長、大臣秘書） | 中立 |
| | Charles Bean | 00.10 | 13.6 | 大学教授（経済学）、前チーフエコノミスト | 中立 |
| 行内委員（チーフエコノミスト） | Spencer Dale | 08. 6 | 11.6 | BOE生え抜き（総裁秘書、役員） | 中立 |
| （市場操作担当役員） | Paul Tucker | 02. 6 | 11.5 | BOE生え抜き（総裁秘書、役員） | 中立 |
| 外部委員 | Tim Besley | 06. 1 | 09.8 | 大学教授（経済学・政治学） | タカ派 |
| | David Blanchflower | 06. 6 | 09.5 | 大学教授（労働経済学） | ハト派 |
| | Kate Barker | 01. 6 | 10.5 | CBIエコノミスト（産業界代表として就任） | 中立 |
| | Andrew Sentance | 06.10 | 11.5 | エコノミスト（英国航空） | タカ派 |

（出所）BOEホームページ（http://www.bankofengland.co.uk）より作成

303

## （3）政策金利

　政策金利はレポレート(Repo Rate)。ＭＰＣは政策手段としてこの金利を操作する。
　レポレートは、ＢＯＥが日々の公開市場操作（オペ）として国債を対象とした2週間のレポ取引を行う際に適用される金利である。
　現在のオペの仕組みが導入されたのは97年3月。ＢＯＥ改革の一環であった。それまでは、①国債が対象とされていない、②オペの参加者が割引商社(ディスカウント・ハウス)に限定される、などの制約があった。政策金利の公表も行われていなかったため、マーケットでは大手4大銀行の基準貸出金利（ベースレート）を擬似的に政策金利として認識していた。したがって政策金利の過去の推移をたどる場合データが連続しないことになるが、97年3月以降のレポレートは事実上ベースレートと一致しているため、両者をつないでも問題はない。

## （4）インフレ・ターゲティング

　前述の通り92年10月、インフレ率を政策目標とするインフレ・ターゲティングが導入され、ＲＰＩＸ（モーゲージ金利払い部分を除く小売物価指数）の前年比を指標としたインフレターゲットが設定された。ＢＯＥによれば、インフレターゲティングの効用は以下の3点である。

①中間目標（マネーサプライ）ではなく、最終的な政策目的であるインフレ抑制を直接目標とすること。
②インフレ期待の明確な指標を提供できること。
③中央銀行が目標を達成しているかどうかが一般にわかりやすいこと。

　インフレ動向の実態を現すとされているＲＰＩＹ（ＲＰＩＸから間接税を除いたもの）をあえて採用しなかったことについて、ＢＯＥは「ＲＰＩＹは店頭価格（prices in the shops）ではないから」と説明している。その後、2003年12月、ＲＰＩＸに代わってＣＰＩが指標となった。
　マネーサプライの指標性が失われるにしたがい、英国以外でもスウェーデン、フィンランド、カナダ、ニュージーランドなどがインフレ・ターゲティングを採用している。ＢＯＥは透明性（信頼性と説明可能性）こそがこの仕組みの鍵であるとしている。現在設定されている上下1％の許容範囲を逸脱した場合、ＢＯＥ総裁はＭＰＣ開催後に公開書簡を財務大臣宛に送付し、逸脱の理由、今後の対策、目標に戻るまでの期間、金融政策との整合性について説明することになっている。さらに3ヵ月後に依然許容範囲を超えていた場合、総裁は再度書簡を送らねばならない（97年6月12日

付ゴードン・ブラウン財務大臣のエディ・ジョージＢＯＥ総裁宛書簡による）。
　なお、インフレターゲットの水準は原則的に毎年３月頃の財務大臣による予算演説で見直されることとなっている。

図表Ⅶ-7　インフレ・ターゲットの変遷（財務相発表）

| 発表日 | 政策運営方法・ターゲット | 変更の背景 |
| --- | --- | --- |
| 1992.10. 8 | RPIXの前年比を1〜4%の範囲内とする | インフレ・ターゲティングの導入 |
| 1995. 6.14 | 2.5%以下 | レンジの下限を明記せず |
| 1997. 6.12 | 2.5%（上下1%の許容範囲） | ターゲットの明確化（レンジ目標を廃止） |
| 2003.12.10 | CPI前年比2.0%（上下1%の許容範囲） | ターゲットの指標をRPIXからCPI（旧称HICP）に変更（同年4.9予算案で変更の意向は表明済み） |

## （５）長期金利

　長期金利の指標は英国国債。券面に金縁があったことからギルトエッジド（gilt edged）、略してギルツ（Gilts）と呼ばれている。好景気および財政政策の影響から財政赤字は限定的でその発行量は減少傾向にあったが、近年は再び増発傾向にある。

図表Ⅶ-8　長期金利と政策金利推移

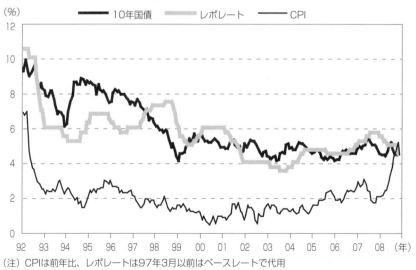

（注）CPIは前年比、レポレートは97年3月以前はベースレートで代用
（出所）Bloomberg

## (6) 財政政策

　ブレア政権下では金融政策同様に財政政策においても健全性と透明性を高める試みがなされており、以下2つのフレームワークが導入された。

①ゴールデン・ルール
　　政府の借入は投資目的に限定する
②サスティナビリティ・ルール
　　公的債務残高を対GDP比で安定的な水準に保つ（現行40％以下）

　上記とは別に、EU加盟国として、EUの安定成長協定（272頁参照）を遵守する必要がある。このうち2004年には、予算赤字を3％以内に抑制する規定に抵触したため、EU財相理事会から是正勧告を受けた。ただし、英国はユーロ圏の統一通貨であるユーロへ参加していないため、仮に本協定を遵守できなくとも、違反した場合に通常課される罰則などは適用されないこととなっている。

図表Ⅶ-9　サスティナビリティ・ルールと安定成長協定
　　　　　（公的債務残高と予算赤字の対GDP比率）

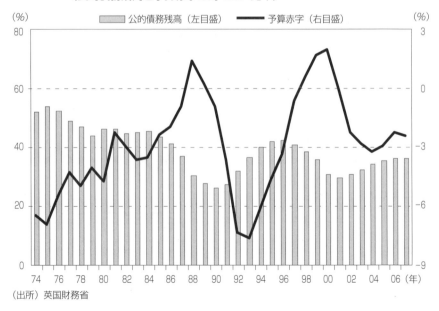

（出所）英国財務省

# 第VIII章
## オセアニア経済・金融の見方

# 1 オーストラリア経済・金融の見方

## [1] オーストラリア経済

### (1) オーストラリア経済の特徴

　オーストラリア連邦は、769万km²（日本の約20倍）という世界第6位の広大な面積を領有しながら、人口規模では世界第50位（2102万人）、GDP規模では世界第15位（8217億米ドル）にランクされる中規模国家である（人口・経済データはいずれも世界銀行「Quick Reference Tables（2007年版）」）。1人当たりGNIは3万5960米ドルで世界第28位。先進国のなかではやや下位に位置する。

　豪州といえば、鉄鉱石や石炭、アルミニウムをはじめとする鉱産物、小麦、羊毛、肉牛、乳製品などの農産物のイメージが強い。しかし2007／08年度（07年7月～08年6月）における総付加価値の構成比をみると、サービス業部門と製造業部門がそれぞれ68.4％と10.5％を占める一方、鉱業部門と農業部門は8.3％と2.5％を占めるにすぎない。

　なお、2004年以降の資源価格高騰により、鉱業部門の構成比は2003／04年度の4.4％から拡大している。しかし、2008年に入り、サブプライムショックに続く金融危機の影響から国際商品市況が急落しているため、今後の産業別シェアの変化に注意する必要がある。また、サービス業のなかでは不動産業と金融・保険業の比率が高い。なかでも不動産業の2007／08年度の構成比は13.0％と最大の産業となっている。

　もっとも、豪州の品目別輸出構成をみると、一般的なイメージに違わず、鉱産物が約4～5割を、農林水産物が約1～2割を占める構造となっている。そのため豪州経済は、1次産品市況や気象条件に左右されやすい傾向がある。実際、同国の実質GDP成長率は、大干ばつに見舞われた82／83年度、1次産品価格が低迷した90／91年度にはマイナス成長を記録した。また、豪州外務貿易省が公表している統計書「Composition of Trade」によると、サービス輸出を除いた商品輸出額の上位をみると、2007年では1位が石炭、2位が鉄鉱石、3位が金となっている。豪州通貨の豪ドル（通称「オージー（Aussie）」）相場と金属価格の連動性が高いことも、その証左といえる。

Ⅷ　オセアニア経済・金融の見方

図表Ⅷ－1　オーストラリアの実質ＧＤＰ成長率の推移

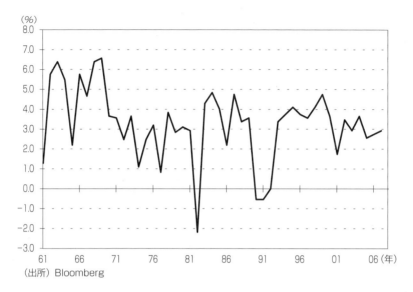

(出所) Bloomberg

図表Ⅷ－2　オーストラリアの景気循環

| 成長循環 (Growth Cycle) |||||| 古典的循環 (Classical Cycle) ||||||
| 山と谷 || 持続期間 |||| 山と谷 || 持続期間 ||||
| 山 | 谷 | 後退 | 拡張 | 循環 || 山 | 谷 | 後退 | 拡張 | 循環 ||
|   |   | 山から谷 | 谷から山 | 山から山 | 谷から谷 |   |   | 山から谷 | 谷から山 | 山から山 | 谷から谷 |
| 1960/ 8 | 1961/ 9 | 13 | 31 | 60 | 44 | 1960/ 9 | 1961/ 9 | 12 | 33 | 57 | 45 |
| 1965/ 4 | 1968/ 1 | 33 | 43 | 56 | 76 |   |   |   |   |   |   |
| 1971/ 1 | 1972/ 3 | 14 | 36 | 69 | 50 |   |   |   |   |   |   |
| 1974/ 2 | 1975/11 | 21 | 23 | 37 | 44 | 1974/ 7 | 1975/10 | 15 | 154 | 166 | 169 |
| 1976/ 8 | 1978/ 2 | 18 | 9 | 30 | 27 | 1976/ 5 | 1977/11 | 18 | 7 | 22 | 25 |
| 1981/ 9 | 1983/ 5 | 20 | 43 | 61 | 63 | 1981/11 | 1983/ 5 | 18 | 48 | 66 | 66 |
| 1985/11 | 1987/ 2 | 15 | 30 | 50 | 45 |   |   |   |   |   |   |
| 1989/12 | 1993/ 2 | 39 | 34 | 49 | 72 | 1990/ 2 | 1991/10 | 20 | 81 | 99 | 101 |
| 1995/ 4 | 1997/ 2 | 22 | 26 | 64 | 48 |   |   |   |   |   |   |
| 2000/ 6 | 2001/ 2 | 8 | 39 | 48 | 60 |   |   |   |   |   |   |
| 2004/ 5 | 2006/ 2 | 21 | 11 | 33 | 33 |   |   |   |   |   |   |
| 2007/1(注) |   |   |   |   |   |   |   |   |   |   |   |
| 平均 || 20 | 30 | 51 | 51 || 18 | 60 | 78 | 78 |
| 標準偏差 || 9 | 12 | 13 | 15 || 4 | 52 | 50 | 51 |

(注) 暫定
(出所) メルボルン大学応用経済研究所 (Melbourne Institute of Applied Economic and Social Research)

309

## （2）経済指標の読み方

　一国の経済を最も広範囲に把握できるのはGDP統計だが、公表時期が遅いため、速報性のある経済指標の動きを捉えておく必要がある。主要な経済指標については、図表Ⅷ-3の通り。

　最も早く公表されるのは、消費者信頼感指数（ウェストパック銀行・メルボルン大学）である。過去1年間と先行き1年間の家計の金融状況、先行き1年間と5年間の経済状況、大型の買い物をするのに良い時期かどうかが調査され、指数化されたものが公表される。

　次に早いのは、製造業ならびにサービス業パフォーマンス・インデックス（AiG）である。建設業のインデックスもある。総合指数は、生産（サービス業では売上）・新規受注・納入・在庫・雇用の各指数から計算され、指数が50を上回ったら、その産業は拡大傾向にあることを示す。上記の消費者信頼感指数も同様だが、これらは民間機関が公表しているため、詳細データを入手するのは有料となるが、最新レポートは各ホームページにおいて無料で閲覧できる。

　オーストラリア統計局が公表している指標で速報性が高いのは、労働力統計である。市場参加者の注目度も高い。主要項目は、失業率・雇用者数（対前月比増減）・労働参加率で、季節調整後のデータをみる。

　速報性は高くないが、豪州経済に占める比率の高い不動産業の動向を捉えるうえで、住宅建設許可件数も注目度の高い指標である。これも季節調整後のデータで動きを判断する。

　この他に、豪州の輸出は鉱産物・農林水産物の比率が高いため、国際商品市況の動向も豪州景気の先行きを読むのに欠かせない（第Ⅹ章「商品市況の見方」を参照）。

豪州経済統計の公表機関ホームページ
オーストラリア統計局（Australian Bureau of Statistics、ABS）
　　　　　　　　　　　　　　　　　　　http://www.abs.gov.au/
メルボルン大学（Melbourne Institute）　http://www.melbourneinstitute.com/
オーストラリア産業グループ（Australian Industry Group、
　AiG、国内大企業で構成される企業団体）　http://www.aigroup.asn.au/
ナショナル・オーストラリア銀行（NAB）　http://www.national.com.au/
コンファランス・ボード（Conference Board、米大手調査機関）
　　　　　　　　　　　　　　　　　　　http://www.conference-board.org/

Ⅷ オセアニア経済・金融の見方

図表Ⅷ-3　オーストラリアの主要経済指標

| | 指　標 | 公表機関 | 周　期 | 公表時期 | 備　考 |
|---|---|---|---|---|---|
| 生産関連指標 | 国民所得・支出・生産 (National Income, Expenditure and Product) | オーストラリア統計局 | 四半期 | 期終了の翌々月第1水曜日 | 全国・州別のGDPを掲載。可処分所得、労働生産性などの諸指標も公表。 |
| 景気関連指標 | 景気先行指数 (Business Cycle Index) | コンファランス・ボード | 月次 | 翌々月下旬 | |
| 物価関連指標 | 消費者物価指数 (Consumer Price Index) | オーストラリア統計局 | 四半期 | 期終了の翌月第4水曜日 | 現行基準は1989/90年。インフレ・ターゲットを導入している豪州では注目度が高い。 |
| | 生産者物価指数 (Producer Price Index) | オーストラリア統計局 | 四半期 | CPIが公表される週の月曜日 | 現行基準は1998/99年。最終財（輸出除く）・中間財・原材料の各指数で構成。 |
| 家計関連指標 | 小売売上高 (Retail Turnover at Current Price) | オーストラリア統計局 | 月次 | 翌月末～翌々月初 | |
| | 新車販売台数 (Total New Motor Vehicle Sales) | オーストラリア統計局 | 月次 | 翌月21日 | |
| | 住宅建設許可件数 (Dwelling Unit Approvals) | オーストラリア統計局 | 月次 | 翌月末～翌々月初 | |
| | 消費者信頼感指数 (Westpac-Melbourne Institute Consumer Sentiment Index) | ウェストパック銀行・メルボルン大学 | 月次 | 当月第2水曜日 | |
| 労働関連指標 | 労働力 (Labour Force) | オーストラリア統計局 | 月次 | 翌月第1もしくは第2木曜日 | 失業者数、失業率、労働参加率などから構成。 |
| 企業景況感関連指数 | 製造業パフォーマンス・インデックス (Australian Performance of Manufacturing Index) | AiG | 月次 | 翌月第1営業日 | |
| | サービス業パフォーマンス・インデックス (Australian Performance of Service Index) | AiG | 月次 | 翌月第3営業日 | |
| | 企業景況感指数 (Business Confidence) | ナショナル・オーストラリア銀行（NAB） | 月次 | 翌月第2火曜日 | |
| 貿易関連指標 | 貿易収支 (Trade Balance) | オーストラリア統計局 | 月次 | 翌々月上旬 | 原数値と季節調整値を公表。豪ドル相場を占ううえで重要。 |
| | 経常収支 (Current Account) | オーストラリア統計局 | 四半期 | 翌々月末～翌々々月初 | 原数値と季節調整値を公表。豪ドル相場を占ううえで重要。 |

（出所）各公表機関

## [2] 豪州の金融市場

### (1) オーストラリア準備銀行 (RBA) の金融政策
①オーストラリア準備銀行と準備銀行理事会

　豪州では、1911年創設のオーストラリア連邦銀行 (Commonwealth Bank of Australia) を前身とする「オーストラリア準備銀行」(RBA、Reserve Bank of Australia) が「1959年準備銀行法」(Reserve Bank Act 1959) のもと、中央銀行として金融政策の決定および遂行の責任を負っている。

　ＲＢＡの最高意思決定機関は「準備銀行理事会 (Reserve Bank Board)」である。同理事会は同法10条により金融政策の決定権限を与えられるとともに、通貨の安定、完全雇用の維持、国民の経済的繁栄・幸福に寄与することが義務づけられている。

　理事会は総裁1名、副総裁1名、財務次官1名のほか、財務大臣の指名を受けた6名の外部理事の計9名からなる。総裁および副総裁の任期は7年、外部理事の任期は5年であるが、いずれも再任が可能である。理事会会合は1月を除く毎月1回、第1火曜日に開催され、議事は多数決によって決定される。結果は当日の豪州東部時間午後2時30分に公表される。また、第3火曜日には議事録が公表される。

　なおＲＢＡは自らの経済情勢に関する判断および見通しについて、毎月の理事会会合後の声明で触れるとともに、四半期ごと (2、5、8、11月の各上旬) に出される「金融政策報告 (Statement on Monetary Policy)」のなかで公表している。

②金融政策と政策金利

　ＲＢＡの金融政策手段は公開市場操作のみである。「キャッシュ・レート (Cash Rate)」が誘導目標の対象金利であり、誘導目標自体は「キャッシュ・レート・ターゲット (Cash Rate Target)」と呼ばれる (図表Ⅷ-5参照)。

　ＲＢＡは公開市場操作にあたり、インフレの抑制を金融政策の一義的な中期目標として位置づけたうえで、1993年以降、インフレ・ターゲット政策を採用している。その背景には、ＲＢＡが85年にマネタリー・ターゲット政策を放棄した後に導入した「裁量的金融政策」の失敗に対する反省があった。

　もっとも政府がインフレ・ターゲット政策の実施を正式に承認したのは、財務大臣とＲＢＡ総裁が「金融政策の遂行に関する声明書 (Statement on the Conduct of Monetary Policy)」を結んだ96年のことである。以降、消費者物価指数 (ＣＰＩ) の対前年比上昇率を中期的な景気循環において平均2～3％に抑えることが金融政策の目標となっている。なお、現行の政策根拠は、2006年に締結された「第3次金融政策の遂行に関する声明書」である。

Ⅷ オセアニア経済・金融の見方

図表Ⅷ-4　豪ドルとニュージーランド・ドルの対米ドル相場の推移

(出所) Bloomberg

図表Ⅷ-5　キャッシュ・レート・ターゲットとＣＰＩ上昇率の推移

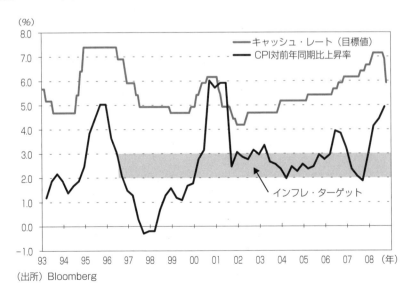

(出所) Bloomberg

## （2）金融市場

　豪州はオンバランス、オフバランスともに高度に発展した金融市場をもつ。うち最短期市場であるコール市場には、銀行およびその他の金融機関のほか、州政府や大企業も参加するが、通常、取引は短資会社やマーチャントバンクを介して行われる。取引期間は30日物までが一般的である。

　債券市場（debt market）については、オーストラリア金融市場協会（AFMA、Australian Financial Markets Association）によると、2007／08年度の年間売買高は7.23兆豪ドルで、うち政府債（連邦政府債、州政府債など）が0.72兆豪ドル、非政府債が0.64兆豪ドル、譲渡性商品（Negotiable and Transferable Instruments）が5.87兆豪ドルを占めた（図表Ⅷ－6参照）。残高は07年末時点で政府債が0.14兆豪ドル、非政府債が0.89兆豪ドル、オフショア債が0.39兆豪ドルとなっている（図表Ⅷ－7参照）。

　豪州の債券市場に特徴的なこととしては、連邦政府財政の健全化に伴い（中央政府の財政収支の対GDP比は2007／08年度で約1.7％の黒字）、連邦政府債の債券全体に占める割合が低下を辿る一方、非政府債およびオフショア債の比率が急拡大していることがあげられる。また各州の自立性および権限の強さを反映して、州政府債の発行額が多いことも特徴である。

　債券市場を長短の期間で分けると、短期については、売買高、残高ともに、「銀行手形（Bank Bill）」と「譲渡性預金（NCD）」から構成される金融機関発行分が他を圧倒している。そのうち銀行手形90日物は短期金融市場の指標金利となっている。また無担保の「企業約束手形（Promissory Note。CPに相当）」の発行・取引も活発である。一方、豪州金融管理局（AOFM、Australian Office of Financial Management）が発行する短期国債（Treasury Notes）は2000年頃から残高が減少している。

　長期については、政府債のほか、モーゲージ担保債（MBS）を中心とする資産担保型債券（ABS）が重要なシェアを占める。また非居住者による豪ドル建て債「カンガルー債」の発行も近年目立つようになっている（発行体の中心は米国企業）。

　他方、豪州では、冒頭の通りオフバランス市場もよく発達しており、店頭レポ取引（主なレポ対象は連邦政府債および州政府債）、シドニー先物取引所（SFE、Sydney Futures Exchange）を介した金利先物・オプション取引のほか、近年ではクレジット・デリバティブ取引も顕著な拡大を示している。

## 図表Ⅷ-6　債券市場の売買高推移

(単位：10億豪ドル)

|  |  | 2003/04年 | 2004/05年 | 2005/06年 | 2006/07年 | 2007/08年 |
|---|---|---|---|---|---|---|
| 政府債 | Government Debt Securities | 874 | 748 | 875 | 772 | 716 |
| 　連邦政府債 | Commonwealth Government Bonds | 433 | 368 | 357 | 321 | 285 |
| 　州政府債 | State Government Bonds | 306 | 251 | 370 | 337 | 324 |
| 　その他の政府保証債 | Other Government Guaranteed Bonds | 0 | 28 | 1 | 1 | 1 |
| 　外国政府債 | Foreign Government Bonds | 134 | 102 | 147 | 113 | 106 |
| 非政府債 | Non-Government Debt Securities | 341 | 382 | 613 | 605 | 637 |
| 　銀行債 | Bank Securities | 141 | 89 | 140 | 123 | 247 |
| 　事業債 | Corporate Securities | 93 | 105 | 141 | 197 | 105 |
| 　モーゲージ担保債 | Mortgage Backed Securities | 58 | 48 | 77 | 99 | 92 |
| 　その他の資産担保債 | Other Asset Backed Bonds | 4 | 21 | 118 | 112 | 132 |
| 　オフショア債 | Offshore AUD Issues | 9 | 40 | 44 | 16 | 22 |
| 　外国非政府債 |  | 37 | 80 | 94 | 59 | 39 |
| 譲渡性商品 | Negotiable and Transferable Instruments | 2,964 | 3,356 | 3,936 | 4,665 | 5,871 |
| 　短期国債 | Treasury Notes | 1 | 10 | 0 | 0 | 0 |
| 　準政府手形 | Semi-Government Paper | 63 | 176 | 254 | 244 | 147 |
| 　銀行手形・譲渡性預金 | Bank Bills & NCD | 2,128 | 2,166 | 2,612 | 3,272 | 4,635 |
| 　企業約束手形など | Corporate Promissory Notes & Others | 773 | 1,005 | 1,071 | 1,149 | 1,088 |
| 合計 |  | 4,180 | 4,488 | 5,426 | 6,043 | 7,225 |

(出所) AFMA "2008 Australian Financial Markets Report"

## 図表Ⅷ-7　債券市場の残高推移

(単位：10億豪ドル)

|  |  | 1995 | 1996 | 1997 | 1998 | 1999 | 2000 | 2001 | 2002 | 2003 | 2004 | 2005 | 2006 | 2007 |
|---|---|---|---|---|---|---|---|---|---|---|---|---|---|---|
| 非政府短期債 |  | 113.9 | 128.7 | 143.5 | 165.3 | 195.7 | 1197.7 | 206.7 | 218.6 | 248.2 | 286.5 | 306.1 | 351.4 | 544.2 |
|  | 金融機関 | 104.4 | 114.8 | 126.4 | 146.7 | 174.1 | 169.9 | 178.1 | 192.5 | 223.9 | 260.5 | 279.0 | 320.0 | 495.4 |
|  | 非金融機関 | 7.7 | 10.9 | 11.3 | 9.1 | 10.4 | 12.4 | 8.9 | 9.4 | 5.2 | 6.8 | 5.9 | 6.4 | 3.4 |
|  | 資産担保型 | 1.7 | 3.0 | 5.1 | 9.2 | 11.0 | 14.9 | 19.2 | 16.5 | 18.9 | 19.2 | 21.2 | 24.8 | 44.8 |
|  | 非居住者 | - | - | 0.7 | 0.2 | 0.2 | 0.5 | 0.5 | 0.4 | 0.1 | 0.0 | 0.1 | 0.2 | 0.7 |
| 非政府長期債 |  | 21.3 | 23.9 | 33.4 | 39.8 | 63.5 | 81.1 | 102.5 | 123.9 | 143.8 | 181.9 | 242.7 | 309.9 | 348.4 |
|  | 金融機関 | 5.8 | 4.3 | 6.9 | 10.6 | 19.1 | 21.9 | 22.8 | 24.8 | 28.6 | 38.5 | 55.1 | 70.9 | 81.2 |
|  | 非金融機関 | 4.4 | 4.9 | 6.8 | 8.0 | 13.2 | 20.3 | 25.0 | 29.4 | 32.1 | 36.6 | 40.5 | 47.4 | 46.5 |
|  | 資産担保型 | 8.5 | 11.6 | 16.3 | 17.5 | 23.4 | 27.3 | 36.0 | 49.2 | 59.9 | 66.5 | 83.4 | 100.5 | 116.4 |
|  | 非居住者 | 2.6 | 3.0 | 3.4 | 3.8 | 7.9 | 11.6 | 18.7 | 20.4 | 23.1 | 40.4 | 63.7 | 91.1 | 104.4 |
| 政府債 | 短期 | 20.6 | 20.1 | 16.8 | 15.2 | 17.6 | 8.4 | 11.3 | 13.1 | 8.9 | 7.2 | 7.0 | 8.5 | 9.4 |
|  | 長期 | 140.8 | 141.2 | 134.4 | 128.4 | 122.2 | 117.0 | 112.5 | 113.0 | 109.7 | 111.6 | 114.2 | 114.3 | 125.6 |
| 非政府オフショア債 |  | 67.3 | 81.0 | 83.9 | 92.4 | 106.4 | 124.9 | 155.3 | 183.9 | 228.6 | 289.9 | 332.1 | 383.7 | 394.5 |
|  | 金融機関 | 36.4 | 49.7 | 50.9 | 52.9 | 61.9 | 73.5 | 88.6 | 101.4 | 127.6 | 162.7 | 189.4 | 221.3 | 229.3 |
|  | 非金融機関 | 29.6 | 30.1 | 28.7 | 30.7 | 29.9 | 30.8 | 36.7 | 45.3 | 55.0 | 66.6 | 75.7 | 81.0 | 83.7 |
|  | 資産担保型 | 1.3 | 1.2 | 4.3 | 8.9 | 14.7 | 20.6 | 30.0 | 37.2 | 46.0 | 60.6 | 67.0 | 81.3 | 81.5 |

(出所) RBA "Reserve Bank Bulletin"

## 2 ニュージーランド経済・金融の見方

### [1] ニュージーランド経済

　前掲の世界銀行統計によると、2007年におけるニュージーランドの人口は世界第120位の423万人、GDPは第51位の1297億米ドルで、いずれもシンガポールをやや下回る規模にとどまる(1人当たりGNIは2万8780米ドル)。

　ニュージーランド経済は外部依存度が高く、サービスを含む輸出および輸入の対GDP比は2008年3月末年度でそれぞれ約30%に達する。最大の貿易相手国は豪州で、貿易に占める豪州の構成比は輸出入ともに2割を超える。なお、ニュージーランドの通貨であるNZドル(通称「キウイ(Kiwi)」)は豪ドルと連動して動くことが多い。

　ニュージーランドのGDPを産業部門別にみると、第3次産業が68%、第2次産業が21%を占める一方、第1次産業は7%にとどまる(2008年3月末年度。その他産業4%)。産業別には金融・保険業(27%)と製造業(14%)の比率が高い。もっとも同国経済は輸出の半分近くを酪農品、食肉、林産物、果実類などの1次産品に依存するため、農産品市況の影響を受けやすい。

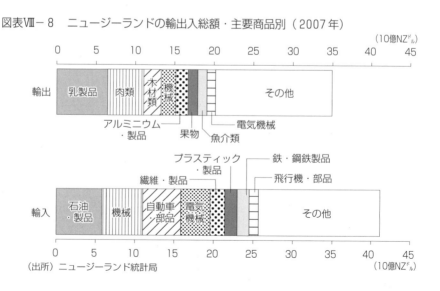

図表Ⅷ-8　ニュージーランドの輸出入総額・主要商品別(2007年)

(出所)ニュージーランド統計局

Ⅷ オセアニア経済・金融の見方

## 図表Ⅷ-9　ニュージーランドの主要経済指標

| | 指　標 | 公表機関 | 周　期 | 公表時期 |
|---|---|---|---|---|
| 生産関連指標 | 国内総生産（GDP） | ニュージーランド統計局 | 四半期 | 期終了の翌々月下旬 |
| 物価関連指標 | 消費者物価指数（Consumer Price Index） | ニュージーランド統計局 | 四半期 | 期終了の翌月中旬 |
| | 生産者物価指数（Producer Price Index） | ニュージーランド統計局 | 四半期 | 期終了の翌々月中旬～下旬 |
| 家計関連指標 | 小売売上高（Retail Sales） | ニュージーランド統計局 | 月次 | 翌月中旬 |
| | 住宅建設許可件数（Number of New Dwellings Authorized） | ニュージーランド統計局 | 月次 | 翌月末～翌々月初 |
| 労働関連指標 | 完全失業率（Labour Force Unemployment Rate） | ニュージーランド統計局 | 四半期 | 期終了の翌々月第2木曜日 |
| 企業景況感関連指数 | 製造業パフォーマンス・インデックス（NZ Performance of Manufacturing Index） | ニュージーランド経済発展協会（EDANZ） | 月次 | 翌月中旬 |
| | ビジネス信頼感指数（NBNZ Business Confidence Index） | ニュージーランド・ナショナル銀行（NBNZ） | 月次 | 当月第4火曜日 |
| 貿易関連指標 | 貿易収支（Trade Balance） | ニュージーランド統計局 | 月次 | 翌月下旬 |
| | 経常収支（Current Account） | ニュージーランド統計局 | 四半期 | 翌々月下旬 |

（出所）各公表機関

## ニュージーランド経済統計の公表機関ホームページ

| ニュージーランド統計局（Statistics New Zealand） | http://www.stats.govt.nz/ |
| ニュージーランド経済発展協会（EDANZ） | http://www.edanz.org.nz/ |
| ニュージーランド・ナショナル銀行（NBNZ） | http://www.nationalbank.co.nz/ |

## [2] ニュージーランドの金融政策

　同国の中央銀行は1934年に政府の全額出資で設立された「ニュージーランド準備銀行（RBNZ、Reserve Bank of New Zealand）」である。RBNZは現在、89年銀行法のもと、政府から完全に独立した形で金融政策を実行している。

　RBNZの金融政策手段は公開市場操作のみである。RBNZは金融政策の運営について、1990年以降、政府との間の「政策目標協定（PTA、Policy Target Agreement）」に基づき、インフレ・ターゲット政策を導入している。導入当初の中期インフレ目標は消費者物価指数（CPI）対前年比上昇率で0～2％だったが、96年12月に0～3％へ変更され、2002年9月の新PTA調印以降は1～3％となっている。

　RBNZの政策金利は1999年に導入した「オフィシャル・キャッシュ・レート（OCR、Official Cash Rate、市中銀行向け貸し出し・預け入れの基準金利）」である。RBNZは6週間ごと（年8回）にOCRを見直ししている。また、RBNZは年4回「金融政策報告（Monetary Policy Statement）」を公表し、そのなかで、約3年先までの景気・物価見通しを掲載している。

図表Ⅷ-10　オフィシャル・キャッシュ・レートとCPI上昇率の推移

（出所）Bloomberg

# 第IX章
エマージング経済・金融の見方

# 1　エマージング経済

　近年、エマージング（新興国）経済の世界経済に及ぼす影響力が増しているが、なかでも、ブラジル（Brazil）、ロシア（Russia）、インド（India）、中国（China）の4ヵ国は、その頭文字をつないでBRICs（ブリックス）と呼ばれ、エマージング経済の大国として注目を集めている。

　そのため、エマージング経済に関しては、専門書、一般書、ネットなどを問わず、巷間に膨大な情報が溢れているので、本章では、BRICs諸国経済の特徴を概観し、各国の経済・金融市場を分析・理解するための基礎情報をまとめるにとどめる。

　まず経済規模の大きさを確認しておくと、世界銀行の統計（図表IX-1参照）によれば、2007年における各国のGDPは、中国が世界第4位の3.3兆米ドルでBRICsのなかでも突出しており、ブラジル（1.3兆米ドル）、ロシア（1.3兆米ドル）、インド（1.2兆米ドル）は少しランクが下がり、第10・11・12位と並んでいる。だがPPP（購買力平価）で換算したGDPでみると、中国は7.1兆国際ドルとなり、米国に次ぐ世界第2位に浮上し、インド（3.1兆国際ドル）、ロシア（2.1兆国際ドル）、ブラジル（1.8兆国際ドル）も世界のトップテン入りする。

　次に人口では、中国とインドの突出ぶりが顕著である。世界人口に占める割合はこの2国で37％、BRICs全体では42％と、生産要素の一つである労働力を豊富に有していることがわかる。2007年現在、人口が1億人を超える国は世界に11ヵ国しかなく、そのなかで先進国は米国（3.0億人）と日本（1.3億人）のみである。

　一方で、1人当たりGNI（国民総所得）は、PPP換算後でみても、最も高いロシアでさえ世界第73位、ブラジルも第98位にとどまっている。中国（第122位）・インド（第154位）に至っては、世界の100位以内にすら入っておらず、マレーシアやタイといったアジアの中進国の後塵を拝している。

　このように大規模な人口を有するBRICs諸国の1人当たり所得水準は低いが、経済大国としての潜在力は十分にあるといえよう。現在、G7（先進7ヵ国グループ）のみで国際経済問題を解決することが困難になっており、BRICsを含むG20など、新しい国際協調体制が模索されていることは、BRICsの存在感が格段に増してきていることの証左であろう。

IX　エマージング経済・金融の見方

図表IX-1　世界のなかのBRICs諸国（2007年）

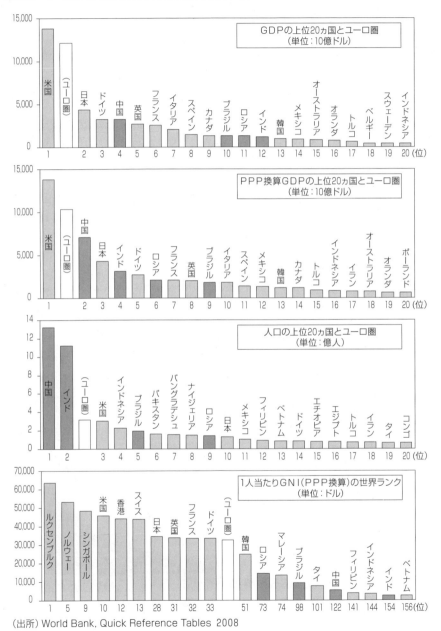

(出所) World Bank, Quick Reference Tables 2008

## 2　中国経済・金融の見方

### [1] 中国の経済

「改革・開放」が打ち出された1978年から2007年の間の平均実質GDP成長率は9.9％に達する（図表IX-2参照）。主に外資に牽引される形で、経済の工業化、さらにサービス化がすさまじい勢いで進み、1人当たりGDPは78年のわずか381元から2007年には1万8885元まで増加した。

しかし、中国にはきわめて大きな地域間所得格差が存在する。省区市別の1人当たり地域総生産でみると、最も豊かな上海市と最も貧しい貴州省との間では約10倍もの差がある。労働構造をみても、上海や北京ではすでに第3次産業従事者が過半に達し、沿岸部の諸省では第2次産業従事者が3～4割を占める一方、内陸部の省区では労働人口の半分以上が（少なくとも統計上は）依然第1次産業に従事する。

中国経済をみるうえで、とくに重視されている指標は、GDP、鉱工業生産、固定資産投資、消費者物価指数、対内海外直接投資（FDI）、貿易収支などである。

図表IX-2　産業別名目GDPおよび実質GDP成長率の推移

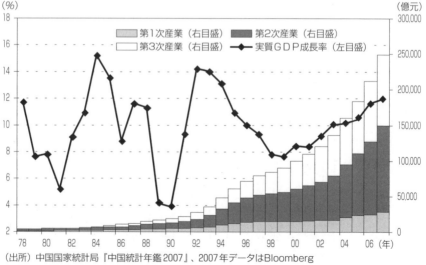

（出所）中国国家統計局『中国統計年鑑2007』、2007年データはBloomberg

IX　エマージング経済・金融の見方

### 図表IX-3　中国の主要経済指標

| | 指標 | 公表機関 | 周期 | 公表時期 | 備考 |
|---|---|---|---|---|---|
| 生産関連指標 | GDP | 国家統計局 | 四半期 | 期終了の翌月下旬 | 速報・確報の区別はないが、統計年鑑公表時等に予告なく修正されることがある。 |
| | 鉱工業生産（工業増加値） | 国家統計局 | 月次 | 翌月中旬 | |
| | 固定資産投資 | 国家統計局 | 月次 | 翌月中旬 | 対象は都市部のみ。固定資本形成は中国のGDPの約4割を占める項目であり、四半期の経済成長率を予測するうえで重要。 |
| 景気関連指標 | 企業景気指数 | 国家統計局 | 四半期 | 期終了の翌月10日頃 | |
| 物価関連指標 | 消費者物価指数（居民消費価格指数） | 国家統計局 | 月次 | 翌月10日頃 | 景気の過熱感をみる材料の1つ。 |
| | 企業商品価格指数 | 中国人民銀行 | 月次 | 翌月10日頃 | |
| 家計関連指標 | 小売売上高 | 国家統計局 | 月次 | 翌月中旬 | 複数の省区市で二重計上されているケースがあり注意。 |
| 対外経済関連指標 | 貿易収支 | 中国海関総署 | 月次 | 翌月中旬 | |
| | 国際収支 | 国家外国為替管理局 | 半年 | 期終了の3～4ヵ月後 | |
| | 外貨準備額 | 中国人民銀行 | 月次 | 翌月中旬 | |
| | 対内海外直接投資（FDI） | 商務部外国投資管理司 | 月次 | 翌月中旬 | 契約額と実行額の区別がある。過去に遡及して大幅に修正されることがあり注意。 |
| その他 | マネーサプライ（M2） | 中国人民銀行 | 月次 | 翌月10日頃 | |
| | 不動産市況指数 | 国家統計局 | 月次 | 翌月中旬 | 投資もしくは投機の過熱度合を量る材料。 |

（出所）各公表機関

## 中国経済統計の公表機関ホームページアドレス

| | |
|---|---|
| 中国国家統計局 | http://www.stats.gov.cn/ |
| 中国人民銀行 | http://www.pbc.gov.cn/ |
| 中国海関総署 | http://www.customs.gov.cn/ |
| 中国国家外国為替管理局（外匯局） | http://www.safe.gov.cn/ |
| 中国商務部外国投資管理司（中国投資指南） | http://fdi.gov.cn/ |

中国の統計情報は上記ウェブサイト上で公表されるが、更新頻度は必ずしも高くない。

## ［２］中国の金融政策

### （１）中国人民銀行

中国では、「中国人民銀行（ＰＢＣ、People's Bank of China）」が唯一の中央銀行である。その設立は中華人民共和国建国の前年1948年に遡るが、70年代末までは、「単一銀行（mono-bank）制度」のもと、中央銀行機能のみならず商業銀行機能も独占していた。

しかし1978年に始まった改革・開放に伴い、商業銀行機能と政策金融機能が分離されて以降、人民銀行の役割は中央銀行業務に集約されていった。95年には「人民銀行法」が施行され、人民銀行は同法第2条により「中央銀行としての地位」を法的に確立した。また、その目的および政策目標も、「国務院の指導のもと、貨幣政策を制定・執行し、金融危機を防止・解消し、金融の安定を維持する」（同法第2条）こと、「貨幣価値の安定を保持し、かつこれをもって経済成長を促進する」（同法第3条）ことと明確化された。とはいえ、人民銀行は先進国の中央銀行とは異なり、政府から独立性を付与されていない。人民銀行はあくまで国務院（政治体制の違いから単純にはいえないが、強いていえば日本の内閣に相当）の一機関にすぎず、金融政策などの決定においては国務院の認可を要する。そのため、人民銀行の最高職である「行長」（日本語では日銀にならい「総裁」と訳される）の政策決定権限は日米欧に比べ相対的に小さいといえる。

人民銀行には、同法第12条にしたがい、日銀・金融政策委員会に相当する組織として「貨幣政策委員会」が設置されている。同委員会は議長役の行長以下13名で構成され、原則年4回開催される。が、上述の通り、金融政策の最終的な決定権限は国務院にあり、その権限は企画・立案にとどまる。なお中国の金融政策の具体的な内容を示すものとしては、四半期ごとに出される「中国貨幣政策執行報告」が最も重要である（人民銀行のウェブサイト上で閲覧可）。

## (2) 中国人民銀行の金融政策

　人民銀行の金融政策は、窓口指導などからなる直接的なコントロールと、公開市場操作や法定準備預金制度を通じた間接的なコントロールに大別できる。

　うち直接的なコントロールには、「窓口指導」（中国語でも同じ。1998年に導入）と「預金・貸出基準金利の設定」が含まれる。窓口指導は、貸出管理のための政策手段であり、日本でも91年まで行われていたが、中国のそれは日本とはやや異なる。例えば中国の窓口規制には総枠規制がなく、過熱分野に対する貸出抑制、奨励分野に対する貸出奨励を金融機関に要請するにとどまる。なお、もう一方の直接的コントロール手段である預金・貸出基準金利の設定に関しては、金利自由化が進むなか、その重要性は近年低下しつつある（貸出上限金利は2004年に廃止）。

　間接的なコントロール手段としては、「公開市場操作」、「法定準備預金制度」、「人民銀行貸出」があげられる。うち公開市場操作は1998年にはじまり、現在では、国債や政策性金融債をオペ対象とし、現物・レポともに活発に取引が行われている。2つ目の法定準備預金制度は、日本の準備預金制度に相当する金融調節手段であるが、中国に特徴的なこととして、2004年4月から金融機関ごとに格差の設けられた準備率が設定されていること、準備預金が有利子であることなどがあげられる。3つ目の人民銀行貸出は、公定歩合に対応する金融調整手段だが、現在はもっぱら金融の安定化と農業支援に充てられている。

　このように、中国の金融政策は直接・間接の二頭立てとなっている。そのうち直接的コントロールの影響力が強い背景としては、短期金融市場の未成熟さがあげられる。そうしたなか、中国政府は金融部門の発展に向け、間接的なコントロールを主たる金融手段とすることを目指し、金融制度改革を急いでいる。

《主要参考文献》
① 「中国の金融はこれからどうなるのか」　玉置知己・山澤光太郎　東洋経済新報社
② 「中国経済入門（第2版）」　南亮進・牧野文夫（編）　日本評論社
③ 「中国経済発展論」　中兼和津次　有斐閣
④ 「入門 中国の証券市場」　徐燁聡　東洋経済新報社
⑤ 「図説 アジアの証券市場 2004年版」　財団法人日本証券経済研究所

## 3 インド経済の見方

　インドの人口は現在世界第2位だが、国連の推計によると2025年には中国（14.46億人）を抜いて世界第1位（14.47億人）になるといわれている。近年の経済発展は、主にIT産業とオフショア・コールセンターの成功に代表される。しかし、インド経済は他のBRICs諸国と比して農業の比率が高い（図表IX-4参照）。中国などと異なり、工業ではなくサービス業中心に発展した。
　インドは1947年にイギリスより独立したが、国内産業の保護を優先する経済運営をとってきた。しかし、91年の外貨危機を契機として、90年代に経済自由化政策が推進された。世界銀行のデータによると、海外からの直接投資額は95年の21億米ドルから06年は175億米ドルへ増加したが、06年の中国への直接投資額は781億米ドルと、インドは中国の4分の1にも達していない。インド政府は引き続き外資規制緩和を図っており、今後の経済発展の潜在力は高いといえよう。1人当たりGNI（国民総所得）が中国の4割程度しかないことも、潜在力の高さと見ることができる（図表IX-1参照）。
　しかし将来の経済発展に影を落としているのが、カシミール地方の領有をめぐる隣国のイスラム国家パキスタンとの対立である。これは単なる外交問題だけではなく、インド国内の政情不安にも結びついている。日本の外務省のデータは（ヒンドゥー教徒80.5％、イスラム教徒13.4％、キリスト教徒2.3％など）、インドの宗教の多様性を示す。パキスタンとの対立という地政学リスクに加え、国内のイスラム教徒の不安定な立場を背景とした治安への懸念は、外資導入の阻害要因となりかねない。

インド経済統計の公表機関ホームページアドレス

| | |
|---|---|
| インド中央統計機構（CSO） | http://www.mospi.gov.in/cso_test1.htm |
| インド商工省 | http://www.commerce.nic.in/ |
| インド商工省・通商情報統計局 | http://www.dgciskol.nic.in/ |
| インド商工省・経済アドバイザーオフィス | http://eaindustry.nic.in/ |
| インド労働雇用省・労働局 | http://labourbureau.nic.in/ |
| インド証券取引委員会（SEBI） | http://www.sebi.gov.in/ |

## IX エマージング経済・金融の見方

図表IX-4 インドの産業別GDP構成比率の推移と国際比較

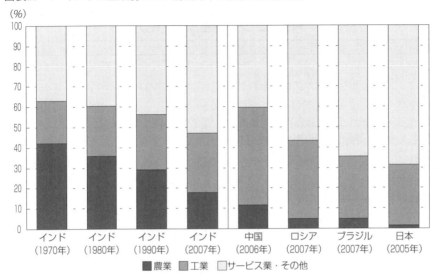

(出所) 世界銀行 "World Development Indicators"

図表IX-5 インドの主要経済指標

| | 指　標 | 公表機関 | 周　期 | 公表時期 | 備　考 |
|---|---|---|---|---|---|
| 生産関連指標 | GDP | 中央統計機構 | 四半期 | 期終了の翌々月末 | インドの会計年度は4～3月。また、実数値の表示単位crore（クロー）は千万ルピーを示す。 |
| | 鉱工業生産 | 中央統計機構 | 月次 | 翌々月中旬 | 産業別（鉱業・製造業・電力業）指数のほか、財別指数も公表。 |
| 物価関連指標 | 消費者物価指数 | 労働雇用省・労働局 | 月次 | 翌々月末 | 工業労働者ベース。CSOが公表している都市部指数もある。 |
| | 卸売物価指数 | 商工省・経済アドバイザーオフィス | 週次 | 翌々週金曜日 | 速報性があるため、景気の過熱度合をみるのに注目度が高い。 |
| 対外経済関連指標 | 貿易統計 | 商工省・通商情報統計局 | 月次 | 翌々月初 | 輸出入総額は継続的に公表されているが、商品別・国別データは途切れ気味。 |
| | 海外投資家証券投資額 | インド証券取引委員会 | 日次 | 翌日 | 株式・債券の売買金額と純資本流入額が毎日公表されている。 |

(出所) 各公表機関

## 4 ロシア経済の見方

　ロシアは原油や天然ガスなどの資源大国として、2003年以降のエネルギー価格上昇を享受し、高成長を続けてきた（図表Ⅸ-6参照）。しかし、08年後半の原油価格急落で、他の地域よりも株価が大幅に下落し、通貨ルーブルも売り込まれた。

　ロシアは、2008年12月に「ガス輸出国フォーラム（GECF）」を開催、また09年1月にはウクライナへのガス供給を停止するなど、エネルギー覇権を強化する動きをみせている。他の国内産業の育成にも力を入れているが、エネルギー価格に依存する体質は継続するだろう。

　一方、人口動態をみると他のBRICs諸国と比べてロシアの人口は先細りとなっており、人口減少問題は重要な課題となっている（図表Ⅸ-7参照）。

### ロシア経済統計の公表機関ホームページアドレス

ロシア国家統計局（CSO）　http://www.gks.ru/wps/portal/english
　　　　　　　　　　　　　（ロシア国家統計局の英語サイトは、詳細データがあまり充実していない）
ロシア中央銀行　　　　　　http://www.cbr.ru/eng/
ロシア財務省　　　　　　　http://www.minfin.ru/en/

図表Ⅸ-6　原油価格とロシアの実質GDP成長率

（出所）Bloomberg

## 図表Ⅸ-7 BRICs諸国の人口動態（2010年時点推計）

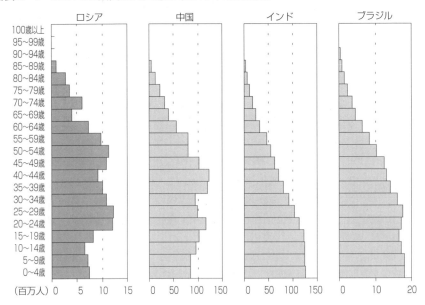

(出所) 国連 "World Population Prospects : The 2006 Revision"

## 図表Ⅸ-8 ロシアの主要経済指標

| | 指　標 | 公表機関 | 周　期 | 公表時期 |
|---|---|---|---|---|
| 生産関連指標 | ＧＤＰ | 国家統計局 | 四半期 | 期終了の翌々月中旬頃 |
| | 鉱工業生産 | 国家統計局 | 月次 | 翌月中旬頃 |
| | 生産設備投資 | 国家統計局 | 月次 | 翌月20日頃 |
| 物価関連指標 | 消費者物価指数 | 国家統計局 | 週次・月次 | 週次は火〜月曜日の計数を水曜日に公表。月次は翌月上旬頃公表。 |
| | 生産者物価指数 | 国家統計局 | 月次 | 翌月20日頃 |
| 家計関連指標 | 小売売上高 | 国家統計局 | 月次 | 翌月20日頃 |
| | 失業率 | 国家統計局 | 月次 | 翌月20日頃 |
| 対外経済関連指標 | 貿易収支 | 国家統計局 | 月次 | 翌月中旬頃 |
| | 国際収支 | 国家統計局 | 四半期 | 期終了の翌々月中旬頃 |
| | 外貨準備高 | ロシア中央銀行 | 週次 | 翌週木曜日 |
| | 対内海外投資 | 国家統計局 | 四半期 | 期終了の翌々月中旬頃 |

(出所) 各公表機関

## 5 ブラジル経済の見方

　ブラジルは、1990年4月には消費者物価上昇率が6800％を超えるなど、長年にわたってハイパー・インフレに悩まされてきたが、94年導入の経済安定化プログラム「レアル・プラン」により、1995～2002年のカルドーゾ政権下でインフレ収束・経済安定を実現した。しかし、ブラジル経済は通貨レアルの変動の影響を大きく受けるため、2001年の隣国アルゼンチン情勢の悪化や、02年の左派労働党ルーラ候補の支持率上昇で、レアルが大幅下落すると、インフレ率は再び二桁の上昇率となった。しかし、03年にルーラ大統領が就任し、中道路線を堅持すると、これを好感してレアルが上昇し、インフレ率も落ち着きを取り戻した。

　インフレ率が安定すると、海外から資本流入が活発化し、工業化が進展した。とくにフレックス燃料車（ガソリン以外の燃料を混入して走行できる自動車）を中心に国内の自動車販売台数が伸び、自動車生産台数も拡大を続けた。また、21世紀に入ると、ブラジルは、中国などの需要拡大を背景に、鉄鉱石などの天然資源や大豆などの農産物の輸出を大きく伸ばしたことから、貿易収支は大幅に改善して黒字に転換した。

　今後は、足もとで発生している世界的な金融危機で、自動車産業が打撃を受けていること、中国の資源需要の後退が懸念されること、隣国のアルゼンチンの対外債務返済に懸念が生じていることなどから、通貨レアルの下落をどこまで抑制できるかが注目される。

　最後に、金融政策について簡単に触れておく。ブラジル中央銀行はインフレ・ターゲット制を採用しており、金融政策委員会（COPOM、Comite de Politica Monetaria）を年8回開催し、政策金利であるSELIC金利（1999年3月に導入）を決定している。なお、ブラジル中央銀行は2009年のインフレ目標を2.5～6.5％に設定している。

ブラジル経済統計の公表機関ホームページアドレス
ブラジル地理統計院（IBGE）　http://www.ibge.gov.br/english/
ブラジル開発工業通商省　　　　http://www.mdic.gov.br/sitio/
ブラジル中央銀行　　　　　　　http://www.bcb.gov.br/?english

## IX　エマージング経済・金融の見方

### 図表IX-9　ブラジルの消費者物価とSELIC金利の推移

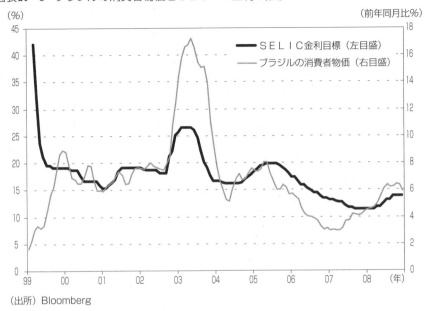

（出所）Bloomberg

### 図表IX-10　ブラジルの主要経済指標

| | 指　標 | 公表機関 | 周　期 | 公表時期 | 備　考 |
|---|---|---|---|---|---|
| 生産関連指標 | GDP | 地理統計院 | 四半期 | 期終了の翌々々月10日頃 | |
| | 鉱工業生産 | 地理統計院 | 月次 | 翌々月第2営業日頃 | |
| 物価関連指標 | 消費者物価指数 | 地理統計院 | 月次 | 翌々月末 | 消費者物価は複数の指標があるが、指標となるのはIPCA（拡大消費者物価指数）。 |
| 家計関連指標 | 小売売上高 | 地理統計院 | 月次 | 翌々月中旬頃 | |
| | 失業率 | 地理統計院 | 月次 | 翌月下旬頃 | |
| 対外経済関連指標 | 貿易収支 | 開発工業通商省 | 週次・月次 | 週次は翌週月曜日、月次は翌月初。 | |
| | 国際収支 | ブラジル中央銀行 | 日次 | 翌月下旬頃 | |

（出所）各公表機関

## 政府系ファンド（SWF）

近年、ソブリン・ウエルス・ファンド（Sovereign Wealth Fund、SWF）による活発な投資活動が目立っている。とくに2007年以降、欧米の金融機関への大型出資を次々に決めたことで、その存在が広く知られるようになった。

SWFは政府系ファンドあるいは国富ファンドと訳される場合が多いが、一般的に政府系ファンドと呼ばれるものは、石油などの天然資源からの外貨建て国庫収入、外貨準備、政府の財政余剰などを原資として設立されている。

その多くは情報開示が限定的であるため、運用資産の規模、投資対象先について明らかではないが、国際通貨基金（IMF）によれば、2007年時点でのその運用資産規模総額は1.9～2.9兆ドルと推計している。この金額は、IMFによる世界の機関投資家運用推定額53兆ドルの1割にも満たないが、ヘッジファンドと呼ばれる投資ファンドによる運用推定額1～1.5兆ドルの2倍の規模を誇ると考えられており、やはり注目すべき存在であるといえよう。さらに政府系ファンドは、その性質上原資が外貨建てである場合が多いため、機関投資家よりもダイナミックに海外投資が行われていると考えられており、グローバルな経済活動に与えている影響度は相当程度高いものと考えられている。

ところで、政府系ファンドの歴史は決して浅いものではない。例えばサウジアラビア通貨庁は1952年、クウェート投資庁は53年に設立されており、すでに50年以上の歴史のある投資家である。その後70年代から90年代にかけて、シンガポール、アラブ首長国連邦、リビア、ブルネイ、ノルウェーなどで設立が続いている。

しかし、最も大きな動きがあったのは2000年代に入ってからで、原油をはじめとした天然資源価格高騰による国庫収入の増大、経常黒字拡大や外国為替介入による外貨準備高の増大がみられた資源国や新興国では、巨額の余剰資金が生まれたことで政府資金の積極的運用を目指す動きが活発化。中国、ロシア、カタール、韓国などで政府系ファンドが相次いで設立された。

IMFによれば、今後の天然資源価格や新興国の経済状況に依存するものの、2012年には政府系ファンドの規模が12兆ドルにも達すると推測しており、今後もその存在感をますます高めていく可能性が高いといえよう。

図表Ⅸ-11 主な政府系ファンドと推定資産額

| 国 | 政府系ファンド名 | 2007年末推定資産額（億ドル） |
| --- | --- | --- |
| アラブ首長国連邦 | アブダビ投資庁（ADIA）※ | 8,750 |
| ノルウェー | 政府年金基金グローバル | 3,730 |
| シンガポール | 政府投資公社（GIC） | 3,300 |
| サウジアラビア | サウジアラビア通貨庁（SAMA） | 3,000 |
| クウェート | クウェート投資庁（KIA） | 2,500 |
| 中国 | 中国投資有限責任公司（CIC） | 2,000 |
| シンガポール | テマセク・ホールディングス※ | 1,592 |
| ロシア | 準備基金及び国民福祉基金（石油安定化基金） | 1,330 |

（注）※は2007年9月末の推定資産額。
（出所）IMF "IMF Survey Magazine"（2008年7月）

## 第Ⅹ章
# 商品市況の見方

# 1 商品市場の基礎知識

商品市況は、インフレ指標に先行して動くため、金利や景気などの転換点を見極める材料としてマーケット関係者の注目を集めるほか、近年では、これまで株式・債券投資を中心としてきた年金資金などの長期投資資金が、商品を投資対象とする傾向が強まっており、その重要度が増している。また、2007年後半から08年半ばまで商品価格が高騰した後、短期間のうちに急落するという市場の大変動を目の当たりにしたため、景気や金融市場へも大きな影響を与えている。

## [1] 商品市場の概要

商品（コモディティ）市場では、代表格の原油・金以外にも、貴金属・工業原料・農産物など、さまざまな原材料品が取引されている。図表X－1は、主要な商品について、その特徴をまとめたものである。

各商品の価格変動要因は、その特徴に応じて異なる部分があるが、数多い商品をまとまったカテゴリーに分けて、共通の価格変動要因をつかんでおくと、商品市場の理解に役立つ。商品を分類する統一的なルールはないが、エネルギー、貴金属、産業用金属、農産物、畜産物といったカテゴリー分けが便利であろう。

景気の関連では、生産活動を先行的に読む点において、産業用金属がとくに注目される。図表X－1では、銅、アルミニウム、ニッケルを取り上げたが、その他に亜鉛、鉛、錫などがある。

主要商品取引所ホームページアドレス

| | |
|---|---|
| 東京工業品取引所（TOCOM） | http://www.tocom.or.jp/ |
| 東京穀物商品取引所 | http://www.tge.or.jp/ |
| シカゴ・マーカンタイル取引所（CME） | http://www.cme.com/ |
| シカゴ・ボード・オブ・トレード（CBOT） | http://www.cbot.com/ |
| ニューヨーク・マーカンタイル取引所（NYMEX, COMEX） | http://www.nymex.com/ |
| インターコンチネンタル取引所（ICE） | http://www.theice.com/ |
| ロンドン金属取引所（LME） | http://www.lme.co.uk/ |
| 欧州エネルギー取引所 | http://www.eex.com/ |
| 上海先物取引所 | http://www.shfe.com.cn/ |

X　商品市況の見方

図表X-1　主な商品の特徴

| 商　　品 | 特　　徴 |
|---|---|
| エネルギー | |
| 　原油 | 「3　原油価格」(P344以降)を参照 |
| 　天然ガス | 石油代替エネルギーとして、また環境にやさしいエネルギーとして注目されている。用途としては、主に発電や都市ガスに利用され、産業用への利用も増えてきている。天然ガスを冷却して液体化したものをLNG（液化天然ガス）と呼ぶ。気体の天然ガスよりもLNGは輸送・貯蔵がしやすい。天然ガスの主な産出国は、ロシア、米国、カナダ、イラン。主な上場先は、NYMEX、ICE、欧州エネルギー取引所など。 |
| 貴金属 | |
| 　金 | 「4　金価格」(P356以降)を参照 |
| 　銀 | 宝飾品として使われるほか、熱や電気の伝導特性により機械・電子工業で利用されることが多い。主な産出国は、ペルー、メキシコ、中国。なお、供給量の約2割は「スクラップ回収」が占めているとされる。主な上場先は、COMEX、TOCOMなど。また、銀ETFがニューヨーク証券取引所などに上場されている。 |
| 非鉄金属 | |
| 　銅 | 導電率が高く、加工が容易であるため、電線や自動車部品・電子部品などに用いられる。また、熱伝導性が高いため、鍋などの調理器具にも使用される。銅鉱石の生産量が多いのは、チリ、米国、ペルーである。銅地金の生産は、中国、チリ、日本が多い。主な上場先は、LME、COMEX、上海先物取引所、TOCOMなど。 |
| 　アルミニウム | アルミ缶やアルミサッシのほか、鉄道車両や自動車の車体などの軽量化素材などに用いられる。アルミ生産量が多いのは、中国、ロシア、カナダ、アメリカである。アルミニウムはボーキサイトという鉱石に含まれているアルミナを原料としている。このアルミナを電気分解して、アルミ地金がつくられる。ボーキサイトの産出量が多いのはオーストラリア、中国、ブラジルである。主な上場先は、LME、COMEX、上海先物取引所、TOCOMなど。 |
| 　ニッケル | 電池やハードディスク・DVDなど、幅広い用途に用いられる。合金に使われることが多い。50円硬貨に使用されている白銅は、ニッケルと銅との合金である。ステンレス鋼にも用いられる。ニッケル産出量が多いのは、ロシア、カナダ、オーストラリア、インドネシアである。埋蔵量はオーストラリアが圧倒的に多い。主な上場先は、LMEなど。 |
| 穀物 | |
| 　小麦 | パン、うどん、パスタ、中華麺、菓子などの原材料で、重要な食料資源の一つである。農産物であるため、価格は天候などの影響も受ける。最近では、新興国の需要増加で在庫率が低下傾向にあるとされる。生産量の上位国は、中国、インド、米国、ロシア。欧州連合（EU）も地域全体では中国を上回る。主な上場先は、CBOTなど。 |
| 　とうもろこし | 食用よりも、家畜の飼料として消費される量が多い。世界的に食肉消費が増えると、とうもろこしの飼料としての需要も拡大することになる。また、バイオエタノールの原料として、とうもろこしの需要が高まっている。生産量が多いのは、米国、中国、ブラジル。主な上場先は、CBOTなど。 |

335

## ［２］ 商品先物市場

　商品にも、現物取引と先物取引があり、先物取引には現物を取り扱う企業だけでなく、投資家が資金運用手段として参加している。参加者が多様であることから、より多くの情報が集約される。また、先物取引は、将来のある時点での売買を現時点で約するため、図表Ⅹ－３にもあるように、将来の価格に対する市場参加者の期待を確認できる。

### （１）先物価格曲線

　先物取引の決済期限を限月というが、限月が現時点に近いものを期近物（きぢかもの）、遠いものを期先物（きさきもの）と呼ぶ。「先物価格曲線」は、価格を縦軸に、限月を横軸にとり、各限月の価格をプロットしたものを線で結んで描かれた曲線である。

　先物価格曲線が、期先物になるほど上昇する状況を「コンタンゴ(contango)」という。また、「順ザヤ」ともいわれる。通常、商品を購入して保有するには、倉庫費用、保険料、金利がかかるため、期先物のほうの価格が高くなる。逆に、期先物になるほど先物価格曲線が低下する状況を「バックワーデーション（backwardation）」、「逆ザヤ」という。現物や期近物での買い意欲が旺盛であること（あるいは将来の需給緩和を反映した先安期待）を示す（図表Ⅹ－２参照）。

　市場参加者の将来の需給予測によって、先物価格曲線は、コンタンゴ、バックワーデーション、いずれの状況にもなりうるが、価格の絶対水準が高いときはバックワーデーションになりがちであり、低いときは逆である。しかし、金先物のように、傾きの差こそあれ、コンタンゴを維持する商品もある（図表Ⅹ－３）。

### （２）ＣＦＴＣ建玉

　商品先物を分析するのに欠かせないのが、建玉分析である。米国の商品先物取引委員会（ＣＦＴＣ）は、米国内の商品先物取引所の監督責任を負っており、週次で先物・オプション建玉の状況を公表している。なかでも注目されるのが、取引参加者を、コマーシャル（商業部門、実需筋）、ノンコマーシャル（非商業部門、非実需筋、投機筋）に分類して、その建玉を公表している点である。投機筋の建玉が売り買いどちらかに著しく傾いた局面では、彼らが反対売買に動くことが警戒される。

公表機関ホームページアドレス
米国 商品先物取引委員会（ＣＦＴＣ）　　　http://www.cftc.gov/

X 商品市況の見方

図表X-2 コンタンゴとバックワーデーション

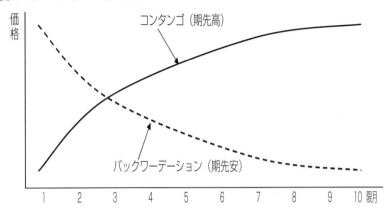

図表X-3 原油・金・銅・小麦の先物価格曲線

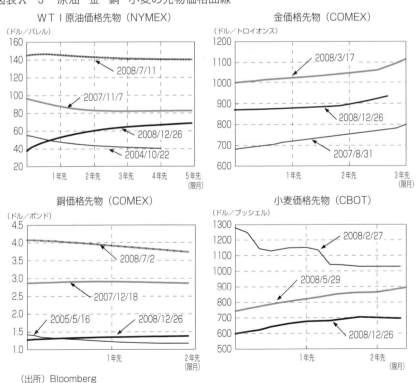

(出所) Bloomberg

# 2　商品指数

## ［1］商品指数の概要

　国際商品指数の概要と特徴は、図表X-4の通りである。この他に、IMFの指数や英国の経済週刊誌「エコノミスト」が独自に作成している指数があるが、マーケットの注目度は低い。また、商品を運用対象資産とする動きに伴い、運用パフォーマンス指標として多数の指数が開発されている。各種の指数を比較するうえでの注意点は、それらの特徴に十分留意することである。

　まず、採用している品名とウェイトづけに注目する必要がある。とくに原油や金は、他の商品と違った動きをすることがあるので、これらを含んでいるか否かを確認しておきたい。例えば、原油・石油製品関連をまったく含んでいない指数は、CRB現物指数、ロイター商品指数である。また、金を含んでいない指数は、CRB現物指数、JOC-ECRI指数、ロイター商品指数である

　米国のエコノミストが好むのはJOC-ECRI指数である。JOC-ECRI指数は主に工業原材料で構成されており、生産者物価（PPI）の先行指標として使える点が重視されている。他の多くの指数は運用指標としての性格が意識されているのに対し、JOC-ECRI指数はインフレ計測を主眼として設計されている。

　また、ロイター商品指数は一次産品で構成され、第2次世界大戦以前より継続的なデータがあるため、インフレの長期トレンドを把握することができる。

　従来、インフレの先行指標として注目度の高かったCRB先物指数は、2005年6月にロイター・ジェフリーズCRB指数へ改定され、運用指標としての性格が強まった。とくに、エネルギー関連ウェイトが大幅に引き上げられた。

　投資対象資産としての重要性を反映し、指数先物自体が上場されている。ロイター・ジェフリーズCRB指数はICEフューチャーズUSに、S&P GSCI商品指数はシカゴ・マーカンタイル取引所に上場されている。

公表機関ホームページアドレス

| | |
|---|---|
| ジェフリーズ | http://www.jefferies.com/ |
| コモディティ・リサーチ・ビューロー（CRB） | http://www.crbtrader.com/ |
| ダウ・ジョーンズ・インデックス | http://www.djindexes.com/ |
| ECRI | http://www.businesscycle.com/ |
| S&P | http://www.standardandpoors.com/ |

X 商品市況の見方

図表X-4　主要国際商品指数の概要

( ) 内数値はウェイト%

| 指数名 | 基準年（通貨） | 構成品目数 | 構成品目と算出方法 |
|---|---|---|---|
| ロイター・ジェフリーズCRB指数（旧CRB商品先物指数） | 1967年=100（米ドル建て） | 19 | グループⅠ(33)＝原油、ヒーティング・オイル、無鉛ガソリン<br>グループⅡ(42)＝天然ガス、とうもろこし、大豆、生牛、金、アルミニウム、銅<br>グループⅢ(20)＝砂糖、綿、ココア、コーヒー<br>グループⅣ(5)＝ニッケル、小麦、赤身豚肉、オレンジジュース、銀<br>・2005年6月に新指数に改定され、エネルギー比率が拡大。<br>・加重算術平均。月次でリバランスを実施。<br>・商品性と流動性を反映した4グループに分類されている。<br>・運用指標として、トータルリターン指数も公表している。 |
| CRB商品現物指数 | 1967年=100（米ドル建て） | 22 | 工業原料(59.1)＝獣皮、獣脂、銅スクラップ、鉛スクラップ、鉄スクラップ、亜鉛、錫、黄麻布、綿、プリント・クロス、羊毛、ロジン、ゴム<br>食品原料(40.9)＝豚、子牛、ラード、バター、大豆油、ココア豆、とうもろこし、小麦（カンサスシティ・ミネアポリス）、砂糖<br>・単純幾何平均<br>・6つのサブ指数（金属、織物・繊維、家畜・製品、油脂・油、工業原料、食品原料）がある。 |
| ダウ・ジョーンズ-AIG商品指数 | 1991年1月2日=100（米ドル建て） | 19 | エネルギー(33.0)＝天然ガス、原油、ヒーティング・オイル、無鉛ガソリン<br>産業用金属(20.3)＝アルミニウム、銅、亜鉛、ニッケル<br>貴金属(10.8)＝金、銀<br>家畜(6.7)＝生牛、赤身豚肉<br>穀物(18.1)＝小麦、とうもろこし、大豆<br>ソフト商品(8.2)＝砂糖、綿、コーヒー<br>植物油(2.9)＝大豆油<br>・加重平均。毎年1月にウェイトのリバランス・再配分が実施される。年間ウェイトは毎年6月に決定される。上記は2009年のウェイト。<br>・運用指標として、トータルリターン指数も公表している。 |
| JOC-ECRI工業価格指数（ジャーナル・オブ・コマース-エコノミック・サイクル・リサーチ・インスティテュート） | 2006年=100（米ドル建て） | 18 | 石油製品＝ベンゼン、原油、エチレン<br>金属＝鉄、銅、アルミニウム、亜鉛、鉛、錫、ニッケル<br>繊維＝綿、黄麻布、ポリエステル<br>その他＝獣皮、ゴム、獣脂、合板、オーク材<br>・インフレ計測を主眼とし、工業原材料が多く採用されている。<br>・2008年1月に指数の算出方法を変更。 |
| S&P GSCI商品指数 | 1970年1月2日=100（米ドル建て） | 24 | エネルギー(62.73)＝WTI原油、ブレント原油、無鉛ガソリン、ヒーティング・オイル、ガスオイル、天然ガス<br>産業用金属(6.66)＝アルミニウム、銅、鉛、ニッケル、亜鉛<br>貴金属(4.11)＝金、銀<br>農産物(20.23)＝シカゴ小麦、カンサス小麦、とうもろこし、大豆、綿、砂糖、コーヒー、ココア<br>家畜(6.27)＝生牛、肥育用肉牛、赤身豚肉<br>・ウェイトは2008年12月26日現在<br>・運用指標として、トータルリターン指数も公表している。 |
| 日経国際商品指数 | 1980年=100（米ドル建て） | 14 | 石油製品＝ナフサ、ガスオイル、重油<br>農産物＝小麦、大豆、とうもろこし、コーヒー、砂糖、綿花、天然ゴム<br>貴金属・非鉄＝金、銀、銅、アルミニウム<br>・加重幾何平均<br>・OECDの輸入統計をベースにウェイト算定<br>・石油関連のウェイトが40%以上と高い |
| ロイター商品指数 | 1931年9月18日=100（英ポンド建て） | 17 | 農産物＝小麦、綿花、コーヒー、羊毛、砂糖、ゴム、とうもろこし、米、牛肉、大豆、ココア、落花生、コプラ<br>貴金属＝銅、錫、亜鉛、鉛<br>・加重幾何平均<br>・1930年国際取引量をベースにウェイト算定<br>・英国が輸入する一次産品を中心に構成 |

## [2] 商品指数とインフレ・景気との関連

　図表X-5、6からわかるように、商品指数は消費者物価（CPI）や生産者物価（PPI）に先行して動く傾向がある。とくに、工業原材料を中心に構成されているJOC-ECRI指数は、米国の生産者物価（PPI）の先行指標として説明力が高いことがわかる。

　商品指数とインフレ指標との関係をみると、1990年代後半以降、とくに最終消費段階のCPIへの影響度が低下してきている。この背景には、サービス産業の発展による最終消費に占める商品ウェイトの低下や、米国を中心にIT（Information Technology）による生産性の向上が指摘できよう。

　商品指数と景気指標との関係については、通常、以下のように整理できる。

　　　　商品価格の上昇 → インフレ率の上昇 → 景気の本格的回復

　したがって、商品指数は景気の先行指標にもなりうる（図表X-7参照）。実際、日本では日経商品指数（42種）が内閣府公表の景気動向指数の先行系列に採用されている。

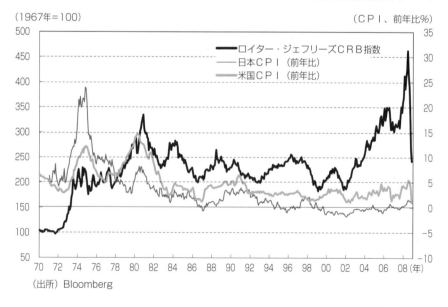

図表X-5　ロイター・ジェフリーズCRB指数と日本・米国の消費者物価指数（CPI）

（出所）Bloomberg

Ⅹ 商品市況の見方

図表Ⅹ-6　JOC-ECRI指数と米国の生産者物価（PPI）

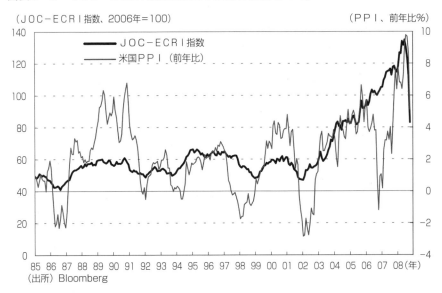

（出所）Bloomberg

図表Ⅹ-7　JOC-ECRI指数と米国鉱工業生産

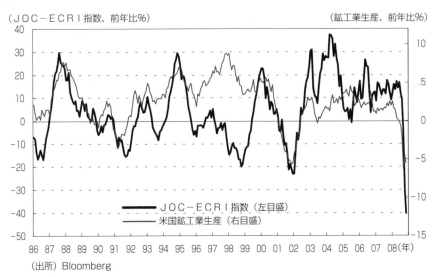

（出所）Bloomberg

*341*

## ［3］商品価格と金融市場

　商品市況は、債券・株など金融市場と密接に関係している。
　株価と商品価格はともに景気先行性があり、類似した動きを示す（図表X－8参照）。しかし、1973～74年のような極端なインフレ期や、97～98年のような生産性主導で企業収益が増加している時期は、逆方向に動くことに注意が必要である。
　インフレと景気との高い相関性から考えれば、商品価格と金利との相関度が高いのは容易に想像されるところである　（図表X－9参照）。長期金利とロイター・ジェフリーズＣＲＢ指数の相関関係は高く、1970～90年代前半においては、ロイター・ジェフリーズＣＲＢ指数が長期金利の変動に半年程度の先行性があることがみてとれる。
　金融政策当局者も商品価格の動向に神経をとがらせている。ＦＲＢ理事であったエンジェルやヘラーも金融政策をファイン・チューニング（微調整）するのに商品価格指標を使うことに前向きであった。また、元ＦＲＢ副議長のジョンソンは1988年2月に、金融政策を判断する参考指標として、為替相場やイールドカーブの形状とともに、商品価格指数の採用を提唱したことで有名である。
　これらの事実は、商品価格の動きがインフレ統計や債券相場（長期金利）に対して先行性をもっていることを政策当局者も認めていることを物語っている。

　しかし、近年、商品が債券・株式投資の代替として投資対象とされる動きから、商品と債券・株との相関関係が不安定化する傾向がみられる。
　2003年頃から商品価格が上昇基調を示すなか、投機マネーの影響拡大が指摘されるようになった。その背景には、それまでの商品市場の投機筋参加者はヘッジファンドや商品ファンドなどが中心であったが、年金資金などの長期運用資金が商品市場に流入するようになったことがある。
　そのため、市場参加者は商品価格と金融市場の関係について、経済成長を阻害するとの理由から商品価格上昇は債券上昇（金利低下）要因と受け止める傾向が強まっている。

Ⅹ 商品市況の見方

図表Ⅹ-8　商品投資と米国株式投資のパフォーマンス比較

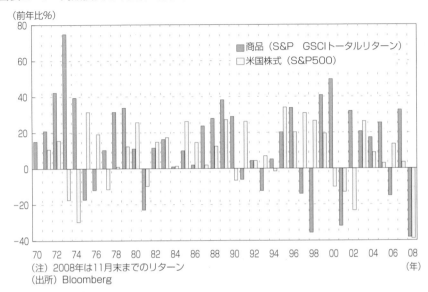

(注) 2008年は11月末までのリターン
(出所) Bloomberg

図表Ⅹ-9　ロイター・ジェフリーズＣＲＢ指数と米国の長期金利

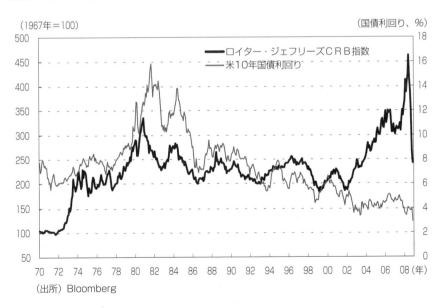

(出所) Bloomberg

*343*

# 3 原油価格

　原油価格の動向は、金利や為替のトレンドを考えるうえでは、非常に重要な要素である。原油価格の急騰や暴落が、世界経済や金融にいかに大きなインパクトを与えるかは、2度にわたる石油危機や1990年8月のイラクのクウェート侵攻・湾岸戦争の例もある。

　原油価格と世界経済というのは、あまりにも大きなテーマなので、ここでは原油価格の動向を考えるうえで参考となる基礎的な知識やデータに焦点を絞った。そのうえで、金利や為替レートとの関連も過去の動きを中心にチェックした。

## ［1］原油に関する基礎知識

### （1）原油価格の基礎的な性質

　原油価格の長期的な歴史は、図表Ⅹ-10に示した通りであるが、過去に大きな変動を繰り返してきた。石油アナリストの瀬木耿太郎氏によれば、百数十年に及ぶ世界石油産業の歴史のなかで、原油価格が暴落したのはただの2回しかないという。最初は、石油産業が誕生した直後の1860年から61年のことであった（1860年1月のバレル当たり約20ドルから61年9月には10セントに暴落）。2度目は1985年12月から86年7月にかけてのことで、ドルが暴落に近い形で下げていく時期と合致していた。

　この2つの時期には、原油価格を管理するパワーをもった主体がいなかったという共通点がある。1860年は完全な自由競争の時代であった。また、1985年末からはOPECが原油価格の管理を事実上、放棄していた時期であった。

　そもそも原油価格は、強力な価格管理者が不在であると、暴落しやすい性質をもっている。

　なぜならば、原油生産の特質として、①油田開発コストが膨大で、償却費と金利の負担が重いため、生産業者は投下資本を早期に回収する必要性に迫られている、②いったん生産施設が完成すると、あとは自動的に原油が出てくるために、稼働率がいくらであろうと生産コストはほとんど変わらない、という事情がある。このため、生産業者は生産量を最大にしようとするので、供給過剰となり価格が下がる。価格が下がると、その分の収入減を補おうとして、さらに増産しようとするために価格が下落するという悪循環に陥ってしまう。これが暴落のパターンである。

X 商品市況の見方

図表X-10 原油価格の推移（1861年以降）

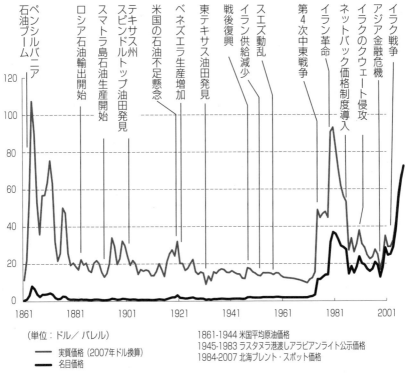

(単位：ドル／バレル)

― 実質価格（2007年ドル換算）
― 名目価格

1861-1944 米国平均原油価格
1945-1983 ラスタヌラ港渡しアラビアンライト公示価格
1984-2007 北海ブレント・スポット価格

(出所) BP Statistical Review of World Energy 2008

## 公表機関ホームページアドレス

|  |  |
|---|---|
| 経済産業省 | http://www.meti.go.jp/ |
| 資源エネルギー庁 | http://www.enecho.meti.go.jp/ |
| 石油天然ガス・金属鉱物資源機構 | http://www.jogmec.go.jp/ |
| 省エネルギーセンター | http://www.eccj.or.jp/ |
| 石油連盟 | http://www.paj.gr.jp/ |
| 日本エネルギー経済研究所 | http://eneken.ieej.or.jp/ |
| 国際エネルギー機関（IEA） | http://www.iea.org/ |
| 石油輸出国機構（OPEC） | http://www.opec.org/ |
| BP | http://www.bp.com/ |
| 米国エネルギー省（DOE） | http://www.energy.gov/ |
| 米国エネルギー情報局（EIA） | http://www.eia.doe.gov/ |
| 米国石油協会（API） | http://www.api.org/ |

## (2) 原油価格略史

第2次世界大戦以降の原油価格の変遷をおおまかに区分すると、次のようになる。

① 国際石油資本 (メジャーズ) が価格支配 (戦後〜1970年)
② OPEC中心の価格決定 (1970〜85年)
  第1次石油危機 (1973年) →中東戦争が契機。5ドルから12ドルへ。
  第2次石油危機 (1979年) →イラン革命が契機。13ドルから24ドルへ。
  イラン・イラク戦争 (1980年) →26ドルから34ドルへ。
  公式販売価格の史上初の引き下げ→需給緩和から価格低下。34ドルから29ドルへ。
③ 価格暴落 (85年末〜86年)
  価格維持よりもシェア重視に移行。このため、供給過剰により価格暴落。
④ 市場の需給を中心に価格決定 (1986年〜現在)
  イラクのクウェート侵攻・湾岸戦争 (1990年) →16ドルから34ドルまで急騰。
  アジア通貨危機 (1997年) →アジアの需要後退で25ドルから10ドルへ。
  新興国の石油需要拡大や投資資金の流入 (2003〜08年) →25ドルから140ドルへ。
  世界的な信用収縮と景気後退懸念→140ドルから40ドルへ急落。

《参考文献》『石油を支配する者』瀬木耿太郎　岩波新書

### 商品ETF

　ETF (上場投資信託、Exchange Traded Fund) は、その価格が株価指数や商品価格などに連動するように設定され、取引所で取引されている投資信託である。商品ETFは、原油・小麦などの商品先物、金・銀などの商品現物、商品指数を連動対象としている。

　2003年頃から08年半ばまで、商品市況が上昇を続けた背景として、商品ETFを通じて投資資金が商品市場に流入したことも影響したとの指摘もある。その残高の増加スピードをみると、まったく影響がなかったとはいいがたく、今後も商品ETFの動向が注目される (図表X-11参照)。

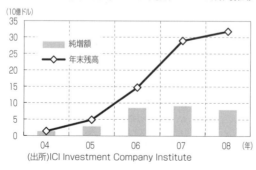

図表X-11　米国に登録された商品ETFの残高推移

(注) 2008年の残高は11月末時点、純増額は1〜11月合計。

(出所) ICI Investment Company Institute

X 商品市況の見方

図表X-12 原油価格の推移（1972年以降）

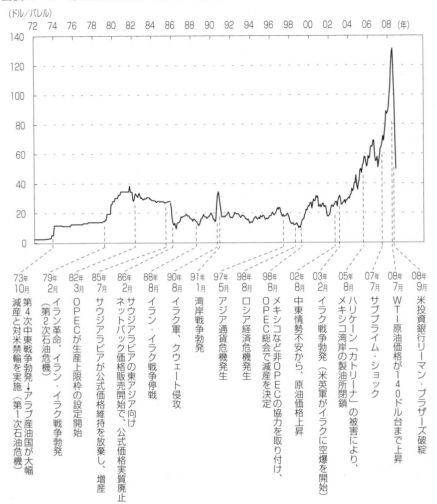

（注）原油価格について、1972～85年はアラビアンライト公式販売価格、86年以降はOPEC原油バスケット価格（月次）を使用。
（出所）Bloomberg

347

## （3）基本語句など
### ①主要油種・市場
　北米・欧州・アジア市場が原油の中心市場となっており、それぞれ指標となる油種（マーカー原油）はWTI・ブレント・ドバイであるが、ドバイ原油は埋蔵量減少が懸念されており、アジアの指標油種は流動的である。

　原油価格の代表格は、ニューヨーク・マーカンタイル取引所・NYMEX部門に上場されているWTI（West Texas Intermediate）の先物価格である。現物はテキサス州のローカル原油だが、1983年に先物が上場されて以来、原油相場の指標となっている。この先物取引量の2007年合計は121.5百万枚（1枚＝1000バレル）であった。1日平均約482百万バレルが取引されていることとなり、これは、世界の原油生産量の81.5百万バレル／日の5.9倍に匹敵する。

　ロンドン市場では、北海ブレントの先物がインターコンチネンタル取引所（ICE、2005年10月に国際石油取引所から名称変更）に上場されている。07年の1日平均出来高は約232百万バレルと、WTIの半分程度である。

　アジア市場では、東京工業品取引所で中東産原油（ドバイ・オマーン）の先物取引が行われているほか、シンガポールでは店頭取引（OTC）が活発である。

### ②単位
　よく知られているように、石油の計量に用いる単位は、バレルである。通常、生産量は日量当たりバレルで表される。1バレルは159リットルである。

### ③OPEC（石油輸出国機構）
　1960年9月に結成された産油国の団体。当初加盟は、サウジアラビア、イラン、イラク、ベネズエラ、クウェートの5ヵ国。以降、カタール、インドネシア（2009年1月に脱退）、リビア、アラブ首長国連邦、アルジェリア、ナイジェリア、エクアドル（92〜07年の間、加盟停止）、ガボン（95年に脱退）、アンゴラが加盟。現在の加盟国は12ヵ国。主な目的は、加盟国の石油政策の調整・一本化、国際石油市場において価格の安定を確保するための手段の構築などである。本部はオーストリアのウィーンにある。定例総会は年2回開催され、臨時総会も招集されることがある。

　主な産油国でOPECに加盟していない国は、米国、ロシア、メキシコ、中国、ノルウェー、オマーンなどである。近年、世界の原油生産量に非OPEC諸国が占める比率が高まってきており、OPECの影響力の低下が指摘されている。

### ④OPEC原油バスケット価格
　OPECが目安としている指標価格（図表X−13参照）。2005年6月16日より算出方法が変更され、主要13油種の原油スポット価格を生産量・輸出量で加重平均して算出される。それ以前は7油種の単純平均を用いていた。

## 図表X-13　OPEC原油バスケット価格の構成油種

（単位：ドル/バレル）

| | | 価格 2008年10月月中平均 | 対バスケット価格差 |
|---|---|---|---|
| OPECバスケット価格<br>(ORB、OPEC Reference Basket) | | 69.16 | － |
| ＊ Arab Light | サウジアラビア | 69.14 | -0.02 |
| Basrah Light | イラク | 67.99 | -1.17 |
| BCF-17 | ベネズエラ | 65.86 | -3.30 |
| ＊ Bonny Light | ナイジェリア | 74.57 | +5.41 |
| Es Sider | リビア | 71.22 | +2.06 |
| Girassol | アンゴラ | 70.63 | +1.47 |
| Iran Heavy | イラン | 66.33 | -2.83 |
| Kuwait Export | クウェート | 65.88 | -3.28 |
| Marine | カタール | 68.94 | -0.22 |
| ＊ Minas | インドネシア | 76.80 | +7.64 |
| Murban | UAE | 71.52 | +2.36 |
| Oriente | エクアドル | 60.57 | -8.59 |
| ＊ Saharan Blend | アルジェリア | 73.02 | +3.86 |

その他主要原油価格

| | | |
|---|---|---|
| ＊ Dubai | UAE | 67.82 |
| ＊ Isthmus | メキシコ | 71.96 |
| ＊ Tia Juana Light | ベネズエラ | 69.58 |
| Brent | 北海 | 71.87 |
| WTI | 米国 | 76.62 |

価格差

| | |
|---|---|
| WTI － Brent | 4.75 |
| Brent － Dubai | 4.05 |

（＊は旧バスケット価格構成油種）

（出所）OPEC Bulletin（2008年11月）

## 図表X-14　世界の原油生産動向

（単位：千バレル／日、構成比％）

| 年 | 1970 | 1980 | 1990 | 2001 | 2002 | 2003 | 2004 | 2005 | 2006 | 2007 | 構成比 |
|---|---|---|---|---|---|---|---|---|---|---|---|
| OPEC | 23,612 | 27,399 | 25,104 | 31,498 | 29,917 | 31,709 | 34,183 | 35,321 | 35,560 | 35,204 | 43.2 |
| （シェア） | (49%) | (44%) | (38%) | (42%) | (40%) | (41%) | (43%) | (43%) | (44%) | (43%) | |
| サウジアラビア | 3,851 | 10,270 | 7,105 | 9,209 | 8,928 | 10,164 | 10,638 | 11,114 | 10,853 | 10,413 | 12.8 |
| イラン | 3,848 | 1,479 | 3,270 | 3,794 | 3,543 | 4,183 | 4,308 | 4,359 | 4,388 | 4,401 | 5.4 |
| ベネズエラ | 3,754 | 2,228 | 2,244 | 3,142 | 2,895 | 2,554 | 2,907 | 2,937 | 2,808 | 2,613 | 3.2 |
| UAE | 762 | 1,745 | 2,283 | 2,534 | 2,324 | 2,611 | 2,656 | 2,753 | 2,971 | 2,915 | 3.6 |
| イラク | 1,549 | 2,658 | 2,149 | 2,523 | 2,116 | 1,344 | 2,030 | 1,833 | 1,999 | 2,145 | 2.6 |
| ナイジェリア | 1,084 | 2,059 | 1,870 | 2,274 | 2,103 | 2,263 | 2,502 | 2,580 | 2,474 | 2,356 | 2.9 |
| クウェート | 3,036 | 1,757 | 964 | 2,148 | 1,995 | 2,329 | 2,475 | 2,618 | 2,682 | 2,626 | 3.2 |
| アルジェリア | 1,052 | 1,139 | 1,347 | 1,562 | 1,680 | 1,852 | 1,946 | 2,014 | 2,003 | 2,000 | 2.5 |
| リビア | 3,357 | 1,862 | 1,424 | 1,427 | 1,375 | 1,485 | 1,624 | 1,751 | 1,834 | 1,848 | 2.3 |
| インドネシア | 854 | 1,577 | 1,539 | 1,389 | 1,289 | 1,183 | 1,129 | 1,087 | 1,017 | 969 | 1.2 |
| カタール | 363 | 476 | 434 | 754 | 764 | 879 | 992 | 1,028 | 1,110 | 1,197 | 1.5 |
| 非OPEC | 24,451 | 35,549 | 40,372 | 43,349 | 44,561 | 45,322 | 46,143 | 45,935 | 46,099 | 46,329 | 56.8 |
| （シェア） | (51%) | (56%) | (62%) | (58%) | (60%) | (59%) | (57%) | (57%) | (56%) | (57%) | |
| 米国 | 11,297 | 10,170 | 8,914 | 7,669 | 7,626 | 7,400 | 7,228 | 6,895 | 6,841 | 6,879 | 8.4 |
| 旧ソ連 | 7,127 | 12,116 | 11,566 | 8,660 | 9,533 | 10,499 | 11,407 | 11,839 | 12,318 | 12,804 | 15.7 |
| うち、ロシア | － | － | 10,405 | 7,056 | 7,698 | 8,544 | 9,287 | 9,552 | 9,769 | 9,978 | 12.2 |
| その他 | 6,028 | 13,263 | 19,893 | 27,020 | 27,402 | 27,423 | 27,507 | 27,200 | 26,939 | 26,645 | 32.7 |
| 世界合計 | 48,064 | 62,948 | 65,477 | 74,847 | 74,478 | 77,031 | 80,326 | 81,255 | 81,659 | 81,533 | 100.0 |

（出所）BP Statistical Review of World Energy 2008

⑤ネットバック価格制度

　1985年9月にサウジアラビアが導入した価格設定方式。ネットバック価格とは、石油製品価格から精製コスト、適正利潤などを差し引いた理論価格。この方式では、精製・販売業者は原油価格の水準にかかわらず利潤が確保できるため、実質的には原油値引き販売方式といえる。これを契機に、他の生産国も独自の価格決定方式を実施したため、政府販売価格（GSP）体制は崩壊することとなった。

　80年代以降、生産調整による価格維持のため、OPECの盟主サウジアラビアが、生産の調整役（スウィング・プロデューサー）として減産を一手に引き受けていた。しかし、原油の供給過剰状態のなか、OPECの原油生産シェアが30％を割り込み、85年7月のOPEC定例総会でサウジアラビアはスウィング・プロデューサーの役割の放棄を宣言した。これが、85年末からの原油価格大暴落の素地をつくった。

⑥プライスバンド制

　2000年3月にOPECは、ベネズエラが提唱していた「プライスバンド制」を導入し、原油の目標価格帯を設置した。OPECの原油生産枠は、通常、総会で決定されるが、プライスバンド制では、総会を経ないで生産枠が変更される。原油バスケット価格で22～28ドル／バレルを目標値とし、上限を20日連続して上回ると、自動的に日量50万バレルを各国比例配分で増産し、一方、下限を10日連続して下回ると、同量を減産する。しかし、03年以降、バスケット価格はこの価格帯に入ることがほとんどないまま上昇したことから、05年1月にプライスバンドは現状に適合しないとして停止された。

⑦エネルギー消費の対GDP原単位

　エネルギー消費の対GDP原単位は、一次エネルギー消費量を原油に換算し、実質GDPで除したもので、エネルギー消費の経済効率を測る尺度である。エネルギー原単位が低いほうが、省エネルギーが進展していることを示す。日本の対GDP原単位は、省エネルギーセンターによれば、73年度を100とすると91年度は66.1と著しく改善した後、60台後半で停滞していたが、2001年度に63.6へ改善し、02年度は63.1となっている。国際エネルギー機関（IEA）のデータによると、06年の対GDP原単位（トン／千ドル）は、世界（0.31）、米国（0.21）、日本（0.10）、ドイツ（0.17）、中国（0.90）、ロシア（1.81）となっている。先進国の省エネが進んでいる一方で、エマージング（新興）市場のエネルギー多消費体質が目立つ。

X 商品市況の見方

図表X-15 世界の原油埋蔵量・可採年数

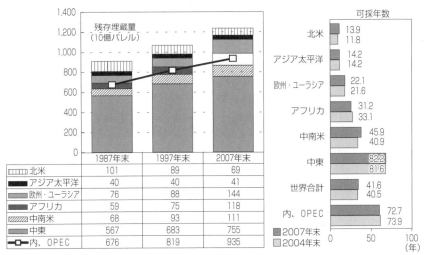

(出所) BP Statistical Review of World Energy 2008

図表X-16 OPEC原油生産枠と生産実績

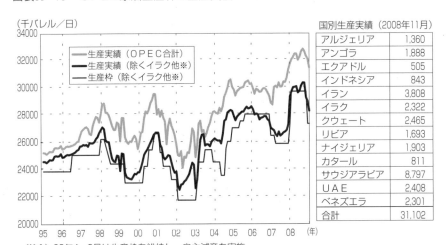

| 国別生産実績 (2008年11月) | |
|---|---|
| アルジェリア | 1,360 |
| アンゴラ | 1,888 |
| エクアドル | 505 |
| インドネシア | 843 |
| イラン | 3,808 |
| イラク | 2,322 |
| クウェート | 2,465 |
| リビア | 1,693 |
| ナイジェリア | 1,903 |
| カタール | 811 |
| サウジアラビア | 8,797 |
| UAE | 2,408 |
| ベネズエラ | 2,301 |
| 合計 | 31,102 |

(注1) 98年4～6月は生産枠を維持し、自主減産を実施。
(注2) アンゴラは2007年1月から加盟、エクアドルは2007年11月から再加盟、インドネシアは2009年1月から加盟停止。
(注3) ※の生産枠・実績について、アンゴラは加盟から2007年11月まで、インドネシアは2008年10月以降対象外。
(出所) Bloomberg、OPEC Monthly Oil Market Report(2008年12月)

## [2] 原油価格と金利・為替

　原油価格が変化した場合に、それが金利や為替などにどのような影響を与えるかについて考えてみると、おおまかにいえば、次のように要約できるであろう。

①原油価格の上昇は、当然のことながらインフレ率の上昇につながるので、金利は上昇する。価格下落の場合は逆に、金利は低下傾向となる。しかし、最近では、70～80年代と異なり、原油価格の物価への影響度は小さくなっているとの認識が広まっており、インフレよりも、原油価格上昇による景気悪化効果が重視され、金利上昇が抑制される傾向がある。

②原油価格と為替との関係では、原油価格が上昇すると、輸入代金の決済通貨としてドルへの需要が高まるため、ドル高要因となる。とくに日本の場合は、経常収支の悪化をもたらすので、原油価格上昇は円安要因である。また、ユーロ圏は、物価上昇に敏感であり、金融政策以外での統一的な経済政策の採用が困難であるため、原油価格上昇はインフレ率上昇・景気悪化懸念を強め、ユーロ売り要因となる。ただし、オイルマネーがユーロ資産に流入すると、ユーロ高要因となる。

③原油価格と金利の関係は、原油価格と株価との関係に敷衍することができる。原油価格上昇→金利上昇→株価低下というのが通常のパターンである。また、企業の価格支配力が低下している局面では、原油価格上昇→企業のコスト上昇→価格転嫁できず企業収益の減少→株価低下というパターンもある。ただし、原油価格上昇によって業績が好転する石油・石炭業の株価は、他の業種の株価とは反対の動きをすることが多い。

X 商品市況の見方

図表X-17 原油価格と日米長期金利

(出所) Bloomberg

図表X-18 原油価格と為替相場

(出所) Bloomberg

353

## ［3］原油価格の予測

　原油価格は、これまでみてきたように、金利や為替の予測をするうえで、非常に重要なファクターである。しかし、ＯＰＥＣの市場支配力の低下に伴い、市況商品・金融商品としての側面が強まっており、原油価格の予測自体も相当難しいことが指摘されている。また、確認埋蔵量の61％が政情の不安定な中東地域に集中しており、中東情勢緊迫化による「戦争プレミアム」も予測の困難な要素となっている。
　そこで、金融マーケットに参加し、金利や為替に関心をもつ者として、おさえておきたい事項を列記した。

①1年程度の短期的な原油価格の動きをみるうえで、需給要因においては、供給側の分析が重要である。とりわけ、ＯＰＥＣ内部での勢力バランスがどう動いているのか、また、各国が生産枠に従っているかどうかなどがポイントであろう。年2回開催されるＯＰＥＣ定例総会前後のマスコミの報道にも注意したい。

②サウジアラビアの石油政策の動向。1986年および88年の価格暴落は、いずれの場合も、同国の大増産がきっかけとなっている。同国の財政は、1983～2002年度の長期間にわたり赤字が続いた。また、アラブ随一の親米派として、中東情勢をめぐる米国との駆け引きなど、財政・国際情勢面からの分析も必要であろう。

③原油の需要予測としては、国際エネルギー機関（ＩＥＡ、International Energy Agency）のものが代表的であるが、この他、米国のエネルギー省（ＤＯＥ）も需給や価格見通しを発表している（図表Ⅹ-19参照）。

④非ＯＰＥＣの動向。米国は、かつては自由世界最大の原油生産国であったが、世界最大の消費国として輸入依存度が年々上昇しており、米国の原油在庫動向が原油価格へ与える影響は大きい（図表Ⅹ-20参照）。また、生産シェアを拡大してきた非ＯＰＥＣでは（図表Ⅹ-14参照）、投資回収という制約のある民間会社によって生産されているため、生産調整が難しい。とくに、ロシアは強力なエネルギー外交を押し進め、エネルギー価格への影響を強めようとしており、ロシアが台風の目となりつつある。

⑤需要側の分析として世界景気の動向。1997年のアジア危機に原油価格が下落したように、世界経済の成長率が石油需要に影響を与えている。また、中国・インドなど新興国の台頭による需要拡大が原油価格押し上げ要因として注目されている。

X　商品市況の見方

### 図表X-19　世界の石油需給見通し

(単位：特記なきものは百万バレル／日)

| | | 2008年 | 2009年 | 2010年 | 2015年 | 2020年 | 2025年 | 2030年 | 2007～2030年伸び率(年率) |
|---|---|---|---|---|---|---|---|---|---|
| 原油価格（ドル／バレル） | | 96.57 | 54.40 | 71.97 | 107.64 | 110.34 | 115.01 | 123.81 | 2.9% |
| 生産 | | 86.30 | 86.26 | 86.80 | 89.54 | 94.69 | 99.86 | 105.36 | 0.9% |
| 　従来型生産 | | 82.39 | 82.06 | 81.94 | 82.65 | 86.13 | 89.06 | 92.73 | 0.6% |
| 　　OPEC | | 35.40 | 34.85 | 34.23 | 35.63 | 37.64 | 39.51 | 42.10 | 1.0% |
| 　　非OPEC | | 28.22 | 28.62 | 28.96 | 29.56 | 31.25 | 31.83 | 32.81 | 0.7% |
| 　　　OECD | | 18.77 | 18.60 | 18.74 | 17.47 | 17.24 | 17.72 | 17.81 | -0.4% |
| 　　　　米国 | | 8.01 | 8.33 | 8.75 | 8.90 | 9.64 | 10.37 | 10.45 | 1.1% |
| 　　　　メキシコ | | 3.18 | 2.89 | 2.87 | 2.53 | 2.24 | 2.29 | 2.45 | -1.5% |
| 　　　　欧州 | | 4.93 | 4.61 | 4.27 | 3.61 | 3.18 | 3.01 | 2.94 | -2.5% |
| 　　　非OECD | | 1.98 | 2.17 | 2.48 | 2.90 | 3.45 | 3.82 | 4.19 | 3.5% |
| 　　　　ロシア | | 9.80 | 9.68 | 9.50 | 9.73 | 10.24 | 10.28 | 10.50 | 0.3% |
| 　　　　その他ユーラシア | | 2.96 | 3.29 | 3.58 | 4.15 | 4.50 | 4.60 | 4.86 | 2.3% |
| 　　　　ブラジル | | 1.98 | 2.17 | 2.48 | 2.90 | 3.45 | 3.82 | 4.19 | 3.5% |
| 　新資源による生産 | | 3.91 | 4.20 | 4.86 | 6.89 | 8.55 | 10.80 | 12.63 | 5.7% |
| 消費 | | 86.33 | 86.27 | 86.81 | 89.53 | 94.61 | 99.89 | 105.39 | 1.8% |
| 　OECD | | 48.17 | 47.21 | 47.35 | 47.19 | 47.51 | 48.44 | 49.62 | 0.0% |
| 　　米国 | | 19.94 | 19.68 | 20.23 | 20.70 | 20.76 | 21.34 | 22.27 | 2.2% |
| 　　欧州 | | 15.27 | 14.97 | 14.74 | 14.24 | 14.24 | 14.28 | 14.27 | -0.3% |
| 　　日本 | | 5.02 | 4.82 | 4.68 | 4.37 | 4.27 | 4.16 | 4.02 | -1.0% |
| 　非OECD | | 38.17 | 39.06 | 39.46 | 42.34 | 47.10 | 51.45 | 55.77 | 1.8% |
| 　　ロシア | | 2.93 | 2.98 | 2.97 | 3.02 | 3.18 | 3.29 | 3.35 | 0.7% |
| 　　中国 | | 8.03 | 8.34 | 8.50 | 9.34 | 11.29 | 13.16 | 15.08 | 3.0% |
| 　　インド | | 2.50 | 2.55 | 2.60 | 3.00 | 3.51 | 3.99 | 4.52 | 2.7% |
| 　　ブラジル | | 2.48 | 2.54 | 2.55 | 2.63 | 2.84 | 3.06 | 3.32 | 1.5% |

(出所) 米国エネルギー省エネルギー情報局 "Annual Energy Outlook 2009 Early Release"

### 図表X-20　原油価格と米国原油在庫

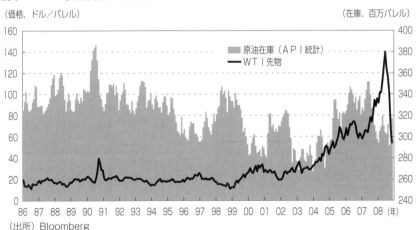

(出所) Bloomberg

355

# 4 金価格

　金が原油と並んで重要な商品であることはいうまでもないであろう。また、国際通貨制度のなかで、金本位制が資本主義の成立以来、長期間採用されてきたことからも、金は他の商品とはまったく違った性格をもってきた。第2次世界大戦後のIMF体制（ブレトン・ウッズ体制）のもとでは、加盟国の為替平価の基礎として金が共通尺度に採用され、金1トロイオンス＝35米ドルと決定された。これは、1971年8月の、いわゆるニクソン・ショックによる金とドルとの交換停止まで続いた。

　金価格の長期的な推移をみたのが、図表X－22、23である。金価格はインフレ動向に敏感であり、先行して動くことが多い。とくに第2次石油危機当時は、金融資産がインフレによって目減りするとの懸念から実物資産へのシフトが世界的に起こり、金への需要も急増した。80年代以降はインフレから一転してディスインフレが進行したため、金価格もほぼ横ばいの動きとなった。しかし、2003年以降、投資資金の流入などの影響で、ディスインフレ下でも金価格が上昇し、2008年3月には1トロイオンス＝1000ドルの大台を突破した。

## （1）金価格と為替・金利・株価

　金価格の動きは、為替レート（ドル）とも深い関係がある。一般的に、ドルが強いときは金価格には低下圧力がかかりやすく、逆にドルが弱いときに金価格は上昇する傾向がある（図表X－23参照）。

　上述の金価格とインフレの関係から、金価格が上昇しているときは、インフレ率が上昇しているので、金利は上昇、株価は低下する傾向がある。

図表X－21　金価格と米国長期金利

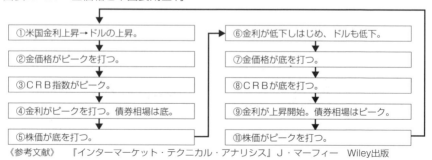

《参考文献》　『インターマーケット・テクニカル・アナリシス』J・マーフィー　Wiley出版

X 商品市況の見方

図表X-22 金価格と米国長期金利

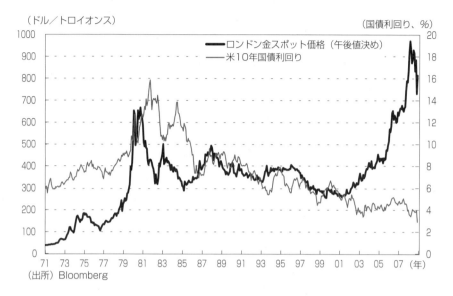

(出所) Bloomberg

図表X-23 金価格と為替レート

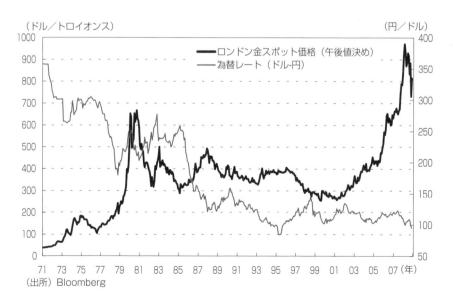

(出所) Bloomberg

## (2) 金の需給

　金の供給サイドをみると、供給量の大半を鉱山生産が占めている。しかし、1998年以降の鉱山生産量は、2001年をピークに緩やかな減少傾向が続いている（図表X－24）。地域別では、アジアや中南米の鉱山生産量は増加傾向にあるが、アフリカや北米の減少傾向に追いついていない構造となっている。とくに南アフリカは、鉱石の低品位化や深部化で長期的に減少傾向が続くことに加え、08年には電力供給が削減された影響で生産量が減少し、今後も電力危機が続くことが懸念されている。

　公的売却は、各国中央銀行が保有している金を売却したもので、80年代にはほとんど実施されなかったが、90年代には供給量に影響を与えるようになった。その後、99年9月のワシントン協定で、欧州中央銀行・欧州各国中央銀行の保有金売却量にルール（99年から5年間、年間の売却量が400トン以下とすること）が設けられた。2004年3月に第2次協定が締結され、参加国が変更したほか、期限を5年間延長し、年間売却量が500トン以下とされた。

　需要サイドは、ほとんどが宝飾用需要となっている。また、国・地域別の需要をみると、インドの割合が圧倒的であるほか、最近では経済発展により中国の需要が拡大している（図表X－24、25参照）。

　一方、投資対象として上場投資信託（Exchange Traded Funds、ETF）を通じた金現物の購入が活発化している。金ETFは2003年に商品化、証券取引所で売買されており、また、金の現物を裏付け（金の所有権を証券化）としているため、残高が増加すると、金の需要が拡大することになる。金ETF最大手のExchange Traded Gold社が世界各国で上場しているファンドの信託金残高合計は930.19トン（2008年12月24日時点）まで積み上がっている。

公表機関ホームページアドレス
World Gold Council　　　　　　　　　　http://www.gold.org/
Gold Fields Mineral Services（GFMS）　http://www.gfms.co.uk/
Exchange Traded Gold　　　　　　　　http://www.exchangetradedgold.com/

### 金の取引単位

　金の取引単位として、国際的には「トロイオンス」が、日本では「グラム」が使用されている。「トロイオンス (troy ounce)」は貴金属特有の取引単位で、1トロイオンスは31.1035グラムである。ちなみに、「オンス (ounce)」とは異なる単位であり、1オンスは28.35グラムである。「トロイオンス」の場合でも、単に「オンス」と呼ぶことがあるので、計測する対象を注意する必要がある。

X 商品市況の見方

図表X-24　世界の金供給と金需要

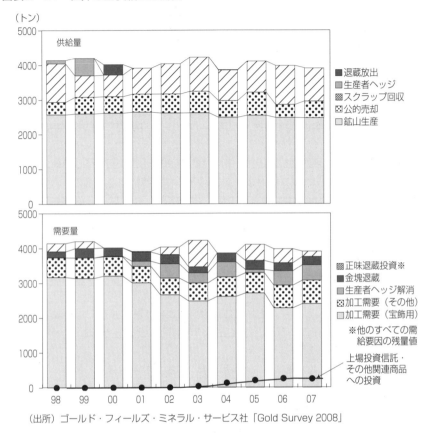

（出所）ゴールド・フィールズ・ミネラル・サービス社「Gold Survey 2008」

図表X-25　国・地域別の金加工需要割合（2007年　金加工量）

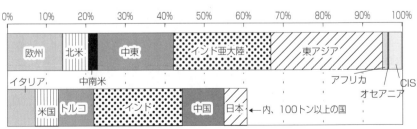

（出所）ゴールド・フィールズ・ミネラル・サービス社「Gold Survey 2008」

*359*

## (3) 金市場

　金は世界各地で取引されているが、金現物の主力市場は、ロンドン市場である。毎日2回、午前10時半と午後3時に、5大貴金属ディーラーが自己および顧客の売買注文を突き合わせ、「値決め（フィキシング）」を行っている。これが金現物価格の指標となる。

　一方、金の先物取引の中心はニューヨーク市場となっており、ニューヨーク・マーカンタイル取引所・COMEX部門で活発に取引されている。むしろ、存在感では、現物中心のロンドンを凌駕する勢いである。2007年の世界の金最終用途消費量3516トン（ゴールド・フィールズ・ミネラル・サービス社「Gold Survey 2008」より）に対し、COMEXの金先物取引の出来高は約2500万枚で約7万8000トン（1枚＝100トロイオンス、1トロイオンス＝31.1035グラムで換算）に相当する。

　また、最近では資金運用対象として金先物に資金が流入し、金価格押し上げ要因の一つとなっていることが指摘されている。図表X－26は、米商品先物取引委員会（CFTC、Commodity Futures Trading Commission）から公表される、報告部門別のポジション（建玉）の推移を示したものである。2002年以降の金価格上昇局面に投機筋の買い持ちポジションが大幅増加しており、金市場で投機筋の影響度が拡大していることがわかる。なお、報告部門には、実需筋の商業部門と主に投機筋とされる非商業部門があり、また、小額ポジションで報告義務のない非報告部門がある。一般的に、非商業部門と非報告部門を併せて投機筋とみることが多い。

図表X－26　COMEX非商業部門・非報告部門の金先物建玉残高の推移

（注1）2008年は12月16日までの平均。
（注2）買い持ち、売り持ち建玉は、スプレッド取引分を含む。
（出所）CFTC、Bloomberg

## 第XI章
# 為替市場の見方

# 1 外国為替相場の基礎知識

## [1] 外国為替相場

### (1) 為替相場の建て方

　外国為替とは、自国通貨を対価として行う外国通貨との売買、ないしは外国通貨間の売買を意味する。その際に成立する異種通貨間の交換比率（Exchange Rate）が外国為替相場である。

　外国為替相場の表示方法（建て方）には、自国通貨建てと外国通貨建ての2種類がある。自国通貨建てとは、具体的には、「1米ドル＝115円」というように、外貨1単位と交換される自国通貨量で表す相場の建て方である。一方、外国通貨建てとは、「1円＝0.0087米ドル」というように、自国通貨を基準として、その1単位と交換される外国通貨量で表す方法である。

　外国為替相場自体はどちらの方法によっても同じであるが、実際の取引では、通貨によって建て方が慣行として決まっている。米ドル、英ポンド、ユーロ、豪ドル、ニュージーランドドル、南アランドなどは外国通貨建てを採用しており、他の大部分の通貨は円も含めて自国通貨建てである。ただし、米ドルと英ポンド間は、「1英ポンド＝1.80米ドル」というように、英ポンドからみて外国通貨建て、またユーロは通例全通貨に対してユーロからみて外国通貨建てとなっている。

### (2) 為替裁定相場

　為替市場においては、同一時点では同一の為替相場が成立している。これは市場が異なっても同じで、東京市場と香港市場で円相場の水準が違っていれば、その相場の差を埋めるような取引が行われる。例えば、東京市場で1ドル＝125.00円という相場が成立しているときに、香港市場で1ドル＝125.20円という相場が建っていると仮定すると、投資家は東京市場でドルを買って、同時に香港市場でそのドルを売却すれば、20銭の利益をリスクなしに上げることができる。このような取引を裁定取引というが、こうした取引がもし可能であれば、東京市場でドルが円に対して上昇し、香港市場でドルが下落してしまうことになり、最終的には2つの市場では同一の水準で相場が形成されることになる。同様の裁定関係は、3つ以上の通貨間でも成立する。1米ドル＝115円、1ユーロ＝1.20米ドルという相場が建っている場合は、

裁定相場は、1ユーロ＝138円（115×1.20＝138）となる。

### （3）直物相場と先物相場

　外国為替取引には、対価との引渡しが直ちに行われる直物取引と、将来のある時期に行われる先物取引がある。

　直物取引は、銀行間取引では、取引日の2営業日後に決済されている。また、銀行と顧客との取引では直物受渡しは取引即日である。こうした取引に適用される為替相場が直物相場である。

　先物取引における決済日は、銀行間取引、対顧客取引とも、取引日の2営業日後から起算して1、3、6ヵ月後の応当日などが定型とされている。これ以外にも先物取引の種類はあるが、こうした先物取引に適用される為替相場が先物相場である。

### （4）直先スプレッド

　直先スプレッドとは、直物相場と先物相場との差をいう。図表Ⅺ－1は、日本経済新聞に掲載されている円ドル相場の「銀行間ドル直先スプレッド」である。

図表Ⅺ－1　銀行間ドル直先スプレッド

| ◇ 銀行間のドル直先スプレッド<br>（1ドルにつき円、dはディスカウント、pはプレミアム） | | |
|---|---|---|
| | 実勢 | 年率% |
| 1ヵ月 | d0.162 | 2.10 |
| 3ヵ月 | d0.662 | 2.70 |

（出所）2008年10月29日付「日本経済新聞」

　このケースでは、直物相場が93円38銭であったので、
　1ヵ月後の先物相場は、93.38－0.162＝93.218円
　3ヵ月後の先物相場は、93.38－0.662＝92.718円
となる。

　ディスカウントはドルの先物が直物よりも安いことを、プレミアムはドルの先物が直物よりも高いことを意味している。

　年率%とは、直先スプレッドを年率表示に換算したものである。これは円とドルの金利差を反映しているが、次の式で計算される。

　年率 ＝ 直先スプレッド ÷ 直物レート × 360 ÷ 先物の日数 × 100

## （5）銀行間相場と対顧客相場

　銀行間相場（インターバンク・レート）は為替市場において、市場の実勢に基づいて、内外の銀行間の取引により決定されている相場である。

　一方、対顧客相場は、外為銀行（※）がさまざまな対顧客取引に適用する相場であり、原則として1日に1回、相場を公示している。対顧客取引の基準となるのが、「仲値」である。従来は午前9時55分現在の直物相場をもとに、対顧客相場の基準として各銀行が一律に仲値を決定、適用してきたが、金融取引の自由化が進展するなかで、1990年9月からは各行が独自の判断で値決めをするようになった。実際にはほぼ横並びでレート決定される状態が長く続き、2001年5月頃より各銀行が独自レートを決定するようになった。

（※）98年4月の新外為法の施行により、為銀制度が廃止され、外為銀行は認可不要となった。外国為替業務を営む銀行が外為銀行である。

　対顧客相場は、一度決めたら1日中変更しないのが原則であるが、相場が大きく変動した際には値決めを変更することになっている。具体的には、銀行間相場が1円以上動いた場合には、1件10万ドル以上の取引について市場連動性に移行して銀行間相場に基づき個別に値決めする。また、2円以上動いた場合には、仲値を再設定することになっている。

　対顧客相場では、仲値が決定されると、以下の対顧客相場が決まる。

①電信売り相場（TTS＝Telegraphic Transfer Selling Rate）……仲値に手数料（米ドルの場合は、通常1円）を加えたもの。
②電信買い相場（TTB＝Telegraphic Transfer Buying Rate）……仲値に手数料（米ドルの場合は、通常1円）を差し引いたもの。
③ドル紙幣売り相場……TTSに為銀の金利、輸送コストを加えて決める。
④ドル紙幣買い相場……TTBから為銀の金利、輸送コストを差し引いて決める。

## （6）新聞に掲載されている為替相場

①対顧客米ドル先物相場

　顧客向けの先物取引には、米ドル以外にも、ユーロや英ポンドなどがあるが、日本経済新聞の朝刊では、米ドルのみについて6ヵ月先までの売り相場と買い相場を掲載している。

図表Ⅺ-2　対顧客米ドル先物相場

◇対顧客米ドル先物相場（三菱東京UFJ銀、円）

| | 売り | 買い |
| --- | --- | --- |
| 10月渡 | 94.38 | 92.35 |
| 11月渡 | 94.35 | 92.15 |
| 12月渡 | 94.22 | 91.94 |
| 1月渡 | 93.98 | 91.64 |
| 2月渡 | 93.72 | 91.44 |
| 3月渡 | 93.54 | 91.27 |

（出所）2008年10月29日付「日本経済新聞」

## ②東京外為市場の状況

寄付きは、市場開始時（9時）の相場。終値は終了時（17時）の相場。中心は最も取引の多かった相場を意味している。

日経通貨インデックスは、日本経済新聞社が独自に作成しているインデックス（図表Ⅺ－4で詳しく解説）である。

## ③外為 対顧客電信売り相場

対顧客電信売り相場（ＴＴＳ）と電信買い相場（ＴＴＢ）のうち、日本経済新聞では、三菱東京ＵＦＪ銀行が発表しているＴＴＳを、主要通貨につき掲載している。

## ④通貨オプション

為替リスクをヘッジする手段として通貨オプションが多用されている。

ボラティリティとは、相場の予想変動率を意味する。

プレミアムとは、オプションの購入対価である。円コール・ドルプットは、円を買ってドルを売る権利を、円プット・ドルコールは、円を売ってドルを買う権利を、それぞれ意味する。オプションの基本概念については、専門書を参照されたい。

### 図表Ⅺ－3　東京外為市場など

**東京外為市場（28日）**

◇円相場
（銀行間直物、1ドル＝円、売買高は前日 終値は17時、寄付は9時点）

| | | 前日 |
|---|---|---|
| 終値 | 94.54-94.56 | 92.95-92.98 |
| 寄付 | 93.20-93.23 | 93.53-93.55 |
| 高値 | 92.60 | 91.88 |
| 安値 | 96.20 | 94.50 |
| 中心 | 93.60 | 94.00 |
| 直物売買高 | | 147億8200万ドル |
| スワップ売買高 | | 410億9500万ドル |
| オプション売買高 | | 16億5200万ドル |
| 対ユーロ（1ユーロ＝円） | | 117.95-117.99 |

◇日経インデックス（2005年＝100）
| 日本円 | 120.0 |
| 米ドル | 103.1 |
| ユーロ | 103.1 |

**外為 対顧客電信売相場 （28日）**

（円、三菱東京UFJ銀）

| | | 前日 |
|---|---|---|
| 米ドル | 94.38 | 95.28 |
| ユーロ | 117.40 | 120.32 |
| カナダドル | 73.53 | 75.64 |
| 英ポンド | 148.41 | 153.44 |
| スイスフラン | 81.41 | 82.00 |
| デンマーククローネ | 15.85 | 16.25 |
| ノルウェークローネ | 13.62 | 13.76 |
| スウェーデンクローナ | 11.99 | 12.29 |
| 豪ドル | 58.61 | 60.50 |
| ニュージーランドドル | 53.10 | 54.71 |
| 香港ドル | 12.48 | 12.59 |
| シンガポールドル | 62.56 | 63.47 |
| サウジアラビアリヤル | 25.75 | 25.91 |
| Ｕ．Ａ．Ｅ．ディルハム | 26.14 | 26.39 |
| タイバーツ | 2.77 | 2.80 |
| インドルピー | 2.04 | 2.08 |
| パキスタンルピー | 1.31 | 1.32 |
| クウェートディナール | 356.17 | 358.48 |
| カタールリヤル | 26.42 | 26.54 |
| インドネシア100ルピア | 1.00 | 1.07 |
| メキシコペソ | 7.95 | 8.02 |
| 韓国100ウォン | 6.53 | 6.87 |
| フィリピンペソ | 2.05 | 2.09 |
| 南アフリカランド | 9.97 | 9.94 |
| チェココルナ | 4.83 | 4.93 |
| ロシアルーブル | 3.67 | 3.72 |
| ハンガリーフォリント | 0.45 | 0.45 |
| ポーランドズロチ | 31.20 | 31.82 |
| スロバキアコルナ | 4.00 | 4.09 |
| 台湾ドル | 2.79 | 2.82 |
| 中国人民元 | 13.65 | 13.79 |

（みずほコーポレート銀の中心値）

◇通貨オプション
▽円・ドル ボラティリティー（％）

| | 中心 | 前日 |
|---|---|---|
| 1ヶ月 | 36.0 | 38.2 |
| 3ヶ月 | 25.5 | 26.8 |

（出所）2008年10月29日付「日本経済新聞」

## [2] 為替指数

### (1) 為替指数とは

為替レートの変動を考える場合に、例えばドルを取り上げると、対円、対ユーロ、対ポンドなど、さまざまな通貨に対して、異なった動きをするのが普通である。すなわち、対円ではドル高であるが、対ユーロではドル安に動いたりすることがある。また、その国の貿易取引額を考慮しないと、その通貨の真の実力を図ることができない。こうした観点から考えられたのが、実効為替レート (effective rate) である。ウェイトづけは貿易取引量を基準とするのが一般的である。

いろいろな機関が実効為替レートを発表しているが、その概要は図表XI-4の通りである。また、ドルの実効為替レートと実際の名目為替レートの実績を一覧したのが、図表XI-5である。

さらに、実効為替レートにインフレ率の格差を反映させようとしたものが、実質実効為替レートである。ここにおいても、インフレ率として何を採用するかによって、さまざまなバリエーションがありうる。例えば、IMFが先進18ヵ国とユーロ圏について発表している実質実効為替レートは、ユニット・レーバー・コスト(生産1単位当たりの賃金指数)を基準としている。

為替指数の計算方法は、367頁を参照されたい。

### (2) 為替指数論争の背景

実効為替レートは、概念としては決して新しいものではないが、マーケットや実務家の間で注目を集めはじめたのは、1985年以降にドルのトレンド的な低落が始まった頃である。80年代前半は、異常なドル高が米国の貿易収支の悪化を招いたとして問題となった。その後、プラザ合意を転機として、先進各国はドル安を誘導したが、米国の貿易収支はいっこうに改善してこなかった。そこで議論になったのが、ドルは貿易収支の改善が期待できるほど十分に安くなったのかという点であった。ドルの価値を対円や対マルクという2通貨間の名目為替レートだけでなく、貿易取引量も加味した実効為替レートでみようという考え方が広まった。

ところが、実効為替レートのベースでみても、ドルが十分に下がったかどうか、わからなくなってきたために、各機関の実効為替レート間の優劣を議論するまでに至ったのである。とくに、当時の指数はアジアNIES諸国(香港・韓国・台湾・シンガポール)を指数計算の対象に入れていなかったり、ウェイトが低かったりしたので、この点に関心が集中したようであった。

## XI 為替市場の見方

### 図表XI-4 主要な為替指数

| 公表機関 | 特 徴 な ど |
|---|---|
| IMF<br>Nominal Effective Exchange Rate | 最も利用される機会が多い。先進工業国18ヵ国の通貨とユーロを対象に、1999-01年の先進工業国間の工業製品取引のウェイトから算出。実質レートも製造業の単位労働コストを使って発表している。2000年を100とする指数。IFS(International Financial Statistics)に掲載。<br>(→ http://www.imf.org/) |
| 日経<br>通貨インデックス | 23通貨を対象。円・ドル・ユーロの指数は日本経済新聞で毎日公表される。2004-05年の平均貿易額（IMFの多国間貿易データを使用）からウェイトを算出。2005年を100とする。5年ごとに基準年およびウェイトが変更される。<br>(→ http://rank.nikkei.co.jp/keiki/nkidx.cfm) |
| FRB<br>Dollar Indexes | 対象通貨はドルのみ。計算対象範囲により、BROADとMAJOR CURRENCYとOITP（Other Important Trading Partners）の3指数がある。よく利用されるのは、Major Currency Index（1973年を100とする）で、計算対象は主要6ヵ国とユーロ圏。ウェイトは対米国輸出入シェアから算出され、毎年変更される。<br>(→ http://www.federalreserve.gov/releases/h10/Summary/) |
| ECB<br>（欧州中央銀行）<br>Nominal Effective Exchange Rate | 対象通貨はユーロのみ。1995-97年と99-01年の工業製品取引のウェイトを基準に、主要21ヵ国との個別の為替レートを加重平均して算出。1999年1Qを100とする指数。異なる期間から算出された2つのウェイトは1999年初で切り替え・接続されている。日次で今日表されている。<br>(→ http://www.ecb.int/stats/exchange/effective/html/index.en.html) |

### 図表XI-5 ドルの実効レートと名目レート（対円）

（注）ドル実効レートは、FRB算出の、貿易加重ベース。
（出所）Bloomberg

## [3] 為替相場の変動と要因

### (1) 為替相場の騰落
　通貨の価値が上昇することを、「通貨が高くなる」、また下落することを、「通貨が安くなる」と表現する。円が1ドル110円から100円になれば、「円高・ドル安」と、100円から110円になれば、「円安・ドル高」と表現する。

　変動相場制に移行する以前のIMF体制のもとでは、ある通貨の平価変更は、価値上昇を「切上げ」、価値下落を「切下げ」と表現した。

### (2) 為替相場変化率の計算方法
　為替相場の変化を表現するのに、一般的に変化率を使うが、2つの方式があるので注意が必要である。例をあげて説明すると、
　自国通貨建てで、円が1ドル110円から100円に上昇した場合には、
①IMF方式では、変化後のレートを基準に、
　（旧為替相場の自国通貨額－新為替相場の自国通貨額）÷（新為替相場の自国通貨額）×100　　（110－100）÷100×100＝10.0％
　の円高になったことになる。
②欧州方式では、変化前のレートを基準に、
　（旧為替相場の自国通貨額－新為替相場の自国通貨額）÷（旧為替相場の自国通貨額）×100　　（110－100）÷110×100＝9.1％
　の円高になったことになる。
　通常は、①のIMF方式が使われている。

### (3) 為替指数の計算方法
　367頁で説明した実効為替レートの計算方法について、簡単な例をとり説明する。

図表XI-6　実効為替レートの計算例

| 貿易国 | 貿易ウェイト | 名目為替レートの変化率 | 基準年100に対して変化後 |
|---|---|---|---|
| 米国 | 0.5 | 30%円高 | 130 |
| 英国 | 0.3 | 20%円高 | 120 |
| ユーロ圏 | 0.2 | 10%円高 | 110 |

　実効為替レート＝$130^{0.5} \times 120^{0.3} \times 110^{0.2} = 123$
　この結果、円は外国通貨に対して平均23％増価したことになる。

## [4] 東京外国為替市場の規模と参加者

### (1) 外為市場の種類と参加者

　外国為替取引は、銀行間取引（インターバンク取引）と対顧客取引に大別される。広義の外国為替市場はこれら2つの取引を含んだものをいうが、狭義の外国為替市場は、銀行間取引のみを指すのが普通である（図表XI-7参照）。

　狭義の外国為替市場の参加者は、外為銀行（外国銀行の在日支店を含む）、ブローカー、通貨当局である。銀行間取引は、ブローカー経由で行われるものと、銀行間で直接行われるもの（ダイレクト・ディーリング）がある。なお、1998年4月の新外為法施行により、為銀制度が廃止され、外国為替業務が自由化された。しかし、銀行間市場は、プロフェッショナルの市場として存続している。

　一方、対顧客取引市場は、銀行との間で外貨売買取引を行う一般事業法人（商社、輸出入業者など）、機関投資家（生保、投信など）、個人などの参加者によって構成されている。

### (2) 東京外為市場の規模の拡大

　わが国の外国為替市場の規模は、1980年12月の外国為替管理法の施行を契機として、貿易高の増加や対外証券投資の活発化を背景に拡大した。さらに84年4月に実需原則が撤廃され、インターバンク取引量が飛躍的に伸びた（図表XI-8参照）。

　また、米ドル以外のダイレクト・ディーリング（DDと略称される）が84年7月以降開始されたことや、ブローカーが居住者と非居住者との取引の媒介を行う、インターナショナル・ブローキング（IBと略称される）が84年8月以降開始されたことも、東京市場拡大に拍車をかけた。

### (3) 市場規模の国際比較

　外国為替市場の規模を国際比較する調査は、1986年に始まる。もともとはニューヨーク連銀が独自に実施していた。同年、それに日本銀行とイングランド銀行が加わったのが最初である。2回目は89年に実施されたが、このときからBIS（国際決済銀行）が事務局となったために、参加国が一挙に増えた。この調査は、「外国為替およびデリバティブ取引にかかる中央銀行サーベイ（Central Bank Survey of Foreign Exchange and Derivatives Market Activity）」（通称「BISサーベイ」）と呼ばれ、3年ごとに世界で一斉に実施されている。最新の調査は2007年4月に行われ、世界54ヵ国・地域が参加した（図表XI-10、11参照）。

公表機関ホームページアドレス　　BIS　http://www.bis.org/

図表XI-7　東京外国為替市場の参加者

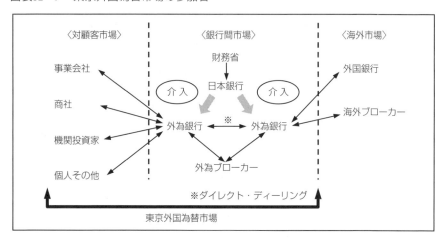

図表XI-8　インターバンク市場規模の推移

(注)　95年2月以前は9:00～12:00および13:30～15:30の出来高。それ以降は終日分。
(出所)　日本銀行「金融経済統計月報」

XI 為替市場の見方

### 図表XI-9　外国為替取引の時間帯

### 図表XI-10　外国為替取引高

(単位：10億ドル)

国別 外為市場の1日平均総売買高

|  | 07年4月 | 04年4月 | 01年4月 |
|---|---|---|---|
| ① 英国 | 1359 | 753 | 504 |
| ② 米国 | 664 | 461 | 254 |
| ③ スイス | 242 | 79 | 71 |
| ④ 日本 | 238 | 199 | 147 |
| ⑤ シンガポール | 231 | 125 | 101 |
| ⑥ 香港 | 175 | 102 | 67 |
| ⑦ オーストラリア | 170 | 102 | 52 |
| ⑧ フランス | 120 | 64 | 48 |
| ⑨ ドイツ | 99 | 118 | 88 |
| ⑩ デンマーク | 86 | 41 | 23 |
| ⑪ カナダ | 60 | 54 | 42 |
| ⑫ ロシア | 50 | 30 | 10 |
| ⑬ ベルギー | 48 | 20 | 10 |
| ⑭ ルクセンブルグ | 43 | 14 | 13 |
| ⑮ スウェーデン | 42 | 31 | 24 |

(注)　国内での取引高の二重計上を調整（Net-Gross）
(出所)　BIS「外国為替およびデリバティブ取引にかかる中央銀行サーベイ」

### 図表XI-11　BIS「外国為替およびデリバティブ取引にかかる中央銀行サーベイ」より

(1) 外国為替市場の1日の平均取引高（スポット、フォワード、スワップ計）

(単位：10億ドル)

|  | 07年4月 | 04年4月 | 01年4月 | 98年4月 | 95年4月 | 92年4月 |
|---|---|---|---|---|---|---|
| 報告総合計（調整前） | 4,399 | 2,751 | 1,861 | 2,337 | 1,864 | 1,293 |
| Net-Grossベース | 3,988 | 2,429 | 1,616 | 1,969 | 1,572 | 1,076 |
| Net-Netベース | 3,081 | 1,794 | 1,172 | 1,430 | 1,137 | 776 |
| 全世界合計（推計） | 3,210 | 1,880 | 1,200 | 1,490 | 1,190 | 820 |
| うちスポット | 1,005 | 621 | 387 | 568 | 494 | 394 |
| フォワード | 362 | 208 | 131 | 128 | 97 | 58 |
| 為替スワップ | 1,714 | 944 | 656 | 734 | 546 | 324 |
| 参加国・地域数 | 54 | 52 | 48 | 43 | 26 | 26 |

Net-Grossベース：国内での取引の二重計上を調整
Net-Netベース：海外での取引の二重計上を調整
全世界合計（推計）：調査対象外の取引の推計分を調整

(2) 外国為替市場の1日の平均取引高の通貨組み合わせ別比率

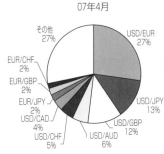
07年4月

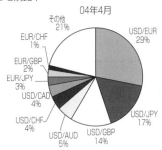
04年4月

371

# 2　為替需給の見方

　為替レート予測に関する重要なテーマは、為替市場での需給をどう捉えるかである。市場需給の分析が難しいことは第Ⅰ章で論じたが、為替の場合も同様である。ここでは、さまざまな角度から市場の需給をみるための統計や手法などを紹介する。

## [1]　国際収支統計

### (1) 国際収支統計とは

　為替レートの動向を分析する際に、最も基本となるのが国際収支統計である。国際収支は、一定期間内の対外経済取引のすべてを記録したものである。ここでいう対外経済取引とは、財やサービスなどの取引をいう「経常取引」と、資本の移動を指す「資本取引」の2種類に大別される。また、「対外取引」は、取引当事者の国籍による区別ではなく、居住者と非居住者との間の取引を意味する。

　わが国の国際収支は、国際資本移動の活発化により改訂されたIMF基準に、1996年から移行した。また、2002年1月分からデリバティブ計上方法を修正し、05年1月分から直接投資、証券投資といった資本勘定を中心に公表項目の拡充などの大幅改訂を行っている。以下では、わが国の国際収支統計の見方を解説する。

①発表形式＝図表Ⅺ－12の通りであり、作成方式はIMFの「国際収支マニュアル第5版」に拠っている。外貨建ての取引は、原則として市場実勢レートで円に換算され、すべて円建てで表示される。

②発表機関＝財務省国際局、日本銀行国際局。「外国為替及び外国貿易法」の規定に基づき、日本銀行が財務大臣の委任を受け作成している。

③発表周期＝月次の速報は、翌々月中旬。
　四半期ごとの確報は、各四半期最終発表月の翌々月。

④季節調整＝経常収支項目は米国センサス局法X－12－ARIMAに拠っている。季節調整に用いるデータは1996年1月から直近の12月までで、その後1年は予測値を用いて季節調整値を作成する。

XI 為替市場の見方

図表XI-12　国際収支表の発表形式と各取引の定義・概念

| 経常収支 | | | 経常収支＝貿易・サービス収支＋所得収支＋経常移転収支 |
|---|---|---|---|
| | 貿易・サービス収支 | | 貿易・サービス収支＝貿易収支＋サービス収支 |
| | | 貿易収支 | 貿易収支……輸出入ともFOB（Free on Board、本船渡し価格。積込み費用は含む）建てで計上。貿易統計（通称「通関統計」）は、輸出はFOB建て、輸入はCIF（Cost Insurance & Freight、運賃・保険料込み）建てで計上している点に注意。 |
| | | 　輸出 | |
| | | 　輸入 | |
| | サービス収支 | | サービス収支……輸送・旅行、その他居住者・非居住者間のサービス取引が計上される。 |
| | | 輸送 | |
| | | 旅行 | |
| | | その他サービス | |
| | 所得収支 | | 所得収支……居住者・非居住者間の雇用者報酬・投資収益の受け払い。投資収益には、対外金融資産・負債に係る利子・配当金などの受け払いが計上される。ただし、金融派生商品に係る利子所得については、IMFマニュアル改訂に対応して、2002年3月公表分より、所得収支（経常収支の内訳項目）から投資収支（資本収支の内訳項目）へ計上替えとなったうえで、「金融派生商品」として投資収支における「直接投資」、「証券投資」などと並ぶ独立した構成項目へ格上げとなっている。 |
| | | 雇用者報酬 | |
| | | 投資収益 | |
| | | 　直接投資収益 | |
| | | 　証券投資収益 | |
| | | 　その他投資収益 | |
| | 経常移転収支 | | 経常移転収支……実物資産および金融資産の無償取引のうち、資本移転以外のすべての移転を計上。 |
| 資本収支 | | | 資本収支＝投資収支＋その他資本収支 |
| | 投資収支 | | 投資収支……居住者と非居住者の間の、金融資産負債の取引を計上。直接投資・証券投資・金融派生商品・その他投資に分類される。直接投資家とは、居住している経済領域外の企業に永続的な経済利益を有する企業である。証券投資は、外貨準備を含まない。なお、2005年より証券投資の計上時点は、従来の決済時点から約定時点へ変更された。その他投資には、直接投資・証券投資・金融派生商品・外貨準備資産に該当しないすべての資本取引が計上される。 |
| | | 直接投資 | |
| | | 証券投資 | |
| | | 　株式 | |
| | | 　債券 | |
| | | 金融派生商品 | |
| | | その他投資 | |
| | その他資本収支 | | その他資本収支……居住者・非居住者間の固定資産および非生産非金融資産の取引を計上。固定資産の取引が資本移転に、非生産非金融資産の取引がその他資産に計上される。 |
| | | 資本移転 | |
| | | その他資産 | |
| 外貨準備増減 | | | 外貨準備増減……通貨当局の管理下にある、すぐに利用可能な対外資産の増減を計上。貨幣用金・SDR・IMFリザーブポジションを含む。 |
| 誤差脱漏 | | | 誤差脱漏……集計上の誤差が計上される。 |

なお、主要項目は、「経常収支＋資本収支＋外貨準備増減＋誤差脱漏＝0」の関係になる。

373

## (2) 貿易統計と国際収支の違い

貿易統計と国際収支統計には、図表XI-12で述べた輸入の計上基準以外にも、次のような差異がある。

① 貿易統計は、税関を物が通ることによって計上するのに対し、国際収支は、所有権の移転を基準に計上する。貿易統計に計上されて、国際収支に計上されないものは、リース契約貨物や軍関係貨物など。逆に、貿易統計に計上されないが、国際収支に計上されるものは、購入後そのまま海外に保管されている金投資口座の設定・解約や、航空機などで海外で購入され、そのまま使用されているもの。
② 計上時点の違いもある。貿易統計は通関時点（輸出は積載船舶の出航の日。輸入は輸入許可または承認の日）、国際収支は所有権移転の時点。
③ 以上のような違いから、輸入額は貿易統計のほうが10％程度多くなり、輸出額も貿易統計のほうがやや多くなる傾向にある（図表XI-14参照）。

## (3) 資本移動に絡む国際収支統計利用上の注意点

① 世界的な業界再編の動きを背景に、1997年以降、外国企業の日本企業への資本参加が増加している。出資の割合が原則10％以上の場合、直接投資関係があるとされ、株式取得は証券投資ではなく直接投資に計上される（図表XI-15の直接投資）。
② 証券投資は株式と債券に分類され、さらに債券は中長期債・短期債に分けられる。中長期・短期の区分は、原契約の満期期間が1年超か1年以下かによる。また、証券投資には、「証券貸借取引を除く」ベースの計数も併記されている。証券貸借取引は短期的な振れが大きく、実際の証券売買動向から乖離することがあるため、証券投資動向を把握する場合は「証券貸借取引を除く」ベースが適している。
③ 2002年、05年の国際収支統計改訂により、金融派生商品として、オプション取引・先物および先渡取引・ワラント・通貨スワップの元本交換差額・金利スワップの取引にかかわる利子が計上されるようになった。
④ ユーロ円インパクトローンは、非居住者による居住者向けの円建ての貸付で、本邦企業が邦銀海外店から取り入れる。しかし、その原資の大半は、邦銀の国内店から供与されている。国際収支統計上、本邦企業による同ローンの取り入れは、非居住者による居住者への貸付として、また、邦銀国内店から海外店への同ローンの原資送金は、居住者による非居住者への貸付として、投資収支の「その他投資」に計上される。なお、2001年より銀行部門の本支店勘定の計数が公表されるようになった（図表XI-15の資本収支）。

XI 為替市場の見方

図表XI-13　国民経済計算体系（SNA）と国際収支統計

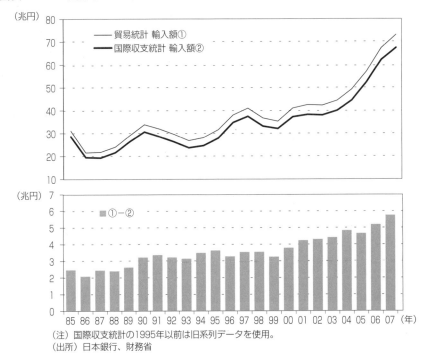

図表XI-14　国際収支統計と貿易統計（輸入額の比較）

（注）国際収支統計のサービス収支のうち、建設サービスはSNAの経常移転に、特許等使用料は財産所得に、公的その他サービスの一部は雇用者報酬に組み替えられている。
（出所）内閣府

（注）国際収支統計の1995年以前は旧系列データを使用。
（出所）日本銀行、財務省

## （4） 最近の国際収支の動き

　1980年代後半の日本の国際収支は、85年のプラザ合意による円高から、経常収支の黒字幅縮小・資本収支の赤字幅縮小という傾向を示した。資本収支の内訳をみると、円高を背景に、経常収支の黒字を上回って、対外証券投資や不動産投資などの対外直接投資が増加し、不足分を海外からの借入で調達するという状況だった。

　90年のバブル経済崩壊を契機に、経常黒字は増加に転じ、資本収支の赤字幅も海外からの借入の返済で増加した。しかし、93～96年は、製造業の海外進出の影響から経常黒字が減少し、急激な円高に対応した円売り介入により外貨準備が大幅に増加した。

　1997～98年は円高修正局面で経常黒字は増加したが、邦銀への信用不安からジャパン・プレミアムが拡大し、海外での資金調達が困難となり、国内店から海外店への送金が急増した。このため、資本収支のその他投資の赤字幅が拡大した。その後、99年になると日本の金融システム不安が解消され、対内株式投資が過去最高の流入超になった。

　2000～04年は米国でのＩＴバブル崩壊に端を発した米株式市場の急落、世界的な超金融緩和政策とグローバルデフレ懸念から債券買いが強まり、過去最大規模の対外債券投資が米国に向かった。また、03～04年は、日本経済回復期待から、対内株式投資が活発化したほか、急激な円高に対して大規模な円売り・ドル買い介入が実施され、外貨準備が急増した。

　経常収支の黒字は、2005年以降も新興国経済の高成長に伴う海外需要増を背景に拡大した。また、個人を中心に、本邦投資家が国内の低金利を嫌って積極化した対外債券投資などの投資収益も、所得収支の黒字拡大を通じて経常収支黒字の増加に寄与した。

　しかし、2007年後半以降の米サブプライム住宅ローン問題を発端とした金融市場の混乱により、海外需要の後退で経常収支黒字は大幅に縮小している。


公表機関ホームページアドレス

財務省　　「国際収支状況」　http://www.mof.go.jp/1c004.htm
日本銀行　「国際収支」　　　http://www.boj.or.jp/theme/research/stat/bop/bop/index.htm

XI 為替市場の見方

図表XI-15 国際収支の動向

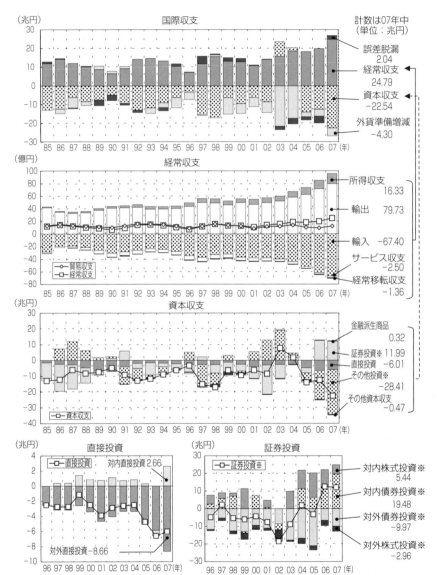

(注) 1996年以降はデリバティブ計上方法見直し後のため、データは不連続となっている。また、※は証券貸借取引を除くベース。
(出所) 日本銀行「国際収支統計」より作成

## (5) 国際収支から為替需給を読む

　貿易関係の実需による為替取引が中心であった時代は、経常収支で為替需給を分析できた。しかし、国際的な資本取引が活発化するとともに、国際収支が為替需給を反映しにくくなっている。

　第1の問題点は、日本の投資家が海外証券投資をする場合の、調達サイドの通貨である。ドル・ドル型（ドルを調達してドルで運用＝為替需給には中立）か円投型（自己の円資金をドル転して投資＝ドル買い要因）かで、為替需給に及ぼす影響は違う。国際収支で為替需給をみる際には、ドル・ドル型投資を控除する必要がある。

　第2の問題点は、日本の投資家は、保有している海外証券について、為替リスク管理のため、先物を使ってヘッジ比率の調整を行うようになったが、これが国際収支には計上されないことである。

　上記2点を修正した国際収支で為替需給の推計を試みたのが、図表XI－16である。難点は、ドル・ドル型投資とヘッジ比率を推定するための根拠となる統計が乏しい点である。

## (6) 国際収支の長期トレンド

　為替レートの長期トレンドをみるうえで、一時流行した考え方が、国際収支発展段階論である。この火付け役となったのは、内閣府（旧経済企画庁）の1984年度の経済白書である（図表XI－17参照）。これはクローサー（G. Crowther）の提唱した発展段階説に基づいている。

　これを戦後の日本に当てはめてみると、50年代後半から60年代前半は「成熟した債務国」の段階、60年代後半は経常収支が黒字に転じ「債務返済国」の段階へ進み、さらに、70年代以降、経常黒字が拡大するにつれ対外資産が急増し、「未成熟の債権国」の段階に至っているといえる。こうした債権大国は、国際的な資本供給の役割を担っており、為替レートも高くなると考えられる。

　しかし、最近の日本は、人口減少による国力低下が懸念されており、次の段階である「成熟した債権国」へ進展しつつあることも考えておく必要がある。


公表機関ホームページアドレス

内閣府 経済白書（昭和59年）　http://wp.cao.go.jp/zenbun/keizai/wp-je84/wp-je84-000i1.html

## XI 為替市場の見方

### 図表XI-16 国際収支からみた為替需給

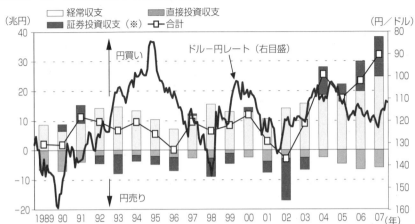

（※）証券投資（96年以降は証券貸借取引を除く）は、銀行の対外証券投資をドル・ドル型とみなして控除したベース。また、2004年以前は「対内及び対外証券投資等の状況」。05年以降は「国際収支」のデータのため、データは不連続となっている。
（出所）日本銀行「国際収支統計」・財務省「国際収支状況 対外・対内証券投資」「対内及び対外証券投資等の状況」より作成（為替レートはBloomberg）

### 図表XI-17 国際収支の発展段階

| | 財・サービス収支 | 投資収益収支 | 経常収支 | 長期資本収支 | イギリス | アメリカ | （西）ドイツ | 日　本 |
|---|---|---|---|---|---|---|---|---|
| I 未成熟の債務国<br>資本輸入国。財・サービスも赤字。 | − | − | − | ＋ | | 1871-1890 | | 1868-1880 |
| II 成熟した債務国<br>資本輸入国。財・サービスは黒字に転化。 | ＋ | − − | − | ＋ | | | | 1881-1914 |
| | | | | | | | | 1955-1964 |
| III 債務返済国<br>資本は純流出へ。財・サービスの黒字増加で経常収支も黒字に転化。 | ＋＋ | − | ＋ | − | | 1981-1910 | | 1914-1920 |
| | | | | | | | 1951-1970 | 1965-1969 |
| IV 未成熟の債権国<br>債権国へ。経常収支黒字と長期資本の赤字続く。投資収益収支が黒字に転換。 | ＋ | ＋ | ＋＋ | − − | 1851-1890 | 1911-1940 | | |
| | | | | | | 1946-1970 | 1971-1982 | 1970-1983 |
| V 成熟した債権国<br>国際競争力が低下し、財・サービス収支が赤字に。 | − | ＋＋ | ＋ | − | 1891-1925 | | | |
| | | | | | 1948-1982 | 1971-1981 | | |
| VI 債権取崩し国<br>財・サービス収支の赤字が投資収支の黒字を上回る。 | − − | ＋ | − | ＋ | 1926-1944 | | | |

（出所）「経済白書」1984年版　　　　　　　　　　　　　　（上段：戦前、下段：戦後）

## [2] 対内外直接投資

　日本の対外直接投資の動向も、為替需給を考察するうえでは大切な要因である。対外直接投資が急増したのは、経常収支黒字の拡大時期と一致しており、1984年以降のことである。80年代前半はアジア中心であったが、後半は、米国や欧州などの先進国へ向けて、貿易摩擦や急激な円高に対処するための現地生産の動きが投資の急増を招いた。しかし、90年代に入ると、こうした動きが一巡したことや景気の減速を反映して、投資額が減少した。また、地域別には、米国への投資比率が低下傾向となり、99年1月のユーロ誕生を契機に、欧州の比率が上昇、その後は再びアジアへの投資が拡大している（図表XI－20参照）。

　一方、対内直接投資と対外直接投資の関係においては、近年の新興国経済の台頭を背景にグローバルな資本移動が進展し、対外直接投資の拡大傾向が強い（図表XI－18参照）。

公表機関ホームページアドレス

財務省　　http://www.mof.go.jp/ 1c 008.htm
　　　　　http://www.mof.go.jp/bpoffice/bpfdi.htm

図XI－18　直接投資の動向

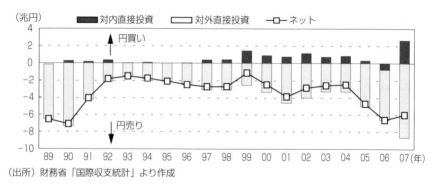

（出所）財務省「国際収支統計」より作成

## 図表XI-19　対内直接投資の推移

(単位：件、億円)

| 年 ※ | 北米 金額 | 中南米 金額 | アジア 金額 | 中東 金額 | 欧州 金額 | アフリカ 金額 | 大洋州 金額 | 日本 金額 | 合計 件数 | 合計 金額 |
|---|---|---|---|---|---|---|---|---|---|---|
| 1989 | 2,278 | 187 | 137 | 6 | 836 | 12 | 21 | 380 | 5,696 | 3,857 |
| 1990 | 1,177 | 146 | 188 | 3 | 1,973 | 11 | 33 | 515 | 5,926 | 4,046 |
| 1991 | 2,843 | 142 | 194 | 2 | 1,843 | 2 | 5 | 865 | 4,212 | 5,896 |
| 1992 | 1,837 | 981 | 128 | 13 | 1,901 | 16 | 0 | 429 | 1,271 | 5,306 |
| 1993 | 1,262 | 173 | 539 | 3 | 1,199 | 5 | 12 | 393 | 1,072 | 3,586 |
| 1994 | 1,981 | 136 | 271 | 0 | 1,586 | – | 33 | 320 | 1,135 | 4,327 |
| 1995 | 1,786 | 141 | 247 | 0 | 1,274 | 10 | 5 | 233 | 1,272 | 3,697 |
| 1996 | 2,445 | 656 | 1,372 | 20 | 2,202 | – | 14 | 1,000 | 1,304 | 7,707 |
| 1997 | 1,521 | 591 | 742 | 1 | 3,078 | 0 | 7 | 843 | 1,301 | 6,782 |
| 1998 | 8,095 | 343 | 211 | 1 | 3,023 | 0 | 1 | 1,729 | 1,542 | 13,404 |
| 1999 | 4,173 | 2,895 | 1,100 | 2 | 14,137 | 4 | 68 | 1,615 | 1,705 | 23,993 |
| 2000 | 10,777 | 1,680 | 418 | 3 | 6,889 | 3 | 69 | 11,413 | 1,842 | 31,251 |
| 2001 | 6,922 | 648 | 567 | 2 | 10,962 | 35 | 4 | 2,638 | 1,497 | 21,779 |
| 2002 | 6,558 | 2,239 | 455 | 1 | 7,076 | 37 | 58 | 5,439 | 1,465 | 21,863 |
| 2003 | 4,400 | 4,606 | 1,614 | 0 | 6,929 | 1 | 16 | 3,596 | 1,431 | 21,161 |
| 2004 | 26,198 | 1,348 | 864 | 5 | 7,249 | – | 4 | 4,597 | 1,591 | 40,265 |
| 2005 | -1,014 | 1,462 | 1,806 | 10 | 922 | 1 | -126 | – | – | 3,059 |
| 2006 | -3,070 | 707 | -941 | -1 | -4,383 | 72 | 42 | – | – | -7,566 |
| 2007 | 15,196 | 3,332 | 2,042 | 3 | 5,691 | 38 | 251 | – | – | 26,552 |

(注1)　※2004年度以前は年度で、2005年以降は暦年で表示している。また、2004年度以前は「対外及び対内直接投資状況」、2005年以降は「国際収支」のデータのため、データは不連続となっている。
(注2)　2004年度までの計数は報告・届出ベース。日本からの対内直接投資は、外資系企業によるものである。
(出所)　財務省「対外及び対内直接投資状況」、「国際収支」

## 図表XI-20　対外直接投資の推移

(単位：件、億円)

| 年 ※ | 北米 金額 | 中南米 金額 | アジア 金額 | 中東 金額 | 欧州 金額 | アフリカ 金額 | 大洋州 金額 | 合計 件数 | 合計 金額 |
|---|---|---|---|---|---|---|---|---|---|
| 1989 | 45,485 | 6,991 | 11,003 | 86 | 19,727 | 891 | 6,156 | 6,589 | 90,339 |
| 1990 | 39,958 | 5,289 | 10,343 | 39 | 20,975 | 804 | 6,119 | 5,863 | 83,527 |
| 1991 | 25,763 | 4,547 | 8,107 | 123 | 12,832 | 1,014 | 4,476 | 4,564 | 56,862 |
| 1992 | 18,972 | 3,525 | 8,316 | 896 | 9,176 | 308 | 3,119 | 3,741 | 44,313 |
| 1993 | 17,591 | 3,889 | 7,672 | 251 | 9,204 | 630 | 2,275 | 3,488 | 41,514 |
| 1994 | 18,525 | 5,499 | 10,084 | 303 | 6,525 | 366 | 1,507 | 2,478 | 42,808 |
| 1995 | 22,394 | 3,741 | 11,921 | 148 | 8,281 | 367 | 2,716 | 2,863 | 49,568 |
| 1996 | 25,933 | 5,010 | 13,083 | 268 | 8,305 | 485 | 1,011 | 2,501 | 54,095 |
| 1997 | 26,247 | 7,775 | 14,954 | 578 | 13,749 | 407 | 2,525 | 2,495 | 66,236 |
| 1998 | 14,137 | 8,349 | 8,555 | 187 | 18,116 | 582 | 2,853 | 1,637 | 52,780 |
| 1999 | 27,765 | 8,614 | 8,196 | 126 | 28,975 | 580 | 1,036 | 1,744 | 75,292 |
| 2000 | 13,796 | 5,838 | 6,638 | 21 | 27,061 | 62 | 777 | 1,717 | 54,193 |
| 2001 | 8,196 | 9,654 | 8,307 | 25 | 13,263 | 273 | 694 | 1,786 | 40,413 |
| 2002 | 10,299 | 7,005 | 6,910 | 45 | 18,807 | 237 | 1,628 | 2,164 | 44,930 |
| 2003 | 12,072 | 5,948 | 7,233 | 20 | 14,268 | 119 | 1,137 | 2,411 | 40,795 |
| 2004 | 5,198 | 6,849 | 10,091 | 5 | 13,934 | 124 | 2,009 | 2,733 | 38,210 |
| 2005 | 14,788 | 7,032 | 17,980 | 620 | 9,015 | 23 | 1,040 | – | 50,459 |
| 2006 | 11,862 | 2,990 | 20,005 | 281 | 21,423 | 1,047 | 847 | – | 58,459 |
| 2007 | 20,462 | 11,158 | 22,826 | 1,136 | 24,883 | 1,285 | 4,858 | – | 86,607 |

(注1)　※2004年度以前は年度で、2005年以降は暦年で表示している。また、2004年度以前は「対外及び対内直接投資状況」、2005年以降は「国際収支」のデータのため、データは不連続となっている。
(注2)　2004年度までの計数は報告・届出ベース。
(出所)　財務省「対外及び対内直接投資状況」、「国際収支」

## [3] 対外証券投資

　対外証券投資がピークであった1986年から89年は、毎年900億ドルにのぼる資金が海外の証券市場に流れ込み、ジャパンマネーとして世界の注目を浴びた。その後に続いた90年代はバブルの崩壊と膨大な不良債権の処理で、日本はまさに日が沈んだ状態で身を縮めるしかなかった。しかし、2000年以降復活したジャパンマネーは、投資先を分散し、再び積極的な動きをみせている。
　以下では、こうしたジャパンマネーの動きを分析する材料を中心に紹介する。

①債券と株式――日本から海外への証券投資は債券中心の傾向があるが、1990年代後半のように海外株式が上昇基調を維持した局面では、株式投資が活発化した。しかし、2000年に米国の株価急落が世界中に伝播すると、主要国の積極的な金融緩和とグローバルデフレ懸念から債券投資が急増した（図表Ⅺ-21参照）。その後も2003～05年に相対的に高い海外金利を求めて債券投資が積極化した一方、株式投資も安定的に推移した。しかし、2007年にはサブプライム・ローン問題により金融市場が不安定化するなか、債券投資は積極化、株式投資は抑制された。

②地域別の動き――2002年以降は世界的な過剰流動性のなか、商品価格の上昇を背景に、オーストラリアなどコモディティ通貨が選好されている。また対米証券投資も大きなウェイトを占めているが、2007年のサブプライム・ローン問題で、対米投資は消極化している。なお、2005年1月の統計改訂により、地域別の対外証券投資の長期的な推移を把握することが困難になったが、2005年以降のデータについては、財務省の国際収支統計が詳細を公表している（図表Ⅺ-22参照）。地域別のほか、建値通貨別のデータもある。

③投資家別動向――投資家別の対外証券売買動向は、財務省より週次で発表されている「対内及び対外証券売買契約等の状況（指定報告機関ベース）」で最も早く確認できる（図表Ⅺ-23参照）。データに連続性はないが、2004年以前のデータは同省より公表されている「対内及び対外証券投資の状況」で入手できる。ただし、2005年の国際収支統計関連の見直しに伴い、対内・対外の計上方法が円・外貨払い区分から発行者の居住者・非居住者区分へ変更されたことに注意が必要である。それ以外には、生損保や年金基金などの運用計画や実績が報道されるので参考になる。また、1998年以降、個人投資家の外貨資産が急増しており、2005年4月のペイオフ解禁を機に、その動きは活発化の様相をみせた（図表Ⅺ-24参照）。

## 図表XI−21　対外証券投資（居住者による処分・取得状況）

(単位：億円)

| 暦 年 | 株式 処分額(A) | 株式 取得額(B) | 株式 資本流出入額(A)−(B) | 暦 年 | 中長期債（債券）処分額(A) | 中長期債（債券）取得額(B) | 中長期債（債券）資本流出入額(A)−(B) |
|---|---|---|---|---|---|---|---|
| 1999 | 125,554 | 148,567 | −23,013 | 1999 | 723,626 | 805,549 | −81,923 |
| 2000 | 159,111 | 168,617 | −9,506 | 2000 | 796,468 | 849,663 | −53,195 |
| 2001 | 134,671 | 145,185 | −10,514 | 2001 | 1,171,552 | 1,246,091 | −74,539 |
| 2002 | 133,661 | 166,662 | −33,001 | 2002 | 1,071,623 | 1,137,654 | −66,031 |
| 2003 | 115,751 | 119,077 | −3,326 | 2003 | 1,106,215 | 1,219,492 | −113,277 |
| 2004 | 109,631 | 127,934 | −18,303 | 2004 | 1,133,620 | 1,264,116 | −130,496 |
| 2005 | 142,871 | 157,808 | −14,936 | 2005 | 1,044,542 | 1,203,064 | −158,522 |
| 2006 | 164,387 | 179,418 | −15,032 | 2006 | 969,348 | 1,021,127 | −51,779 |
| 2007 | 257,529 | 259,107 | −1,579 | 2007 | 1,260,708 | 1,313,695 | −52,987 |

(注1)　資本流出入額 = 処分（資本の流入）− 取得（資本の流出）　マイナスは資本の流出を示す。
(注2)　2004年と05年の間でデータ不連続となっている。04年以前は「対内及び対外証券投資の状況（約定ベース）」のデータ。05年以降は「対外及び対内証券売買等の状況（指定報告機関ベース）」のデータ。
(注3)　中長期債（債券）について、05年以降の新統計では短期債の計数も発表しているが、上表では中長期債のみを表示。
(出所)　財務省「対内及び対外証券投資の状況」、「対外及び対内証券売買契約等の状況（指定報告機関ベース）」

## 図表XI−22　地域別対外証券投資（資本流出入額）

(単位：億円)

| 暦 年 | アジア | アメリカ合衆国 | カナダ | 中南米 | 大洋州 | 西 欧 | 東欧・ロシア等 | その他 | 合 計 |
|---|---|---|---|---|---|---|---|---|---|
| 2005 | −3,180 | −69,277 | −5,190 | −43,544 | −7,511 | −98,470 | −3,259 | −5,245 | −235,674 |
| 2006 | −7,771 | −32,434 | −3,773 | −5,865 | −4,835 | −40,909 | −1,659 | 359 | −96,890 |
| 2007 | −10,639 | −8,423 | −822 | −41,425 | −12,040 | −55,774 | −2,563 | 2,388 | −129,298 |

(注)　資本流出入額 = 処分（資本の流入）−取得（資本の流出）　マイナスは資本の流出を示す。
(出所)　財務省「国際収支状況」

## 図表XI−23　投資家別対外証券投資状況（資本流出入額）

(単位：億円)

| 暦 年 | 公的部門 | 銀行部門 | 銀行等（信託勘定） | 金融商品取引業者 | 生 保 | 損 保 | 投信等 | その他 | 合 計 |
|---|---|---|---|---|---|---|---|---|---|
| 1999 |  | −25,482 | −51,364 |  | −1,327 |  | 10,530 |  | −104,936 |
| 2000 |  | −59,500 | −19,047 |  | 1,501 |  | 12,535 |  | −62,701 |
| 2001 |  | −23,895 | −16,086 |  | −32,891 |  | −3,691 | −8,488 | −85,053 |
| 2002 |  | −38,324 | −42,853 |  | 1,217 |  | 1,472 | −20,548 | −99,032 |
| 2003 |  | −19,319 | −4,997 |  | −32,287 |  | −18,382 | −41,616 | −116,603 |
| 2004 |  | −64,011 | −14,249 |  | −21,004 |  | −23,255 | −26,275 | −148,799 |
| 2005 | 882 | −74,249 | −23,698 | −70,294 | 7,271 | 568 | −46,541 | 39,345 | −166,716 |
| 2006 | 59 | 12,901 | −10,446 | −55,616 | 2,065 | 2,353 | −50,734 | 40,222 | −59,195 |
| 2007 | 380 | −16,467 | 11,533 | −38,815 | −7,803 | 344 | −57,084 | 56,544 | −51,369 |

(注1)　資本流出入額 = 処分（資本の流入）− 取得（資本の流出）　マイナスは資本の流出を示す。
(注2)　2004年と05年の間でデータ不連続となっている。04年以前は「対内及び対外証券投資の状況（約定ベース）」のデータで、集計対象は株式と債券。05年以降は「対外及び対内証券売買等の状況（指定報告機関ベース）」のデータで、集計対象に短期債が追加されている。
(注3)　信託銀行の銀行勘定は銀行部門に含まれる。ただし、1999～2000年は、銀行等（信託勘定）に含まれている。
(注4)　金融商品取引業者は従来の証券会社、投信等は投資信託委託会社及び資産運用会社を指す。
(出所)　財務省「対内及び対外証券投資の状況」、「対外及び対内証券売買契約等の状況（指定報告機関ベース）」

## [4] 対内証券投資

　対内株式投資については、1986年には急激な円高による国内企業収益の低迷、とくにハイテク産業への外国人投資家の不安感が高まり、大幅な売り越しとなった。87年はニューヨーク株価の暴落に伴い、外国人投資家が比較的損害の少なかった日本株売却に出たため、さらに大幅な売り越しとなった。90年代を通じて、日本経済のバブル崩壊後の低迷から、対内株式投資は伸び悩んだ。2000年に入り、民間企業がバランスシートの調整を終え、02年10月の金融庁による「金融再生プログラム」の発表で、金融機関の不良債権問題終結へ当局の強い意志が表明されると、再び海外投資家からの資金流入が回復をみせ、04年は10兆円を超える買い越しとなった（図表XI-25参照）。

　対内債券投資については、88年には為替の安定により為替差益を狙う投資が減少したことと、国内金利が低下したため、国内債券の魅力が薄れ、大幅な売り越しとなった。90～91年には国内長期金利の上昇により国際債券市場のなかで円債の割安感が出てきたことや、91年には円高によりドルベースでの投資魅力が高まり、大幅な買い越しとなったが、その後は景気のさらなる低迷、過去に例をみない超金融緩和政策の実施で国内債券の投資妙味は薄れた。2004年以降は、ヘッジファンドなどによるデリバティブと絡めた現物債買入れや、欧米年金などによるデフレ解消期待に基づく物価連動国債買入れなどを背景に、国内債券への資金流入が積極化した。

　海外投資家の動きについて、対内証券投資が為替市場の波乱要因になることもあるので、注意が必要である。海外投資家にとっては、為替差損益も投資判断の基準になっているので、ドルベースでみて、日本の市場はどう映るかを考えることも必要であろう。

　海外の機関投資家のなかには、世界の株式市場の規模を基準として行動する向きもある。米国の年金基金などがよい例であるが、こうしたところが日本株をオーバーウェイトしているのか、アンダーウェイトになっているのかをみておくのも、為替だけでなく株式市場の予想を立てるうえでの材料となる。

公表機関ホームページアドレス
財務省「対外及び対内証券売買契約などの状況」 http://www.mof.go.jp/1c009.htm
　　　　「国際収支状況」 http://www.mof.go.jp/1c004.htm
東京証券取引所「投資部門別売買状況」 http://www.tse.or.jp/market/data/sector/index.html

XI 為替市場の見方

図表XI-24　家計部門の外貨預金残高の動向

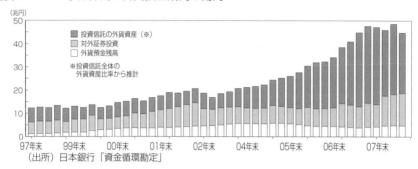

(出所)　日本銀行「資金循環勘定」

図表XI-25　対内証券投資（非居住者による取得・処分状況）　　　　　(単位：億円)

| 暦年 | 株式 取得額(A) | 株式 処分額(B) | 株式 資本流出入額(A)-(B) | 暦年 | 中長期債(債券) 取得額(A) | 中長期債(債券) 処分額(B) | 中長期債(債券) 資本流出入額(A)-(B) |
|---|---|---|---|---|---|---|---|
| 1999 | 556,237 | 458,234 | 98,003 | 1999 | 447,954 | 458,671 | -10,717 |
| 2000 | 766,682 | 766,983 | -301 | 2000 | 537,185 | 431,751 | 105,434 |
| 2001 | 743,297 | 708,543 | 34,754 | 2001 | 497,688 | 481,770 | 15,918 |
| 2002 | 625,680 | 617,925 | 7,755 | 2002 | 558,903 | 572,457 | -13,554 |
| 2003 | 780,136 | 687,714 | 92,422 | 2003 | 601,761 | 621,381 | -19,620 |
| 2004 | 1,146,566 | 1,044,123 | 102,443 | 2004 | 712,674 | 660,143 | 52,531 |
| 2005 | 1,675,176 | 1,548,934 | 126,241 | 2005 | 873,775 | 811,451 | 62,324 |
| 2006 | 2,671,452 | 2,590,472 | 80,981 | 2006 | 1,035,501 | 970,532 | 64,969 |
| 2007 | 3,371,648 | 3,330,228 | 41,419 | 2007 | 1,123,120 | 1,023,179 | 99,941 |

(注1)　資本流出入額 = 取得（資本の流入）- 処分（資本の流出）　マイナスは資本の流出を示す。
(注2)　2004年と05年の間でデータ不連続となっている。04年以前は「対外及び対外証券投資の状況（約定ベース）」のデータ。05年以降は「対外及び対内証券売買等の状況（指定報告機関ベース）」のデータ。
(注3)　中長期債（債券）について、05年以降の新統計では短期債の計数も発表しているが、上表では中長期債のみを表示。
(出所)　財務省「対内及び対外証券投資の状況」「対外及び対内証券売買契約等の状況（指定報告機関ベース）」

図表XI-26　海外投資家地域別株式売買動向

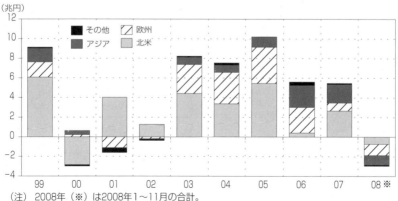

(注)　2008年（※）は2008年1〜11月の合計。
(出所)　東京証券取引所「海外投資家地域別株券売買状況」

385

## [5] 対米証券投資

米国財務省の"Treasury International Capital (TIC) System"では、米国居住者と非居住者間の証券取引の状況が確認できる。米国の巨額の経常収支赤字を埋めるため、海外からの資本流入が拡大しているが、1999～2001年は米国株式市場へ資金が流入したのに対し、02～05年は米国債券が買われている（図表XI-27参照）。02～04年は日本の大規模ドル買い介入、2005年以降は中国のドル買い介入により、国・地域別で日本・中国の買越額が顕著である（図表XI-28参照）。

また、国別の米国債保有額も毎月公表されている（図表XI-29参照）。米政府勘定保有分を除いた米国国債残高は2008年6月末時点で5.3兆ドルあるが、その50％を海外投資家が保有している。そのため、国債利金の支払いも、ドル売りの資金フローとしてマーケットで材料視されることがある。また、最近では、中国が日本を抜いて最大の米国債保有国になっていることが注目されている。

### 公表機関ホームページアドレス
米財務省 TIC Capital Movements　　http://www.treas.gov/tic

図表XI-27　対米証券投資

(単位：10億ドル)

| | 米国居住者と非居住者との取引（ネット金額） | | | | | | 海外投資家別 | | |
|---|---|---|---|---|---|---|---|---|---|
| | 合計 | 証券種類別 | | | | | 海外公的機関 | 海外民間部門 | 国際機関等 |
| | | 米国国債 | 米国エージェンシー債 | 米国社債 | 米国株式 | 外国債券 | 外国株式 | | | |
| 1991年 | 11.3 | 19.9 | 10.2 | 16.9 | 11.1 | -14.8 | -32.0 | 3.8 | 53.6 | 0.6 |
| 1992年 | 25.4 | 39.3 | 18.3 | 20.8 | -5.1 | -15.6 | -32.3 | 10.1 | 60.6 | 2.5 |
| 1993年 | -31.9 | 23.6 | 35.4 | 30.6 | 21.6 | -80.4 | -62.7 | 7.9 | 102.2 | 1.0 |
| 1994年 | 83.1 | 78.8 | 21.7 | 38.0 | 1.9 | -9.2 | -48.1 | 45.4 | 93.9 | 1.1 |
| 1995年 | 133.2 | 134.1 | 28.7 | 57.9 | 11.2 | -48.4 | -50.3 | 46.6 | 185.5 | -0.2 |
| 1996年 | 259.6 | 232.2 | 41.7 | 83.7 | 12.5 | -51.4 | -59.3 | 92.1 | 279.8 | -1.7 |
| 1997年 | 298.9 | 184.2 | 49.9 | 84.4 | 69.6 | -48.1 | -40.9 | 48.3 | 338.8 | 0.9 |
| 1998年 | 266.7 | 49.0 | 56.8 | 121.9 | 50.0 | -17.3 | 6.2 | 7.0 | 269.1 | 1.7 |
| 1999年 | 360.1 | -10.0 | 92.2 | 160.4 | 107.5 | -5.7 | 15.6 | 11.4 | 338.7 | 0.1 |
| 2000年 | 440.7 | -54.0 | 152.8 | 184.1 | 174.9 | -4.1 | -13.1 | 37.7 | 420.6 | -0.5 |
| 2001年 | 501.2 | 18.5 | 164.0 | 222.0 | 116.4 | 30.5 | -50.1 | 26.7 | 494.1 | 0.1 |
| 2002年 | 574.6 | 119.9 | 195.1 | 182.3 | 50.2 | 28.5 | -1.5 | 39.3 | 506.0 | 2.2 |
| 2003年 | 663.3 | 263.6 | 155.8 | 265.7 | 34.7 | 32.0 | -88.6 | 134.9 | 584.6 | 0.4 |
| 2004年 | 763.6 | 352.1 | 226.4 | 309.5 | 28.5 | -67.9 | -85.0 | 235.6 | 677.8 | 3.1 |
| 2005年 | 839.1 | 338.1 | 219.3 | 372.2 | 82.0 | -45.1 | -127.5 | 120.4 | 885.1 | 6.0 |
| 2006年 | 892.3 | 195.5 | 286.5 | 510.8 | 150.4 | -144.5 | -106.5 | 196.6 | 944.5 | 2.1 |
| 2007年 | 791.6 | 200.9 | 226.1 | 393.4 | 195.5 | -129.0 | -95.3 | 187.7 | 827.6 | 0.5 |

（注）対米資本流入はプラス、資本流出はマイナス。
（出所）米財務省

## 図表Ⅺ-28 主要国・地域別の対米証券投資状況

(単位:10億ドル)

| | 米国居住者と非居住者との取引(ネット金額) | | | | | | | |
|---|---|---|---|---|---|---|---|---|
| | 合計 | 英国 | 欧州(除く英国) | 日本 | 中国 | アジア(除く日本・中国) | 対 その他地域 | うち、カリブ諸国 |
| 1991年 | 11.3 | -9.8 | -3.1 | -9.1 | 0.6 | 18.9 | 13.7 | |
| 1992年 | 25.4 | 5.0 | -4.2 | 1.4 | 5.0 | 15.9 | 2.3 | |
| 1993年 | -31.9 | -38.2 | -31.8 | 29.1 | 0.8 | 7.5 | 0.7 | |
| 1994年 | 83.1 | 67.7 | 10.9 | 19.0 | 12.4 | 2.2 | -29.1 | |
| 1995年 | 133.2 | 71.7 | 5.4 | -8.6 | 1.1 | 15.5 | 48.1 | |
| 1996年 | 259.6 | 92.5 | 52.1 | 49.3 | 17.4 | 19.9 | 28.3 | |
| 1997年 | 298.9 | 146.6 | 102.8 | 24.5 | 9.6 | 2.0 | 13.4 | |
| 1998年 | 266.7 | 141.7 | 92.9 | 18.5 | 5.2 | 3.6 | 4.7 | |
| 1999年 | 360.1 | 168.8 | 91.0 | -0.3 | 17.4 | 17.5 | 65.8 | |
| 2000年 | 440.7 | 136.1 | 133.4 | 73.0 | 17.1 | 38.6 | 42.6 | |
| 2001年 | 501.2 | 155.4 | 95.4 | 36.5 | 55.9 | 63.4 | 94.7 | 54.7 |
| 2002年 | 574.6 | 191.9 | 66.4 | 81.4 | 62.9 | 59.1 | 112.9 | 70.9 |
| 2003年 | 663.3 | 159.8 | 119.8 | 137.1 | 68.9 | 28.5 | 149.3 | 82.4 |
| 2004年 | 763.6 | 142.6 | 96.7 | 226.5 | 49.4 | 88.9 | 159.5 | 110.9 |
| 2005年 | 839.1 | 317.2 | 111.6 | 47.0 | 89.2 | 85.3 | 188.8 | 128.6 |
| 2006年 | 892.3 | 314.7 | 63.4 | 60.2 | 117.3 | 88.8 | 248.0 | 181.9 |
| 2007年 | 791.6 | 392.6 | -54.1 | 5.3 | 123.1 | 135.7 | 188.9 | 66.3 |

(注)対米資本流入はプラス、資本流出はマイナス。
(出所)米財務省

## 図表Ⅺ-29 米国国債保有状況

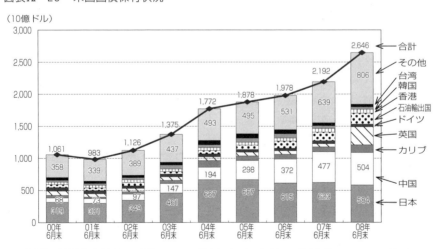

(出所)米財務省 TIC Capital Movements "Major foreign holders of U.S. Treasury securities"

## ［6］ 外為証拠金取引

　外国為替証拠金取引（FX取引）は、証拠金を外国為替証拠金取引業者に預託し、差金決済によって通貨の売買を行うものである。1998年の「外国為替及び外国貿易法」の改正による外国為替業務の自由化を機に、個人を中心に取引が広がった。低金利通貨である円を売って高金利通貨を買い持ちにすることで、2通貨間の金利差を享受する取引（キャリートレード）が活発化し、その取引規模が拡大するにつれ、外国為替相場に影響を与える需給要因の一つとしてその売買動向が注目されるようになった。外為証拠金取引には2種類の形態があり、東京金融取引所に上場されている取引所取引（くりっく365）と、外国為替証拠金取引業者と相対で行う店頭取引に区分される。東京金融取引所は、前日の取引データを公開しており、過去の日次ベースの建玉データも入手できる（図表XI－30参照）。

公表機関ホームページアドレス
東京金融取引所　　　http://www.tfx.co.jp/

## ［7］ ＣＦＴＣ建玉

　ＣＦＴＣ（Commodity Futures Trading Commission、米国商品先物取引委員会）は、米国の先物取引を監督する連邦政府機関で、週次で先物建玉状況を公開している。ＣＭＥ（Chicago Mercantile Exchange、シカゴ・マーカンタイル取引所）に上場されているIMM通貨先物の建玉のうち、非商業部門と非報告部門を合計した建玉は、ヘッジファンドなどの投機筋のポジション状況を示しているとされ、市場関係者が注目している（図表XI－31参照）。これら投機筋に対し、実需筋は商業部門となる。なお、IMM（International Monetary Market）は、ＣＭＥのうち通貨・貴金属などを取引する部門のことである。

　投機ポジションは、比較的短期間のうちにポジションを変更する傾向があるため、一方向にポジションが傾いた局面では、反対売買によって相場が急に動くことが警戒される。

公表機関ホームページアドレス
米国 商品先物取引委員会（CFTC）　　　http://www.cftc.gov/
シカゴ・マーカンタイル取引所（CME）　　http://www.cme.com/

XI 為替市場の見方

図表XI-30 外為証拠金取引所取引（米ドル・日本円）のポジション状況

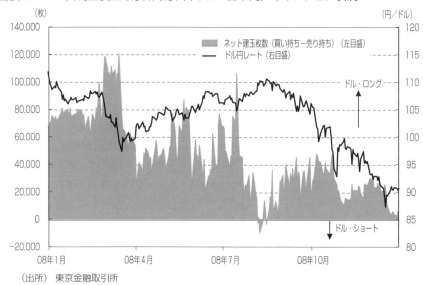

（出所）東京金融取引所

図表XI-31 IMM通貨先物（円／ドル）非商業部門・非報告部門の建玉残高の推移

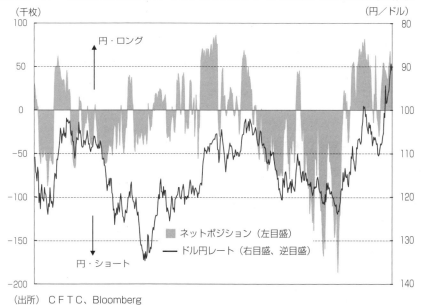

（出所）CFTC、Bloomberg

## [8] 対外資産負債残高表

　国際収支が一定期間のフロー（企業会計では損益計算書）の動きを示すのに対して、対外資産負債残高表はストック（企業会計では貸借対照表）の状態を示す。こうしたストックの分析も、為替需給の根幹の動きを示すものとして重要である。原理的には経常収支黒字（赤字）に対応して純資産が増加（減少）するが、実際は為替変動による評価替えや非居住者の本邦株式の時価評価による増減などが加味されるなどの調整項目が入るので、フローとストックの差額は一致しない。

　日本の場合、本邦対外資産負債残高統計は、日本銀行国際局が作成し、財務省国際局が「対外の貸借に関する報告書」として発表している（年1回、5月下旬）。対外資産負債残高の国際的な比較は、図表XI－32の通りである。日本は1985年以来、最大の純資産国になっている。

　米国の統計は、1991年に改訂があった。従来は簿価ベース（historical cost）で評価していたものを、①時価評価ベース（current cost、直接投資先の有形資産を現在の時価をもとに再評価したもの）と、②市場評価ベース（market value、直接投資先の子会社を現在の株価をもとに再評価したもの）の2種類の評価に切り替えた。この結果、米国の純債務国化は、従来の評価ベースでは85年とされていたが、時価評価ベースでは86年、市場評価ベースでは89年となっている。

公表機関ホームページアドレス
日本：「本邦対外資産負債残高」
財務省　　　http://www.mof.go.jp/1c 018.htm
日本銀行　　http://www.boj.or.jp/theme/research/ron/research/teirei/iip/index.htm

米国："Survey of Current Business"
Bureau of Economic Analysis　　http://www.bea.gov/scb/

## [9] 通貨当局の外貨保有状況

　通貨当局が保有する外貨の通貨別の構成がどのように変化しているかを把握することも、為替市場の動向をみる材料として重要である。図表XI－34はIMFからみた最近の状況である。1990年代前半の円高トレンドの一因として、アジア各国の通貨当局が外貨準備をドルから円などに転換したことが指摘された。95年に円がピークをつけた後、円の比率は低下、97年のアジア通貨危機および98年のロシア経済危機により、ドルへ回帰する動きとなった。また、ユーロの登場は、ユーロ参加国の外貨準備が他の通貨へシフトしたため、欧州通貨の比率低下をもたらした。しかし、2006年以降、ユーロの存在感が増し、ユーロの比率が上昇した。

## 図表XI-32 主要国の対外資産負債残高

(単位：兆円)

|  | 日本 07年末 | 日本 06年末 | ドイツ 07年末 | 中国 06年末 | スイス 06年末 | フランス 06年末 | イタリア 06年末 | 英国 07年末 | 米国 06年末 |
|---|---|---|---|---|---|---|---|---|---|
| 対外資産 | 610.5 | 558.1 | 824.1 | 193.5 | 293.9 | 768.5 | 283.7 | 1,472.2 | 1,636.2 |
| 対外負債 | 360.3 | 343.0 | 716.5 | 114.7 | 238.7 | 754.9 | 296.0 | 1,552.4 | 1,938.2 |
| 対外純資産 | 250.2 | 215.1 | 107.6 | 78.8 | 55.2 | 13.6 | -12.3 | -80.2 | -302.1 |
| 対名目GDP比 | 48.5% | 42.3% | 26.4% | 23.4% | 116.5% | 4.8% | -5.3% | -25.4% | -19.2% |

(資料) ドイツ：Bundesbank、英国：Office for National Statistics "International Investment Position"
中国・スイス・フランス・イタリア・米国：IMF "International Financial Statistics"
(出所) 日本銀行「2007年末の本邦対外資産負債残高」(2008.5.27)

## 図XI-33 日米の対外資産負債残高の推移

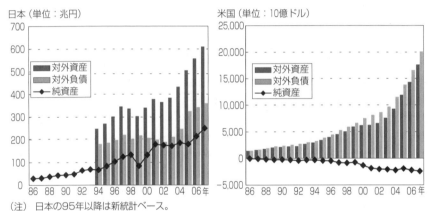

(注) 日本の95年以降は新統計ベース。
(出所) 日本銀行「対外資産負債残高」、Bureau of Economic Analysis "Survey of Current Business"

## 図表XI-34 外貨準備の通貨構成比

(単位：%)

| 暦　　年 | 1995 | 1998 | 1999 | 2000 | 2001 | 2002 | 2003 | 2004 | 2005 | 2006 | 2007 |
|---|---|---|---|---|---|---|---|---|---|---|---|
| 米ドル | 59.0 | 69.3 | 71.0 | 71.1 | 71.5 | 67.1 | 65.9 | 65.9 | 66.9 | 65.5 | 64.3 |
| 円 | 6.8 | 6.2 | 6.4 | 6.1 | 5.0 | 4.4 | 3.9 | 3.8 | 3.6 | 3.1 | 2.9 |
| 英ポンド | 2.1 | 2.7 | 2.9 | 2.8 | 2.7 | 2.8 | 2.8 | 3.4 | 3.6 | 4.4 | 4.7 |
| スイス・フラン | 0.3 | 0.3 | 0.2 | 0.3 | 0.3 | 0.4 | 0.2 | 0.2 | 0.1 | 0.2 | 0.2 |
| ユーロ | － | － | 17.9 | 18.3 | 19.2 | 23.8 | 25.2 | 24.8 | 24.0 | 25.1 | 26.2 |
| ドイツ・マルク | 15.8 | 13.8 | － | － | － | － | － | － | － | － | － |
| フランス・フラン | 2.4 | 1.6 | － | － | － | － | － | － | － | － | － |
| 蘭ギルダー | 0.3 | 0.3 | － | － | － | － | － | － | － | － | － |
| ECU | 8.5 | 1.3 | － | － | － | － | － | － | － | － | － |
| その他 | 4.8 | 4.5 | 1.6 | 1.5 | 1.3 | 1.6 | 2.0 | 1.9 | 1.7 | 1.8 | 1.9 |

(注) 年末ベース
(出所) IMF "Currency Composition of Official Foreign Exchange Reserves (COFER)"

# 3 為替レートの決定理論

## [1] 為替決定理論の概要

　為替レートが何によって決定されるかというのは、マーケット参加者にとっても、最も関心の高いテーマである。従来から、さまざまな理論がこのテーマに挑戦してきたが、最近の実証研究によっても為替レートを一貫して説明しうるものはないという。ここでは、ごく代表的なものを中心に説明することにする。

### (1) 購買力平価説

　カッセル（1866～1945年）が提唱した理論で、為替レートは2国間貨幣のそれぞれの国での購買力の比率によって決定されるというものである。円ドルレートを例に購買力平価の算式を示すと、

$$購買力平価 = 基準時点のレート \times \frac{日本の物価指数}{米国の物価指数}$$

　ここで問題になるのが、基準時点をどう決めるかということと、物価指数に何を使うかということである。
　基準時点のほうは通常、日米ともに経常収支が均衡していた1973年を使うことが多い。しかし、基準時点をずらすだけでも5～10円の差は出てくる。
　物価指数のほうは、もっと影響が大きい。図表Ⅺ-35は、消費者物価（CPI）と輸出物価を使って円ドルレートの購買力平価を計算したものである。消費者物価ベースでは142円、輸出物価では60円と、計算結果に大幅な乖離が生じてしまう。
　これだけ大きな差が出てくると、実務家としては使えなくなってしまうが、中長期的なトレンドをつかむという位置づけであれば、意味はある。実際、チャートをよく観察すると、現実の相場は消費者物価ベースを円安の上限にし、輸出物価ベースを円高の上限にして、変動していることがわかる。また、2つの購買力平価の長期トレンドはいずれも円高・ドル安を示しており、これも、変動相場制移行後のドル・円相場のトレンドと一致している。
　図表Ⅺ-36は、ユーロ・ドルレートの購買力平価のチャートを描いたものである。

XI 為替市場の見方

円ドルの場合と同様に、購買力平価から乖離することのほうが多いが、80年代前半と2000年前後の異常なドル高の時期以外では、大きなトレンドを示しているとの評価はできよう。

図表XI−35　ドル・円レートの購買力平価

（出所）Bloomberg、FactSet

図表XI−36　ユーロ・ドルレートの購買力平価

（注）1998年以前の為替相場実績は、独マルクと対ユーロ固定レートより算出。
　　　また、ユーロ圏の物価指数について、1995年以前の消費者物価と1999年
　　　以前の輸出物価は、ドイツのデータで接続系列を作成した。
（出所）Bloomberg、FactSet、ＥＣＢ

## (2) フロー・アプローチ

　為替レートは、経常収支、資本収支、公的介入の3つの取引によって生じる為替のフローの需給によって決定されるというのが、フロー・アプローチの考え方である。変動相場制に移行した当初、学者の間から提起された理論で、為替レートが変化することによって経常収支の不均衡是正は達成されるというものであった。

　この理論の背景には、資本収支は2国間の金利差で自動的に決まるとの前提があり、投資家が抱く為替相場の予想変化率（為替リスクのプレミアム）は軽視されていた。

## (3) アセット・アプローチ

　変動相場制での経験は、フロー・アプローチが有効でないことを示した。為替レートによる経常収支の調整作用は働かず、国際的な不均衡が大きな問題となった。そこで登場した考え方がアセット・アプローチである。

①マネタリー・アプローチ

　為替レートは、2つの通貨で表示された資産（アセット）間の交換比率であり、通貨市場におけるストックの均衡するところで、レートが決まるとする理論である。この理論は、資本移動が自由であり、2つの債券が完全に代替的であると仮定している。そうなると、各通貨の資産の予想収益率は、ある通貨の金利に為替相場の予想変化率を加味したものになる。為替相場の予想変化率は、すべて為替の先物相場に織り込まれているはずであるから、現在の先物相場水準に一致する。すなわち、2通貨間の名目金利差に等しくなる。名目金利差は2国間の期待インフレ率の反映であるので、この理論は購買力平価と同じになる。

　実際、マネタリスト・モデルでは、短期的にも購買力平価の成立を仮定していた。

②ポートフォリオ・バランス・アプローチ

　マネタリー・アプローチで前提としている各通貨建て資産間の代替性が完全であるということの現実性に疑問が呈され、しかも短期的な相場変動はインフレ率格差から大幅に乖離したこともあり、これらを否定して登場したのがポートフォリオ・バランス・アプローチである。

　しかし、この理論も重点の置き方により、さまざまなバリエーションがあり、確たる定説は存在していない（図表XI-38参照）。

## (4) OECDの購買力平価

　OECDは、3年ごとに基準改定を行い（1980年代は5年ごと）、EKS法（Elteto-Köves-Szulc法）によって各国の購買力平価を算出し発表している。最新の作業は、2005年のデータを基礎に実施された。これは、相対的な購買力平価ではなく、絶

対的な購買力平価である点に特徴がある。市場価格による個別の製品・サービスのグループごとの購買力平価を算出し、GDPレベルに集計される。

## 公表機関ホームページアドレス
OECD (PPP)　http://www.oecd.org/std/ppp/

### 図表XI-37　OECDのGDP購買力平価と対ドル為替レート

|  | 1985年 || 1990年 || 1995年 || 2000年 || 2005年 || 2007年 ||
|  | P.P.P | 為替レート | P.P.P | 為替レート | P.P.P | 為替レート | P.P.P | 為替レート | P.P.P | 為替レート | P.P.P | 為替レート |
|---|---|---|---|---|---|---|---|---|---|---|---|---|
| 日本 | 204 | 238.47 | 188 | 144.81 | 174 | 94.03 | 155 | 107.80 | 130 | 110.18 | 120 | 117.78 |
| ユーロ圏(注2) | - | - | - | - | - | - | 0.896 | 1.0825 | 0.873 | 0.8004 | 0.859 | 0.7294 |
| イギリス(注2) | 0.531 | 0.7708 | 0.608 | 0.5596 | 0.639 | 0.6334 | 0.637 | 0.6596 | 0.649 | 0.5496 | 0.666 | 0.4995 |

(注1) 単位は各国通貨で表示したドルレート(年平均)。P.P.Pは購買力平価の略。
(注2) 通常は対ユーロ、対ポンド表示だが、反転表示している。
(出所) OECDウェブサイト、Bloomberg

### 図表XI-38　ポートフォリオ・バランス・アプローチの理論

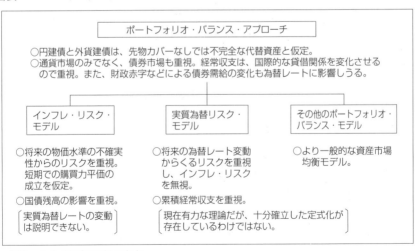

(注)　〔　〕内は各モデルの欠点。
(出所)　「為替レートと金融市場」深尾光洋　東京経済新報社

# 4 国際通貨制度の歴史

## [1] 戦後の国際通貨制度

戦後の国際通貨制度の成立は、1944年7月のブレトン・ウッズ会議において、IMF協定と世界銀行協定が合意をみたことから始まる。

### (1) IMF体制と為替レート

為替レートに関連することだけに限定してIMF体制を解説すると、加盟国はまず、それぞれの為替平価を設定することを義務づけられた。平価設定は、金を共通尺度に、1円＝純金2.468539ミリグラムというように定められた（1953年に設定された）。これは、すでに1949年から定められていた、1米ドル＝360円という固定相場と、1トロイオンス＝35ドルという基準から逆算したものであった。

各国は、こうして定めた平価を安定させる義務があり、その許容変動幅は平価の上下1％であった。ドル以外の通貨は相互の2％までの乖離が認められた。為替相場が許容幅より逸脱した場合は、加盟国はこれに対応した経済・金融政策をとり、必要であれば為替市場への平衡介入を実施することになっていた。

### (2) アジャスタブル・ペッグ制度

IMFの固定相場制では、国際収支の基礎的な不均衡が存在し、上記のように平衡介入などを実施しても平価を維持できない場合には、加盟国が平価の変更を提議することを認めていた。アジャスタブル・ペッグ制（adjustable peg system、調整可能な釘づけ相場）といわれるもので、10％までの平価変更は、IMFは認めなければならなかった。いずれにせよ、IMF体制はドルの金兌換を前提とした通貨制度であり、ドルを金為替とする金ドル為替本位制の性格を有していた。

### (3) ドル危機

IMF体制は米国の圧倒的な経済力とその象徴であるドルの強さを背景に誕生したもので、当初は問題なく維持されたものの、1958年頃から国際収支の悪化が目立ちはじめ、金の流出が顕著となってきた。60年代に入ってもベトナム戦争への軍事費や民間の資本流出が増加したため、金保有は減少を続けた。ドルへの信認が揺

らぎはじめ、余剰となったドル資金は金への投機（ゴールド・ラッシュ）となって、国際金融市場を混乱に導いた。

## [2] 変動相場制への移行

### (1) ニクソン・ショックの背景

　1967年11月にポンドが切下げに追い込まれたことを契機に、再びドル不安と金の投機が発生。68年初めには、金の市場価格が公定価格を常時上回る状態となったため、金の二重価格制が導入された。米国は他国に金兌換の自粛を要請したため、IMF体制は事実上、金との連関を絶ったドル本位制の色彩が強まった。70年には、外国の公的機関の保有するドルが米国の金準備総額を上回ったが、米国はドルの切下げが国内で不人気なことや、金兌換自粛を要請してきた手前もあって、抜本的な対策をとらなかった。

　しかし、71年5月にマルクへの投機が始まると、市場介入ではドルを支えきれず、ドイツ、オランダなどは変動相場制に移行した。

　71年8月15日、米国のニクソン大統領は国際収支の悪化に対して、一連の新経済対策を発表したが、それは、①ドルと金との交換停止、②10％の輸入課徴金の導入、③価格統制、④対外援助の10％削減、などを内容とするものであった。

### (2) スミソニアン体制

　ニクソン声明後、多少の時間のズレはあったものの、先進国は変動相場制に移行した。しかし、各国は固定相場制への復帰をめざし、1971年12月にワシントンのスミソニアン博物館で開かれたG10で、図表XI-39のような為替調整を行った。新しい基準相場は、従来の平価ではなく、セントラル・レートと呼ばれた。また、セントラル・レートから2.25％の範囲で相場を維持するという約束がされた（義務ではない）。

　円は360円から308円に切り上げられた。また、形式だけではあるが、ドルの金に対する平価は35ドルから38ドルに切り下げられた。

### (3) 変動相場制への完全移行

　そのスミソニアン体制も、1972年6月にポンド危機が発生して揺らぎはじめる。ポンドが変動相場制に移行した後の73年2月には、米ドルが再び切下げ（対金、SDRで10％）に追い込まれた。しかし、大量のドル売りはおさまらず、ついに円も変動相場制に移行することとなった。同年3月、欧州各国は共同フロートに移行し、主要通貨は全面的に変動相場の時代に入った。

図表Ⅺ-39　スミソニアン合意に基づく公定為替相場の調整

|  | 対米ドル公定相場<br>(1米ドル当たり) | 同左<br>旧レート | 対ドル<br>切上げ率<br>(％) | 対金切上げ<br>(▲切下げ)<br>率(％) |
|---|---|---|---|---|
| 日本円 | 308 | 360 | 16.88 | 7.66 |
| 米ドル | ― | ― | ― | ▲7.89 |
| 西ドイツマルク | 3.2225 | 3.66 | 13.58 | 4.61 |
| フランスフラン | 5.1157 | 5.55419 | 8.57 | 0 |
| 英ポンド | 2.6057 | 2.4 | 8.57 | 0 |
| イタリアリラ | 581.5 | 625 | 7.48 | ▲1.00 |
| オランダギルダー | 3.2447 | 3.62 | 11.57 | 2.76 |
| ベルギーフラン | 44.8159 | 50 | 11.57 | 2.76 |
| スウェーデンクローナ | 4.8129 | 5.17321 | 7.49 | ▲1.00 |
| スイスフラン | 3.84 | 4.0841 | 6.36 | ▲2.03 |

(注1)　英ポンドはポンドからみた外貨建て表示。
(注2)　切上げ、切下げ率はIMF方式。
(注3)　カナダドルはフロート。

図表Ⅺ-40　国際通貨体制の歴史

| 年　月 | 出　来　事 |
|---|---|
| 1945.12 | ブレトン・ウッズ協定発効。IMF(国際通貨基金、業務開始1947年)と国際復興開発銀行(世界銀行、業務開始1946年)を設立。 |
| 1949. 4 | 1ドル=360円の単一為替レートを実施。 |
| 　　 12 | 日本、外国為替・外国貿易管理法(外為法)、外国為替特別会計法を公布。 |
| 1952. 7 | 欧州石炭鉄鋼共同体(ECSC)創設。 |
| 　　  8 | 日本がIMF、世界銀行に加盟。 |
| 1958. 1 | ローマ条約発効。欧州経済共同体(EEC)などが発足。 |
| 1961. 9 | OECD(経済協力開発機構)発足。 |
| 1967. 7 | EECなどを統合した欧州共同体(EC)スタート。 |
| 　　  9 | IMF総会でSDR(特別引き出し権)の創設が決まる。 |
| 1971. 8 | ニクソン米大統領がドルの金交換停止、輸入課徴金など、ドル防衛の緊急対策を発表(ドルショック)。<br>日本、円の変動相場制に移行。西欧主要国もすべて固定相場制を離脱。 |
| 　　 12 | ワシントンで多国間通貨調整、スミソニアン合意成立。<br>1ドル=308円の新基準相場を閣議決定、即日実施。 |
| 1973. 2 | ドルが再切下げ、日本・西欧諸国が再び変動相場制に移行、スミソニアン体制が崩壊。 |
| 　　  3 | EC6ヵ国が共同フロートへ。イギリス、カナダ、日本などは単独フロートへ移行。 |
| 　　 10 | 第1次石油ショック。 |

(↗)

398

XI 為替市場の見方

(↘)

| 年 月 | 出 来 事 |
|---|---|
| 1976. 1 | IMF、変動通貨制を含む新協定に合意（ジャマイカ合意）。 |
| 1978. 4 | IMF新協定発効。 |
| 10 | 円、1ドル＝180円を突破、円高進行。 |
| 11 | カーター米大統領、ドル防衛の総合対策を発表。米、西独、日が共同介入を実施。 |
| 12 | 第2次石油ショック。 |
| 1979. 3 | EMS（欧州通貨制度）発足、英を除くEC8ヵ国が参加。 |
| 1981. 2 | レーガン米大統領、「経済再生計画」発表。レーガン政権下でドル高進む。 |
| 1985. 9 | 先進5ヵ国蔵相・中央銀行総裁会議（G5）開催、ドル高是正で合意（プラザ合意）。 |
| 1986. 1 | ロンドンG5、協調利下げで合意。 |
| 1987. 1 | 経済通貨統合を盛り込んだ「単一欧州議定書」が発効。 |
| 2 | パリG6（イタリア不参加）、為替相場の現状維持で合意（ルーブル合意）。 |
| 10 | ブラック・マンデー（ニューヨーク株式市場に始まる世界的な株価暴落）。 |
| 12 | ワシントンG7、「これ以上のドル下落は好ましくない」（クリスマス合意）。 |
| 1988. 1 | 東京外為市場、1ドル＝120.45円の史上最高値。 |
| 7 | 日銀、円安ドル高による輸入インフレを警戒し、短期金利の高め容認。 |
| 1989. 4 | ドロールEC委員長、EC通貨同盟に関する報告書を提出（ドロール・プラン）。 |
| | ワシントンG7開催、ドル高の抑制とインフレ警戒感を強めることで一致。 |
| 1990. 7 | 経済通貨統合の第1段階（加盟国の金融・通貨政策の協調、資本移動の自由化）開始。東西ドイツ通貨統合発効。 |
| 12 | 欧州通貨統合に関するEC委員会案発表、統一通貨としてECUを指定。 |
| 1991.12 | EC首脳会議、欧州連合創設を宣言（97年にも欧州中央銀行設立、単一通貨ECU発行などを盛り込む）。 |
| 1992. 2 | 欧州連合条約（マーストリヒト条約）署名。 |
| 9 | 欧州通貨危機、ポンド、リラERM離脱。 |
| 1993. 8 | ERM変動幅を上下2.25％から各15％に拡大（除く独マルク、ギルダー） |
| 11 | 欧州連合条約発効（EU発足）→ECUバスケット固定。 |
| 1994. 1 | NAFTA（北米自由貿易協定、参加国は米・カナダ・メキシコ）発効。 |
| 1995. 4 | 円、1ドル＝79.75円、史上最高値更新。G7（ワシントン）共同声明採択、「最近の為替動向を懸念。秩序ある反転が望ましい」。 |
| 1997. 7 | アジア通貨危機。→日本の金融システム不安高まる。 |
| 1998. 6 | 1ドルが140円を超す円安に。日米協調の円買い介入実施。G7・アジア18ヵ国金融通貨会議で円安進行阻止を確認。 |
| 8 | ロシア通貨危機。ラテンアメリカへ波及。→9月、米ヘッジファンドLTCMの救済。 |
| 1999. 1 | ユーロ統合。（EMU第3段階スタート） |
| 2000. 9 | 日米欧による初のユーロ買い協調介入。 |
| 2001. 1 | ギリシャが単一通貨ユーロに参加→EMU参加国が12ヵ国に。 |
| 2002. 1 | 単一通貨ユーロの紙幣・硬貨の流通開始。 |
| 2003. 9 | ドバイG7、「為替レートの更なる柔軟性が望ましい」→1ドル＝115円割れ。 |
| 2004. 1 | 日本当局による14兆円に及ぶ円売り介入。 |
| 2005. 7 | 人民元2％切り上げ、管理変動相場制へ。 |
| 2007. 1 | スロベニアが単一通貨ユーロに参加→EMU参加国が13ヵ国に。 |
| 2007. 8 | パリバ・ショック→米サブプライム・ローン問題が深刻化。 |
| 2008. 1 | キプロス、マルタが単一通貨ユーロに参加→EMU参加国が15ヵ国に。 |
| 2008. 3 | ベアー・スターンズ救済→1ドル＝100円割れ。 |
| 2008. 9 | リーマン・ブラザーズ破綻、AIG救済→円キャリートレード巻き戻しの加速。 |

（出所）『日本経済の基礎知識』（日経センター編、日本経済新聞社）に加筆

# 5 変動相場制移行後の円相場

## [1] 変動相場制への移行

　円は、1973年2月14日に変動相場制へ移行して以来、大きな変動を経験してきたが、ここでは過去の動きをおおまかに振り返り、今後の相場をみる材料としたい。

①変動相場制移行後の円高期（1973年2月→73年10月）308→270→254円
　スミソニアン・レートは308円。変動相場制移行時は、ドル急落により円高が進行。
②第1次石油危機からランブイエまでの円安期（1973年→75年末）254→307円
　石油危機により国際収支が悪化、一気に円安へ。いったん持ち直すが、欧州の金融危機（74年5月）により円安。75年11月のランブイエ・サミットで、為替安定で合意したため、円安に歯止め。
③経常収支黒字の拡大により円高加速（1976年→78年10月）307→236→176円
　日本の貿易黒字が突出し、米国からの円高誘導的な発言が出る。77年12月に、カーター大統領がドル防衛の意思表示をしたが、円高は進行。78年には、FRBの市場介入強化もきかずドル全面安の展開に。さらに、産油国のドル離れの懸念も表面化。78年8月にドル防衛のための公定歩合引き上げで小康状態となったものの、10月には180円台を割り込んだ。
④カーターのドル防衛策から第2次石油危機（1978年11月→80年4月）176→260円
　78年11月のカーターの防衛策（公定歩合引き上げ、IMFのリザーブ・トランシュ引き出し、中央銀行とのスワップ拡大、カーターボンドの発行など）により、円高は反転し200円台に戻った。79年に入ると、原油情勢が緊迫し、第2次石油危機の深刻化とともに円安が加速、80年4月には米国の金利上昇もあり260円台となった。
⑤ファンダメンタルズ相場による円高（1980年4月→81年1月）260→199円
　米国の金利も天井感がみられたことから、市場の眼が金利差からファンダメンタルズに移り、ドルが欧州通貨に対し強含むなかで円高基調が持続。
⑥レーガン政権によるドル高指向（1981年1月→プラザ合意まで）199→263円
　レーガン大統領が掲げた「強いアメリカ、強いドル」の方針のもと、ドル高に転換していった。加えて、米国の高金利が海外からの長期資本の流入を引き起こし、ドル高が進行した。

XI 為替市場の見方

### 図表XI-41　ドル円相場の長期的推移

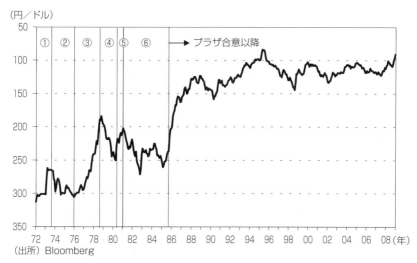

(出所) Bloomberg

### 図表XI-42　ドル円相場の推移

| 年 | 始値 | 高値 | 安値 | 終値 | 年間平均 | 変動幅 | 年 | 始値 | 高値 | 安値 | 終値 | 年間平均 | 変動幅 |
|---|---|---|---|---|---|---|---|---|---|---|---|---|---|
| 73 | 301.39 | 302.57 | 254.45 | 280.27 | 271.31 | 48.12 | 91 | 135.13 | 142.05 | 124.65 | 124.90 | 134.52 | 17.40 |
| 74 | 280.82 | 305.34 | 274.42 | 301.02 | 291.84 | 30.92 | 92 | 124.65 | 135.05 | 118.65 | 124.86 | 126.71 | 16.40 |
| 75 | 300.66 | 306.84 | 284.66 | 305.16 | 296.78 | 22.18 | 93 | 124.85 | 126.26 | 100.35 | 111.85 | 111.07 | 25.91 |
| 76 | 305.06 | 306.00 | 286.04 | 293.08 | 296.45 | 19.96 | 94 | 111.80 | 113.60 | 96.12 | 99.58 | 102.16 | 17.48 |
| 77 | 292.48 | 292.91 | 237.81 | 239.98 | 268.62 | 55.10 | 95 | 99.68 | 104.75 | 79.75 | 103.51 | 94.03 | 25.00 |
| 78 | 237.59 | 242.42 | 177.05 | 194.30 | 210.39 | 65.37 | 96 | 103.40 | 116.45 | 103.18 | 115.70 | 108.79 | 13.27 |
| 79 | 194.58 | 250.85 | 194.58 | 240.30 | 219.02 | 56.27 | 97 | 115.68 | 131.58 | 110.65 | 130.58 | 121.04 | 20.93 |
| 80 | 238.45 | 261.40 | 203.10 | 203.10 | 226.63 | 58.30 | 98 | 130.11 | 147.66 | 111.85 | 113.60 | 130.75 | 35.81 |
| 81 | 202.50 | 246.10 | 199.05 | 219.80 | 220.63 | 47.05 | 99 | 113.24 | 124.75 | 101.25 | 102.51 | 113.70 | 23.50 |
| 82 | 218.75 | 277.65 | 218.75 | 234.70 | 249.06 | 58.90 | 00 | 102.14 | 115.06 | 101.40 | 114.41 | 107.80 | 13.66 |
| 83 | 232.00 | 247.05 | 226.75 | 231.70 | 237.55 | 20.30 | 01 | 114.44 | 132.08 | 113.54 | 131.66 | 121.52 | 18.54 |
| 84 | 232.45 | 251.60 | 222.70 | 251.60 | 237.46 | 28.90 | 02 | 131.68 | 135.14 | 115.54 | 118.79 | 125.20 | 19.60 |
| 85 | 251.80 | 262.80 | 200.25 | 200.25 | 238.47 | 62.55 | 03 | 118.79 | 121.88 | 106.74 | 107.22 | 115.89 | 15.14 |
| 86 | 199.15 | 202.70 | 152.00 | 158.30 | 168.35 | 50.70 | 04 | 107.22 | 114.88 | 101.84 | 102.63 | 108.13 | 13.04 |
| 87 | 158.25 | 159.40 | 121.25 | 121.25 | 144.60 | 38.15 | 05 | 102.71 | 121.40 | 101.68 | 117.75 | 110.18 | 19.72 |
| 88 | 122.70 | 136.52 | 121.10 | 125.05 | 128.17 | 15.42 | 06 | 117.90 | 119.88 | 109.00 | 119.07 | 116.34 | 10.88 |
| 89 | 123.60 | 151.80 | 123.35 | 143.80 | 138.07 | 28.45 | 07 | 119.06 | 124.14 | 107.23 | 111.71 | 117.78 | 16.91 |
| 90 | 144.10 | 160.20 | 123.75 | 135.75 | 144.81 | 36.45 | | | | | | | |

(出所) Bloomberg

401

## [2] プラザ合意以降の協調体制

### (1) レーガン政権の立場

　レーガン政権は成立当初から、「強いアメリカ」を標榜していたので、ドル高を歓迎していた。1980年代前半の世界経済は、ドル高・高金利・米国の双子の赤字という3つの言葉で表現できよう。膨大な貿易赤字と財政赤字を抱えるというファンダメンタルズでは評価できない米国のドルが強さを保ちつづけたのは、金利が名目でも実質でも他国と比較して高かったにせよ、エコノミストには理解のできない現象であった。ドル高は、日本や欧州諸国にとっては、金利を下げにくくさせる要因であったので、事あるごとにドル高是正を求めたが、レーガン政権は「強いドルは強いアメリカ経済への信認の現れ」として無視しつづけた。

　1985年に財務長官がベーカーに変わると、米国政府のドル高に対する方針にも変化がみられはじめた。85年1～2月には急激なドル高に歯止めをかけるために、為替市場にドル売り介入を実施した。為替市場の介入にはきわめて消極的であった前任のリーガンとは、対照的であった。

　米国政府の為替政策の転換を予感させた具体例は、85年4月のプリンストン大学シュルツ演説であった。この演説の趣旨は、日米間の不均衡の真の原因は日本の過剰貯蓄・過小消費と米国の過剰消費・過小貯蓄だとして、政府高官としては初めて財政赤字・貿易赤字・ドル高の因果関係を認めたのであった。

### (2) ドル高是正への政策転換＝プラザ合意——その1

　1985年9月22日、ニューヨークのプラザホテルで開催された先進5ヵ国蔵相・中央銀行総裁会議（G5）で、為替レートをよりファンダメンタルズを反映させたものにする（＝ドル高を是正する）との合意が成立した。

　こうした米国の政策の転換には、2つの背景があった。第1はドル高で輸出競争力を失った製造業と農業関係者からの圧力である。第2は米国議会での保護貿易主義の高まりであった。

　主要国は協調してドル売り介入を実施した。すでに同年の2月をピークとして、ドルが弱含みはじめていたので、市場関係者のセンチメントは激変し、一挙にドル安が進行した。当局者は10～12％程度のドル安を目標としていたようであるが、10月末にはすでに、その水準に達していた。

XI 為替市場の見方

### 図表XI-43　プラザ合意をめぐる出来事と為替レート

（ニューヨーク市場終値）

| 年月日 | | | 出来事 | ドル円 | ドルマルク |
|---|---|---|---|---|---|
| 1985 | 1 | 17 | G5ワシントン会議。協調介入で合意。 | 254.30 | 3.1750 |
| | 2 | 25 | ドル高進行。米独でドル高阻止の協調介入。 | 262.40 | 3.4400 |
| | 4 | 11 | シュルツ国務長官、プリンストン大学で演説。 | 250.95 | 3.0565 |
| | 6 | 22 | G10レポート公表（介入の効果について）。 | 248.00 | 3.0630 |
| | 9 | 22 | G5（ニューヨーク、プラザホテル）開催。 | 226.60 | 2.6940 |
| | 10 | 6 | IMF世銀総会（ソウル）。ベーカー構想。 | 215.74 | 2.6445 |
| | 10月下旬 | | 日本銀行、短期金利高め誘導。 | | |
| | 12 | 12 | レーガン大統領、グラム・ラドマン法に署名。 | 202.30 | 2.5205 |
| 1986 | 1 | 18 | G5（ロンドン）開催。プラザ合意再確認。 | 202.50 | 2.4615 |
| | 1 | 30 | 日銀、公定歩合引き下げ（5→4.5）。 | 192.65 | 2.3740 |
| | 2 | 24 | FRBで宮廷クーデター。ボルカーの利下げ慎重論が否決される。 | 181.60 | 2.2665 |
| | 3 | 6 | 独（4→3.5）公定歩合引き下げ。 | 179.75 | 2.2460 |
| | 3 | 7 | 日銀（4.5→4）、米国（7.5→7）公定歩合引き下げ。 | 179.30 | 2.2380 |
| | 4 | 21 | 日銀（4→3.5）、米国（7→6.5）公定歩合引き下げ。 | 170.95 | 2.1925 |
| | 5 | 4 | 東京サミット。サーベイランス導入を決定。 | 165.55 | 2.1920 |
| | 7〜8月 | | 米国、7月10日（6.5→6）、8月21日（6→5.5）に公定歩合引き下げ。 | | |
| | 9 | 26 | G5（ワシントン）開催。ベーカー宮沢会談。 | 154.70 | 2.0560 |
| | 10 | 31 | ベーカー宮沢声明。日銀（3.5→3）利下げ。 | 163.30 | 2.0610 |
| 1987 | 1 | 21 | ベーカー宮沢声明。 | 154.00 | 1.8450 |
| | 1 | 22 | 独（3.5→3）利下げ。 | 152.05 | 1.8150 |
| | 1 | 28 | FRB、プラザ合意以降初めてドル買い介入。 | 151.70 | 1.7840 |
| | 2 | 22 | G5、ルーブル合意。協調介入の基準レートは、153.50円、1.825DM。 | 153.80 | 1.8395 |
| | 2 | 23 | 日銀（3→2.5）利下げ実施（2.20決定）。 | 153.80 | 1.8395 |
| | 4 | 7 | G5（ワシントン）円の中心レート→146円。 | 145.70 | 1.8285 |
| | 6 | 9 | ベネチア・サミット（サーベイランス強化）。 | 142.15 | 1.7870 |
| | 8 | 11 | ボルカーFRB議長辞任。 | 151.25 | 1.8945 |
| | 10 | 19 | ニューヨーク株式市場大暴落。世界の株式市場に波及。 | 142.45 | 1.7875 |
| | 12 | 3 | 独（3→2.5）利下げ。 | 132.90 | 1.6655 |
| | 12 | 22〜23 | G7開催。これ以上ドル下落を望まないとの声明。クリスマス合意と呼ばれている。 | 126.65 | 1.6345 |

## (3) ドル高是正への政策転換＝プラザ合意—その2

　プラザ合意によるドル高修正の試みは、各国当局者の意図していた以上に成功裡に進んだ。『通貨烈烈』の著者である船橋洋一氏によれば、介入作戦とその実態は次のようなものであった。

　要点を箇条書きにすれば——、

　①介入期間は6週間。介入に用意した資金は180億ドルで米・独・日で25％ずつ、英・仏で12.5％の負担割合であった。②10月中旬には協調介入は終わったが、介入額は米国が32億ドル、日本が30億ドル、独＋英＋仏の合計が20億ドル、これ以外のG10諸国が20億ドル以上であった。③介入はドル高へ後戻りさせないことを基本とした。また、あまりにドル安にふれた場合はドルを買い支えることにも合意していた、——などである。

## (4) 協調介入から協調利下げへ

　G5の協調は、為替市場への介入だけにとどまらず、まず金融政策での協調に発展した。ドルを暴落させない形で米国が利下げをするには、金利差を縮小させてはならず、他国が足並みをそろえて利下げをする必要があるからだ。他国も急激な自国通貨高による景気悪化に対処する必要があった。

　日米間では、日本の経常黒字縮小を、内需に拡大に誘発された輸入増加によって達成すべきであるとの米国の主張があった。為替レートの調整だけでは、Jカーブ効果もあり、米国の貿易収支はなかなか改善しなかったので、米国側の不満は高まった。しかし、日本の財政政策の発動が遅れたので、米国側はドル安を放置・容認するような発言を武器に政策変更を迫った。一方、日本側は、円高不況への対処策として、また、いっそうの円高を避けるために、公定歩合の引き下げを繰り返していった。

## (5) ルーブル合意

　ルーブル合意の意義は、「為替調整は十分になされたので、このへんで一段落してもよい」との認識を示し、対外不均衡の是正に向けてマクロ経済政策の協調をいっそう進めようとしたところにある。会議では、為替水準のレベル（ないしゾーン）を決めて、何パーセント以上、そのレンジから離れたら協調して介入するというレファランス・レンジの考え方が議論された。しかし、これらの部分についての公式発表は、いっさいされずに終わった。

## 図表Ⅺ-44　プラザ合意などの内容

プラザ合意（抄）（1985年9月22日）

> 大臣及び総裁は、為替レートが対外インバランスを調整するうえで、役割を果たすべきであることに合意した。このためには、為替レートは基本的経済条件をこれまで以上によく反映しなければならない。彼らは、合意された政策行動が、ファンダメンタルズをいっそう改善するよう実施され強化されるべきであり、ファンダメンタルズの現状及び見通しの変化を考慮すると、主要非ドル通貨の対ドル・レートの、ある程度のいっそうの秩序ある上昇が望ましいと信じている。彼らは、そうすることが有用である時には、これを促進するよう、より緊密に協力する用意がある。

ルーブル合意（抄）（1987年2月22日）

> 大臣及び総裁は、プラザ合意以来の大幅な為替レートの変化は対外不均衡の縮小に、今後いっそう寄与するであろうとの点に合意し、この声明に要約された政策コミットメントを前提とすれば、今や各通貨は基礎的な経済諸条件におおむね合致した範囲内にあるものとなった点に合意した。各通貨間における為替レートの、これ以上の顕著な変化は、各国における成長及び調整の可能性を損なう恐れがある。それゆえに、現状においては、大臣及び総裁は、為替レートを当面の水準の周辺に安定させることを促進するために緊密に協力することに合意した。

ルーブル合意のうち公表されなかった部分

> ①為替を安定させる中心レートは、1ドル＝153円50銭と1ドル＝1.8250マルク。
> ②この中心レートから上下2.5％のところに達した場合は協調介入するが、介入を義務とはしない。
> ③中心レートから外側に上下5％のところに達した場合は、政策調整についての協議を開始する。
>
> （出所）『通貨烈烈』船橋洋一　朝日新聞社

クリスマス合意（1987年12月22-23日）

> 大臣及び総裁は、為替レートが過度に変動すること、これ以上ドルが下落すること、あるいは調整過程を不安定にしてしまうほどドルが上昇することは、いずれも、世界経済の成長の可能性を損なうことにより、逆効果となる恐れがあることに合意した。彼らは、各国通貨間の為替レートをよく安定させることについて、共通の利益を有していることを再び確認し、為替レートの安定を促進するため、経済の基礎的諸条件を強化するような政策の監視及び実施について、緊密に協力しつづけることに合意した。加えて、彼らは、為替市場において、緊密に協力することに合意した。

## （6）株価暴落からクリスマス合意へ

　1987年10月19日にニューヨーク株式市場が暴落した（ブラック・マンデー）背景には、米国とドイツとの間に金利引き上げに絡む意見対立があるとの報道を受けて、Ｇ７の協調体制が崩壊するのではないかとの、市場関係者の懸念があった。また、巨額の双子の赤字（財政赤字と貿易赤字）に対して、米国政府が根本的な対策をとっていないとの不満も潜在的にあった。このため、株価暴落は「市場の反乱」とも評された。

　米国政府は、ドルのいっそうの下落に対して危機感をもち、財政赤字削減への具体的な法案を議会と協議。同法案の成立に合わせて、87年12月22日にＧ７を開催した。ここで、為替レートの過度な変動は、ドル安、ドル高のいずれも調整過程を損ない、世界経済の成長にとって好ましくないとの見解を明らかにした。

## （7）プラザ合意以降の総括

　これまで解説してきたように、プラザ合意以降の国際的な政策協調の流れは、今後の為替・金融政策を考えるうえで、非常に参考になる点が多い。

　プラザ合意による為替市場への介入は、当局者の間では相当な準備がされていた。1983年4月には、7ヵ国蔵相・中央銀行総裁が会合を開き、「介入のスタディについての声明」が発表されている。それを読むと、「協調介入が有用であるとの合意が得られる場合にはそのような介入を進んで実施する」と協調介入に前向きの姿勢がうかがえる。

　また、83年5月のウィリアムズバーグ・サミットでは、国際通貨安定のために各国の経済政策の調和が図れるよう、多角的サーベイランスを充実していくことが確認されている。

　85年6月にＧ７代理会議の「国際通貨制度改善のためのレポート」では、「介入は他の適切な政策を補完し支援する時に限り有効である。為替相場の持続的安定のためには、（中略）経済パフォーマンスの調和が必要であり、このためにサーベイランスの強化が有効である」などの記述がある。

　こうした積み重ねがプラザ合意に集約していったわけであり、政策当局の動きを仔細にウォッチしておくことの重要性は明らかであろう。

## [3] 円高ドル安の進行下の協調体制（94年から直近まで）

### （1）円高進行と米国のビナイン・ネグレクト政策（1994年〜95年4月）

　1994年に入ると日本の膨大な貿易黒字を背景に、米国からの円高圧力が高まり、円ドル・レートは一気に100円を割り込む勢いにまで至った。これを受けて日米で94年4月29日に協調介入、ベンツェン財務長官は「米国通貨当局は本日、為替市場に介入した」との異例の緊急声明を発表した。また、5月4日と6月24日には、日米欧（18ヵ国）の主要中央銀行による協調介入が実現したが、ドル安の進行を効果的に抑止することはできなかった。こうした背景には、マーケット関係者のなかで「米国政策当局はドル安を容認している」との見方が支配的であった事実がある。実際、ベンツェン財務長官は、これまでに至る過程では、とくに円に対するドル安を問題視していないかの発言を繰り返してきた。5月4日には「ドル安の動きを懸念している」、また6月24日には「市場介入は米政権がドル高を望んでいることを示す」とまで踏み込んだ声明を出したものの、マーケットの根強い不信感を取り除くまでには至らなかった。

　95年に入ると、1月にメキシコのペソと株価が暴落したのを契機に一段とドル安が進行した。3月にはついに80円台に突入、さらに4月18日には一時、70円台をつけるという急激なドル全面安の状況となった。3月3日と4月5日には日米欧の協調介入が実施されるとともに、3月31日にはドイツのブンデスバンクが公定歩合を4.5％から4％に引き下げ、日本銀行も4月14日に公定歩合を1.75％から1％に引き下げ

---

**G5の由来**

　G5（先進5ヵ国大蔵大臣・中央銀行総裁会議、Group 5の略）の存在は、ニューヨークのプラザ合意に至るまで一般には知られていなかった。
　その発端は、1973年4月、米国、ドイツ、フランスの蔵相がホワイトハウス図書館で国際通貨政策を非公式に話し合ったことである。出席者は、シュルツ（米国）、シュミット（西独）、ジスカールデスタン（フランス）であった。そのときのテーマは、ブレトン・ウッズ体制崩壊後の国際通貨危機をどう乗り切るかというものであった。その後、シュミット、ジスカールデスタンがそれぞれ首相、大統領になって、イギリス、日本を加えた5ヵ国でのサミット（首脳会談）の設立の主導役となった。75年11月にランブイエで第1回経済サミットが開催された。
　G5自体はその後、イギリスと日本を加えて、出席者も蔵相代理と後に中央銀行総裁をも加え、現在のようになったとされている（船橋洋一『通貨烈烈』参照）。東京サミット（1986年5月6日）では、政策協調の推進を目的として、サミット参加国（日、米、独、英、仏、伊、加）の蔵相・中央銀行総裁からなるG7を設立することが合意された。

るという金利協調も実現したが、円ドル・レートは約5ヵ月間にわたって80円台で推移した。この間の日銀の為替介入は過去最高の規模で実施されたが、協調介入の効果も期待したほどではなかった。

為替市場では米国政府が、いわゆる「ビナイン・ネグレクト」（丁寧な無視）政策をとっているので、ドル安に歯止めがかからないとの見方が広まった。ここでの問題は、マルクや円に対してドルが減価しても、輸入インフレなどの米国にとって直接的に国益を損ねることが起きないという一種の安心感が、米国当局にあるように思われたことである。確かにドルは、輸入比率の高いカナダドルやメキシコペソに対しては強含んでいたので、輸入インフレの懸念はなかった。また、米国景気は金融引き締めの効果により過熱感が払拭されたので、ドル防衛のために金利を引き上げる必然性に乏しかったのである。

### （2）秩序ある反転（1995年4月〜97年4月）

1995年4月25日の7ヵ国蔵相・中央銀行総裁会議で、ついに為替相場が容認できない水準まできたとして、「秩序ある反転（orderly reversal）が望ましい」との共同声明が出され、ドル買い協調介入が実施された。これを機に、円高修正局面となり、アジア通貨危機直前の97年4月末には127円台まで円安ドル高が進行した。

### （3）アジア通貨危機とロシア危機（1997年5月〜98年8月）

1995年以降の円安ドル高は、ドルにペッグしていたアジア通貨高を招き、ファンダメンタルズから乖離した自国通貨高がアジア経済を直撃した。97年5月に、まず、タイバーツが大量に売られはじめ、7月2日についにドル・ペッグ制を維持できなくなり、変動相場へ移行した。通貨安はタイから他のアジア諸国に波及、日本でも11月に大手金融機関が相次いで破綻し、金融システム不安が現実のものとなった。12月には、ＩＭＦによる韓国への支援融資が合意され、アジア通貨危機終息に向けた協調体制がとられた。

この間、円相場は97年6月に110円台をつけた後、日本の金融システム不安から急落し、98年6月には146円台まで下落した。6月17日、日本の補正予算成立にタイミングを合わせ、世界金融恐慌回避のため、日米は円買いドル売り協調介入に踏み切った。8月の147円台をピークに、円ドル相場は反転した。

アジア危機が終息に向かうと思われたところが、98年8月13日、ロシア中央銀行がルーブル防衛のために通貨取引規制を導入したことをきっかけに、ロシア金融危機が勃発、影響は中南米通貨にも波及した。9月25日、有力ヘッジファンドであるＬＴＣＭが破綻するに至って、米国当局は危機回避に本格的に乗り出した。

## （4）危機からの回復（1998年10月～2002年10月）

　米国の金融緩和、ＩＭＦによるブラジル救済プラン、日本の金融システム早期健全化法案成立など、米国を中心とした協調体制がとられ、1998年11月、ＦＲＢのリブリン副議長は「世界経済は最悪期を脱した」と宣言した。その後、日本経済の回復期待から円は上昇し、99年末には101円台となった。しかし、2000年に米国ＩＴバブルが崩壊し、日本経済は再度悪化、02年1月には135円台まで円安が進行した。その後は米国景気減速によるドル売りで02年6月には115円台まで戻した。

　一方、99年1月に誕生したユーロは下落傾向を辿り、ユーロ圏経済は通貨安をテコに景気回復を図った。しかし、ユーロ安が世界経済に及ぼす影響に対する懸念から、2000年9月22日、ユーロ下落に歯止めをかけるため、日米欧の協調によるユーロ買い介入が実施された。その後、米国景気減速によるドル売りで、02年7月にはパリティ（1ユーロ＝1ドル）を回復した。

## （5）過剰流動性とキャリートレードの隆盛（2002年12月～2007年7月）

　2003年前半は世界的な需要不足とグローバルデフレ懸念から、主要国の金利は低下した。米国の積極的な金融緩和、03年4月のイラク開戦に伴う欧州との対立、03年9月ＡＰＥＣ財務相会合共同声明における「秩序だった対外不均衡是正のための柔軟な為替レートの管理」をキーワードとした米為替政策の転換は、対主要国でのドル売りを加速させた。ドル円は03～04年の日銀による総額35兆円の大規模円売り介入にもかかわらず円高が進行し、05年1月には一時101円台を記録した。

　世界的な低金利を背景とした過剰流動性は、高金利通貨と商品市場へ流れ込んだ。低金利通貨売り・高金利通貨買いのいわゆるキャリートレードにより、大洋州通貨や欧州通貨は上昇基調をたどった。米国は2004年6月に金融引締めを開始し、1％だったＦＦレートはMeasured Paceと呼ばれた0.25％の幅で引き上げられ、2006年6月に5.25％となった。日本の超低金利が続くなか、日米金利差に着目した円キャリートレードが活発化し、ドル円は2007年6月に124円台の円安水準をつけた。

## （6）米サブプライム・ローン問題と世界的な信用収縮（2007年8月～直近まで）

　2007年8月に米国サブプライム・ローン問題を発端とする世界的な金融危機が発生し、米国が金融緩和に転ずると、ドル円も下落基調に転換した。過剰流動性は商品性の単純さを求めて商品市場に流入し、ＷＴＩ原油先物価格は08年7月に140ドル台へ上昇した。しかし、08年9月、米投資銀行リーマン・ブラザーズの破綻で世界的に信用収縮が発生、株価・商品価格は急落し、キャリートレードの急激な巻き戻しにより、ドル円は08年10月に90円台までドル安円高が進行した。

# 6　各国の為替政策

## ［1］中央銀行の為替介入

### （1）介入の仕組みと形態
　外為市場への介入とは、為替相場に影響を与える目的で、通貨当局が為替市場で外貨の売買をすることをいう。市場における需給を均衡化させるという趣旨から、外国為替平衡操作とも呼ばれている。介入の目的には、単に需給バランスを均衡させたり、相場の乱高下を防ぐこと（スムージング・オペレーション）を目的とするものと、政策的にある方向に相場を誘導しようとするものとの2種類が考えられる。日本においては、政府の委任を受けて日本銀行が介入のオペレーションを実施している。外貨を買う介入に必要な資金は、政府短期証券である外国為替資金証券（為券と通称）を発行し調達する。一方、外貨を売る介入の場合は、外国為替資金特別会計の保有する外貨資産が使用される（図表Ⅺ-45参照）。

### （2）不胎化した介入
　日本銀行がドル買い円売りの介入をすると、市中からドルが吸収され政府保有のドル（＝外貨準備）が増加するとともに、介入の見返りとして為銀に支払った円は市中に供給される。すなわち、国内のマネーサプライの増加となる。反対に、ドル売り円買いの介入をすると、政府の外貨準備は減り、市中の円資金が吸収されるために、マネーサプライの減少となる。
　要するに、中央銀行が外為市場で介入を行うと、そのままではマネーサプライに変化が生じる。このように、介入で生じたマネーサプライの増減を何も調節せずに放置することを、不胎化しない介入（非不胎化介入、Unsterilized Intervention）と呼ぶ。反対に、不胎化した介入（不胎化介入、Sterilized Intervention）とは、マネーサプライへの影響を生じさせないように、ドル買い円売り介入であれば、別に売りオペレーションを実施して、貨幣供給量を吸収することをいう。
　介入の効果は、マネーサプライの変化を通じて、国内の金融市場に影響を与える不胎化しない介入のほうが優っている。具体例で説明しよう。ドル買い円売り介入を不胎化しないで実施すると、市中に円資金が増え、マネーサプライが増加する。マネーサプライが増加すれば、資金需給は緩和されるので金利低下要因となる。国内

の金利低下により海外の投資に魅力が増すので、国内資本が流出しドル買いに向かう。一方、金利低下により景気が刺激されるので、輸入が増え、代金支払いのためのドル買い需要が強まり、ドル高となる（図表Ⅺ－46参照）。

図表Ⅺ－45　中央銀行（日本銀行）による為替介入メカニズム

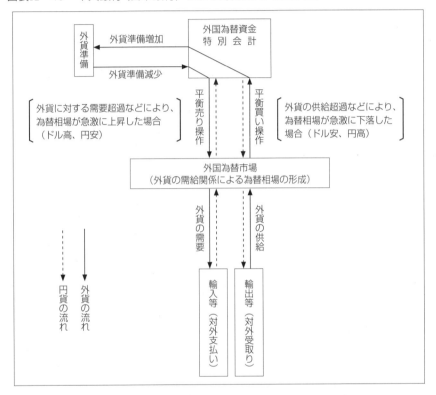

図表Ⅺ－46　不胎化しない介入の為替レートへの波及経路

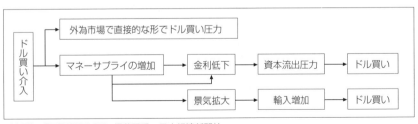

（出所）『国際経済入門』伊藤元重　日本経済新聞社

## ［２］主要国の為替政策

### （１）米国の為替政策——その１
①為替政策ウォッチングの最重要課題
　為替政策をみるうえで、最も重要で欠かせないのが米国の為替政策である。国際通貨制度の歴史の項でみたように、通貨制度や為替相場の転換点は、つねに米国が政策変更をしたときである。これはもちろん、ブレトン・ウッズ体制がドル為替本位制という性格を基本としていたからである。変動相場制に移行しても基軸通貨としてのドルの位置づけは変わるところはないが、各国政府の外貨準備におけるドル偏重の是正の動きなど、ドル本位の流れは変化しつつある。

②為替政策の基本的な構図
　米国の為替政策については、政府・ＦＲＢ高官やブレーン筋の人間がさまざまな発言をするので、一般的には誰が最終的な政策決定者なのか、ややもすると忘れられがちである。米国で「公式に」為替について発言できるのは、大統領と財務長官だけである。したがって、直接的に為替政策を担当しているのは財務省で、財務長官、財務副長官、金融・国際問題担当次官である。
　それでは、ＦＲＢ（連邦準備制度理事会）はどうかというと、外為市場への介入や為替レート目標の達成や国際協定の締結などについて、（例えばＧ７の際に）政策決定に関して強い影響力をもつことはできる。とくに為替市場への介入などのオペレーションについては、財務省の代理人の役をニューヨーク連銀が務めていることもあり、ＦＲＢ議長は実質的に為替政策について財務省のパートナーになっている。
　米国の議会は、為替政策にどのように絡んでいるのか？
　日常的な為替オペレーションなどについては、当然のことながら権限はないが、貿易法案に絡んで為替政策について財務省や大統領に圧力をかけることはできる。1985年のプラザ合意へ至る過程では、民主党系の有力議員が、経常収支赤字が大きくなった場合は一定量の為替市場への介入を義務づける、などの法案を提出したことがあった。
　こうした議会からの圧力の裏には、議員たちの選挙区のドル高で苦しむ産業や有力企業の存在が浮かびあがってくる。

## （2）米国の為替政策——その2

米国の為替政策を読むうえでの、必読の公式文書を紹介しておこう。
①財務省の為替政策報告
　米国の為替政策を分析する材料として重要なのが、財務省が議会に年2回提出する「国際経済と為替政策に関する報告書」である。これは、1988年に成立した包括通商競争力強化法で提出を義務づけられた。
　内容は、G7諸国の経済情勢の分析や経済政策に関するコメントと、中国、台湾やアジアNIES各国の為替政策に関する分析からなっている。
　これまでは、日本に対して、経常収支黒字の増大を批判し、内需拡大のための経済政策を要請する内容もあったが、最近では、中国に対して人民元の切り上げを求める内容が続いている。この点からも、為替政策だけでなく、米国が経済政策面でどのような主張をしているかを知る意味でも大切な分析材料となっている。
　現題は、"Semiannual Report to Congress on International Economic and Exchange Rate Policies"である。
②FRBの連邦公開市場委員会議事録
　FRBが金融政策を決定するうえで、為替レートの問題は必ず討議されるテーマである。この分析には、FOMC（連邦公開市場委員会）の議事録が役に立つ。そのときどきでドル高（ドル安）について、FRBがどのような判断をもっているかを知ることが可能である。
　一般的にFRBにとっては、ドル安は国内のインフレ要因となる点や、海外からの資本流入が減少して国内債券相場を崩し（＝長期金利上昇）、景気拡大の阻害要因になる点が問題である。一方、ドル高は輸出産業の国際的競争力を低下させ、景気低迷や失業の増加を招くという点で懸念材料となる。
③大統領経済諮問委員会（CEA）報告
　上の2報告と比較すると、重要度はかなり落ちるものの、米国政府が為替問題をどう捉えているかをみるうえでは材料となる。
　とくに、為替レートが米国の貿易や景気にどのような影響を与えているのかを分析することも多いので、貴重な資料である。毎年2月初めに公表される。
　原題は、"Economic Report of the President"である。

### 公表機関ホームページアドレス

財務省／為替報告　　http://www.treas.gov/offices/international-affairs/economic-exchnge-rates/
FRB／FOMC　　　http://www.federalreserve.gov/fomc/
ホワイトハウス／CEA　http://www.whitehouse.gov/cea/

## (3) 米国の為替政策――その3

### ①為替市場への介入権限

前述したように、FRBは財務省の代理人として為替のオペレーションを担当しているが、介入についての権限規定はやや曖昧なところがある。

まず、財務省は1934年の金準備法でドル安定のために為替市場に介入する権限を与えられており、介入資金として為替安定化基金（ESF）を設定している。一方、FRBには法律上の明文化された介入権限はない。一連の法律解釈と長年の実績によって市場介入権限が確立したといってよい。

問題は、財務省とFRBが為替介入について意見が対立した際にどうするのかという点である。財務省側の論理としては、財務長官は米国政府における筆頭金融担当であり、大統領の外交政策における憲法上の権限を理由に、FRBの市場介入を阻止できると考えている。

また、FRBは、介入権限は連邦準備法の解釈により与えられており、同法にはFRBの外部からの干渉に関する法律規定がないので、結果として財務省からの阻止を免れることができると考えている。

### ②介入の実際と分析方法

米国の為替介入は、上記の権限上の法律解釈に不明瞭な点は残っているが、実際はFRBと財務省の両者の合意なしに介入が実施されたケースはない。少し古くなるが、1962年の連邦公開市場委員会による市場介入のガイドラインでは、「財務長官に状況をすべて伝え、財務長官の責任に関わる可能性をもつ問題については協議する」よう、FRB議長に指示している。

米国は為替の介入の記録をすべて公開している。報告は為替オペレーション担当のニューヨーク連銀が四半期ごとに行っており、当該四半期が終了して約1ヵ月後に公表している。

詳細は、FRB月報、ニューヨーク連銀四季報に掲載され、インターネットでも公表されている（図表XI-47参照）。

こうした情報は為替市場では、すでに過去の出来事としてあまり関心を集めることはない。だが、政策当局による為替介入については、マーケットのルーマー（うわさ）としてしか流れないので、それを確認する意味と、今後の政策の転換を読む意味のふたつの観点から、その価値はいささかも失われることはない。

### 公表機関ホームページアドレス

| | |
|---|---|
| FRB | http://www.federalreserve.gov/ |
| ニューヨーク連銀／四季報 | http://www.ny.frb.org/markets/quar_reports.html |

## XI 為替市場の見方

図表XI−47 アメリカ当局の外為市場介入

(単位：百万ドル)

| 暦年 | ドル売り介入 (−) 対マルク | 対円 | 対その他通貨 | 計 | ドル買い介入 (+) 対マルク | 対円 | 対その他通貨 | 計 | ネット 対マルク | 対円 | 対その他通貨 |
|---|---|---|---|---|---|---|---|---|---|---|---|
| 1977 | 0 | 0 | 0 | 0 | +1,072 | 0 | +3 | +1,075 | +1,072 | 0 | +3 |
| 1978 | 0 | 0 | 0 | 0 | +10,288 | +207 | +1,096 | +11,591 | +10,288 | +207 | +1,096 |
| 1979 | −5,983 | 0 | −20 | −5,983 | +10,918 | +50 | +258 | +11,226 | +4,955 | +50 | +238 |
| 1980 | −5,139 | −217 | −207 | −4,715 | +4,301 | 0 | +458 | +5,243 | −414 | −217 | +251 |
| 1981 | −2,984 | 0 | −10 | −2,974 | +203 | +50 | 0 | +253 | −2,771 | +50 | −10 |
| 1982 | −132 | −66 | 0 | −66 | 0 | 0 | 0 | 0 | −66 | −66 | 0 |
| 1983 | −477 | −101 | 0 | −376 | 0 | 0 | 0 | 0 | −376 | −101 | 0 |
| 1984 | −414 | −414 | 0 | −414 | 0 | 0 | 0 | 0 | −414 | −414 | 0 |
| 1985 | −4,874 | −1,606 | −16 | −3,252 | 0 | 0 | 0 | 0 | −3,252 | −1,606 | −16 |
| 1986 | 0 | 0 | 0 | 0 | 0 | 0 | 0 | 0 | 0 | 0 | 0 |
| 1987 | −661 | 0 | 0 | −661 | +3,109 | +6,136 | 0 | +9,245 | +2,448 | +6,136 | 0 |
| 1988 | −5,036 | 0 | 0 | −5,036 | +1,407 | +2,756 | 0 | +4,163 | −3,629 | +2,756 | 0 |
| 1989 | −21,957 | −10,827 | 0 | −11,131 | 0 | 0 | 0 | 0 | −11,131 | −10,827 | 0 |
| 1990 | −2,380 | −2,180 | 0 | −200 | 0 | 0 | 0 | 0 | −200 | −2,180 | 0 |
| 1991 | −550 | −30 | 0 | −520 | +1,389 | 0 | 0 | +1,389 | +869 | −30 | 0 |
| 1992 | −200 | −200 | 0 | 0 | +1,270 | 0 | 0 | +1,270 | +1,270 | −200 | 0 |
| 1993 | 0 | 0 | 0 | 0 | +1,433 | 0 | 0 | +1,433 | 0 | +1,433 | 0 |
| 1994 | 0 | 0 | 0 | 0 | +3,500 | +2,610 | 0 | +6,110 | +3,500 | +2,610 | 0 |
| 1995 | 0 | 0 | 0 | 0 | +3,250 | +3,303 | 0 | +6,553 | +3,250 | +3,303 | 0 |
| 1996 | 0 | 0 | 0 | 0 | 0 | 0 | 0 | 0 | 0 | 0 | 0 |
| 1997 | 0 | 0 | 0 | 0 | 0 | 0 | 0 | 0 | 0 | 0 | 0 |
| 1998 | −833 | −833 | 0 | 0 | 0 | 0 | 0 | −833 | 0 | −833 | 0 |
| 1999 | 0 | 0 | 0 | 0 | 0 | 0 | 0 | 0 | 0 | 0 | 0 |
| 2000 | −1,340 | 0 | 0 | (対ユーロ) | 0 | 0 | 0 | −1,340 | (対ユーロ) | 0 | 0 |
| 2001 | 0 | 0 | 0 | 0 | 0 | 0 | 0 | 0 | 0 | 0 | 0 |

(2001年以降、2008年9月まで為替介入は行われていない。)

(注) ニューヨーク連銀の「財務省及び連邦準備の外国為替操作」報告により集計。自己勘定による介入のみ。委託介入は含まない。プラス/マイナスの符号は、アメリカの国際収支統計に対応（+は資本流入＝対外準備資産減少、−は資本流出＝対外準備資産増加）。
(資料) ニューヨーク連銀

415

## (4) 米国の為替政策——その4
《為替政策分析のポイント》
　第1に、米国の為替政策をみるうえで軽視してならないのは、議会での動きである。プラザ合意により政府が「ドル高容認からドル高修正」へと政策を転換するまでに至った背景には、議会での保護貿易主義的な動きと為替政策の転換を求める力があった。議会での動きは、たとえ、その法案が通る可能性がないものでも、ホワイトハウスの政策を変える可能性があるので十分に分析しておく必要がある。

　第2に、産業界からの圧力が政策に影響を与えることもある。有名な例では、ドル高で日本メーカーに国内シェアを奪われて業績が悪化していた建設機械メーカーのキャタピラー社が、財界のサークルであるビジネス・ラウンド・テーブルで、政府のドル高放置政策を批判。地元イリノイ州のパーシー上院議員が為替問題をウィリアムズバーグ・サミットの優先議題にするよう法案を提出したことがあった。全米製造業者協会の理事会も同様に、ドル高反対の意思表示をした。このように、産業界からの圧力が表面化した場合は、政策転換の予兆とみるべきである。

　第3に、政府高官の発言分析も重要である。マーケットは、こうした発言によって動くことが多い。しかし、一部の人の発言内容をもって、「これが米国政府の為替政策スタンスだ」と決めつけることは危険である。政府のなかにもいろいろな考え方があるし、本当に政策決定者に近い筋かどうか、定かでないからである。
　米国では、政策担当者自身の考え方やイデオロギーが政策に色濃く反映される。また、そのブレーンが誰かも注意しなければならない。レーガン政権のリーガン財務長官やスプリンケル次官は、経済哲学として市場放任（マーケット原理重視）の考え方をもっていたので、為替レートを変えるための介入には反対であった。

　第4に、FRBの動向については、FOMCの議事録が参考になる。また、FRB議長の議会での証言内容も大切である。すでに述べたように、為替政策は基本的には財務省の管轄であるので、FRB議長は為替の水準や方向について、別の判断をもっていることもある。1980年代前半の異常なドル高に対して、ボルカー議長（当時）は、ドル高を見込んだ資本流入に過度に依存するのは米国経済にとって危険であると警告を繰り返していたが、政府からは無視された。

《参考文献》　『ダラーポリティックス』　デスラー　ダイヤモンド社

XI 為替市場の見方

図表XI-48　ドル相場の推移

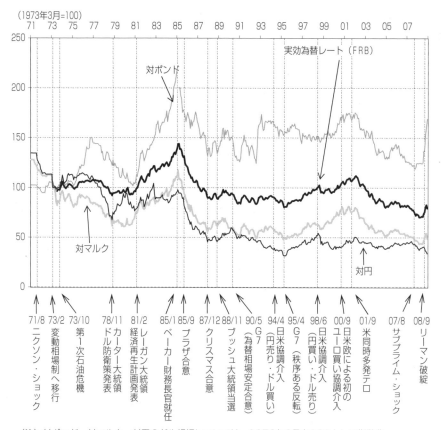

（注）対ポンド、対マルク、対円のドル相場については、1973年3月を100として指数化。
（出所）Bloomberg

### leaning against the wind

　風向きに逆らう（leaning against the wind）介入とは、為替レートが動いている方向と逆の介入を実施し、為替レートの動きを和らげようとすること。
　為替レートの方向をこうした介入だけで変えようとするのは、基本的には無理で、プラザ合意で各国の通貨当局が懸念していたのは、この点。
　結果は予想通りで、協調の方向は、為替市場への協調介入→協調利下げ→マクロ政策（とくに財政政策）の協調へと移っていった。

## (5) ユーロ圏の為替政策

　1999年1月の単一通貨ユーロ導入以来、ファンダメンタルズが米国より劣後しているとの評価から、ユーロは下落傾向を続けた。当初から、ユーロシステム（欧州中央銀行ECBと欧州通貨統合EMU参加国中央銀行）における為替介入決定権は、EU（欧州連合）財務相理事会とECBのどちらにあるか、不透明なままであったため、多くの市場参加者は、為替介入の実施は困難とみていた。ECB幹部やユーロ圏の政治家などは、「現行のユーロはファンダメンタルズを反映していない」という口先介入を繰り返すのみで、無策の状態が続いていた。しかし、2000年9月に、1ユーロ＝0.86ドルを割り込むと、ECBは14日に外貨準備の利子分を売却、さらに7ヵ国財務相・中央銀行総裁会議の前日の22日に、初めての為替介入として、日米欧協調によるユーロ買い介入を実施した。

　欧州中央銀行制度（ESCB）定款の第3条第1項によると、ESCBの基本任務として、①EUの金融政策の策定・実施、②外国為替オペの実施、③メンバー国の公的外貨準備の保有・管理、④決済システムの円滑運営の促進、が定められている。一方、EU設立条約によると、ECBと閣僚理事会が役割分担しながら単一の為替政策を実施するよう定められている。為替政策の基本方針は、ECBと協議し、あるいはECBの勧告に基づき、EU財務相理事会が決定するが、ECBの物価安定維持の目的を妨げてはならないとされている。

　しかし、2000年9月の介入後のドイセンベルクECB総裁は、「今回の介入は政治的影響から独立して実施された」と発言している。この介入については、各EMU参加国の行政当局とECBの思惑が一致したため、問題は表面化しなかったが、今後、EU財務相理事会とECBの意見が対立した場合、介入決定権が問題化してくるであろう。とくに、EMU参加国の財務相だけで結成されたユーログループの動きには注意が必要である。

　ユーロ圏の為替政策を分析するための情報としては、ECBが毎週公表している"Consolidated Financial Statement of the Eurosystem"が速報性もあり、役に立つ。外貨ポジションの主な変動要因が説明されており、為替介入の事後確認に便利である。ただし、毎四半期末には評価替えが行われるため、外貨ポジションが変動することに注意が必要である（図表XI-50参照）。また、ECBのウェブサイトでは、ユーロシステムの公的準備の構成が公表されている。ちなみに、2008年11月の公的準備残高は3934億ユーロ（うち外貨準備1610億ユーロ、金2238億ユーロ）であった。

公表機関ホームページアドレス
ECB "International Reserves"　http://www.ecb.int/stats/external/reserves/

XI　為替市場の見方

図表XI-49　ユーロ相場の推移

（注）実効為替レートは欧州中央銀行（ECB）算出（1999年1Q＝100）。
　　　ユーロ／ドルは、1998年12月までECU／ドル。
（出所）Bloomberg

図表XI-50　ユーロシステムの外貨ポジションの推移

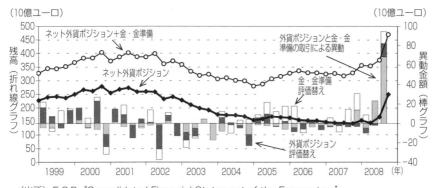

（出所）ECB "Consolidated Financial Statement of the Eurosystem"

### ユーログループ

　ユーロ圏の財務相が定期的に金融・経済政策を協議する非公式会議で、EU財務相理事会（月1回開催）の前日に開催される。
　前身の「ユーロ評議会（ユーロ11）」はフランスの主張により、1998年6月4日にスタートした。通貨ユーロに対する政策協調を強化するため、2000年7月17日にフランスが中心となり、新たに「ユーログループ」を発足した。

## (6) イギリスの為替政策

　イギリスの為替政策は、国内金利を手段として行われている。

　イギリスがERMに参加していた1990年10月～92年9月の間、イギリスの金融政策は、ポンドをERMのバンドの範囲内に維持することを主眼としていた。「ポンド相場を維持するために、国内の景気が低迷している場合に、金利を下げたくても下げられなくなるというジレンマに陥る」として、このERM加盟問題は長らくイギリス国内で議論を呼んできた。92年9月16日、欧州通貨危機に際して、ポンドの弱さが露呈し、ERMから離脱。国内金利はポンド相場維持という使命から解放され、国内景気への配慮から数次にわたって引き下げられた。

　その後、98年6月に中央銀行であるイングランド銀行（BOE）の独立性が強化されると、BOEは、ポンド高が及ぼす国内景気への悪影響に対応すべく、政策金利を1年間に2.5％も引き下げた。しかし、景気回復でインフレ懸念が出はじめると、ポンド高にもかかわらず、利上げに動いている。

　欧州経済通貨統合（EMU）について、イギリスは、99年1月のユーロ発足時には参加を見送った。ユーロ参加推進派のブレア労働党政権は、イラク問題での支持率低迷でユーロ参加の是非を問う国民投票を実施せず、2007年6月に誕生したブラウン労働党政権はユーロ参加に慎重な立場にいる。

## (7) 日本の為替政策

　日本の為替政策については、プラザ合意以降の動きや介入の仕組みなどはすでに解説してきたので、ここでは、日本通貨当局の為替介入の統計である「外国為替平衡操作の実施状況」について解説しよう。

　主要国の中央銀行のなかで為替介入についてガラス張りなのは、米国のFRBだけであったが、日本の財務省も2000年4～6月分より四半期ごとに介入の詳細の公表を開始し、また、91年4月以降の通貨別介入状況のヒストリーも公表している。

　図表XI-51は、この統計をもとに、対ドルでの介入額を5円刻みの為替水準ごとに表示し、為替レートの推移と比較したものである。最近の円売り・ドル買い介入をみると、2002～04年の円高局面で大規模な介入が実施されていることがわかる。その水準は、02年が120～125円、03年が115～120円、04年が105～110円と、市場の強い円高圧力に押される形で、介入水準は低下した。国内の超緩和的金融政策も背景にあり、03～04年の2年間の円売り介入金額は35兆円という異常な規模に膨らんだが、この介入規模に当局の1ドル＝100円死守のスタンスが強く感じられた。しかし、2008年の急激な円高に対しては、介入に踏み切っていない。

XI 為替市場の見方

図表XI-51 日本政府の為替介入

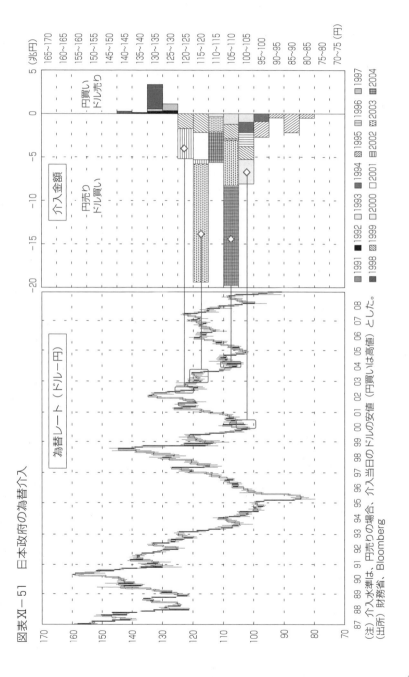

(注) 介入水準は、円売りの場合、介入当日のドルの安値（円買いは高値）とした。
(出所) 財務省、Bloomberg

421

## (8) 中国の為替政策

2005年7月21日、中国人民銀行はこれまでのドル・ペッグ制を放棄し、通貨バスケットに対する管理フロート制に移行するとの人民元改革実施を発表した(図表XI－53参照)。また、9月23日には、ドル以外の通貨に対する人民元レートの変動幅拡大を発表し、同時に対顧提示レートの売り・買い値幅も柔軟化した。引き続き米国から人民元切り上げの圧力がかかるなか、2007年5月18日に対ドル変動幅を拡大した。これらは漸進主義的な内容で小さな一歩であるが、アジアの大国である中国の動向は今後も注目されるものである。

中国は世界最大の外貨準備を有し、米国債保有高も2008年に日本を抜いている。この巨額の外貨準備を運用するため、07年9月に資本金2000億ドルでSWF(政府系ファンド)の中国投資有限責任公司 (CIC)が設立された。中国の外貨準備運用は、債券市場のみならず国際金融市場全体に大きな影響力をもつに至っている。

図表XI－52　中国人民元の対ドル為替レートの推移(1ドル＝元)

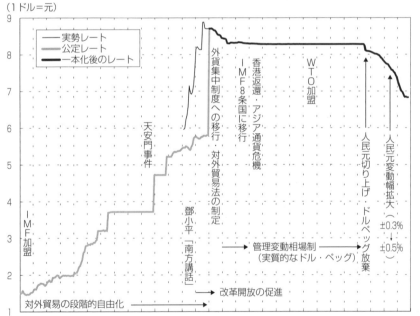

(出所) IMF、Bloomberg

## 図表XI-53 中国人民元改革に関する声明

2005年7月21日（抜粋）

* 通貨バスケットに準拠した市場の需給に基づいて、人民元は決定される。
* ドル対人民元レートを従前の1ドル＝8.28元から2％切り上げ、1ドル＝8.11元とする。許容変動幅はこの中心平価（Central Parity）に対し±0.3％で従来と変わらず。市場終了後に、当日の引け値を公表し、それが翌日の中心平価となる。
* ドル以外の通貨に対しては、人民銀行から発表されるバンド以内で変動する。

2005年9月23日（抜粋）

* インターバンク市場における米ドル以外の通貨の対人民元レートについて、許容変動幅をこれまでの±1.5％以内から、±3.0％以内へ拡大する。米ドル対人民元レートの許容変動幅は±0.3％を維持する。
* 米ドル対人民元の外為銀行の対顧提示レートについて、これまでは中心レート±0.2％の範囲内で提示していたが、中心レートを挟んで非対称となることを許容し、売り・買いレートの幅を1％以内とする。非米ドル通貨対人民元レートについては、この制限を撤廃する。

2007年5月18日（抜粋）

* インターバンク市場における米ドルの対人民元レートの許容変動幅は±0.3％から、±0.5％に拡大する。米ドル以外の通貨の対人民元レートの許容変動幅は±3.0％で維持する。
* 米ドル対人民元の外為銀行の対顧提示レートにおける売り・買いレートの幅は1％以内で維持する。

（出所）中国人民銀行

## 図表XI-54 中国の国際収支動向

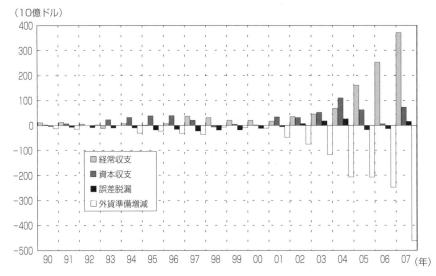

（出所）中国国家外国為替管理局

## 7　為替予測の実践的方法

### (1) 為替予測のチェックリスト

　為替マーケットが注目する材料は頻繁に変わるため、あらかじめ材料をリストアップし、通貨ごとに点数をつけることによって、通貨間の強弱を測る方法がある。図表XI－55は、各要因について－3から＋3までの点数で評価づけをし、全体の平均値を算出して通貨の相対的な強さを推定したサンプル表である。

図表XI－55　通貨採点表

| 通貨 | 金融政策 | 財政政策 | 経済成長 | インフレ | 競争力 | 金利 | 対外収支 | 介入 | 政治リスク | 全体の平均 |
|---|---|---|---|---|---|---|---|---|---|---|
| ドル | －3 | 3 | －1 | 2 | 1 | －1 | －2 | 0 | 2 | －0.1 |
| ユーロ | －1 | 1 | －2 | 2 | －1 | 1 | 0 | 0 | －1 | －0.1 |
| 円 | －2 | 1 | －1 | 1 | －3 | －2 | 2 | －1 | －2 | －0.8 |
| ポンド | －1 | 1 | －1 | 2 | －2 | 1 | －1 | 1 | 1 | 0.0 |

　金融政策＝金融政策の方向。金融引き締めが通貨高要因。
　財政政策＝財政政策の方向。拡張的な財政政策が通貨高要因。
　経済成長＝経済成長率の相対的な評価。高成長が通貨高要因。
　インフレ＝インフレ率低下が、競争力の点でもセンチメントでも通貨高要因。
　競　争　力＝競争力の低下は通貨安につながる。
　金　　利＝金利の相対的な水準。金利差拡大は高金利通貨高の要因。
　対外収支＝経常収支や資本の流れの変化の方向。絶対値ではない。
　介　　入＝中央銀行による介入や為替レート切下げ（切上げ）のリスク。
　政治リスク＝政治的リスクが高いほど通貨安要因となる。逃避通貨としての性格も
　　　　　　含まれる。

《この方法の長所と短所》
　こうした方法は、為替の決定要因とされているものを網羅的に検討し、為替レートの方向を見極めるには便利である。その反面、各要因のウェイトづけがされていないために、マーケットが重要視している要因が短期間で変化するような局面では、方向性を見失う恐れがあるといえよう。

## (2) 為替レート予測の計量的な方法

　為替レートは、他の金融変数と同様に、関数を使う計量的な方法によって予測される。一般的には、説明変数に何を使うかが問題となる。為替レートの決定要因は、すでに説明したように、さまざまなものがあるし、それぞれの要因の説明力は、時期によって異なる点が厄介である。以下、通常採用されている説明変数と、その背景となっている考え方を説明しよう。

《説明変数》
①原油価格
　原油価格の動向は、日本の貿易・経常収支だけでなく経済のパフォーマンスにも大きな影響を与える。また、原油価格が上昇すると、輸入物価が押し上げられるのでインフレ期待が高まる。
　こうした影響は、他の先進国でも程度の差こそあれ同様であるが、日本がとくに原油価格上昇に弱いとの認識があるので、円ドル相場には円安要因となる。しかし、直近では、少し様相が変わってきている。1990年のイラクによるクウェート侵攻の際は、円安ドル高には動かなかった。日本が省エネ努力により原油依存度を低下させていたのに対して、逆に米国は原油輸入依存度を高めていたからである（図表XI−56参照）。また、新興国のエネルギー需要の拡大と投機資金の流入で原油価格が上昇した2007〜08年には、ドル安・ユーロ高に動いた。

②金利差（図表XI−57〜60参照）
　為替レートの方向を決定する要因として、2国間の金利差は重要である。計量的な方法を採用する場合は、名目金利と実質金利のいずれを採用するのか、短期金利と長期金利のいずれを採用するのかが問題となる。
　また、実質化を、生産者物価で行うのか、消費者物価で行うのかも問題となる。

③インフレ率格差
　本章の392頁「3　為替レートの決定理論」で解説した、購買力平価の考え方に基づくものである。理論的には問題があるものの、推計結果を重視すれば、インフレ率には消費者物価上昇率（前年同期比）を使うとよいようである。ただ、純粋な購買力平価の考え方は、貿易可能財の価格をもとにしているので、消費者物価に含まれるサービス価格の部分は、問題があるといえばある。

④累積経常収支

　これも本章の392頁「3 為替レートの決定理論」で解説したポートフォリオ・アプローチの考え方に基づくものである。

　説明変数の作り方としては、単純に累積経常収支を使う場合と、累積直接投資額を控除する場合などが考えられる。後者の立場は、直接投資は為替レートの短期的な変動に反応して実施されるものではなく、長期的な経営戦略に基づくものだから控除すべきだとの考え方に立つものである。

《予測のパフォーマンス》

　計量的な方法が有効であるためには、説明変数との関係が安定しているという条件が必要である。この条件を為替レートの推計式が満たすのは難しい。為替マーケットは、注目する材料を頻繁に変えるからである。

図表XI-56　湾岸危機当時の原油価格と円相場

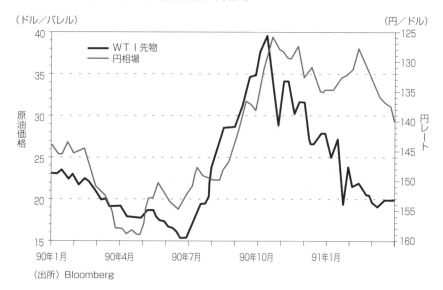

（出所）Bloomberg

Ⅺ　為替市場の見方

図表Ⅺ-57　日米長期金利差と円相場

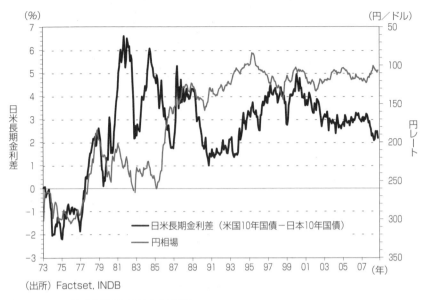

(出所) Factset, INDB

図表Ⅺ-58　日米短期金利差と円相場

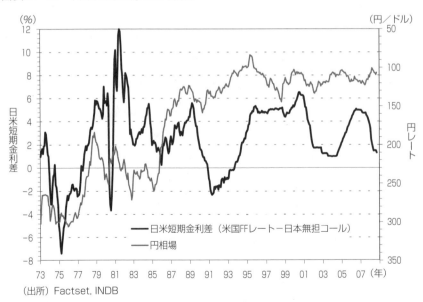

(出所) Factset, INDB

図表Ⅺ-59　日米実質長期金利と円相場

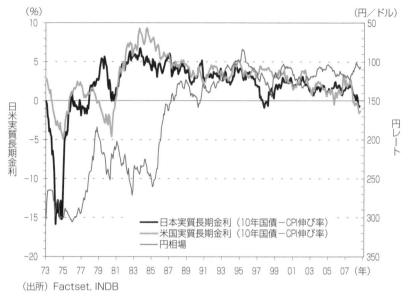

図表Ⅺ-60　日米実質短期金利と円相場

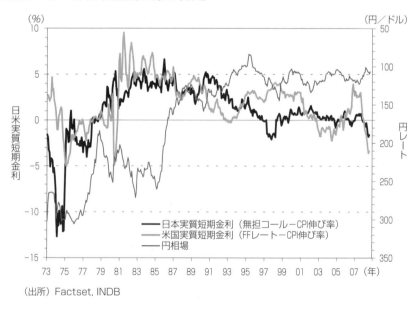

# 第XII章
# テクニカル分析の基礎

# 1 テクニカル分析とは

## [1] テクニカル分析とは

　テクニカル分析とは、価格・出来高などの市場データを統計的・心理的に分析して、将来の価格の方向性、タイミングなどを予測する分析手法である。使用するデータが市場データのみという点で、価格に影響を及ぼすすべての経済要因を分析対象とするファンダメンタルズ分析とは対極的な分析手法といえる。

　テクニカル分析を理解するためには、その前提となる3つの概念を理解することが不可欠である。したがって、まずこれらの解説から始めることにしたい。

### (1) 市場の動きはすべてを織り込む

　これは第一の、そして最も重要な前提である。テクニカル分析が市場データのみを分析対象とする理由も実はここにある。市場価格は、その取引対象に対する需要と供給との、その時点における均衡点であるといえる。需要すなわち買い手は、買うべき動機・根拠をもっており、それは売り手（供給）も同様である。その動機・根拠とはファンダメンタルズ分析も含むあらゆる分析結果——そのなかには合理的とはいえないものも当然含まれるであろう——およびそれらに対する予測、期待などの集合体である。テクニカル分析では、その根拠の中身やその妥当性を分析することには意味がないと考える。その根拠が何であれ結論はすでに売買に反映されているからである。また、仮に買い手、売り手の根拠の分析を試みたところで、所詮は不確実な憶測にしか過ぎないであろう。市場において最も確実なことは、実際に取引されたという事実、すなわち市場データである。そしてそれは、すべての市場参加者による、ありとあらゆる分析の結果が凝縮されたものとみなすことができる。したがって、市場データを分析することこそが最も重要でかつ有効な分析であるということになる。

### (2) 価格の動きはトレンドを形成する

　トレンドとは価格の推移に、あるバイアスが継続的にかかっている状態を指す。トレンドは、その方向性からは上昇、下降、横ばい（持合）の3つに、また時間的スケールから長期（主要）、中期（2次的）、短期（小）の3つに通常分類される。テク

ニカル分析の基本戦略は、上昇・下降トレンドを早期にみつけ、それが反転するまで追随することである。世の中でシステム運用として使われているシステムも、大部分がこのトレンドフォロー型に属する。実際の運用現場で広く利用されている考え方であり、テクニカル分析にとって重要な前提である。

## (3) 歴史は繰り返す

　テクニカル分析に限らず、歴史から学ぶ学問はすべてこの前提に基づいている。この意味では3つの前提のなかでは最も受け入れられやすい考え方であろう。過去に起こったことは、まったく同じ形ではないにせよ、多くの共通点を伴って再現される。それは人間の本質がほとんど変わらないからに他ならない。心理学という学問が成立するように、ある刺激に対する人間の行動パターンは過去も現在も共通の型を示すことはよく知られている事実である。

　実はテクニカル分析は、この人間心理の研究を大きな拠り所としている。心理学的なアプローチから導かれる結論は、「市場の変動は市場参加者の心理に影響を及ぼし、その心理の変化はその局面に特有の価格パターンとなって現れる。したがって、過去のさまざまな局面における価格パターンを研究することにより、将来の同様な局面における価格予測が可能となる」ということになる。

　さて、テクニカル分析の理解に必要な3つの前提となる考え方を上述したが、実際のテクニカル分析の解説に入る前に、テクニカル分析の有効性に関する議論について少し触れておきたい。この議論について詳述することは本書の目的ではないので避けることとするが、これからテクニカル分析を学ぼうと考えている方が、意欲と自信をもって学習に取り組むためにも、概要は知っておくべきと考えるからである。

## [2] テクニカル分析の有効性

　第Ⅰ章で、金利を予測する手法として、ファンダメンタルズ・アプローチ、テクニカル・アプローチ、計量的アプローチの3つを紹介したが、そのなかでテクニカル・アプローチの長所について「相場転換のタイミングを予想する武器として有効」とコメントした。実際、金利予測手法のなかで直接、売買の具体的なタイミングやレベルの予測を試みる手法はテクニカル分析をおいて他にはない。不確実な将来を予測するという点では他の手法と何ら変わりはないが、テクニカル分析の場合、予測の対象が利益に直結する価格の動向であるだけに、「価格が予測でき、誰もが儲かる手法などありえない」とその有効性に関しては、過去から懐疑的な見方も多かった。以下にテクニカル分析に関する批判およびその理由をいくつか紹介してみたい。

### （1）効率的市場仮説とランダムウォーク理論からの批判

　現代ポートフォリオ理論の前提となる考え方に「効率的市場仮説」というものがある。市場は効率的であり、すべての情報は一瞬のうちに価格に織り込まれてしまうため、価格予測により超過収益を狙うことは不可能であるとする仮説である。この仮説は株式市場における情報を3段階（インサイダー情報——ストロング型、ファンダメンタルズ情報——セミストロング型、市場価格情報——ウィーク型）に分け、段階ごとに「その情報を使っても市場で勝つことは不可能」という結論を導き出している。すべての予測手法の有効性を否定するものであるが、とくにテクニカル分析については、ウィーク型としてその有効性を著しく軽視している。すなわち、「市場情報という誰でも入手可能な情報を使って、市場でつねに勝てるルールが存在するなら、すべての参加者がそのルールを使うことになり、ルールの有効性は消滅する。したがってテクニカル分析は有効ではない」ということである。

　ランダムウォーク理論もここから派生した理論であり、これによると「資産価格は長期的にはその資産の平均収益率に回帰するが、中短期的な動きはランダムで予測不可能である」としている。これらの理論研究は米国で1960年代に始まり、P.H.クートナーやE.F.ファマの研究結果などによって支持を集め、現代ポートフォリオ理論の重要な基礎概念にもなっている。現在においても、後述するような反証研究は多いものの、依然大枠においては支持されている理論といえる。例えばオプションの価格決定モデルとして有名なブラック・ショールズモデルも、価格収益率がブラウン過程にしたがランダムに推移する（確率分布は正規分布）という前提条件のもとに構築されている。

## （2）ファンダメンタリストからの批判

　ファンダメンタリストの基本的な考え方は、経済の基礎的条件（ファンダメンタル）によってその資産の本来的価値が決定されるということである。つまり価格変動の背景には、その需給に影響を及ぼす基礎的条件の変化が必ず存在することになる。そこでファンダメンタリストはその要因をみつけだし、論理的整合性を重視した説明を試みる。例えば、市場価格が大幅に変動したような場合、人々は通常「なぜ」そうなったか、納得できる理由を知りたがるものであるが、こういった場合ファンダメンタリストはその疑問に対する明確な説明を提供してくれる。一方、純粋なテクニカル分析によれば、その前提にあるように、変動の理由を説明するのは困難である。

　ファンダメンタリストからの批判は、テクニカル分析が市場の動きを論理的に説明できない点に集中する。批判者からみれば、論理的根拠がない予測は占いと同義であり、予測が的中したとしてもそれはたまたま偶然であるということでしかない。

　また、テクニカル分析の非科学性に着目した批判も数多く存在した。伝統的なテクニカル分析は、チャートを使った分析を主体としたが、チャートの読み方は経験則の羅列であり論理的根拠が欠如していたこと、分析者の主観が入り込む余地が大きく第三者による再現性に問題があることなどが主な批判点であった。

## （3）批判に対する最近の動き

　さて、これらの批判に対してテクニカル分析の支持者はいかに反論したのであろうか。ランダムウォーク理論に対する反証研究は、テクニカル分析の研究からではなく、皮肉にも他の学問分野の分析手法を取り入れた経済学者たちによって提起されることとなった。

　経済物理学（Econophysics）と呼ばれているが、統計物理学の手法を使った金融市場分析によって、市場価格はランダムではなく、ある期間の価格変動はそれに続く期間の価格変動に影響を及ぼす（自己相関性がある）という反証研究が次々に報告されている。さらにこの分野では、決定論的カオス、フラクタル（自己相似性）など非線形系・複雑系において用いられる概念・手法を取り入れた研究も進んでいる。従来の線形系分析に従えばランダムにみえる市場の動きも、非線形系分析によれば、ポジティブフィードバックループ（価格の動きがさらに次の価格の動きを強化するループ）など、カオス特有の動きがいくつも観察されるとしている。

　また、心理学の分野からもテクニカル分析をサポートする研究成果が報告されている。2002年ノーベル経済学賞を受賞したD．カーネマンの受賞理由は、経済心理学の基礎を確立した功績であるが、この経済心理学は市場における人間心理の非合理性、非対称性について研究しており、実際にいくつかのテクニカル分析手法は、経

済心理学によってその根拠が説明できるとしている。

　簡単な例をあげよう。「コイン投げのような確率が均等で独立試行の場合でも、3回連続して表が出れば、何割かの人は確率が偏っていると思い込んでしまう。もちろん、コイン投げの結果に観察者の思い込みが反映されることはない。しかし市場参加者の思い込みが価格に反映される市場において、もし価格が3日連続上昇すれば、その心理が売り手をためらわせ、買い手を勇気づけることは十分考えられる。そしてその思い込みが価格を上昇させれば、さらに思い込みは確信に変わり、価格上昇トレンドを強化するループ（ポジティブフィードバックループ）に発展する」。

　もちろんこれらの研究結果が、投資理論の世界において完全に主流意見として支持されているわけではなく、またこれらが即座にすべてのテクニカル分析手法の有効性を証明するものではない。ただし少なくとも「市場は完全にランダムではない事象をもつ」こと、すなわち「有効なテクニカル分析手法は存在する」ことが科学的に認知されつつあることは事実である。

　テクニカル分析の専門家たちも、テクニカル分析の地位向上、研究発展のための活動を強化してきた。わが国においても、日本テクニカルアナリスト協会が1978年に設立され、国際テクニカルアナリスト連盟への加盟、テクニカルアナリスト資格試験制度の発足（99年）、養成講座の開設など、テクニカル分析の学術的レベルの向上発展に努めている。

　実際に市場に携わっている人間にとっては、「テクニカル分析とファンダメンタルズ分析とは相互に補完する関係にある」というのが普通の感覚である。優秀なテクニカルアナリストは、優秀なファンダメンタリストであることが多いことも事実である。

　したがって、これは本書の主旨でもあるが、両方の分析の長所・短所を理解しバランスよく使うことが、市場予測にとっては不可欠であるということである。


**公表機関ホームページアドレス**
日本テクニカルアナリスト協会　http://www.ntaa.or.jp
国際テクニカルアナリスト協会　http://www.ifta.org

## 2 テクニカル・アプローチによる金利予測

### [1] 金利予測におけるテクニカル分析の問題点

　テクニカル分析の歴史は古く、日本では江戸時代の米相場にまで遡ることができる。米国においてもチャールズ・ダウが有名なダウ理論を発表したのが1902年であるので、100年以上の歴史があることになる。余談であるが西洋と日本のテクニカル分析は、それぞれ独自の起源、発達の歴史をもつが、その考え方や手法に多くの共通点を見出すことができる。市場における人間の行動は、宗教、文化、思想の違いを超えて、もっと人間の内面に近いものに根ざしているように思える興味深い事実である。テクニカル分析の汎用性を示す一例といえるかもしれない。

　さて、すでにお気づきと思うが、テクニカル分析は元来、商品・株式市場における予測手法として発達したものである。したがって、これらの市場で発達した手法を、金利市場や為替市場でそのまま使えるのかという疑問があってもおかしくはない。

　結論から先に申し上げると、テクニカル分析はどんな市場にも適用可能である。テクニカル分析の前提条件のなかに、市場を限定する要素は何も含まれていないことをみれば明らかである。つまり、分析する対象は、価格の動き、すなわち市場参加者の心理の変化であり、取引商品そのものではないのである。

　それでは、実際にテクニカル分析による金利予測の具体論に入っていこう。まず分析対象に関していくつかの問題点を解決しておきたい。

#### （1）どの金利を対象とするか

　本書で予測対象としている金利は、「政策金利」「短期金利」「長期金利」の3つである。

　まず「政策金利」は、予測対象となり得るであろうか。政策金利は政策当局（中央銀行）が決定する金利であり、市場で水準が決定される金利ではない。したがって、テクニカル分析の前提条件を考えれば、政策金利の予測にテクニカル分析は適さないといえる。もちろん短期金利の分析から、市場が期待する政策金利の変動を読み取ることは可能である。しかしそれはあくまで市場の期待であり、実際の政策金利の変動とは必ずしも一致しない。本書ですでに述べたが、政策金利は、「ファンダメンタルズを政策当局（中央銀行）がどのように判断するか」という視点でのファ

ンダメンタルズ分析が最適であろう。

次に「短期金利」についてはどうであろうか。オーバーナイト金利は、政策金利と日々の資金需給で決定されるため、市場参加者の相場観の入る余地はほとんどない。したがって、これは政策金利を予測することとほぼ同義であることになる。一方、ターム物金利は、3ヵ月、6ヵ月と期間が長くなるにつれ、年末などの特殊要因を除けば資金需給の要因は薄れ、[政策金利+政策金利に対する変動期待]という構成に変わっていく。この「政策金利に対する変動期待」は市場参加者の相場観によって変動する部分であり、テクニカル分析が機能する領域である。ただし、短期金利そのものの最大の変動要因は、やはり政策金利の変更であり、この点ではターム物であってもオーバーナイト金利と大差ないといえる。

「長期金利」は、短期金利の積み重ねと解釈できる。しかし、例えば10年金利を短期金利の積み重ねとして考えた場合、短期金利の辿るべき経路は無数に存在することになる。10年の間には景気局面が数回変わるであろうし、金融政策も引き締め期もあれば緩和期も含まれるであろう。したがって、足元の金融政策の変更方向と、それが向こう10年間の短期金利の累計に与える影響とは必ずしも同一方向ではない。例えば金融緩和は一般的には長期金利の低下材料になりやすいが、将来の景気回復が早まり、インフレリスクが高まるという解釈も可能であり、極端な場合は逆に長期金利が上昇することもある。このように長期金利の最大の変動要因は、市場参加者の将来に対する期待の変化であり、したがってテクニカル手法を使った分析が最も有効な対象と考えられる。

## (2) 金利か価格か先物価格か

長期金利を分析対象として考えてみよう。長期金利とは、通常ベンチマークとなる国債の金利のことを指す。市場によってベンチマークとなる国債の年限構成は異なるが、5年、10年はほとんどの国債市場で継続的に新発債が発行されるため、長期金利の指標として使いやすい。

さて、分析すべき市場データの候補を考えると、A.ベンチマーク債券の金利、B.ベンチマーク債券の単価、C.先物価格の3つがあげられる。

一方、テクニカル分析に適した市場データの必要条件は、

ⅰ) 始値、高値、安値、終値、出来高などの市場データが入手可能であること。
ⅱ) 市場参加者が注目する価格(通常は取引価格)であること。
ⅲ) データの継続性があること。

の3つが考えられる。そこで、これらの条件に照らして上記3つの候補を検討してみよう。

A、Bはいずれも現物国債のデータである。現物国債は取引の大部分が店頭取引（取引所を介さない取引）であるため、すべての取引データを捕捉することができない。したがって店頭売買参考統計値（終値のみ）など証券会社の集計値に頼らざるを得ず、ⅰ）のデータの入手容易さ、信頼性という点では難点がある。また現物国債は発行後徐々に残存期間が短くなるので、指標性を維持するために、新規のベンチマーク国債が発行されるたびに指標銘柄はスイッチされていく。スイッチ時の新旧銘柄の金利差は数ベーシス存在するが、大勢を判断するうえでは許容範囲であるため、通常は新旧銘柄の金利はそのままつなげて使用されている。一方、価格差はクーポン、満期が異なれば当然大きく異なり、つなげて使用することには無理がある。したがって、国債価格は継続性という点でも難点があり、分析対象として適しているとはいえない。金利については終値データのみは使用可能と結論できよう。

　次にＣの債券先物について検討してみたい。債券先物は取引所取引であるため、価格・出来高、建玉残といった取引データは正確に取得可能である。また債券先物は価格で取引されるため、約定価格を分析対象とできる。さらにクーポン・残存期間が一定の「標準物」を取引しているため、つねに一定条件の商品を分析対象とできるメリットがあり、後述する限月修正により長期間の継続データの作成も可能である。こうみると実に３つの条件をすべて満たしているのは債券先物ということがわかる。実際、多くの実務家が債券先物売買に際し、さまざまなテクニカル分析手法を駆使していることからも、債券先物のデータがテクニカル分析に適していることが裏打ちされる。

　金利を予測するために、金利ではなく先物価格を分析するというのは、やや抵抗があるかもしれないが、債券先物は現物債と表裏一体で動くものであり、現物債市場と主従の関係があるわけではない。実際に先物市場が終了すると現物取引も急速に細るのは、両者が機能して初めて金利市場が成り立つと市場が認知している証拠である。したがって、債券先物で金利の方向感や相場の強さをしっかりと分析し、ベーシス分析やスプレッド分析を介して個々の金利を予測する方法が最も効率的な分析方法であろう。なお、先物価格を分析のメインとしつつも、同時に現物債の金利分析を併用することも有益である。なぜならば金利のチャート形状と先物価格のチャート形状とは通常異なるからである。先物価格分析による予測が金利チャート上においても違和感がないかを確認することは、予測の精度を高めるうえで有効な方法といえる。

## （３）先物価格の限月修正法

　先物価格は限月（３、６、９、12月といった決済月）制を採用していることから、

同時に複数の限月の取引が可能である。しかし通常、中心限月と呼ばれる期近の限月に取引が集中する傾向が強い。出来高が多い限月はそこから得られる情報も多く、したがって分析対象としては中心限月のデータが最適といえる。さて、問題は中心限月が通常3ヵ月ごとに交代すること（限月交代）である。なぜなら、つねに中心限月のデータを分析対象とするためには、限月交代の都度、新旧の中心限月の価格データをつなぎ合わせる処理——すなわち限月修正——が必要となるからである。

　限月修正法も実際はいくつか存在するが、ここでは最適と考えられる方法を一つ紹介したい。それは旧中心限月と新中心限月の価格差をもって、過去に遡り旧中心限月の価格調整を行うことである。例えば、新中心限月の価格が旧中心限月より0.5ポイント低い場合、これまでつなげてきた旧中心限月の価格をそれぞれ0.5ポイントずつ過去に遡って引き下げ、それを新中心限月につなげるのである。この方法の欠点は、先物価格が過去に遡るにつれ、通常徐々に小さくなり、当時の実勢価格から乖離する点である。ただしデータ上の売買収益と実際の売買収益が一致する唯一の修正法であり、したがって、最も市場で利用されている方法である。

## 3　4本値とローソク足

### [1]　4本値とは

　価格とは、取引市場において売り手と買い手の注文が成立した値段である。よって、当然ではあるが1日のなかには数多くの価格が存在することになる。これらをすべて用いて分析すれば、より有効な将来の予測が可能になるかもしれない。が、実際にはこのような分析は不可能であり、仮にできたとしても余計な雑音が入ることによって、かえって不具合を生じる恐れがあろう。

　大部分のテクニカル分析手法では、これら多数の価格のなかから、その期間の値動きを代表する価格を取り出して分析対象とする。最もよく使われる例は、始値・高値・安値・終値の4つ（4本値と呼ぶ）である。この4つの価格が重視されるのは、これらがその期間の値動きの「端」——すなわち、始値と終値は「時間の端」、高値と安値は「価格の端」——を示しているからである。テクニカル分析に欠かせないローソク足チャートやバーチャートもこの4本値を図示したものである。

　価格データはテクニカル分析において、まさに分析すべき主たる対象である。そして分析するデータが日足（1日単位の値動き）でも週足（週単位の値動き）でも月足（月単位の値動き）でも、この4つの価格を重視することは変わらない。したがって、まずこの4つの価格の意味を理解することを、テクニカル分析の習得に向けた第一歩としたい。

### （1）終値

　もし1日の価格のなかで最も重要な価格を1つ選ぶとしたら、それは間違いなく終値である。終値のみを使うテクニカル分析手法が数多く存在することからもその重要性が理解できるであろう。以下に終値が重視される主な理由をあげてみよう。

ⅰ）終値は1日の終了時点において、現在に最も近い価格である。テクニカル分析が将来の価格予測を目的としている以上、現在に最も近い価格を予測の出発点とすることは理に適う。

ⅱ）終値は市場参加者が1日の取引を経て最終的に妥当であると合意した価格である。その価格以上で買う理由も、その価格以下で売る理由もないことを全員が認めた価格である。

iii）終値はその日の損益の算定基準である。先物市場では清算価格と呼ばれるが、いったん損益を確定し新たな持値となる価格である。売り手と買い手の力が均衡したという意味でも、その日の市場全体の擬似持値とみなすことができる。

## （2）始値（寄付値）

始値は前日の終値について、取引終了後の材料も含めて市場参加者が新たな分析を加えた結果であり、将来の価格の出発点という意味がある。新規ポジションの持値とも考えられ、日中価格がそれを上回っているか下回っているかで売り買いどちらが優勢かを判断する基準にもなる。

## （3）高値・安値

高値は、優勢であった買い手のエネルギーを、売り手のエネルギーが上回った価格であり、価格が上昇から下降に転換したポイントである。もちろん高値と終値が同レベルの場合、買い手の強いエネルギーを消化している途中で時間切れとなった可能性もあるため、翌日の価格動向を確認しないと、その高値が上の定義による「真の高値」であったかどうかは判断がつき難い。「真の高値」はその後の買い手の目標値としても、またレジスタンス（上値抵抗レベル）としても機能する重要な価格となる。安値はまったくその逆で、売り手の目標値であり、サポート（下値抵抗レベル）となる。

通常、ある期間の高値・安値は、ある期間が長ければ長いほどその重要性は高くなる。よく「バブル崩壊後の最安値」という表現を新聞の株式欄などで目にするが、重要な高値・安値は、それが数年前の価格であっても市場参加者には重要な節目として意識される。当然その価格が更新されることは、テクニカル分析上は重要な意味をもつ。

以上4つの価格の意味について簡単に説明した。終値が最も重要であるが、始値、高値、安値についても重要な価格であることに変わりはない。要は4つの価格をバランスよく分析することが大切である。次に、この4つの価格の分析手法としても有効であり、かつチャート作成の基礎となるローソク足について解説することとしたい。

## ［2］ローソク足とは

　ローソク足は、日本を代表する罫線である。その特徴は、単に4つの価格を図示するチャート表記法という点のみならず、1本のローソク足の形状——4つの価格の位置関係——から市場情勢の解釈を試みている点にある。

　ローソク足がいつ頃完成したかについては諸説さまざまである。が、その起源は江戸時代の堂島米相場まで遡ることができる。ちなみに世界最古の先物取引制度もこの時代の堂島米市場で誕生している。現物米取引（正米取引）とともに行われた空米取引がそれに当たる。この時代に活躍した「牛田権三郎」や「本間宗久」の相場理論は現在も広く研究されており、当時すでに相場分析手法がいくつか存在していたことを窺い知ることができる。市場の推移のことを当時から「足取り」と呼んでいたが、これを表記する手段としていくつかの罫線法が考え出され、それらがさまざまな変遷を経てローソク足と呼ばれる罫線分析手法に繋がっていったと推測される。いずれにしても日本が世界に誇れるチャート表記法（罫線）である。

## ［3］ローソク足の作成方法

　ローソク足は欧米の主流であるバーチャート同様、一定期間（1日、1週間など）の始値・高値・安値・終値によって構成される。したがって、ローソク足はバーチャートが利用できるいかなるテクニカル分析にも利用可能であり、色と形状により示唆するという視覚面において、むしろバーチャートより優れているといえる。欧米でもキャンドル・スティック・チャートとして1990年頃紹介され、急速に利用者が増えている。

　ローソク足はあらゆる時間枠で作成することができる。「日足」は1日の始値・高値・安値・終値を用い、「週足」は月曜日の始値、1週間の高値・安値、金曜日の終値を用い、「月足」は月初の始値、月間の高値・安値、月末の終値を用いて作成する。

　作成方法は、一定期間の始値と終値を棒線で結び（この部分を「実体」と呼ぶ）、実体から高値と安値をそれぞれ線で結ぶ（この部分を「ヒゲ」あるいは「カゲ」と呼ぶ）ことによる。すなわち、実体は時間の端、ヒゲは価格の端を示している。実体の上側のヒゲは上ヒゲ、下側は下ヒゲと呼び、ヒゲの長さは相場でのエネルギー消耗度合いと解釈することができる。すなわち、ヒゲが長いほど相場でエネルギーを使い果たし、価格が戻ってきたことを示唆している。

　ローソク足作成の最大の特徴は、実体部分の「陰陽」である。始値＜終値の場合は実体の内側を白色（または赤）で、始値＞終値の場合は実体の内側を黒色で示し、始値＝終値の場合の実体は横線一本（「同事線」と呼ぶ）となる。この色の違

図表XII-1　ローソク足の作成法

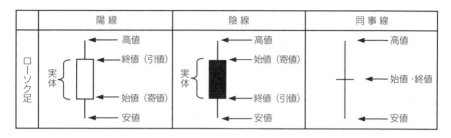

いが示唆するものは市場心理の強弱である。長い白色実体は市場が強気（価格でいえば上昇）に傾いていることを示し、長い黒色実体は市場が弱気（価格でいえば下落）に支配されていることを示す。小さな実体や横一線の実体は、市場の強弱拮抗状態を反映している。

## ［4］ローソク足の見方

　ローソク足の代表的な形状、およびその見方について図表XII-2に紹介する。なお、複数のローソク足の組み合わせパターンについては後節の「酒田罫線法」を参照頂きたい。

　1本のローソク足からでもこれだけの情報が得られるということは実に驚きに値する。ただし、同一の形状でも出現する局面によって名称や解釈が異なるなど、1本のローソク足であるがゆえの曖昧さは認めざるを得ない。したがって、これだけで売買の判断をするより、後で述べるが複数のローソク足パターンの一部として利用したり、他のテクニカル分析の判断をサポートする材料として使用したりするほうが、より現実的な使い方であるといえる。

　なお、ローソク足の形状・名称は、その組み合わせまで含めると次頁以外にも数多く存在するので、興味のある方は専門書にあたってみることを是非お勧めする。

XII テクニカル分析の基礎

図表XII-2　ローソク足の代表的な形状、およびその見方

| 形 状 | 俗 称 | 線の見方・解釈など |
|---|---|---|
| (白長大陽線) | 陽の丸坊主 | 上昇の勢いが強いことを示唆。とくに長い線が底と考えられる付近で出現すると転換に繋がりやすい。 |
| (白・下ヒゲ) | 陽の大引坊主 | 上昇の勢いが強いことを示唆。下値抵抗感があり、さらに上昇する可能性を含む。 |
| (白・上ヒゲ) | 陽の寄付坊主 | 上昇の勢いがあるものの、上値抵抗感あり。とくに、高値圏と考えられる付近で出現すると、下落に繋がりやすい。 |
| (黒長大陰線) | 陰の丸坊主 | 陽の丸坊主の逆。 |
| (黒・上ヒゲ) | 陰の大引坊主 | 陽の大引坊主の逆。 |
| (黒・下ヒゲ) | 陰の寄付坊主 | 陽の寄付坊主の逆。 |
| 十 | 十字線 | 相場動向の転換、一時的な均衡状態後の加速を暗示する。 |
| ┬ | トンボ | 高値、安値圏と考えられる付近での転換を暗示する。 |
| ┴ | トウバ | 高値、安値圏と考えられる付近での転換を暗示する。 |
| (白小実体・長下ヒゲ) | カラカサ<br>(たぐり線) | 先高見込み、安値圏で出現すると上昇転換を暗示する。<br>高値圏に出現すれば首つり線（上値限定的）。 |
| (黒小実体・長下ヒゲ) | カラカサ<br>(たぐり線) | 先安見込み、安値圏で出現すると上昇転換を暗示する。<br>高値圏に出現すれば首つり線（上値限定的）。 |

443

# 4 テクニカル分析手法の分類と解説

　さて、前節までで、チャート表記法も含めたテクニカル分析の基礎的な解説は終了した。本節では、いよいよ具体的なテクニカル分析手法の解説に進むこととしよう。

## [1] 分析手法を選ぶポイント

　実際に市場で使われているテクニカル分析手法の数はどれほどあるだろうか。おそらく膨大な数にのぼるであろうことは想像に難くない。では、もし何の準備も心構えもなく、これら氾濫する多くのテクニカル分析手法をやみくもに使ったらどうなるであろうか。想像できる結果は、個々の分析が示すいろいろな相反する分析結果に振り回され、身動きがとれない状態に陥る、ということであろう。これではテクニカル分析は投資の意思決定を阻害する要因にしか過ぎなくなってしまう。

　これは実はテクニカル分析の初心者が最も陥りやすいジレンマであり挫折の原因でもある。では、そうならないための必要な準備、心構えとは一体何であろうか。これが本節の主題である。

　何かを分析して意思決定をする場合、通常われわれはいくつかの視点から分析を行い、その結果をもって総合的な判断を下すという思考過程を経る。例えば、ある購入候補の製品を評価する場合、分析の視点は、その製品の価格面、機能面の優位性、信頼性、拡張性、サービス面等々と多岐にわたるはずである。そして、それらの結果を優先順位付けしたうえで総合的に判断し、最終的に購入するか、しないかの決定を下すのが普通である。

　市場データの分析であっても同様である。市場の動きがつねに一つの規則性に支配されているわけでない以上、複数の視点から分析を行うことは、安定した予測パフォーマンスのためには不可欠である。したがって、まずどの視点から分析を行うかを明確にすること（第1ステップ）、そしてその分析のための効果的な手法を選ぶこと（第2ステップ）という2段階の準備が必要となってくる。

### （1）第1ステップ

　市場データを分析する視点は、いろいろな設定の仕方が可能である。ここでは基本的な例として、4つの視点を紹介しよう。

①トレンド分析……価格のトレンドの方向、強さを分析し、トレンドが継続するか転換するか強化されるかを予測する。トレンドを長期・中期・短期など複数に分けて別々の視点とすることもある。
②バリュー分析……価格の割高割安を判断する分析。割高、割安が行き過ぎれば、やがてそれが解消される方向に価格は向かうと考え、逆張りの収益機会とする。
③パターン分析……過去の類似する価格パターンの再現性に着目した分析。かなり信頼性の高いフォーメーションもあり、重要な収益機会となり得る。
④サイクル分析……時間、周期性を対象とした分析。経済循環サイクルとしては、コンドラチェフの波（60年程度）、ジュグラーの波（10年）、キチンの波（3年）などがよく知られているが、これ以外にも自然サイクルや人為的なサイクルも含めて、市場には多くの周期性が確認できる。確度の高い周期性を利用できれば大きな収益機会となり得る。

### （2）第2ステップ

　さて、第1ステップによって、4つの視点から市場データを分析することを決定したとしよう。次はそれぞれの視点で分析するのに最もふさわしい道具——すなわちテクニカル分析手法——を選択することになる。

　どの手法がふさわしいかは、実は人それぞれで、万人に最適な手法などない。よくチャートの本で「儲かるチャート手法」などの文字が躍っているのを見かけることがあるが、自分が信頼できる手法でなければ使うべきではない。もちろん最初はどれが自分に適しているかはわからないので、代表的な手法を人の真似をして使うことになるであろう。ただその場合でも必ず自分で過去のデータを使い、予測に適しているか、信頼できるかを検証してみることが必要である。職人やスポーツ選手の世界でも、プロは自分の使う道具にはこだわるものである。信頼でき、実力を発揮できる道具を選ぶ能力がなければ、プロになれないのは市場においても同じである。

　それでは、個々のテクニカル分析手法の解説に移るとしよう。本書では紙幅の制限もあり、一部の代表的な手法しか紹介できないが、それでも各視点の分析手法として活用できるものを用意したつもりである。まずこれらの手法を勉強・実践し、それをベースに自分にふさわしい手法をみつけていっていただきたい。

　冒頭で触れたようにテクニカル分析手法は無数にあるが、「その手法はどの視点での分析に使えるか。今使っている手法以上に信頼できるか」という観点でみていけば、いろいろな異なる分析結果に惑わされることはなく、自信をもって判断が下せるはずである。なお、複数の視点の分析に有効な、複合的な分析手法も数多く存在するので、検討にあたってはその点も考慮するべきであると付け加えておきたい。

## ［２］ トレンド分析に適したテクニカル分析手法

　相場の世界には「Trend is Friend」という言葉がある。テクニカル分析の基本であり、最も重要なことはトレンドの把握である。相場での成功、失敗はトレンドの把握が鍵となる。トレンドは時間的スケールから長期（6ヵ月超～数年）、中期（3週間～数ヵ月）、短期（2～3週間以内）に、その方向性からは上昇・下降・横ばい（持合）に分けることができる。

　トレンド分析で重要なことは二つある。まず方向性からいえば、上昇・下降トレンドと横ばいトレンドとは、まったく別の局面と理解することである。なぜならトレンド追随型の手法が機能するのは、上昇・下降トレンドの局面のみであり、横ばいトレンドではほとんど役に立たないからである。したがって両局面は、別々の手法で臨む必要があるとまず認識しなければならない。収益を上げやすい環境という視点に立てば、上昇・下降トレンド期の把握は必須である。

　次に時間的スケールについていえば、長期トレンドを念頭に置きつつ、中期トレンドを把握することが重要である。通常の投資、評価スパンを考えれば、この理由は明確であろう。なお短期トレンドは、よほど短期的な収益を狙うのでなければ、中期トレンドの売買タイミングを把握する手段と割り切ってもよい。

　以上の２点を踏まえると、トレンド分析の第１の目的は「中期の上昇・下降トレンドを把握し、それに追随すること」であるとわかる。したがって、この観点から手法を選択していくことが必要である。

### （１）トレンドライン

　相場は波動を繰り返す。その際、前回付けた高値がレジスタンスであり、安値がサポートとなる。サポートを下回ることなくレジスタンスを上回る展開が継続すれば上昇トレンドということになり、逆に、レジスタンスを上回ることなくサポートを下回る展開が継続すれば下降トレンドとなる。

　これを利用したものがトレンドラインで、上昇相場においてその相場の最安値とその後の２番目の安値（最安値より高い）を結んだものを上昇トレンドライン（サポートライン）とし、下落相場において、その相場の最高値とその後の２番目の高値（最高値より低い）を結んだものを下降トレンドライン（レジスタンスライン）という。

　作成時のポイントとしては、
①トレンドラインは高値・安値のそれぞれ２点で引くことができるが、その有効性を確認するためには最低３点の高値、もしくは安値が接することが必要である。
②トレンドラインが何本か引ける場合、ラインの傾きが最も緩やかなものを主要なト

レンドと認識する。また、例えば上昇トレンドの途中でトレンドが加速した場合には、加速を開始した安値から傾斜の急な副次的トレンドラインを使用することもある。

③ラインを引くとヒゲがはみ出てしまうといった細部に関する取り扱いについては、相場の中勢そして大局の把握が主眼であることから、多少の誤差は容認する。一時的なトレンドラインの突破も同様である。

などがあげられる。ただし、実際のチャートは非常に複雑であり、ラインもいろいろな引き方が可能である。したがって、納得できるトレンドラインが引けるようになるには、ある程度の経験、訓練が必要であることはいうまでもない。

通常、トレンドラインはチャネルラインと呼ばれる並行なラインを伴う。価格はトレンドラインとチャネルラインの間を推移しながらトレンドを形成する。価格がこの２つのラインの上か下どちらかを突破するとトレンドの加速や転換に繋がることがある。この場合、突破した位置からトレンドラインとチャネルラインの間隔に相当する距離を突破後の到達目標に定めることもある。さらに付け加えると、相場がサポートラインを下に突破した場合、今度はこのサポートがレジスタンスとして機能することがあり（逆も同様）、売買ポイントとして活用することができる。

図表XII－3　トレンドラインの基本型

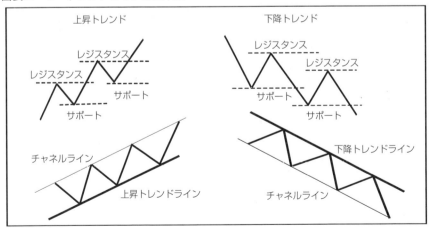

図表Ⅻ-4　ドル円の週足チャート（1990～98年）

（90年の高値から95年の安値までの下降トレンドラインと95年の安値から98年の高値までの上昇トレンドライン。それぞれ平行なチャネルラインを伴っている。相場がトレンドラインとチャネルラインの間を推移し、トレンドを形成していることがわかる。98年10月に、相場がトレンドラインを割ると下落スピードが加速している）
（出所）QUICKマネーラインテレレート

## （2）ギャンチャート

　ギャンチャートを考案したW.D.ギャンの理論には「価格と時間の一致」という基礎項目がある。この理論からジオメトリック・アングル（幾何的角度）が生まれるが、これは特定の角度をもった相場の高値や安値から引いたトレンドラインであり、ギャン・アングルと呼ばれている。通常のトレンドラインとの違いは、いったん起点となる高値や安値を定めると、その後の相場の推移に関係なくラインが引けることである。

　ギャン・アングルのなかで最も重要なのが、45度線の1×1（ワン・バイ・ワン）である。1×1を中心に2×1や1×2といった他のギャン・アングルを加えて使用する。この数字の意味は、最初の数字が時間を表し、後の数字が価格を表している。つまり、1×1は1単位の時間経過に対して価格が1単位動いた場合の位置関係を示す。

　45度線は時間と価格が均衡状態にある位置を表し、価格が45度上昇トレンドラインより上に位置すれば強気、45度下降トレンドラインより下に位置すれば弱気、そして45度線の突破は主要トレンドの転換となる。なお45度線といっても、時間と価格とが1対1の関係になっていれば、実際の角度が45度である必要はない。

　ギャンチャートは、先に述べた通りトレンドラインと同様の使い方をし、まず1×1を基本に価格変動の勢いに変化がみられたときには2×1や1×2、4×1や1×4な

どを用いるとよい。1単位の時間に対する1単位の価格については、当初の価格の約数や、主要トレンドを1×1として推計した値を使用する。債券先物では、1日10銭、1週間50銭の使用例が多い。

図表XII-5　ギャンチャートの基本型

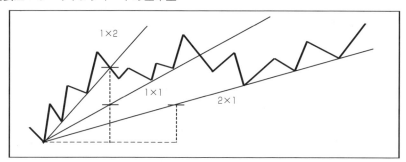

図表XII-6　トレンドラインで用いたドル円チャートにおけるギャンチャートの例（1990～98年）

（1週間=12.5銭を1×1としている。1990年の高値からトレンドラインを引くには92年の高値を確認する必要があったが、ギャン・アングルを用いると90年の2つ目の高値でラインを引くことが可能である。比較していただくとわかるように、トレンドラインとほぼ同様のラインがあらかじめ引けている。例示したギャン・アングルの一番上のライン上で、98年の高値を付けていることも確認される）
（出所）QUICKマネーラインテレレート

なお、ギャン理論は時間・サイクルの概念を中心に幅広く展開されており、限られた紙幅で全貌を紹介することは不可能である。サイクル分析としても有用であり、興味のある方は是非、専門書に当たられることを勧めたい。

### (3) 移動平均

　移動平均はトレンド追随型の分析手法として、最も利用されているテクニカル分析の一つである。その理由としては、価格の平準化というシンプルな手法でありながら、トレンドの進展を把握する手段として有効であること、前記の2つの手法と異なり、数値で表現できることからシステム化に適していることなどがあげられる。現在、市場で使われているトレンド追随型システムは、ほとんどが移動平均を使用しているといってもよいであろう。

　移動平均を価格チャートにプロットしたものが移動平均線である。移動平均線から得られる情報は多い。以下にいくつかあげてみよう。

① 移動平均線の向きはトレンドの方向を示す。傾きはトレンドの強弱を示し、急な傾きはトレンドの加速を、緩やかな傾きはトレンドの減速または転換を示す。

② 移動平均線は、その期間における市場参加者の平均持値の推移とみなすことができる。このことから移動平均線は湾曲したトレンドライン(サポートライン、レジスタンスライン)としての役割が期待できる。

③ 平均持値を、その期間の価格のニュートラルゾーンと考えると、移動平均線からの価格の乖離度合いで市場の過熱度を測ることができる。

④ 移動平均線からの価格の乖離および移動平均線への回帰は、市場エネルギーの発散と蓄積を示すという捉え方が可能である。価格や短期の移動平均線が長期の移動平均線に収斂していくと、それは市場参加者の持値が収斂していくことを意味し、次の市場の動きを強化・加速させるエネルギーとなるからである。

　移動平均はこのようにさまざまな見方が可能であり、第2の視点であるバリュー分析のための手法としても有効といえる。是非、自らチャートをみて検証してみることをお勧めしたい。

　移動平均線の基本的な使用方法は、価格が移動平均線を上に抜けたら買いで、下に抜けたら売りである。また、複数の移動平均線を使用する方法もよく用いられる。一般的に、短期移動平均線が長期移動平均線を下から上に抜いた場合をゴールデンクロスと呼び、買いシグナルとなる。逆に、短期移動平均線が長期移動平均線を上から下に抜けばデッドクロスと呼び、売りシグナルとなる。

　以下に移動平均の利用方法を纏めた「グランビルの8法則」を示す(図表XII-7参照)。

　①～④は買いシグナル、⑤～⑧は売りシグナルである。

XII テクニカル分析の基礎

（買いシグナル）
①長期移動平均線の下降が継続した後に横ばいもしくは上昇に転じた局面で、短期移動平均線が長期移動平均線を下から上へ突き抜けた場合。
②長期移動平均線が上昇継続中に、短期移動平均線が一時的に長期移動平均線を下回った場合。
③短期移動平均線が長期移動平均線の上に位置し、長期移動平均線に向かって下降したものの長期移動平均線を下回らずに再度上昇に転じた場合。
④長期移動平均線が下降傾向で短期移動平均線も下降し、長期移動平均線からの短期移動平均線の下への乖離が著しく大きくなった場合。

（売りシグナル）
⑤長期移動平均線の上昇が継続した後に横ばいもしくは下降に転じた局面で、短期移動平均線が長期移動平均線を上から下へ突き抜けた場合。
⑥長期移動平均線が下降継続中に、短期移動平均線が一時的に長期移動平均線を上回った場合。
⑦短期移動平均線が長期移動平均線の下に位置し、長期移動平均線に向かって上昇したものの長期移動平均線を上回らずに再度下降に転じた場合。
⑧長期移動平均線が上昇傾向で短期移動平均線も上昇し、長期移動平均線からの短期移動平均線の上への乖離が著しく大きくなった場合。

図表XII－7　グランビルの8法則　（①～④は買いシグナル、⑤～⑧は売りシグナル）

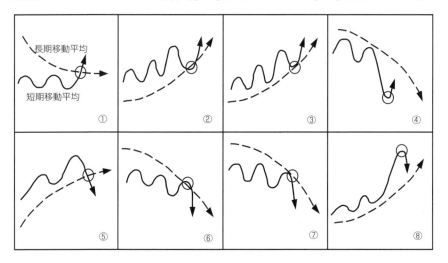

451

移動平均にはいくつか種類があるので紹介しておくと、
単純移動平均 ＝ (A ＋ B ＋ C) ÷ 3
修正移動平均 ＝ (2 × (A ＋ B ＋ C) ÷ 3 ＋ D) ÷ 3
加重移動平均 ＝ (A ＋ 2 × B ＋ 3 × C) ÷ 6　（注　A〜Dは連続した終値）
　これらの数式を用いて時間をスライドさせながら一定期間の平均値を算出していく。一般的には単純移動平均を採用する。
　移動平均の作成はその平均期間の設定が重要な要素となる。すなわち、期間を短くすると、いち早くトレンドの変化を知らせるサインとなるが、逆にそれだけ市場の騙し（シグナルとして正しくなかったということ）に会うケースが増える。一方で、期間を長くすると騙しは少なくなるものの、トレンド変化に対するタイムラグが大きく、サインが出るまでにかなりの収益機会を逸することになりやすい。
　よく利用される期間は、日足の場合5日、10日、20日といった数字やその組み合わせである。5日、10日、20日はそれぞれ営業日ベースで1週間、2週間、約1ヵ月間を表すとともに、10日は20日の半分、5日は10日の半分とサイクル理論にも通じるところがある。また、3日、13日、21日といったフィボナッチ数も利用される（フィボナッチ数はエリオット波動の項を参照）。

図表XII－8　ユーロドル（直物為替）の日足チャートにおける20日単純移動平均の例
　　　　　　　　　　　　　　　　　（2002年2月13日〜7月8日）

（2002年4月以降の上昇トレンドにおいて、サポートの機能を果たしている）
（出所）QUICKマネーラインテレレート

## (4) RSI（オシレーター分析）

　オシレーター（「振幅」の意）は、現在の価格が過去の価格動向との比較で、上下にどれだけ振れた位置にいるかを示す指標である。オシレーターはここで取り上げるRSI（Relative Strength Index の略）をはじめストキャスティクス、MACDなど数多くの手法が存在するが、基本的な見方、使用法はほとんど同じである。そこでまず、オシレーター指標に共通する見方、使用法から解説することにしよう。

　オシレーターの見方は大きく分けて2つある。1つは、その水準に着目して「買われ過ぎ、売られ過ぎ」をみる見方であり、もう1つはその水準および変化に着目して「トレンドの勢いとその加速度合い（モーメンタム）」をみる見方である。オシレーター分析でまず認識すべきことは、トレンド局面によって、オシレーターのシグナルが有効である場合とそうでない場合とがあるということである。このことを、上記の2つの観点から、各トレンド局面にあてはめて明らかにしていこう。

　まず「買われ過ぎ、売られ過ぎ」という観点での分析が最も有効な局面は、横ばいトレンドが継続している局面である。トレンドが横ばいである以上、「買われ過ぎ」はいずれ価格が下がることを、「売られ過ぎ」はいずれ価格が上がることを示唆しているからである。この局面ではトレンド追随型手法がほとんど役に立たないことからも、オシレーター分析手法の重要性は高いといえる。

　一方、上昇・下降トレンド期においては、オシレーターはトレンドの方向に「買われ過ぎ」、「売られ過ぎ」を示してしまう可能性が高い。この局面でトレンドに逆張ることは、致命的な損失を招く危険性が高いため、オシレーターの水準から短絡的に「買われ過ぎ」、「売られ過ぎ」という判断をすべきではない。

　次に2番目の「トレンドの勢いとその加速度合い」という観点での分析が有効な局面は、上昇・下降トレンドが明確な局面である。足元のトレンドが明確であれば、次の関心事は「いつトレンドが転換するか」ということになるが、オシレーターは価格に先行して、その判断材料を提供してくれる。詳細は後で述べるが、「価格とオシレーターのダイバージェンス（乖離）」と呼ぶ、オシレーター分析のなかで最も重要なトレンド反転シグナルもこの局面で観察される。

　なお、上昇・下降トレンド局面であっても、トレンドの開始直後においては、オシレーターのシグナルはほとんど役に立たないといえる。これは上昇トレンドを例にとってみてみると、トレンドが開始される局面においては、価格の上昇が「買われ過ぎ」なのか「トレンドの加速」なのか2つの見方が対立してしまうからである。

　以上をまとめると、オシレーター分析が有効な局面とは、横ばいトレンド局面と足元の上昇・下降トレンドの変化をつかみ、反転を予想する局面ということができよう。

それでは、次にＲＳＩを例にとって具体的な使い方を解説しよう。
　まず、ＲＳＩの計算方法は以下の通りである。
ＲＳ＝（一定期間の終値の上昇幅合計）÷（一定期間の終値の下落幅合計）
ＲＳＩ ＝ 100 － 100 ÷（ＲＳ＋1）
　　　　（注：下落幅は絶対値を使用）
　ＲＳＩは50％を中間点として０％から100％の間の値をとる。また、買われ過ぎ、売られ過ぎを判断するため、30％や70％といった境界線（バンド）を設定する。ＲＳＩがこの境界線を越えると相場が行き過ぎた状態（70％以上：買われ過ぎ、30％以下：売られ過ぎ）であるとみなす。一般的に期間は14日を用いるが、より感度を高めるため９日を用いることもある。境界線については、30％、70％の組み合わせ以外では20、80％を用いることもある。

　ＲＳＩの有効な使用法は以下の３つである。
①ＲＳＩが50％から上で上昇するとトレンドの加速を示唆し買いシグナルとなる。逆に50％から下で下降すると売りシグナルとなる。ただし、買いシグナルは上昇トレンド局面、売りシグナルは下降トレンド局面において最も有効である。
②ＲＳＩの値が境界線を越えた場合は、買われ過ぎ、売られ過ぎの状態を示す。ただし、横ばいトレンドのときは有効であるが、上昇、下降トレンド期において、トレンドに対して逆バリを示唆するシグナルは用心してみなければならない。
③ＲＳＩのチャート形状は価格のチャート形状と似ており、チャートの山や谷は価格のそれに一致する。境界線の付近または外側でＲＳＩのチャート形状と、価格のチャート形状が乖離した形状を取ると、それまでの上昇・下降トレンドが反転する重要なサインとなる。（価格とＲＳＩのダイバージェンス〔乖離〕：図表XII－9の②の事例 参照）

　最後にＲＳＩの応用例を１つあげておこう。それはＲＳＩの移動平均を使用する分析である。先の移動平均の項でゴールデンクロス、デッドクロスについて紹介したが、ＲＳＩの短期移動平均と長期移動平均のゴールデンクロスやデッドクロスもよいシグナルになることがある。例えば、ＲＳＩが70％以上の高水準にあるとき、ＲＳＩの短期移動平均と長期移動平均がその位置でデッドクロスとなった場合は価格が下落する可能性が高まるため売り、といった具合である。

図表XII-9　日本10年国債金利の週足チャート（1998年5月～1999年10月）

（チャート上段は金利、下段はRSIの推移を示している。RSIが市場動向と概ね同様の形状をしていることがおわかりになるだろう。①RSIが20％を割れた後、金利が上昇している。RSIが市場価格（金利）の上昇を示唆した例である。②市場金利が前回高値を更新しているのに対しRSIは前回高値を超えず、市場価格（金利）とRSIの動きに乖離が生じた例。金利上昇の趨勢が弱まっていることを暗示し、以降金利が下落している）
（出所）QUICKマネーラインテレレート

## ［3］バリュー分析に適したテクニカル分析手法

　市場価格は、時として適正水準から大幅に乖離した状態になる。この極端なケースが「〇〇バブル」と呼ばれる現象であるが、そこまで至らなくても適正水準からの乖離という現象は頻繁に起こっている。そもそも市場にトレンドが存在する以上、適正水準からの乖離は当然の帰結という見方もできる。さて市場価格は適正水準から乖離するエネルギー（トレンドを維持する力）を発散した後に適正な水準に回帰する自己修正の動きをする。この乖離の修正過程を収益機会とすることが、バリュー分析の目的である。
　［2］のトレンド分析では、トレンドの強弱度合いに視点を置き、市場価格が行き過ぎた状態にあるか否かを分析する手法としてオシレーター分析を紹介したが、ここでは価格水準に視点を置き、均衡水準と比較した価格の割高割安度合いを分析する手法であるバリュー分析を紹介する。
　バリュー分析手法では、割高割安でない水準として均衡水準、または期待値（平均値）をどのように推計するかが重要である。この均衡水準は、長期的モデルにおいては経済成長率など、ファンダメンタル分析から導くことが適当と思われるが、中短期的には市場参加者の持値、すなわち移動平均値を均衡水準とみなして使用する

ことが適当であろう。

## （1）ボリンジャーバンド

　ジョン・A・ボリンジャー氏によって考案された手法で、時系列データ（価格）を統計処理し、価格の相対的な推移と確率的な稼動領域を表現した分析手法である。ボリンジャーバンドは、データの移動平均値と標準偏差（データの散らばり具合、すなわち平均からの乖離度合を表す指標）により構成される。
　ボリンジャーバンドの構成は以下の通りである。
　ミッドバンド（移動平均）＝ 一定期間における終値の単純移動平均値
　アッパーバンド ＝ ミッドバンド ＋ 係数 × 一定期間における終値の標準偏差（$\sigma$）
　ロワーバンド ＝ ミッドバンド － 係数 × 一定期間における終値の標準偏差（$\sigma$）
　価格帯またはバンド（稼動領域）＝ ロワーバンドからアッパーバンドの範囲
　氏によると、期間は20～21日が最適とのことである。なお、データ加工にあたってExcelを用いると標準偏差を計算してくれる機能があるので便利である。
　ボリンジャーバンドの特徴は、過去の価格動向が正規分布であると「仮定」した場合、ある確率で相場が価格帯のなかに存在することをチャート上に表現している点である。つまり、正規分布の概念からすると、係数±1（±1標準偏差）の場合、約68％の確率で、係数±2（±2標準偏差）の場合、約95％の確率で、相場がそれぞれの価格帯に内在すること示唆している。係数については、通常±2を採用する（以下は係数±2で説明）。
　バリュー分析の観点でみると、ボリンジャーバンドは、均衡点（移動平均）からの乖離度合を測る尺度として有効である。価格がボリンジャーバンドのどこに位置するかで、確率分布上どの程度、価格が移動平均から乖離しているかが把握できるからである。
　ボリンジャーバンドの使用法は、まず乖離が極端な場合の逆バリ売買シグナルとしての利用である。バンドの外側もしくはその付近に価格が位置する確率は、上下それぞれ2.5％程度であるため、この状態になった相場は短期的に乖離し過ぎであり、したがって、まもなくミッドバンド（平均）に向かって回帰する動きが生じると想定できるからである。ただし、上昇・下降トレンドが強い局面では、価格はバンドを押し広げながらトレンドに沿った動きをしばらく継続することもあるため、より確度を高めるならば、価格がいったんバンドの外側に出た後に、再度内側へ戻った時点での逆バリ売買が理想的であろう。なお、テクニカル分析本来の趣旨である将来の予測という点を勘案すると、ボリンジャーバンドのチャート上への表示は1単位時間（日足であれば1日）先行させてもよい。

## XII　テクニカル分析の基礎

図表XII-10　日本10年国債金利の週足チャートにおける、20週ボリンジャーバンドの例（2000年1月～02年7月）

（バンドは±2標準偏差としている。2000年後半にかけて横ばいのバンドのなかで上下に推移した後、00年末にロワーバンドを下抜けして下落トレンドが発生した。01年後半から再度バンドが横ばいに推移するレンジ相場に戻っている。下落トレンドが加速する過程ではバンド幅が拡大し、やがてミッドバンドに回帰するにつれ縮小している様子がうかがえる）
（出所）QUICKマネーラインテレレート

　ボリンジャーバンドは順バリシグナルとしても有効である。バンドの幅が狭くなる、つまり変動性が低くなると、相場にはどちらか一方へ動こうとするエネルギーが溜まってくる。移動平均の項でも説明したが市場参加者の持値の収斂である。やがてエネルギーが充足し、新たな方向性が生じるとバンドを拡大させながらトレンドへ発展していく。この局面では、価格がバンドの外側に達することが、その方向に対しての順バリ売買シグナルとなる。これは価格が正規分布するという「仮定」と矛盾するように思えるが、この場合は過去のデータに基づく確率分布が有効でなくなること、すなわちトレンドの転換と解釈することになる。
　「バンドの外側に価格が達する」という同じシグナルで逆バリと順バリとを使い分けるというのは、少々違和感があるだろうが、使い分けのポイントはバンドの幅である。上昇・下降トレンドの力が強いときは、価格が移動平均から乖離する力が強いため、バンドの幅は拡大する。トレンドの力が弱まってくると、価格は移動平均に回帰していくため、バンドの幅は徐々に縮小していく。この拡大と収縮の動きをよく観察すれ

ば、両者の使い分けはさほど難しくないであろう。
　ボリンジャーバンドはこれ以外にも、サポート・レジスタンスとして利用するため、さまざまな利用の仕方があるので、参考にされたい。なお、ボリンジャーバンド以外のバリュー系テクニカル分析としては、移動平均と価格との乖離率の水準に着目した分析がある。これは、移動平均からみた価格の乖離率がある水準を超えてくると、やがて移動平均へ回帰する動きが生じることを前提とした分析手法である。ボリンジャーバンドに比して計算などが容易であることから、さまざまな期間や乖離水準で試してみると分析精度の高い組み合わせが発見できるであろう。

## [4] パターン分析に適したテクニカル分析手法

　テクニカル分析の前提条件の部分でも述べたが、価格の推移は市場参加者の心理の変化を反映しており、局面に共通の価格パターン、つまりフォーメーションを形成する。
　パターン分析の目的はこれらの価格パターンを捉えることにより、将来の価格動向、目標値、目標時間などを予測することである。パターンがいつ発生するかを予想することは難しいが、いったんパターンが完成するとその後の動きは、過去の確率をもって予測できるため、4つの視点のなかでは最も確度の高い予測も可能となる。一般的にパターン分析は上昇・下降トレンドの転換点を捉えようとするもの、トレンドの途中の調整を分析するものに大別できる。
　テクニカル分析の究極の目的は天底を的中させることである。実際にはきわめて困難であるが、相場に無数存在する転換点のうちのどれかが天底と考えれば、パターン系テクニカル分析はその天底を的中させる可能性をもった分析手法といえる。ただし、相場の到達目標設定については、経験や感性に依存する部分が大きいため、十分に研究を重ねることが必要である。
　まず、日本を代表するパターン系テクニカル分析から紹介していこう。

### (1) 酒田罫線法

　酒田罫線法はその名称から、江戸時代に活躍した酒田(山形県)出身の相場師「本間宗久」に由来する罫線法ではと想像できるが、実際のところその発祥は不明である。しかし、日本を代表する建玉(売買)法であり、現代においても十分にその有効性を発揮できる手法である。
　酒田罫線法には、「小の波を詳しく論じ、それを研究し、また経験を累積し……」とある。小の波を詳しく論じるために、日々研究を重ねながら緻密な分析手法を編

み出す過程で発展・高度化したものと推測される。
　ここでは、酒田罫線法で定義された複数のローソク足が織り成す典型的なパターンについて、日足を例にとりながらいくつか紹介する（図表XII-11参照）。

① 赤三兵、三羽烏
　赤三兵とは3本連続で陽線が出現することで、理想的なパターンは3本の陽線についていずれも前日終値より当日終値が高くなることである。これは、相場が強気に傾いてきたことを意味し、上昇トレンドへ繋がることが多いとされる。三羽烏は赤三兵の逆で、陰線が3本連続することである。相場の高値圏でこれが出現すると、一気に下落する可能性が高まることから相場の転換シグナルとなり得る。
② 三川宵の明星、三川明けの明星
　3本のローソク足が「川」の字のように並んだパターンである。三川宵の明星は、陽線の翌日が「空（前日高値から当日安値の距離が空いている状態）」を空けて高く始まったが勢いが継続せず、翌々日は空を埋める形で前日より安寄りして始まり、一昨日の陽線のなか、またはそれ以下で引けた陰線となることで、売りシグナルとなる。三川明けの明星はその逆である。
③ 毛抜き天井（ダブル・トップ）、毛抜き底（ダブル・ボトム）
　毛抜き天井は、相場における連続した2つの高値（山）がほぼ同値を形成したもので、一度高値を付けた後に下押しされ、その後反発したものの一度目の高値を突破するほどの勢いがなく、再度下落するパターンである。相場の転換点で出現するパターンで、2つの高値の間にある谷の水準を下回ると本格的な下落につながることが多いとされる。毛抜き底はその逆である。
④ 三山（トリプル・トップ）、逆三山（トリプル・ボトム）
　三山は、相場における3つの高値（山）がほぼ同値を形成したもので、都合3度高値を試しに行ったが更新できず、その過程で上昇エネルギーを消耗しきったために形成される。逆三山はその逆である。出現頻度は少ないものの、相場の天井や底で形成されるパターンであり、とくに2番目（真中）の高値が突出しているパターンを「三尊（ヘッド・アンド・ショルダーズ）」、2番目の安値が突出しているパターンを「逆三尊（逆ヘッド・アンド・ショルダーズ）」と呼ぶ。いずれにせよ、相場転換の重要なシグナルであり、大相場の前触れとされる。
　パターンの分析および活用のポイントは2つある。1つ目は売買のシグナルとしての使用であり、2つ目は価格の到達目標の算出に使用することである。三尊を例にとると、真中高値の両脇にある谷の水準（ネックラインと呼ぶ）を価格が下に突き抜けると、三尊のパターンが完成し、重要な売りシグナルとなる。同時に真中高値からネッ

図表XII-11　酒田罫線法

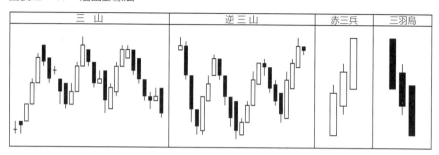

図表XII-12　日経平均株価の週足チャート（1984～2002年）

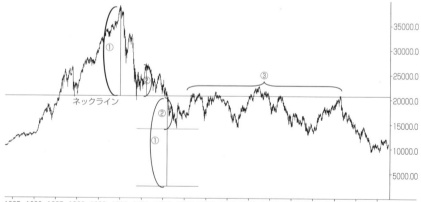

三尊によって相場の天井を形成した例。一般的に、三尊の真中高値とネックラインの距離（①）相当をネックラインより下に下げた水準が到達目標として設定される。両脇の高値とネックラインの距離（②）も到達目標として有効で、ネックラインを下抜けした後、目標②付近まで相場がいったん下落している。相場下抜け以降、ネックラインがレジスタンスとして機能している様子も窺がえる（③）
（出所）QUICKマネーラインテレレート

クラインまでの距離（値幅）をネックラインから下へ下げた位置が下値の目標として点灯することになる（図表Ⅻ-12 の事例①、②参照）。
　なお、パターンのなかには売買シグナルとしてしか使えないものもあるので留意いただきたい。

## （2）エリオット波動
　「エリオット波動理論」はラルフ・N・エリオットが確立した相場理論である。相場波動理論にはパターン、比率、時間という3つの重要な要素があり、パターンは波動の形状、比率はいくつかの波動の相対関係分析を通じた反転時点や目標水準の予測、時間は波動パターンや比率の確認である。相場の波動自体は、5波の上昇、3波の下落といったリズムの反復で構成され、後に述べるサイクルの考え方が応用されている。
　エリオット波動の特徴は、フィボナッチ数列を駆使している点である。波の数はフィボナッチ数によって構成され、波の調整または拡大はフィボナッチ数同士の比率（0.382、0.618など。「黄金比率」と呼ぶ）に準じ、底値形成後、波の発生までにかかる時間や波を形成している時間がフィボナッチ数に相当する時間になるといったように、それらはエリオット波動の数学的基礎を構成している。以下にエリオット波動の基本型を示す（図表Ⅻ-13参照）。
① 第1波（衝撃波）
　第1波の約半分は、相当下落した水準からの単なる反発としかみえない。第1波は通常5つの波のうちで最も短いが、大きな底値圏形成後はきわめて力強いことがある。
② 第2波（修正、調整波）
　第1波の大部分を戻すことがある。戻しの程度は、第1波上昇幅の0.382もしくは0.618倍となる。
③第3波（衝撃波）
　通常、第3波は一番長くかつ最も力強く拡大しやすい。理想的には第1波で順バリ、第2波で逆バリであるが、実際にこれらを捉えることは困難であるため、第3波であると確信した時点で相場に入っても遅くはない。第3波は、第1波の頂点を超え、その最小目標値は第2波の底値に第1波上昇幅の1.618倍を乗じた値を上乗せしたものとなる。
④第4波（修正、調整波）
　第2波同様、調整波となる。第1波上昇幅の0.382もしくは0.618倍、第3波上昇幅の0.382もしくは0.618倍、第1と第3波の合計の0.382もしくは0.618倍が調整目標となる。この場合、第4波の底が第1波の頂点より上に位置することが原則

である。また、第2波か第4波のどちらかが複雑な形状となることが多い。
⑤第5波（衝撃波）
　通常、第3波ほどの強さはないが、拡張の動きを伴うことがある。第1波の上昇幅の1.000もしくは1.618倍の長さとなる。第1波上昇幅に3.236（1.618×2）を乗じ、第1波の底に上乗せしたものが最低到達目標、第1波の頂点に上乗せしたものが最大到達目標となるが、目標に達しないこともある。
⑥A波
　上昇トレンドの戻しと見間違うことが多いが、A波が5つの小さな波に細分化されることにより峻別が可能となるものもある。
⑦B波
　新しい下落トレンドにおける初めての調整。A波の頂点やそれを超える場合もある。
⑧C波
　C波の出現により、上昇トレンドが明確に終了したことになる。C波はA波下降幅の1.000もしくは1.618倍が目標となる。
　なお、A、B、C波を一概に定義することは困難であり、多様なパターンを形成するため注意が必要である。

図表XII-13　エリオット波動の基本型

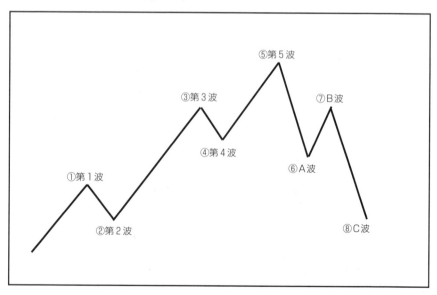

## XII テクニカル分析の基礎

　ここでは、エリオット波動の基本となる考え方をもとに5波の上昇と3波の下落を紹介したが、当然ながら5波の下落などを構成するパターンも存在するので併せて申し述べておく。

　残念ながら、実際の相場がすべて理論通りの動きをするとは限らず、またエリオット波動に当てはめること自体熟練を要するが、ポイントを押さえておけばトレンドやその転換を把握する際の有効な道具の1つとなろう。

### フィボナッチ級数

イタリアの13世紀の数学者フィボナッチが発表した数列で、1、1、2、3、5、8、13、21、34…と続く数列。連続する2つの数の和は次の数になる。どの数も上位の数に対して0.618に近づいていき、どの数も下位の数に対しては1.618に近づいていく。この0.618：0.382は黄金分割と呼び、1.618：1の長方形を黄金長方形と呼ぶ。これらの比率は人間が審美上、最も心地よい比率である。古代エジプトのピラミッドや、多くの芸術作品、和音の周波数、人間の理想体型、銀河の星雲、カタツムリの殻など、すべての自然界を支配する比率であり、古代エジプトではファイと呼んだ。

図表XII-14　米国10年国債先物における2000年から01年にかけての限月修正後週足チャート

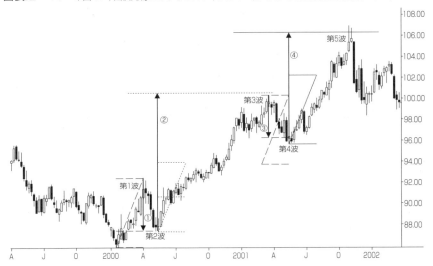

（典型的なエリオット波動に近い構成となっている。①第2波は第1波の約0.764倍を戻し、②第3波は5波動のなかで最長かつ第1波の約2.000倍、③第4波で第1波の約0.618倍相当を戻し、そして④第5波は第1波の約1.618倍の長さとなっている）
（出所）QUICKマネーラインテレレート

463

## ［5］サイクル分析に適したテクニカル分析手法

　これまで「価格」に重点を置いてテクニカル分析を紹介してきたが、いかなるテクニカル分析においてもある程度「時間」の概念が介在していることは明白である。チャートをみると、縦軸には価格が、横軸には時間が表示されている。
　ここでは、時間を重要視したテクニカル分析を紹介するが、その前に相場のサイクル分析について概観したい。
　サイクル分析とは、相場が「いつ」ある位置に到達するかあるいは「いつ」動き出すかという発想に立ち、市場に存在するサイクル（循環運動）を抽出し、そのサイクルを将来に引き延ばすことによって、今後の市場動向の予測を試みる分析手法である。山と谷で構成されるサインカーブの循環運動をイメージして欲しい。サイクルすなわちサインカーブの振幅や周期、位相を特定できれば、将来にわたって引き延ばすことにより、他のテクニカル分析に比して市場の長期予測が可能となる。
　経済活動はさまざまなサイクルに支配されているといえる。1つは自然活動のサイクルであり、もう1つは人為的なサイクルである。大規模な干ばつなどの自然現象も周期性（22年）をもつが、これは自然活動のサイクルの一例である。一方、「コンドラチェフの波」と呼ばれる約60年（54年ともいう）サイクルは大規模な技術革新が起こるサイクルといわれており、その意味では人為的なサイクルといえよう。金利も金融資産も経済活動に連動して変動するものであるため、当然これらの影響を受ける。
　さて、実際の市場ではこれほど長いサイクルを意識することはほとんどない。一般的に市場における支配的なサイクルは、4、5種類と考えられている。2、3年の長期サイクルと1年の季節サイクルが主要なトレンドを決定するといわれ、さらに短いプライマリーサイクル（9～26週間）、トレーディングサイクル（4週間）が二次的トレンド、小トレンドに影響を及ぼすとされている。実際にはサイクルの軌道通りに相場が推移しないことも多いが、サイクルの山や谷が相場の転換点に一致する場合もあることから、この観点でも分析してみる意義はある。なお、サイクルの長さは通常、谷から谷の幅を指す。

## XII テクニカル分析の基礎

図表XII-15　1984年以降の日経平均株価の週足を対数表示したチャート

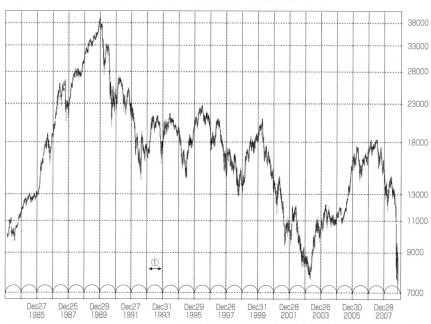

（縦線は約40週のサイクル（①）を表し、サイクルの前後で相場が底を付ける様子が観測できる。40週の半分のサイクルである20週は、トレーディングサイクルとしても重要である）
（出所）Bloomberg

　では、実際の複雑な市場の動きからどのようにサイクルを抽出すればよいであろうか。フーリエ解析のような統計処理によるサイクル抽出方法もあるが、目でみて抽出する方法が一般的であろう。まず月足のチャートを眺めて、2～3年程度の長期サイクルを抽出する。その後週足や日足のチャートを使い、すでに抽出したサイクルの移動平均を価格から差し引いたチャートをつくり、同様な手法で徐々に短いサイクルを抽出していく。この作業によっておぼろげながらサイクルの概観が浮き彫りになってくる。サイクルの特定にあたっては、「ずれ」すなわちゆとりもある程度許容する必要がある。サイクルが規則的同一期間をもつ必要はなく、期間にゆとりを設定することにより抽出の可能性も高まる。明確な基準があるわけではないが、ゆとりはサイクルの6分の1が目安という意見があり、例えば30週サイクルの場合、30週の6分の1である5週がゆとりで、25から35週の範囲でサイクルが形成されることになる。実際には、明確な山と谷をもつ、整ったサイクルが抽出されることは稀有であるが、ある一定のリズムで変化する「運動」を捉えることは期待できる。

465

概観はここまでとするが、サイクル分析（理論）はそれだけで一つの学問となるほど、領域の広い分野であるので、興味のある方は是非専門書にあたっていただきたい。

### (1) 一目（いちもく）均衡表

一目均衡表とは、昭和初期に一目山人氏により発表された相場そのものについての書で、日本を中心にその信奉者は多い。一目均衡表は時間の概念を基軸に、価格のサイクル性と価格の位置関係を総合的に表現したチャート分析手法で、その相場理論によると、市場の変動においては時間が主体であり、価格は客体に過ぎないとしている。

日足における一目均衡表の構成は以下の通り。
転換線 =（9日間の高値 + 9日間の安値）÷ 2
基準線 =（26日間の高値 + 26日間の安値）÷ 2
遅行スパン = 当日終値を26日過去に遡らせたもの
先行スパン1 =「（当日転換線 + 当日基準線）÷ 2」を26日先行させたもの
先行スパン2 =「（52日間の高値 + 52日間の安値）÷ 2」を26日先行させたもの

以下に各線の見方と基本的な使用方法を示す。
①基準線を市場動向そのものの基準とする。日足が基準線を上回っている、もしくは基準線が上を向いていると価格は上昇基調、日足が基準線を下回っている、もしくは基準線が下を向くと価格は下降基調となる。
②基準線を転換線が上回っている場合は買いが強く、逆の場合は売りが強い。転換線が基準線を下から上に抜くと買いシグナル、上から下に抜くと売りシグナルとなる。
③先行スパン1と2で網の目を作り、この部分を「抵抗帯」あるいは「雲」と称しているが、価格が抵抗帯を上回っていると、この抵抗帯がサポートの役割を果たし、逆の場合はレジスタンスとなる。抵抗帯が厚いほどそれが顕著になるが、価格が抵抗帯を上下に突破するとその方向にトレンドが形成される。抵抗帯と遅行スパンの関係にも同様の作用がある。
④遅行スパンが26日前の価格を下方から上抜けすれば買いシグナル、逆の場合は売りシグナルとなる。

一目均衡表の最大の特徴は、先に述べた通り時間の概念を取り入れサイクルの考え方を応用していることである。9、17、26、33などの「基本数値」や「対等数値」と呼ばれる日柄をもとに、その日柄が示唆する特定のポイントを相場の変化日としている。相場は、ある日柄サイクルで変化しながら推移していると考えているのである。なお、ここでいう変化とは、上昇から下降、下降から上昇だけではなく、上昇から

横ばいや緩やかな上昇から急激な上昇など相場の流れの変化を意味している。

　日柄を5つの線で表現することにより、視覚的に価格の変化日を予測しやすくしたものが一目均衡表である。予測された変化日を踏まえて、過去の価格変動が現在の価格動向にどのような影響を及ぼしているか、もしくは及ぼしそうか、もう少し具体的にいうと、価格と抵抗帯や遅行スパンの位置もしくは時間の関係において「いつ頃価格がどうなるか」「いつまでにこの水準を突破しないとこうなる」といったことを予測しようとするものである。抵抗帯を例にとって考えると、まず26日先行させたスパン1と26日経過した価格の相違点を見出して、現在の価格に対する過去の価格動向の影響力を分析し、次に将来について、抵抗帯の薄いところや捩れているところに市場価格が近づく、あるいはそこに該当する時期では転換の可能性が高いといった方向性についての予測や、先方上方に厚い抵抗帯が存在するためその時期に近づくにつれ上昇余地や勢いは限定されてくるといった強弱についての予測を行う(ここまでの説明で理解しづらいという方は、図表XII－16を参考にしながらイメージしていただきたい)。

　一目均衡表の中核が時間であるならば、それに付随するものが波動であり値幅である。一目均衡表の概念はこの3つの要素により体系立てて構成されている。ここでは、基本波動と値幅による到達目標の算出について簡単に触れておく。
　一目均衡表の波動は、先に紹介したエリオット波動に比して非常にシンプルである。以下に3つの基本波動を示す。
①Ｉ波動　　上昇も下降も1つの波動のみにより構成される。
②Ｖ波動　　上昇と下降の2つの波動で構成される。
③Ｎ波動　　上昇も下降も3つの波動で構成され、Ｉ波動とＶ波動が集約された型である。
　大幅な上昇や下降相場は、Ｎ波動が繰り返し生じることによって形成される。
　これらの基本波動はきわめて汎用性が高く、市場の至るところで観測される。

図表Ⅻ−16　2002年1〜7月の日経平均株価の日足チャートにおける一目均衡表の例

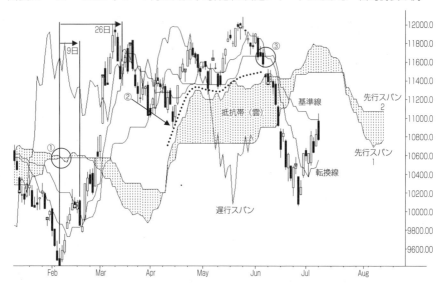

（①抵抗帯の捩じれが相場の変化を暗示。続いて、下落基調にあった相場が捩じれの生じている時期に上昇へ変化しているのがわかる。この上昇相場は、基本数値である9日、26日の日柄サイクルで構成され、その後下落相場へ転じた。②では先方下方に厚い抵抗帯が拡がりサポートになっている。相場は抵抗帯に沿った動きをした後に、③で転換線が基準線を下抜け、4度目の試みで大きく抵抗帯を割った）

（出所）QUICKマネーラインテレレート

XII テクニカル分析の基礎

図表XII-17　一目均衡表の3つの基本波動

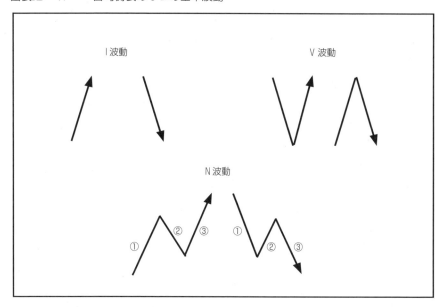

図表XII-18　一目均衡表の値幅による到達目標算出法

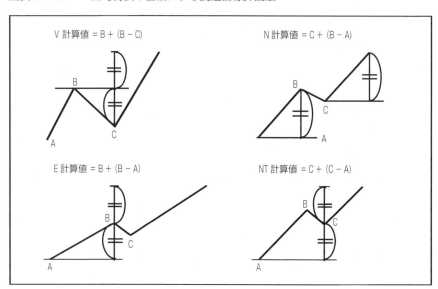

図表Ⅻ－19　日経平均株価の日足チャートにおけるABCDのN波動とN計算値の例
（2002年1〜7月）

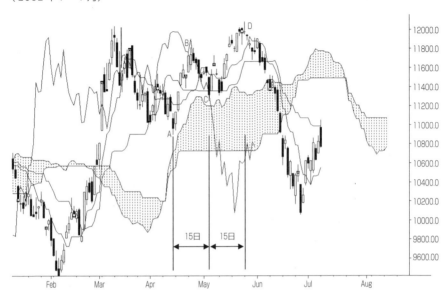

　（図表Ⅻ－16に同様。2002年2月の本格的な上昇の後、相場はAまでいったん調整、Dにかけて02年3月の高値を再度試したが、N波動完成と同時に下落へ転じている。①Aの安値10896円からBの高値11812円までの値幅916円をCの安値11250円に上乗せしたN計算値は12166円となり、Dの高値12081にほぼ等しい値となっている。②AからCまでの日柄が15日であるのに対し、CからDまでの日柄も15日と対等数値になっている。到達目標値をいつ達成するか予測するうえで、日柄から予測される変化日が重要な要素となっている例）
（出所）QUICKマネーラインテレレート

　一目均衡表の解釈、分析手法については、これ以外にも多岐にわたる分析手法が存在するが、それぞれの分析結果を単独で使用するのではなく総合的に判断されたい。なお、他のテクニカル分析では設定期間についていくつか紹介したが、一目均衡表についてはその構成部分で示している既定値が適しているように思われる。

## [6] 出来高分析

ここまでで、4つの視点からの分析手法の紹介は終わりとするが、最後に出来高に着目した分析について少し触れておきたい。テクニカル分析は価格データのみを分析対象とするイメージがあるが、出来高分析も重要である。出来高は季節要因などで振れが大きい場合もあるが、価格の正当性を裏付ける役割を果たしたり、価格の推移そのものの先行指標となる場合もある。

出来高分析の基本は、出来高が価格動向をサポートしているかどうかを分析することである。出来高の増加を伴いながら上昇している市場は強い上昇相場であるといえる。相当の売りをこなすほどの買い需要が存在したからである。一方、価格は上昇しているものの出来高が減少に転じている場合は、上昇相場も終焉に近づき弱気が台頭しつつあると判断できる。上昇あるいは下落相場の最終局面や相場の転換点では、一時的な出来高の上昇を伴うこともある。

また、出来高の量は市場参加者による売買が出会った量を表し、出来高が多いところはそれだけ市場参加者の持値が集中していることを示唆している。移動平均の項でも説明したが、市場参加者の平均持値付近は、重要なサポート（支持帯）、レジスタンス（抵抗帯）となることがある。

このように、出来高分析は価格分析と併用することによりその力を発揮し、有益な情報を提供してくれるだろう。

図表XII-20　日本国債先物2002年9月限の日足チャート

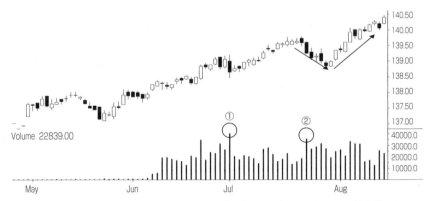

（上段は価格の推移、下段は出来高の推移を示している。②で出来高の増加を伴いながら価格は大きく下落したが、当該限月における過去最大の出来高となり市場参加者の持値が集中している①がサポートとなり、以降本格的な上昇に転じた）
（出所）QUICKマネーラインテレレート

# 5 テクニカル分析の活用術

## ［1］分析から判断へ

　さて、前節でテクニカル分析手法を使うための2段階の準備について解説した。これらの準備段階を終了し、自分が信頼できる分析手法もみつけられたのなら、後は実際にそれを使って分析を行うのみである。ただし、最後にもう1つ解決しておかねばならない問題がある。それは分析結果をいかに判断し投資行動に結びつけるかということである。分析結果が正しくとも、それに基づく投資行動が結果的に正しくなければ、分析の意味はなくなってしまう。

　実は、最適な分析手法が人それぞれにあるように、分析結果を投資判断に結びつける方法も人それぞれである。したがって、自ら過去のデータを使ってシミュレーションし、判断力を養うことに勝る方法はないといえる。ただし、それだけではあまりにも不親切なのでいくつか参考となる見方を述べることとしよう。

　今、手元には4つの視点から分析した結果が揃っているとしよう。まず最初にみることは、明らかなパターンやサイクルが存在しているかということである。それが再現性の高いパターンやサイクルであれば、まずそこから導かれる予測を他の手法で補完する方法が最適であろう。価格の予測とは単に上がる、下がるのみではなく、「時間──いつ頃までに」、「程度──どのレベルまで」という項目が備わって初めて投資判断に結びつく。この後者の2つに関する情報を最も提供してくれるのがパターン分析でありサイクル分析であるからだ。なお、明確なパターンが存在しない場合でも、「価格がこう動けばパターンが完成する」という情報は当然頭に入れておかなければならない。もちろんパターンやサイクルとトレンドの関係も重要であることはいうまでもない。中期トレンドが力強く上昇しているときに、小トレンドの反転パターンに固執する意義はない。

　明確なパターンがない場合やサイクルの影響が弱い場合は、大抵、強力な上昇・下降トレンドが市場を支配しているときである。そのトレンドの規模はどれくらいか、まだまだ続くのかを中心に予測していくことになる。トレンドの力が弱まってくるとバリューが適正かということが意識されてくる。トレンドの終焉は、適正バリューへの回帰で始まるが、乖離が大きければ価格は適正バリューでとどまらず、そのエネルギーが解消されるまで反対サイドに振れることも多い。

　以上、判断の仕方の一例を記述したが、これらを参考にして是非実際に自分の手で分析から判断を導く練習を積んでいただきたい。

# [2] マネー・マネージメント

　欧米のテクニカル分析の本を読むと、大抵紙幅の何割かをこのテーマに割いていることに気がつく。それだけマネー・マネージメントの重要性を認識しているということであろう。欧米では個人やそれに近いヘッジファンドなどの市場参加者が多いため、「破産しないようにいかに自分の資金を増やすか」という意識が強いことがその背景にあると思われる。ここではテクニカル分析の活用術として参考になる部分をいくつか紹介してみたい。

## (1) ロスカットポイントの設定

　ロスカットポイントの設定は最も重要な投資戦略である。その重要性は「資金を増やすための最善の方法はロスを減らすことである」という言葉があるほどである。いずれにしても予測に基づく投資である以上、予測が外れた場合の行動をあらかじめ想定しておくことは必要である。

　ロスカットポイントは、ポジションの制約上から設定もできるが、本来は「予測が間違っているとテクニカル的に判断できるポイント」であるべきであり、これは戦略作成時に合わせて設定すべきである。また、このことは逆に、戦略はロスとの比較において、十分な期待収益があることが必要条件であるということもいえよう。

## (2) 統計上の確率の利用

　テクニカル分析手法のいくつかは数式化によりコンピュータを使用して、バックテストが可能である。つまり、統計上の優位性が確認できるわけである。ただし、いかに統計上の勝率が高い戦略であっても、それは何回も試行することによって、初めて確率が活かせるということを忘れてはならない。何回も試行するためには、ポジションの量を調節するか、ロスカットをタイトにするかのどちらかである。絶対リターン追求型運用においては、通常1トレードによる損失額は、資金総額の1～2％以内、最大でも5％を超えてはならないとされている。もちろん投資スタイルによってこの比率は異なるであろうが、参考にすべき考え方である。

《参考文献》
① 「先物市場のテクニカル分析」ジョン・J・マーフィー著　日本興業銀行国際資金部訳　金融財政事情研究会
② 「はじめてのテクニカル分析」林康史編　日本経済新聞社
③ 「チャートの鬼」ゼネックス社編

# 索引　　　あ－か行

## 〔あ行〕

相対市場　126
アウトライト　102、239
赤字国債　82、138
揚げ超　100
アジア（通貨）危機　33、245、346、408
アジャスタブル・ペッグ制度　396
アセット・アプローチ　394
アメリカン・エンタプライズ研究所　227
安定成長協定（Stability and Growth Pact）　272、274
イールドカーブ（利回り曲線）　158、256
いざなぎ景気　31
委託現先　131
一致指数　174
一致系列　40
一目均衡表　466
移動平均　450
意図せざる在庫増加　186
一般委員会（General Council）　286
一般会計　82
岩戸景気　30
イラクのクウェート侵攻　346
イラン・イラク戦争　346
イングランド銀行（Bank of England、BOE）　302、420
インターナショナル・ブローキング（IB）　369
インターバンク（取引）市場　21、127、128、369
インターバンク・レート　364
インプリシット・デフレーター　180
インフレ四季報　302
インフレ・ターゲティング　286、302、304
インフレ・ターゲット　312、318、330
失われた十年　34
売上高経常利益率　50
売りオペ　102、238
上値　164
エージェンシー（Agency）債　258
エージェンシーMBS　258
エクイティ・ファイナンス　144
エリオット波動　461
円高不況　32
エンパイアステート・サーベイ　188
黄金比率　461
欧州中央銀行制度（ESCB）　284
欧州統合　270

欧州方式　368
欧州連合条約（マーストリヒト条約）　270
大きな政府　226
オークション　254
オーストラリア準備銀行（RBA）　312
オージー（Aussie）　308
オーバーキル　158
オーバーナイト・インデックス・スワップ（OIS）　134
オープン市場　21、127、130
オシレーター　453
オフィシャル・キャッシュ・レート（OCR）　318
オフショア・コールセンター　326
オペレーション（オペ）　102
織り込み済み　176
オリンピック景気　30
オルトA（Alt-A）　258
オンス　358
オン（オフ）バジェット　216

## 〔か行〕

カーターのドル防衛策　400
買いオペ　102、238
外貨準備　390
会計検査院　220
会計年度（Fiscal Year）　214
外国為替管理法の施行　369
外国為替資金証券（為券）　130、410
外国為替資金特別会計　410
外国為替証拠金取引　388
外国為替平衡操作（の実施状況）　410、420
外国通貨建て　362
改正日銀法　88
改正BOE法　302
介入　417
外為銀行　364、369
価格判断DI　50
格付け（レーティング）（機関）　250、262
確定値　180
確報　38
カゲ　441
家計消費支出　282
家計調査　66、125、196
貸出動向　125
過剰準備　241
過剰流動性　116、409

474

## か行

可処分所得　66
過怠金　96
稼働率　64、282
稼働率指数　184
貨幣政策委員会　324
貨幣の流通速度　116
借入準備　240
借換(国)債　138
為替安定化基金(ESF)　414
為替介入　410、414
カンガルー債　314
間接金融　144
間接入札比率　256
完全失業率　68
カントリーリスク　262
カンバン方式　64
キウイ(Kiwi)　316
機械受注統計(見通し調査)　58、59
議会予算局(CBO)　214
幾何平均方式　204
企業在庫　186
企業収益　50、189
企業倒産統計　55
企業物価指数(CGPI)　76
企業向けサービス価格指数(CSPI)　78
期先物　336
基準貸付金利率　106
基準割引率　106
季節借入　240
帰属家賃　38
基礎的インフレ率　200、298
基礎的財政収支　82
期待インフレ率　21
期待効果　112
期近物　336
キチン波　29、64
義務的経費支出　214
逆イールド　158、261
逆ザヤ　336
逆三尊(逆ヘッド・アンド・ショルダーズ)　459
キャッシュ・フロー　189
キャッシュ・レート(Cash Rate)　312
キャッシュ・レート・ターゲット　312
キャリートレード　388、409
ギャン・アングル　448
ギャンチャート　448

キャンドル・スティック・チャート　441
旧GRH法　220
93年包括財政調整法　222
97年財政収支均衡法　222
給与支払い帳簿　198
業況判断DI　48
行政管理予算局(OMB)　214
共通担保資金供給オペ　104
共同フロート　397
銀行間取引(相場)　364、369
銀行券(の還付〈回収〉)　100
金融経済月報　92
金融再生プログラム　34、384
金融資産・負債残高表(ストック表)　120、122
金融市場調節方針(ディレクティブ)　90、97
金融システム早期健全化法案　409
金融政策決定会合　90
金融政策決定会合議事要旨　90
金融政策手段　102
金融調節手段　105
金融取引表(フロー表)　120
金融ビッグバン　294
金ETF　358
クウェート投資庁　332
クーポンパス　239
クレジットスコア　258
クレジット(信用)・スプレッド　262
金利スプレッド　154
金利ターゲティング　110
クズネッツ波　28
グラム・ラドマン・ホリングス法(GRH法)　216、220
グランビルの8法則　450
グリーンスパン　244
グリーンブック　236
クリスマス合意　406
くりっく365　388
繰延債　138
クローサー　378
グローバル化　150
景気ウォッチャー調査　44
景気拡張(上昇)局面　28
景気基準日付　29、42
景気局面　29
景気後退(下降)局面　28
景気循環日付　172
景気先行指数　174

475

## か 行

景気総合指数　174
景気動向指数（研究会）　40、42
景気再建租税法　219
景気の基調判断の基準　40
経済財政諮問会議　94
経済新生対策　34
経済通貨同盟（EMU）　270
経済・物価情勢の展望（展望レポート）　90、92
経済のサービス化（ソフト化）　78、182
経済物理学　433
経済予測サマリー　237
軽自動車新車販売速報　67
経常（取引）収支　373
経常予算権限　214
ケース・シラー住宅価格　195
罫線　441
計量的アプローチ　22
限界貸出金利（Marginal Lending Rate）　286
現金担保付債券貸借取引　130
限月　336、437
限月交代　438
限月修正　438
原材料（Crude goods）　76、200
建設国債　138
建設工事受注（動態統計）　59
建築循環　28
建築着工予定額調査　59
コア・インフレ率　200
コアHICP　276
公開市場委員会　234
公開市場操作　102、238、304
恒久予算権限　214
広義流動性　114
鉱工業生産（指数）　62、182
公社債　136
構造改革路線　34
構造的要因　23
行長　324
公定歩合（基準貸付利率）　97、106、234、240
公的資金投入　33
購買部協会指数（PMI）　277
購買力平価　392
交付国債　138
公募入札方式　136、254
小売売上（高）　190
小売業PMI　277

効率的市場仮説　432
コール市場（レート）　21、97、128、314
コールマネー　129
ゴールデンクロス　450
ゴールデン・ルール　306
ゴールド・ラッシュ　397
国債市場　139
国債依存度　139
国債売現先オペ　104
国債買現先オペ　102
国債買入オペ　104、111
国際経済研究所（IIE）　227
国際経済と為替政策に関する報告書　413
国債先物（オプション）取引　142
国際収支統計　372
国際収支（International Transactions）(表)　212
国際収支発展段階論　378
国際収支ベース　208
国際石油資本（メジャーズ）　346
国際通貨基金（IMF）　84
国債特別参加者制度　136
国際取引表　212
国内最終総支出　180
国内最終総需要　180
国内純生産（NDP）　37
国内総資本形成　38
国内総支出　36
国内総需要　180
国内総所得（GNI）　37
国内総生産（GNP）　36、178
国富ファンド　332
国民経済計算（体系）　36、375
国民所得（倍増計画）　30、36
国民所得生産勘定　178
5賢人　278
個人消費（支出）　38、178、191
個人消費支出デフレーター　204
個人所得　190
個人向け国債　136、138
国庫短期証券（Treasury Discount Bill）　130
固定ウェイト・デフレーター　180
固定基準年方式　38
固定金利入札　286
固定資本減耗　37
固定相場制　397
コペンハーゲン基準　274

## か－さ行

コモディティ通貨　382
コモディティ・フロー法　38
雇用コスト指数　206
根拠なき熱狂 (irrational exuberance)　245
コンタンゴ (contango)　336
コンドラチェフ波　28、464
コンファランス・ボード　174、192
コンベンショナル方式　136
コンポジット・インデックス（ＣＩ）　40

〔さ行〕

サービス業ＰＭＩ　277
サービス収支　373
歳入債　138
サイクル分析　445
債券現先市場　131
債券（市場）　136
在庫循環　29、64
在庫投資　178
在庫評価調整　189
在庫率　64
最初の100日間　226
最終財 (Finished goods)　76、200
最終目標　89
財政収支　214
財政収支均衡法　216、220
財政融資資金特別会計国債　138
財投債　138
裁定取引　362
財務格付け　262
財務省証券　130
債務担保証券（ＣＤＯ）　250
債務返済国　378
裁量的経費支出　214
サウジアラビア通貨庁　332
酒田罫線法　458
先物価格曲線　336
先物（取引）相場　363
さざ波景気　33
サスティナビリティ・ルール　306
サタデイナイト・スペシャル　244
サッチャー　294
サブプライム (Subprime)　250、258
サブプライム・ローン問題　250、409
サポート（下値抵抗レベル）　440

サリーメイ　258
3Ｃ　31
三種の神器　30
三尊（ヘッド・アンド・ショルダーズ）　459
暫定値　180
三位一体改革　34
三面等価の原則　37
市街地価格指数　70
時間当たり平均賃金　198
時間当たり報酬　206
時間軸効果　112
直先スプレッド　363
直物（取引）相場　363
資金過不足　100
事業所調査　196
資金供給オペ　100
資金吸収オペ　100
資金吸収動向　125
資金需給表　100
資金循環統計　120
自国通貨建て　362
自己現先　131
市場価格表示　37
市場連動性　364
市場のセンチメント　162
市場分断仮説　158
失業保険新規申請件数　198
失業率　68、196
実効レート　252
実効為替レート　366
実質金利　20
実質実効為替レート　366
実質短期金利　153
実質値 (constant price)　38
実質長期金利　152
質への逃避　148
実体　441
実需原則の撤廃　369
支払準備　240
資本減耗　189
資本（取引）収支　373
ジャパン・プレミアム　108、376
ジャパンマネー　382
ジャンボ (Jumbo)　258
自由化計画大綱　30
自由準備　241

477

## さ行

週当たり平均賃金　198
週足　439
修正ＧＲＨ法　220
住宅建築許可件数　194
住宅着工（件数）　70、194
住宅投資　178
住宅バブル　247
住宅ローン担保証券（MBS）　250
週平均労働時間　198
シューマン　270
収斂基準（convergence criteria）　273
需給ギャップ　25
ジュグラー波　28
出資・拠出国債　138
順イールド　158、261
純借入準備　241
循環的要因　23
純債務国化　390
順ザヤ　336
準通貨　115
純準備　240
純資産国　390
準備預金（制度）　96
純輸出　180
商業販売統計　66
証券恐慌　31
商工組合中央金庫　54
消費性向　66
消費者信用残高　192
消費者信頼感指数　192
消費者物価指数（ＣＰＩ）　74、202
商品ＥＴＦ　346
乗用車販売台数　190
食糧証券　130
所得収支　373
所得弾性値　210
所要金額　96
新ＥＲＭ　272
新外為法施行　369
新規財源債　138
新現先　131
新車登録台数状況　67
信託基金（Trust funds）　215
新築住宅販売　195
慎重な（measured）ペース　247
新発展政策　34

人民元　422
神武景気　30
スウィング・プロデューサー　350
スタグフレーション　31
スティープニング　256
ストック調整原理　56
ストック分析　122
スネーク（ヘビ）制度　270
スミソニアン合意　31
スミソニアン体制　397
スムージング・オペレーション　410
政策委員会　88
政策金利　20
政策手段　89
生産・営業用設備判断ＤＩ　50
生産者物価（ＰＰＩ）　200
成熟した債務国　378
成熟した債権国　378
製造業ＰＭＩ　277
製造業稼働率　280
製造業受注　186、280
製造業生産　282、295
製造業設備投資動向調査　45
製造業の空洞化　182
製造工業生産予測指数　62
政府最終消費支出　38
政府短期証券（ＦＢ）　130、138
政府預金　100
世界銀行　84
セカンダリークレジットレート　235
石油証券　130
設備稼働率　184、296
設備投資（計画、調査、循環、動向調査）　28、45、50、56、178、184
設備投資の二面性　56
設備投資比率　56
ゼロ金利政策　34、108
先行系列　40
先行指数　174
全国銀行預金・貸出金速報　125
全国短期経済観測調査　45、46
全国百貨店売上高概況　67
センサス・ベース　208
戦争プレミアム　354
全店方式　104
セントラル・レート　397

478

## さ－た行

総合PMI　277
総裁の定例記者会見　94
総準備　241
速報（値）　38、180
租税国債勘定　242
ソブリン・ウエルス・ファンド
　（Sovereign Wealth Fund、SWF）　332

〔た行〕

ターム物（期日物）金利　126、128
第1次石油危機　31、346
対売上高在庫比率　186
対外資産負債残高表　390
対外（内）証券投資　382、384
対外（内）直接投資　380
対外の賃借に関する報告書　390
耐久財（新規）受注　186
対顧客取引市場　369
対GDP原単位　350
大統領予算案　216
第2次石油危機　32、346、400
ダイバージェンス　453、454
ダイレクト・ディーリング（DD）　369
ダッチ方式　136、256
単位労働コスト　206
短期金融市場　97、126
短期金利　20、126
短期国債市場　130
短期債務格付け　262
短国買入オペ　102
短国売却オペ　105
短資会社　110
小さな政府　226、294
チェーンストア販売高　67
チェーン・デフレーター　180
地区連銀（総裁）　232、234
地価公示　70
遅行系列　40
遅行指数　174
遅行積み立て方式（LRR）　240
チャート　164
チャレンジャー人員削減数　199
チャネルライン　447
中間財（Intermediate goods）　76、200
中央銀行サーベイ　369

中銀預金金利（Deposit Rate）　287
中国人民銀行（PBC）　324、422
中国投資有限責任公司（CIC）　422
中古住宅販売（保留）　195
中小企業月次景況観測　54
中心限月　438
中長期的な物価安定の理解　74
超過準備　96、110
長期金融市場　126
長期金利　20、127
長期債務格付け　262
調整表　120
直接金融　144
長短金利差　160
長短金利の逆転現象　158
貯蓄率　191
通貨オプション　365
通貨発行主体　114
通関統計　72
月足　439
積み期間　96
積みの進捗状況　97
強いアメリカ、強いドル　400
帝国データバンク　55
ディスカウント　363
ディスカウント・ウィンドウ　242
ディフュージョン・インデックス（DI）　40
手形売出オペ　105
手形貸付　129
手形売買市場　129
手形割引　129
適格担保取扱基本要綱　104
適用先　110
テクニカル・アプローチ　22
テクニカル分析　164
デッドクロス　450
デッド・ファイナンス　144
デフレ懸念　247、248
手元流動性　144
電子CP　132
電信売り（買い）相場　364
店頭気配情報　137
店頭市場　137
店頭売買参考統計値　137
ドイセンベルク　270
動意　163、164

*479*

## た－な－は行

同事線　441
同時多発テロ　242、246
東京サミット　407
東京証券取引所　142
東京商工リサーチ　55
統合予算（Unified Budget）　215
当座貸越　129
投資収支　373
同時積み立て方式（ＣＲＲ）　240
登録債方式（ブック・エントリー方式）　254
特殊要因調整後計数　125
特別会計　82
特例公（国）債　82、138
ドバイ原油　348
トリシェ　285
トルコの加盟交渉（accession negotiation）　274
ドル本位制　397
トレジャリー（Treasury）　256
トレンド（分析）　430、445、446
トレンドライン　446
トロイオンス　358

〔な行〕

仲値　364
なべ底不況　30
ニクソン・ショック　31、356、397
2000年問題　118、246
日銀ウォッチング　23
日銀借入適格担保　128
日銀短観　46
日銀当座預金（日銀当預）　96
日銀当座預金の増減要因と金融調節　100
日銀特融　31
日経景気インデックス（日経ＢＩ）　44
日経商品指数　80
日経通貨インデックス　365
日本円ＴＩＢＯＲ　129
日本銀行　88
日本銀行券発行残高　67
日本証券業協会　142
日本相互証券（ＢＢ）　138
日本テクニカルアナリスト協会　434
日本列島改造論　31
「ニューエコノミー」論　246
ニューエコノミックス　226

ニューヨーク・フェッド　233
ニューヨーク連銀サーベイ　188
ニュージーランド準備銀行（ＲＢＮＺ）　318
値決め（フィキシング）　360
ネックライン　459
ネットバック価格制度　350
農業信用制度（Farm Credit System）　258

〔は行〕

パーシェ方式　204
バーナンキ　204、247
バイアス　237
配当還元モデル　148
ハイパワードマネー　118
パターン分析　445
バックワーデーション（backwardation）　336
発行市場　136
バブル後不況　33
払い超　100
バランスシート・リセッション　244
バリュー分析　445
バレル　348
阪神・淡路大震災　33
日足　439
非借入準備　240
引受シンジケート団（引受シ団）方式　136
ヒゲ　441
非国防資本財受注　186
非製造業ＩＳＭ指数　187
ヒストリカルＤＩ　42
ビッドカバー　256
必要準備　241
非適用先　110
ビナイン・ネグレクト政策　407
非伝統的手段　248
非農業部門就業者数　198
ビルパス　239
ファンダメンタリスト　433
標準物　437
ファイン・チューイング　158、238、244、342
ファニーメイ　258
ファンダメンタルズ・アプローチ　22
フィボナッチ（数列）級数　461、463
フィラデルフィア連銀サーベイ　188
フェッド（Fed）　232

480

## は－ま行

フェドファンド市場　240、252
フェッドファンドレート　238、252
フォーメーション　458
不胎化した介入（不胎化介入）　410
不胎化しない介入（非不胎化介入）　410
双子の赤字　210、214、402
札割れ　112
物価連動国債　138
部門別資金過不足　121、122
標準物　142
プライスバンド制　350
プライマリークレジットレート　235
プライマリー・ディーラー　254
プライマリーバランス　82
プライムレート　252
プラザ合意　32、244、366、376、402
ブラック・ショールズモデル　432
ブラック・マンデー　244、406
フラットニング　256
ブルーチップ予測　228
ブル（強気）相場　163
ブルッキングス研究所　227
ブレア　294、302
フレックス燃料車　330
フレディマック　258
ブレトンウッズ（体制、会議）　31、356、396
プレミアム　363、365
フロー・アプローチ　394
フロー分析　120
ブローカー　369
フロート　243
ベア・スターンズ　251
ベア（弱気）相場　164
ペイオフ解禁　35
平均賃金　296
平衡介入　396
平成景気　33
ベーカー　402
ベーシス（bp）　260
ベージュブック　236
ベースマネー　118
ベースレート　304
ヘッジファンド　250
別枠借入　241
ベネフィット・コスト　206
ベンツェン　407

変動金利入札　286
変動相場制　397
包括財政調整法　220
法人企業景気予測調査　45、52
法人企業統計調査　52
貿易収支　72、208、373
貿易統計　72、374
法定準備預金額　96
北海ブレント　348
ポートフォリオ・バランス・アプローチ　394
ポートフォリオ・リバランス効果　112
補完貸付制度　106
補完当座預金制度　96
ポジティブフィードバックループ　433
ボスキン委員会　202
ボトルネック・インフレ　64
骨太方針2004　34
ボラティリティ　365
ボリンジャー・バンド　456
ボルカー　244
本店方式　104
ポンド危機　294、397

〔ま行〕

マーカー原油　348
マーシャルのk　116
マーストリヒト・クライテリア　274
マイナス金利取引　112
マクロとミクロの乖離　35
マッチドセールス　239
窓口指導　325
マネーサプライ統計　113
マネーストック統計　113
マネタリー・アプローチ　394
マネタリー・ターゲティング　110
マネタリーベース　118
ミザリー・インデックス　226
ミシガン大学消費者信頼感指数　192
未成熟な債権国　378
3つの過剰　34
民間MBS　258
民間最終消費支出　38、66
無担保コールレート（オーバーナイト物）　21、97、106、126、128
名目為替レート　366

481

## ま−や−ら−わ行

名目金利　20
名目純輸出　212
名目値（current price）　38
メディカル・ケア　203
モノライン　250
モーゲージ（Mortgage）証券　258
モーメンタム　453
モンスター雇用指数　199

〔や行〕

役員会（Executive Board）　286
有効求人倍率　68
融通債　138
有担保コール　128
誘導目標　89、102
郵便貯金　140
ユーロ（Euro）　270、409
ユーロ円インパクトローン　374
ユーロ円ＴＩＢＯＲ　129、134
ユーロ円金利先物　134
ユーログループ　419
ユーロシステム　284、418
ユーロドル（ユーロダラー）　254
輸出物価指数　78
輸入物価指数　78
要素所得　37
要素費用価格　37
要素費用表示　37
預金準備率（操作）　106
予算教書　218
予算執行法　220
寄付き　365
40年利付国債　138
4大経済研究所　279

〔ら行〕

ラスパイレス方式　204
ランダムウォーク理論　432
ランブイエ・サミット　400
リーマン・ブラザーズ　251、409
リオープン　256
リクスバンク　302
リザーブ　240
リザーブ・アフェクティング・ファクター　242

リスク・プレミアム　126
リバースレポ　239
リパーチェス・アグリーメント（Repurchase Agreement）　254
流通現金　118
流通市場　137
流通速度　116
流通通貨　243
旅行業者取扱高　67
量的緩和（政策）　34、97、110
ルーブル　328
ルーブル合意　404
レアル　330
レーガノミックス　32、152、219、226
レーガン　402
レジスタンス（上値抵抗レベル）　440
レバレッジ　250
レファランス・レンジ　404
レポ　130、239、254、286
レポレート（Repo Rate）　304
連銀借入　240
連銀窓口貸出制度　235
連鎖方式　39
連邦基金（Federal funds）　215
連邦住宅貸付銀行（ＦＨＬＢ）　258
連邦住宅金融抵当公社　258
連邦準備銀行　232
連邦準備制度　232
連邦準備制度理事会　232
連邦抵当金庫（ファニーメイ）　258
ロイター・ジェフリーズＣＲＢ指数　338
ロイター商品指数　338
労働生産性　206
労働投入量　182
ローソク足　441
ロシア危機　33、245、408
ロスカットポイント　473
ロンバート型貸出制度　106

〔わ行〕

割引短期国債　130
湾岸戦争　346

*482*

## A－E

〔欧文―ABC順〕

ABC消費者信頼感指数　192
ABCP（Asset Backed CP、資産担保CP）　132
ADP雇用統計　199
Advance estimate　180
AEI　227
AFMA　314
BA（Banker's Acceptance）　254
Bank Bill　314
BB　138
BBA（British Bankers' Association）　129、255
BBA97　222
BCC（British Chamber of Commerce）サーベイ　296
BEA90　220
BIS（サーベイ）　369
BOJ（Bank of Japan、日本銀行）ウォッチング　23、90
Bradford & Bingley　300
BRC（英国小売協会）　298
BRICs　247、320
BSI　52
Building Permits　194
Bund　288
Business Inventory　186
Buy to let　300
CAP制　220
Capacity Utilization　184
CBI製造業サーベイ　296
CBO（Congressional Budget Office）　215
C−CPI−U　202
CD（Certificate of Deposit）（市場）　132、252
CFTC（Commodity Futures Trading Commission）　336、360、388
CI　40
CIF（Cost Insurance and Freight）　209、373
CIPS　296
Compensation Per Hour　206
Consumer Confidence Index　192
Consumer Installment Credit　192
Convergence criteria　273、274
Core inflation rate　200
COPOM　330

CP（Commercial Paper）（市場）　21、132、254
CP等買現先オペ　104
CPI（Consumer Price Index〈米〉、
　Consumer Prices Index〈英〉消費者物価）　74、202、298
CPI−U　202
CPI−W　202
CRB先物指数　338
Current authority　214
Custom Value　209
DCLG　300
DD　128、369
DI　40、215
Discount Rate　234
DIW　279
DOE　354
Dollar Indexes　367
domestic policy directive　237
Eデー　270
EC（欧州共同体）　270
ECB（Europian Central Bank）　284、418
ECSC（欧州石炭鉄鋼共同体）　270
ECU（欧州通貨単位）　270
EEC（欧州経済共同体）　270
effective rate　252、366
EGTRRA　222
EIU（Economist Intelligence Unit）　84
EKS法　394
Employment Cost Index　206
EMS（欧州通貨制度）　270
EMU（欧州通貨同盟）　270
EONIA（Euro Overnight Index Average）　288
ERM加盟問題　420
ERMⅡ　272
ESCB（European System of Central Banks）　284
ESF　414
ESPフォーキャスト調査　84
Establishment Survey　196
ETF（Exchange Traded Funds）　346、358
EU（欧州連合）　270
EU拡大　271、274
EU加盟国　271
EURATOM（欧州原子力共同体）　270
Euribor　288

*483*

## E－N

Exchange Traded Gold　358
Fannie Mae　258
ＦＡＳ（Free Alongside Ship）　209
ＦＢ（Financing Bill）　126、130、138
Fed Funds　252
Fed Watching　23
Federal Reserve Bank　232
Federal Reserve Bulletin　229
ＦＦレート　235、238、240、252
Final estimate　180
Fitch（フィッチ）　262
flash estimate　276
Flight to quality　148
ＦＯＢ（Free On Board）　209、373
ＦＯＢ（フォブ）スプレッド　261
ＦＯＭＣ（Federal Open Market Committee）　234
ＦＯＭＣ議事録　236、413
ＦＯＭＣ声明文　236
ＦＲＢ　232
Freddie Mac　258
ＦＸ取引　388
Ｇ５　402、407
Ｇ７　320、406、407
Ｇ２０　320
ＧＡＯ　220
ＧＤＥ（Gross Domestic Expenditure）　36
ＧＤＰ（Gross Domestic Product）　36、178
ＧＤＰデフレーター　180
Gilts　305
ＧＮＩ（Gross National Income）　37
ＧＮＰ　178
ＧＳＥ（Government Sponsored Enterprise）　258
ＧＳＰ　350
ＨＢＯＳ　300
ＨＩＣＰ（Harmonised Index of Consumer Prices）　276、281、286
ＨＭ Land Registry　300
Household Survey　196
Housing Starts　194
ＨＷＷＡ　279
ＩＢ　369
ＩＢＦ（International Banking Facility）　254
ＩＥＡ　354

Ｉｆｏ（イーフォ）景況感指数　279、280
ＩｆＷ　279
ＩＩＥ　227
ＩＭＦ体制　84、396
ＩＭＦ基準　372
ＩＭＦ方式　368
ＩＭＭ（International Monetary Market）　388
Industrial Production Index　182
International Trade in Goods and Services　208
Initial Claims　198
ＩＮＳＥＥ（国立統計経済学研究所）　282
ＩＮＳＥＥ（家計）（企業）サーベイ　282
ＩＰＣＡ　331
ＩＳレシオ　186
ＩＴ景気（革命）　34、246
ＩＴバブルの崩壊　34、246、376
ＩＳＭ（Institute for Supply Management）景気指数　186
ＩＷＨ　279
ＪＯＣ－ＥＣＲＩ（工業価格）指数　338
leaning against the wind　417
legacy currency　270
ＬＩＢＯＲ（London Inter-Bank Offered Rate）　129
ＬＴＣＭ（危機）　246、262、408
Ｍ１　114
Ｍ２　114
Ｍ２＋ＣＤ　114
Ｍ３　114、286
Ｍ４（貸出）　300
Markit 社　277、296
ＭＢＳ（Mortgage Backed Securities）　258
Measured Pace　409
minutes　236
ＭＩＰＳ（Mortgage Interest Payments）　298
Monthly Labor Review　207
Moody's（ムーディーズ）　262
ＭＰＣ（Monetary Policy Committee）　302
Monetary Policy Report to the Congress　204、237
Nationwide　300
ＮＢＥＲ（National Bureau of Economic Research）40、172
ＮＣＢｓ　284
ＮＣＤ（Negotiable Certificate of Deposit、譲渡性預金）　132
ＮＤＰ（Net Domestic Product）　37
ＮＩ（National Income）　36

*484*

## N－Z

NIPA（National Income and Product Accounts） 178
NOB（ノブ）スプレッド 261
Northern Rock 300
Nonfarm Payrolls 198
OASI 215
OAT 288
OBRA（90） 220
OBRA 93 222
OECD（経済協力開発機構） 84
OECDの購買力平価 394
OIS（Overnight Index Swap） 134
OMB（Office of Management and Budget） 214
OPEC（原油バスケット価格） 344、348
pay-as-you-go（PAYGO） 222
PCE（Personal Consumption Expenditure）デフレーター 204
PCEコア・デフレーター 204
Permanent authority 214
PMI 296
PPI（Producer Price Index、生産者物価） 200、299
P.P.P. 395
Preliminary estimate 180
Promissoy Note 314
PSNCR（公的部門純通貨需要） 301
PTA（Policy Target Agreement） 318
QE（Quarterly Estimation） 38
QE（Quick Estimation） 38
QFR（Quarterly Financial Report） 189
RBA（Reserve Bank of Australia） 312
RBNZ（Reserve Bank of New Zealand） 318
reference value 286
Retail Sales 190
RICS 300
Rightmove 300
RPI（Retail Prices Index、小売物価） 298
RPIX 298、303、304
RPIY 298、304
RSI（Relative Strength Index） 453
RWI 279
Sallie Mae 258
S&P（エスピー） 262
SELIC金利 330
SFE（Sydney Futures Exchange） 314
SNA（System of National Accounts） 36、375

SPC 132
State Benefits 198
Survey of Current Business 229
SWF 332
Tビル 254
TAG（タグ）スプレッド 262
TB（Treasury Bill） 130、254、256
TED（テッド）スプレッド 260
TIBOR（Tokyo Inter-Bank Offered Rate） 126、129
TIC（Treasury International Capital） 386
TIPS（Treasury Inflation Protected Securities） 256
TOB（トブ）スプレッド 261
TTB（Telegraphic Transfer Buying Rate） 364
TTS（Telegraphic Transfer Selling Rate） 364
Tノート（Treasury Notes） 256
Tボンド（Treasury Bond） 256
Underlying inflation rate 200
Unemployment Rate 196
Unit Labor Costs 206
WTI（West Texas Intermediate） 348
ZEW景況感指数 280

*485*

# あとがき

　まえがきにもあるように、今回は第3版が出版された2006年2月から3年ぶりの改訂となる。この間、米国のサブプライム問題に端を発した金融危機は世界規模の経済危機に発展、各国政府が矢継ぎ早に打ち出す大規模な諸々の政策にもかかわらず、世界経済は出口のみえないトンネルに突入したかのような状況が続いている。本書の執筆陣はマーケット関連業務に日々携わっており、このような激動の真っ只中で改訂作業に取り組むことは必ずしも容易ではなかった。しかし、本書が幸い前身の『金利・為替予測ハンドブック』以来、16年の長きにわたり金融関係者、個人投資家の方を含めた広い層からマーケット関連知識の基本書として一定の支持を得てきたことに鑑み、むしろ今こそ第4版を世に問う意義があると考えた。今回も最新の情報を盛り込むべく章立てを含めた見直しを図ったが、もとより刻一刻と変化するマーケット動向をすべて捕捉できたわけではない。この点については将来にわたり改訂を行うことでご容赦願いたい。

　本書の脱稿は、世界経済の救世主としての役割が期待されるオバマ新大統領の就任式と前後している。かつて大恐慌のさなかで当選したフランクリン・デラノ・ルーズベルト大統領は就任演説で、「われわれが恐れなければいけない唯一のものは恐れ自体である (the only thing we have to fear is fear itself)」と国民に呼びかけた。マーケットの荒波に呑み込まれそうな今、恐れを恐れないために求められているのは確かな羅針盤である。読者諸氏にとって本書がその一助となればこれに勝る喜びはない。

　今回の改訂も多くの人々のご協力なしには成就しえなかった。

　住友信託銀行の筒井澄和取締役兼常務執行役員、佐々木順経営管理ユニット長兼財務ユニット長兼本店支配人には全面的なご支援を頂いた。

　住友信託銀行経営管理ユニット（情報調査担当）の梅川明日香副主任、同ロンドン支店マネージャーのフィリップ・フォスター氏には地道な作業でご協力をお願いした。

　最後に本書の前身の原著者であり、執筆陣の心の支えになって頂いている山本利明財団法人トラスト60事務局長、そのほか大変お世話になった皆さんに心からの謝意を表したい。

2009年2月　　　　　　　　　　　　　　執筆者を代表して　小林正史

【執筆スタッフ】

**小林 正史**（こばやし・まさし）
　1958年東京都に生まれる。1981年京都大学法学部卒業。本店営業第一部、資金証券部、総合資金部、総合資金部（ロンドン）などを経て、現在マーケトメイクユニット長兼マーケティングユニット長兼本店支配人。

**瀬良 礼子**（せら・あやこ）
　1967年広島県に生まれる。1990年京都大学法学部卒業。池袋支店、公的資金運用部、総合資金部、市場金融部などを経て、現在経営管理ユニット主任調査役（情報調査担当マーケットストラテジスト）。

**立花 実夫**（たちばな・じつお）
　1967年福井県に生まれる。1991年早稲田大学商学部卒業。海外事務部、資金為替部、総合資金部、総合資金部（ニューヨーク）、市場金融部、シンガポール支店などを経て、現在マーケティングユニット為替セールスチーム主任調査役。

**小鹿 賢史**（おじか・よしふみ）
　1976年愛知県に生まれる。1999年横浜国立大学経済学部卒業。名古屋駅前支店、市場金融部、ロンドン拠点ユニットを経て、現在開発投資ユニット調査役（自家運用担当）。

**藤田 善嗣**（ふじた・よしつぐ）
　1978年兵庫県に生まれる。2003年京都大学大学院工学研究科修士課程修了。総合資金部、経営管理ユニット（情報調査担当）を経て、現在ニューヨーク拠点ユニット主任。

**笠井 良徳**（かさい・よしのり）
　1980年大阪府に生まれる。2005年一橋大学大学院商学研究科修士課程修了。市場事務部、経営管理ユニット（情報調査担当）を経て、現在経営管理ユニット主任（管理・リスク統括担当）。

**佐久間 誠**（さくま・まこと）
　1983年宮城県に生まれる。2006年大阪大学経済学部卒業。マーケットメイクユニットを経て、現在経営管理ユニット副主任（情報調査担当）。

装　　　幀 ── 折原カズヒロ
編集・DTP制作 ── らむぷ舎

## 第4版
## 投資家のための
## 金融マーケット予測ハンドブック

2009（平成21）年2月20日　第1刷発行

著者 ── 住友信託銀行・
　　　　　マーケット資金事業部門

編者 ── 住信ビジネスパートナーズ株式会社
　　　　　©2009　STB Business Partners Co., Ltd.

発行者 ── 遠藤絢一

発行所 ── 日本放送出版協会
　　　　　〒150-8081　東京都渋谷区宇田川町41-1
　　　　　電話　03-3780-3317（編集）
　　　　　　　　0570-000-321（販売）
　　　　　ホームページ　http://www.nhk-book.co.jp
　　　　　携帯電話サイト　http://www.nhk-book-k.jp

振替 ── 00110-1-49701

印刷 ── 太平印刷社
　　　　　大熊整美堂

製本 ── 二葉製本

落丁・乱丁本はお取替えいたします。
定価はカバーに表示してあります。
®[日本複写権センター委託出版物]
本書の無断複写（コピー）は、著作権法上の例外を除き、
著作権侵害となります。
Printed in Japan
ISBN978-4-14-081349-2　C0033